北京高等教育精品教材

BEIJING GAODENG JIAOYU JINGPIN JIAOCAI

中央财经大学会计学科重点系列教材

高级财务会计

（第四版）

主　编　杨金观

副主编　宗文龙

编　写　杨金观　宗文龙　余应敏
　　　　王　鑫　冷　刚　郑海英

中国财经出版传媒集团

经济科学出版社

Economic Science Press

图书在版编目（CIP）数据

高级财务会计 / 杨金观主编 . —4 版 . —北京：经济科学出版社，2019. 8

中央财经大学会计学科重点系列教材

ISBN 978 – 7 – 5218 – 0805 – 6

Ⅰ. ①高…　Ⅱ. ①杨…　Ⅲ. ①财务会计 – 高等学校 – 教材　Ⅳ. ①F234. 4

中国版本图书馆 CIP 数据核字（2019）第 184789 号

责任编辑：侯晓霞　凌　敏
责任校对：杨　海
责任印制：李　鹏

高级财务会计
（第四版）
主编　杨金观
经济科学出版社出版、发行　新华书店经销
社址：北京市海淀区阜成路甲 28 号　邮编：100142
教材分社电话：010 – 88191345　发行部电话：010 – 88191522
网址：www. esp. com. cn
电子邮件：houxiaoxia@ esp. com. cn
天猫网店：经济科学出版社旗舰店
网址：http：//jjkxcbs. tmall. com
北京季蜂印刷有限公司印装
710 × 1000　16 开　32 印张　660000 字
2019 年 8 月第 4 版　2019 年 8 月第 1 次印刷
ISBN 978 – 7 – 5218 – 0805 – 6　定价：63. 00 元
（图书出现印装问题，本社负责调换。电话：010 – 88191510）

中央财经大学会计学科重点
系列教材编委会

总　序

中央财经大学会计学科始建于1952年，是新中国成立后最早设立且影响很大的高级财会人才培养基地之一，具有学士、硕士、博士学位授予权。2007年9月被教育部授予“会计学国家重点学科”，2008年1月被教育部和财政部批准为会计学全国高等学校“特色专业建设点”。中央财经大学会计学院一直注重教学改革工作，拥有国家教学名师和北京市教学名师、国家级优秀教学团队，国家级精品课程、国家级双语教学示范课程、中国大学视频公开课、国家级“十一五”和“十二五”规划教材等教学成果。中央财经大学会计学科自建立以来，一直致力于培养具有创新精神与综合能力的优秀财会人才，为国家的经济建设输送更多、更好的现代财经管理高级人才。

21世纪将是一个以网络化、信息化、数字化、知识化为重要特征的新经济时代，新的社会经济环境对中国会计教育提出的新要求主要表现在以下几个方面：第一，随着经济全球化的趋势和中国加入WTO后，国际经济贸易与交流将会日益频繁，作为国际商业通用语言的会计和经济行为准则之一的会计准则必然走向国际化趋同的道路，而中国会计教育亦必须顺应这一大方向，不断深化改革。第二，在新经济条件下，以知识为基础，以迅速发展的计算机技术、新型通讯技术和现代网络技术为代表的信息革命正渗透到社会生活的方方面面，这就必然对未来会计人才的业务素质和知识含量提出更高的要求，作为培养会计人才的会计教育亦将因此而面临新的挑战。第三，会计学是一门经济管理科学，其自身的发展必须适应社会经济发展、科技进步、市场经济运行以及企业经营管理的客观要求。市场经济是一种机遇与风险并存的经济，高新科技的飞速发展更加剧了竞争的激烈性和风险的不确定性，而会计工作必须要满足企业进行规划与决策、控制与业绩评价的需要；企业经营管理工作不断得到创新，这就要求未来的会计人才必须具备合理的知识结构和较高的综合素质，能够熟练运用各种规避风险和利用机遇的理论与方法，适应和驾驭各种复杂多变的会计环境，并能够对新的环境或条件做出理智的分析，最终灵活而恰当地解决问题。

由于新的社会经济环境对中国会计教育和会计人才提出了新要求，从而必然要求高等会计教育进行相应的改革，而在高等会计教育改革中，会计教材的改革占有核心的地位。会计学科教材系列体系是否能够科学与完整地反映出会计学科中各主要分支学科之间相互联系、相互制约的特点，能否适应国内外会计学科的发展现状与未来的发展趋势，直接关系到学生所掌握的知识结构和能否适应其未来发展的需要。为此，中央财经大学会计学院成立了由学院和各系的领导成员组成的会计学科重点系列教材编委会，负责组织编写工作。本系列教材自2004年起陆续正式出版并随着社会经济环境及会计改革的变化进行修订与完善，系列教材的书目包括：《会计学基础》《中级财务会计》《高级财务会计》《管理会计学》《成本会计学》《财务管理学》《审计学》《会计信息系统》。本系列教材适用于普通高等学校和成人高等学校，也可作为会计实务工作者的学习参考用书。

我们在编写会计学科重点系列教材过程中，依据于我国会计准则、国际会计准则的最新发展，紧密跟踪了国内外会计学的理论与实务发展动态，并参考了国内外有关资料。此外，该系列教材的编写还得到了经济科学出版社和有关单位的大力支持，在此表示感谢。书中存在的问题，热忱欢迎批评指正。

孟焰

2013年8月

第四版前言

2017年以来，财政部又出台和修订了一批企业会计准则和相关会计处理规定，特别是《企业会计准则第22号——金融工具确认与计量》等新金融工具准则的修订出台，对《高级财务会计》教材相关内容产生了较大影响。本着教材内容应与时俱进、紧贴实际，我们对《高级财务会计》教材进行了修订。本次修订的主要内容包括：

第一，对第七章所得税会计，补充了合并财务报表编制中有关内部抵销对所得税影响处理的内容；

第二，根据新金融工具准则，修订了第八章衍生金融工具会计的相关内容以及章后练习题，还对其他各章涉及新金融工具准则的有关内容进行了修订；

第三，根据新修订的《企业会计准则第21号——租赁》，全面修改和增补了第十一章租赁会计的相关内容，重编了承租人的会计处理和售后租回交易的会计处理；

第四，根据财政部2016年发布的《企业破产清算有关会计处理规定》，对第十二章企业清算、破产与重整会计中有关破产清算及其会计处理一节进行了修订。

除上述内容，本次修订还对有关章节的其他一些内容进行了更新和补充，同时对各章节进行了文字层面的勘误和重新表述。

本次修订由杨金观、宗文龙负责，郑海英参加了对第二、第三、第四章的修订。由于高级财务会计涉及内容本身的复杂性和国内外企业会计准则还处于不断的改进完善之中，本次修订仍具有阶段性特征，书中难免存在纰漏，恳请读者批评指正。

编　者

2019年6月

第三版前言

2014年以来，财政部、证监会等管理部门陆续修订和发布了一系列新的规章制度，对《高级财务会计》教材的相关章节产生了一定影响，为了让教材内容紧贴实际工作，我们对《高级财务会计》教材进行了修订。本次修订的主要内容包括：

第一，根据修订的《企业会计准则第33号——合并财务报表》《企业会计准则第2号——长期股权投资》等具体准则，修改了第一章企业合并会计中通过多次交易分步实现企业合并的会计处理；修订了第二章合并财务报表——简单股权结构下合并财务报表的编制和第三章合并财务报表——复杂股权结构及股权变动情况下合并财务报表的编制中“控制”的定义及其判断方法；删除了第二章部分例题中母公司按照“权益法”调整个别财务报表编制合并财务报表的方法，突出了母公司按“成本法”核算长期股权投资的基础上编制合并财务报表的方法。

第二，根据修订的《企业会计准则第30号——财务报表列报》具体准则，调整了第二章和第三章等章节有关例题中“合并资产负债表”“合并利润表”“合并所有者权益变动表”等报表格式。

第三，根据2014年修订的《公开发行证券的公司信息披露内容与格式准则》第2号、第3号、第4号，2015年12月修订的《首次公开发行股票并上市管理办法》《首次公开发行股票并在创业板上市管理暂行办法》，对第九章“公开发行证券公司的信息披露”有关内容进行了修改。

除了上述内容，本次修订还对部分章节进行了文字层面的勘误和重新表述。

本次修订由杨金观、宗文龙负责。面对会计准则的国际趋同以及日益复杂的资本市场业务，尽管我们力求完善教材内容，但仍难免存在纰漏，恳请读者批评指正。

编　者

2016年5月

目　录

第一章

企业合并会计

【本章学习目的和要求】

通过本章的学习，了解当前企业合并的现状，熟悉企业合并涉及的主要会计问题，掌握企业合并的定义和类型，以及不同企业合并类型的会计处理方法；掌握同一控制下企业合并和非同一控制下企业合并的具体会计处理过程，进一步熟悉企业合并的会计信息披露和企业合并会计处理方法的比较。

第一节　企业合并会计概述

一、企业合并的现状

企业合并的原因多种多样，有宏观的原因，也有微观的原因。宏观上，优质企业合并绩差企业，可以减少浪费，改变绩差企业的面貌；由企业产权转让引起的合并，可以优化社会经济资源的配置，调整产业结构和产品结构；与破产比较，合并是一种积极的措施。微观上，企业合并的原因主要是为了扩大企业经营规模，提高经济效益。企业扩大经营规模有两种基本途径：一是内部扩展；二是外部扩展。而企业合并作为外部扩展的重要方式，在节约成本、降低风险、较早利用生产能力、取得无形资产、实现协同效应、取得免息优惠等方面具有明显的优越性。

纵观世界各国经济的发展，企业的成长壮大总是与企业的并购活动分不开的。随着全球经济一体化进程的不断深入，企业决策者追求的是资源在全球范围内的优化配置，企业并购现象只会有增无减，越来越加剧。以美国为代表的西方发达国家，从 19 世纪末到现在，曾发生过五次企业兼并浪潮。前四次并购浪潮已经完成，其特点是都出现在经济周期的复兴阶段，其主要目的是进行产业结构调整；第五次并购浪潮正在进行。

第一次：以横向并购为特征的并购浪潮。发生于 1893 ~ 1904 年的横向并购在 1898 ~ 1903 年达到高潮，基本特征是同一行业的小企业合并成一个或几个大企业，形成了比较合理的经济结构，并购案件约 2 864 多起，涉及金额 63 多亿美元。

第二次：以纵向并购为特征的并购浪潮。发生于 1915 ~ 1929 年的纵向并购在 1928 年达到高潮，基本特征是并购形式多样化，除工业部门外，其他产业也发生了并购行为，有至少2 750家公用事业单位、1 060家银行和10 520家零售商进行并购，汽车制造业、石油工业、冶金以及食品工业完成了集中。

第三次：以混合并购为特征的并购浪潮。发生于1954～1969年的混合并购在20世纪60年代后期形成高潮，基本特征是把不同性质产品的企业联合起来的混合并购案例激增，产生了诸多巨型和超巨型的跨行业公司，在1960～1970年间，发生并购2 500多起，被并购企业达2万多家。

第四次：以并购上市公司为特征的并购浪潮。发生于1975～1991年的并购浪潮在1985年达到高潮，基本特征是大量公开上市公司被并购，还出现了负债兼并方式和重组并购方式。此次并购高潮期间，兼并事件达3 000多起，并购涉及金额3 358亿美元，兼并范围广泛。

第五次：以跨国并购为特征的并购浪潮。此次并购浪潮开始于20世纪90年代中期，其背景是世界经济全球一体化大趋势迫使公司扩大规模和联合行动，以增强国际竞争力；美国政府对兼并和垄断的限制有所松动；资本市场上融资的方法、渠道多样化，为并购融资提供支持；并购的范围已经超过传统国界的限制，跨国并购成为主流。参与这一次并购浪潮的企业都着眼于战略利益，以占有更大市场份额、提高公司效率和夺取核心产业价值控制权等为主要动机；它们在集中精力搞好主业的同时，选择行业相关或能与之形成优势互补的企业进行合并，同时将与企业发展不相适应的部门剥离掉。

在我国，随着我国企业改制和资本市场的发展，企业并购作为一种资产重组的有效手段，在建立现代企业制度的过程中日益引起了人们的重视。自20世纪90年代以来，我国企业的合并重组事件不断增加，并购企业的数量和范围不断扩大，可以说是紧随国际步伐。特别是以1993年9月发生的宝安集团收购延中实业流通股为标志，拉开了我国资本市场企业并购的序幕。

进入21世纪以来，随着我国企业实力的增强和国际化视野的提升，企业越来越关注战略布局和可持续发展问题，如海尔集团的海外并购，联想集团收购IBM的PC业务，中海油、中石油、中石化的海外油气资产并购等等。被并购的企业不乏十分优秀的国际知名企业，表明我国企业跨国并购的规模正在迅速扩大并成为一种趋势。

中国十大并购事件

由中国并购公会、全球并购研究中心等共同主办的“中国十大并购”评选活动自2000年至今已连续成功举办，评选将中国并购领域的年度风云人物和极具震撼力的焦点、热点事件几乎全部网罗其中，评选结果以及其展现的并购行业发展趋势备受业界和海内外经济界所关注。经过多年的积累和沉淀，“中国十大并购”评选活动的知名度、影响力与权威性日臻成熟和强大，对中国并购市场逐渐走向规范、成熟，对中国企业的全球化进程起到了积极的推动作用。评选秉承公平、公信、公正的原则，以专业的角度和权威的评判，根据开创性、责任感、影响力、推动力、阳光并购等一级指标以及创新精神、社会责任、行业发展、社会影响、价值创造等二级指标，经过社会征集、提名筛选、评委会审评等方式，最终选出年度中国十大并购事件。

评选出的2017年度和2018年度中国十大并购事件如下：

中国十大并购事件

序号	2018年度	2017年度
1	美团并购摩拜单车	360借壳回归A股
2	阿里巴巴收购饿了么	中国华信能源收购俄罗斯石油股权
3	吉利集团收购戴姆勒9.69%股份	百丽国际实现私有化
4	北汽新能源借壳登陆A股	中资财团收购普洛斯
5	联想控股完成对卢森堡国际银行的收购	万达出售文旅及酒店资产
6	盈峰环境收购中联环境	中远海运收购东方海外
7	上海莱士并购海外血制品产业链公司	中投公司收购欧洲物流地产公司Logicor
8	安踏收购芬兰亚玛芬集团	吉利汽车收购宝腾汽车及莲花汽车
9	多国加大对中资并购审查力度	中国化工收购先正达
10	海航加快处置非主营业务资产	融创收购乐视系股权

“中国十大并购事件”评选参考指标

一级指标	二级指标
交易金额	规模大小：并购交易的金额规模，发生资金的数量
	市值提升：并购交易发生后一定时期内公司的市场表现，如股价总体上呈上升态势，反映投资者或其他相关利益方对并购交易的信心和态度
阳光并购	公开透明：并购过程符合国家法律法规要求和国际规范，没有违规的程序和行动，无暗箱操作，并购过程和谐，无损害员工、企业与国家利益行为
	专业操作：并购过程引入专业中介机构，并向其提供真实、完整和准确的信息；同时中介机构的服务也符合专业要求，尽职尽责，公平公正
创新	价值创造：并购交易着眼于更高的价值体现和战略意图，在目标公司价值发现、产业集中度提高和行业战略布局等方面体现创新意识
	技术创新：在并购交易过程中采用了突破常规或新颖的方法和技术
影响	行业影响：并购交易的程序、技术或观念等在行业内产生广泛的影响，其成果昭示了发展的趋势，成为其他交易借鉴的典范
	社会关注：并购交易的成果引起社会各界的关注，在公司价值、产业发展、行业战略和社会发展等方面获得积极的评价

资料来源：中国并购公会网（www. ma-china. com）。

随着企业并购活动在我国的蓬勃发展，企业并购所带来的一系列财务会计问题也越来越引起了国内会计学界的关注，成为目前我国会计理论和实务研究的一个热点。

二、企业合并的定义

如何从会计角度界定企业合并，国际会计界对此历来存在着争议。例如，美国会计原则委员会颁布的于1970年11月起生效的第16号意见书《企业合并》中指出："企业合并是指一家公司与一家或几家公司或非公司组织的企业合成一个会计个体，这一会计个体继续从事彼此分离、相互独立的企业的经营活动"；而美国财务会计准则委员会发布的《财务会计准则公告第141号——企业合并》（SFAS141）中的规定为"当主体购买了构成一项业务的净资产或一个或多个其他主体的权益份额并获得对对方主体的控制时，就发生了企业合并"。国际会计准则委员会于20世纪80年代初就公布了企业合并会计的国际会计准则，在1998年修订的《国际会计准则第22号——企业合并》中，将企业合并定义为："企业合并是指一个企业与另一个企业的结合或获得对另一个企业净资产和经营活动的控制权，而将各单独的企业合成一个经济实体。"2004年发布的《国际财务报告准则第3号——企业合并》取代了《国际会计准则第22号——企业合并》，该准则将企业合并定义为："企业合并是将单独的主体或业务集合成一个报告主体。"

我国2006年发布的《企业会计准则第20号——企业合并》，根据我国企业合并的实际情况，将企业合并定义为："企业合并，是指将两个或者两个以上单独的企业合并形成一个报告主体的交易或事项。"

从我国企业合并的定义看，是否形成企业合并，关键要看有关交易或事项发生前后，是否引起报告主体的变化。报告主体的变化产生于控制权的变化。在交易或事项发生以后，一方能够对另一方的生产经营决策实施控制，形成母子公司关系，涉及控制权的转移，该交易或事项发生以后，子公司需要纳入到母公司合并财务报表的范围中，从合并财务报表角度形成报告主体的变化；交易或事项发生以后，一方能够控制另一方的全部净资产，被合并的企业在合并后失去其法人资格，也涉及控制权的变化及报告主体的变化，从而形成企业合并，但法人资格的消失并不是企业合并的必要条件，合并的实质是控制。

假定在企业合并前甲、乙两个企业为各自独立的法律主体，我国企业合并会计准则中所界定的企业合并，包括但不限于以下情形：

1. 企业甲通过增发自身的普通股自企业乙原股东处取得企业乙的全部股权，该交易事项发生后，企业乙仍持续经营。

2. 企业甲支付对价取得企业乙的全部净资产，该交易事项发生后，撤销企业乙的法人资格。

3. 企业甲以自身持有的资产作为出资投入企业乙，取得对企业乙的控制权，该交易事项发生后，企业乙仍维持其独立法人资格继续经营。

如果一个企业取得了对另一个企业的控制权，但被合并方不构成业务，则该交易或事项不形成企业合并。企业取得了不形成业务的一组资产或是净资产时，应将购买成本按购买日所取得各项可辨认资产、负债的相对公允价值基础进行分配，不按照企业合并准则处理。业务是指企业内部某些生产经营活动或资产、负债的组合，该组合具有投入、加工处理过程和产出能力，能够独立计算其成本费用或所产生的收入，但不构成一个企业、不具有独立的法人资格，如企业的分公司、独立的生产车间、不具有独立法人资格的分部等。有关资产、负债的组合要形成一项业务，通常应具备3个要素：一是投入，指原材料、人工、必要的生产技术等无形资产以及构成生产能力的机器设备等其他长期资产的投入；二是加工处理过程，指具有一定管理能力、运营过程，能够组织投入形成产出；三是产出，最为典型的是生产出产成品，也可以是通过为其他部门提供服务来降低企业整体的运行成本等其他带来经济利益的方式。有关资产或资产、负债的组合是否构成一项业务，应结合所取得资产、负债的内在联系及是否构成独立的投入、加工处理过程等进行综合判断。

三、企业合并的类型

（一）按企业合并的方式划分，包括吸收合并、新设合并和控股合并

1. 吸收合并（merger）也称兼并（takeover），即两家或两家以上的企业合并成一家企业。合并方（或购买方，下同）在企业合并中取得被合并方（或被购买方，下同）的全部净资产，并将有关资产、负债并入合并方自身的账簿和报表进行核算。企业合并后，注销被合并方的法人资格，由合并方持有合并中取得的被合并方的资产、负债，在新的基础上继续经营，该类合并为吸收合并。假设A企业为合并方，B企业为被合并方，则A企业吸收合并B企业可以表述为：A + B = A。

吸收合并中，因被合并方在合并发生以后被注销，从合并方的角度需要解决的问题是，其在合并日（或购买日）取得的被合并方有关资产、负债入账价值的确定，以及为了进行企业合并支付的对价与所取得被合并方资产、负债的入账价值之间存在差额的处理。吸收合并以后期间，合并方应将合并中取得的资产、负债作为本企业的资产、负债核算。

2. 新设合并（consolidation），指创建新企业的合并，也称创立合并。参与合并的各方在企业合并后法人资格均被注销，合并后重新注册成立一家新的企业，由新注册成立的企业持有参与合并各企业的资产、负债，并在新的基础上经营。假设A公司和B公

司为参与合并的两家公司，C 公司为合并后新注册设立的公司，则新设合并 A 公司与 B 公司可以表述为：A + B = C。新组建的 C 公司接受 A、B 公司的资产和负债，并向其所有者签发出资证明书（或股票）。如果 A、B 公司的原所有者不再是新建的 C 公司的所有者，那么 C 公司的所有者应向 A、B 公司的原所有者支付产权转让价款，原所有者不再参与新建 C 公司的经营管理，也不再分享新建公司的税后利润。

3. 控股合并（acquisition of majorty interest，简称 acquisition）。合并方通过企业合并交易或事项取得对被合并方的控制权，企业合并后能够通过所取得的股权等主导被合并方的生产经营决策并自被合并方的生产经营活动中获益，被合并方在企业合并后仍然维持其独立法人资格继续经营的，为控股合并。假设 A 企业为合并方，B 企业为被合并方，则 A 企业控股合并 B 企业可以表述为：$A + B = A \ni B$，即合并后，A 企业成为 B 企业的母公司，B 企业成为 A 企业的子公司。

控股合并中，因合并方通过企业合并交易或事项取得了对被合并方的控制权，被合并方成为其子公司，在企业合并发生后，被合并方应当纳入合并方合并财务报表的编制范围，从合并财务报表角度，形成了报告主体的变化。

（二）按企业合并所涉及的行业划分，包括横向合并、纵向合并和混合合并

1. 横向合并（horizontal integration），也称水平式合并，指生产工艺、产品、劳务相同或相近的企业间的合并。

2. 纵向合并（vertical integration），也称垂直式合并，指生产工艺、产品、劳务虽不相同或相近，但具有前后联系的企业间的合并。

3. 混合合并（conglomeration），也称多种经营合并，指生产工艺、产品、劳务没有内在联系的企业间的合并。

（三）我国企业会计准则的分类

我国《企业会计准则第 20 号——企业合并》将企业合并划分为两大基本类型，即同一控制下的企业合并和非同一控制下的企业合并。

1. 同一控制下的企业合并。同一控制下的企业合并，是指参与合并的企业在合并前后均受同一方或相同的多方最终控制且该控制并非暂时性的。

判断是否属于同一控制下的企业合并，应注意以下几点：

（1）同一控制下的企业合并一般发生于企业集团内部，如集团内母子公司之间、子公司与子公司之间等。因此，该类企业合并中，实施最终控制的一方，通常是指企业集团中的母公司或者有关主管单位。实施最终控制的一方为有关主管单位的，企业合并是指在某一主管单位主导下进行的合并。但如果有关主管单位并未参与企业合并过程中具体商业条款的制定，如并未参与合并定价、合并方式及其他涉及企业合并的具体安排

等，不属于同一控制下的企业合并。

（2）能够对参与合并的企业在合并前后均实施最终控制的相同多方，主要是指根据投资者之间的协议约定，为扩大其中某一投资者对被投资单位股份的控制比例，或者巩固某一投资者对被投资单位的控制地位，在对被投资单位的生产经营决策行使表决权时发表相同意见的两个或两个以上的法人或其他组织。

（3）控制并非暂时性，即实施控制的时间性要求，是指参与合并各方在合并前后较长的时间内受同一方或多方控制。具体是指在企业合并之前（即合并日之前），参与合并各方在最终控制方的控制时间一般在1年以上（含1年），企业合并后所形成的报告主体在最终控制方的控制时间也应达到1年以上（含1年）。

（4）一方或相同的多方控制下的企业合并，合并双方的合并行为不完全是自愿进行和完成的，这种企业合并不属于交易行为，而是参与合并各方资产和负债的重新组合。

企业之间的合并是否属于同一控制下的企业合并，应综合构成企业合并交易的各方面情况，按照实质重于形式的原则进行判断。

2. 非同一控制下的企业合并。非同一控制下的企业合并，是指参与合并的各方在合并前后不属于同一方或相同的多方最终控制的合并交易，即除判断属于同一控制下的企业合并的情况以外其他的企业合并。

企业发生的业务合并应按照企业合并的原则处理。

以下情况是不属于我国企业合并会计准则规范的交易或事项：

（1）购买子公司的少数股权，是指在一个企业已经能够对另一个企业实施控制，双方在存在母子公司关系的基础上，为增加持股比例，母公司自子公司的少数股东处购买少数股东持有的对该公司的全部或部分股权。上述购买子公司的少数股权不符合企业合并定义，即该交易或事项发生前后，既不涉及控制权的转移，也不形成报告主体的变化。

（2）两方或者两方以上形成合营企业的情况，是指作为合营方将其拥有的资产、负债等投入所成立的合营企业，按照合营企业章程或合营合同、协议的规定，在合营企业成立以后，由合营各方对其市场经营活动实施共同控制。在这种情况下，因合营企业的各合营方中，并不存在占主导作用的控制方，不属于企业合并。

四、企业合并的会计问题

按照我国《公司法》的规定，公司合并应当由合并各方签订合并协议，并编制资产负债表及财产清单。公司合并时，合并各方的债权、债务，应当由合并后存续的公司或者新设的公司继承。企业合并涉及的会计问题包括：

（一）合并过程的会计处理

合并过程的会计处理又分为实施合并的企业和被合并的企业所进行的会计处理。企业合并时，通常采用的会计方法有购买法和权益结合法。在我国，前者适用于非同一控制下的企业合并，后者适用于同一控制下的企业合并。

应当注意，关于企业合并的会计处理在国际会计界长期存在着争论，主要体现在以下几方面：

（1）权益结合法是否可以使用问题。目前，购买法为各国普遍接受，但对于权益结合法是否可以使用，国际会计界始终无法达成一致，争论至今。

（2）购买法与权益结合法的关系问题。对于一项企业合并到底只允许采用购买法，还是既可以采用购买法又可以采用权益结合法，还是要在满足一定的条件下才允许采用权益结合法等问题，国际会计界尚不能达成一致意见。

（3）如果允许使用权益结合法，那么它的使用条件问题也是争论的焦点。

（4）在购买法下会涉及商誉问题，对其价值是否需要摊销、摊销方法和摊销年限各国规定不一，差异明显。

（二）合并以后的会计处理

吸收合并和新设合并后仍然只有一个独立的会计主体，没有新的会计问题的出现。控股合并后的会计问题在于合并财务报表的编制。

第二节　同一控制下企业合并的会计处理

一、权益结合法的概念

权益结合法（pooling of interests method）又称权益联合法，是处理企业合并的一种方法。原《国际会计准则第 22 号——企业合并》规定："采用权益结合法时，合并后企业的财务报表中应包括参与合并的企业在发生联营的当期以及披露的所有可比期间的财务报表项目，犹如从列报的最早期间起就已经联合在一起。"权益结合法的实质在于将两个企业的合并视为所有者权益的联合，不认为合并企业之间是一种购买关系。

根据以上定义，权益结合法具有如下特征：

第一，不改变会计核算的基础，即仍以账面价值为基础来记录企业合并所取得的资产和负债。

第二，既然企业合并不是购买关系，也就谈不上购买价格问题，也就不存在购买成本与可辨认净资产公允价值之间的差额，即权益结合法下不存在商誉和负商誉的问题。

第三，由于权益结合法下视合并企业早已存在，因此不管企业合并在什么时候结束，参与合并企业整个年度的损益均包括在合并后的企业中，参与合并企业的留存收益也要转入合并后的企业中。

第四，既然视股权联合企业早已存在，则在同一个企业内采用的会计政策应当一致。参与合并企业在合并前各自所采用的会计政策可能不一致，对此要进行调整，即将参与合并的不同公司采用不同的会计方法记录的账面余额调整为相同的会计方法下所应记录的余额，并且这种调整应当是追溯调整。同时还应当按照追溯调整后的数据重新编制以前年度的财务报表。

第五，该方法下，被合并企业在合并日前的盈利作为合并方利润的一部分并入合并企业的报表，而不构成合并方的投资成本。不论合并发生在会计年度的哪一个时点，参与合并企业的整个年度的损益都要包括在合并后的企业中；参与合并企业的整个留存收益均应转入合并后的企业。

第六，账面换出股本的金额加上现金或其他资产形式的额外出价与账面换入股本的金额之间的差额，应调整股东权益。理由是，当企业合并采用权益结合的形式进行时，所发生的仅仅是股权的交换，并非现实的资产交换，其升值部分不应视为商誉，而应作为所有者权益的增加，即资产的量度是以原始成本表述的，其公允市价超过原始成本的部分都应体现在股东权益中。

二、权益结合法的使用条件

由于权益结合法相对于购买法能够产生较高的报告收益，所以一经出现就受到了欢迎。使用权益结合法核算企业合并的数量迅速增加，一段时期内甚至是购买交易也采用权益结合法处理，造成了权益结合法的滥用。权益结合法的滥用同时也造成了证券市场的混乱，引起了越来越多的人对权益结合法的批评。财务人员越来越迫切地需要一个具体的确认标准帮助他们分析什么是购买，什么是权益结合。

在这种背景下，美国会计原则委员会（APB）于 1970 年发布了它的第 16 号意见书《企业合并》（APB Opinion No. 16），规定了使用权益结合法处理企业合并业务的 12 个条件。只有企业合并全部满足这 12 个条件才允许使用权益结合法核算。这 12 个条件可以分为三类：

1. 参与合并企业的性质。

（1）在开始实施合并计划前的两年内，每一个参与合并的企业自主经营，不是另一公司的子公司或分部。

（2）在实施合并计划前，参与合并的每个企业都是独立的，没有任何一个合并方拥有另一个合并方10%以上的具有表决权的普通股。

这两个条件可以合理保证合并各方的控制权在合并前彼此独立，并且合并不受一个共同的最终所有者的影响。合并前的利益独立性有利于保证合并协议是经过合并方真正的讨价还价后才达成的。

2. 合并所有者权益的方式。

（1）合并必须在一项单独交易中完成或者根据一项特别的计划在计划制订后1年内完成。但由于受诉讼等超过管理控制能力因素的影响而不能在1年内结束交易的则不受此项条件的约束。

（2）在合并结束日，合并公司仅发行普通股用于交换被合并公司几乎所有（90%以上）有投票权的股票。

计划交换的股票不包括合并计划实施时合并公司已经持有的被合并公司股票。如果被合并公司持有合并公司的股票，这些股票必须转换成相等数量的合并公司股票，从合并公司发行的股票中扣除，以减少需要交换的股票数量。这样做的目的是避免合并公司发行股票来交换自己的股票。

（3）在合并计划实施前两年内以及合并起始日至合并完成日前，合并各方普通股股东的权益未因预期的合并而发生变化。

计划实施合并时股东权益的变化可能包括向股东分派股利、增发股票和赎回股票。

（4）任何参与合并的企业都未因预期的合并而回购其具有表决权的普通股，但出于补偿计划而有计划地购入库藏股则不在此列。

（5）在某一参与合并的企业中，某一普通股股东的权益与其他普通股股东权益的比率在交换普通股完成合并业务之后仍然保持不变。

这一规定能够保证参与合并企业的每个股东所获得的存续公司的股东权益完全是根据其合并前在各自公司拥有的权益比例决定。

（6）合并后实体普通股股东拥有的投票权可立即行使，这些权利不能被剥夺或限制。

这一规定保证企业合并是平等的股权联合，保证合并公司发行的所有普通股与原公司普通股有相同的权利。

（7）在合并完成日，与合并业务有关的所有问题已经解决，而且在与股票发行或其他代价有关的计划中不存在悬而未决的条款。

3. 不存在有计划的交易。

（1）合并后的企业并不直接或间接地赎回或取得为实施合并而发行的全部或部分普通股。

如果合并后对发行的股票进行回购实质上是对股东权利的剥夺，其经济实质是变相对企业的购买。这一规定可以保证企业合并是真正的股权联合。

（2）合并后的企业不受为参与合并企业的原股东提供优惠的其他财务协议的约束，如由合并时所发行的普通股提供的贷款担保，这种担保事实上会取消普通股的交换。

（3）在合并完成日以后两年内，合并后的企业不准备或计划对参与合并某一方面的重要资产进行处置。

这一规定主要是为了限制为了获得资产处置收益而实施权益结合法。

但如果属于下列情形中的任何一种，都不应影响权益结合法的应用：（1）正常经营中发生的对重复或多余生产能力的处置；（2）由于政府的政策规定或法院的判决，或者出于对这类事件的合理预期而对资产进行处置；（3）被处置的资产没有明显或隐含地列入合并协议；（4）不良资产的处置。

由以上论述可见，APB Opinion No. 16 对权益结合法的限制还是比较严格的。自从 APB Opinion No. 16 公布以来，采用权益结合法核算的企业合并数量锐减。

原《国际会计准则第 22 号——企业合并》也规定了权益结合法的使用条件，包括：（1）参与合并企业的有表决权的普通股，如果不是全部至少也应是绝大多数参与交换或合并。（2）一个企业的公允价值不能与另一个企业的公允价值相差很远。（3）合并之后，各企业的股东在合并后主体中应大体保持与合并前同样的表决权和股权。

英国于 1985 年 4 月公布标准会计实务公告第 23 号（SSAP23）规定企业合并采用权益结合法处理，必须满足以下四个条件：（1）企业合并产生于向所有股份的持有者和全部有投票表决权股份的持有者出价，而这些股份并未为出价公司所持有。（2）合并协议保证交易中 90% 以上通过换股完成，并且保证合并交易结束后，合并公司拥有被合并公司 90% 以上的普通股股权。（3）合并前合并公司持有的被合并公司权益性证券不超过 20%，或持有的权益性证券中普通股权不超过 20%。（4）合并后合并公司应持有被合并公司 90% 以上的权益性证券。

加拿大的会计准则也对权益结合法的使用做了以下几方面的规定：（1）企业合并后股东权益的不变及连续性；（2）合并后企业的经营管理、方针政策等影响的不变及连续性；（3）参与联合的企业行业类似，企业规模大小相当、可比；（4）合并后不存在产生重要影响的少数股权。

我国《企业会计准则第 20 号——企业合并》将企业合并划分为同一控制下的企业合并和非同一控制下的企业合并，并对两类企业合并分别规定了会计处理原则。同一控制下的企业合并会计处理基本保留了权益结合法的做法。

三、同一控制下企业合并会计处理的基本规定

同一控制下的企业合并，是从合并方出发，确定合并方在合并日对于企业合并事项应进行的会计处理。合并方，是指取得对其他参与合并企业控制权的一方；合并日，是指合并方实际取得对被合并方控制权的日期。

同一控制下的企业合并，在合并中不涉及自少数股东手中购买股权的情况下，合并方应遵循以下基本规定进行相关的处理。

1. 合并方在合并中确认取得的被合并方的资产、负债仅限于被合并方账面上原已确认的资产和负债，合并中不产生新的资产和负债。

同一控制下的企业合并，从最终控制方的角度看，其在企业合并发生前后能够控制的净资产价值量并没有发生变化，因此合并中不产生新的资产，但被合并方在企业合并前账面上原已确认的商誉应作为合并中取得的资产加以确认。

2. 合并方在合并中取得的被合并方各项资产、负债应维持其在被合并方的原账面价值不变。

合并方在同一控制下企业合并中取得有关资产和负债不应因该项合并而改记其账面价值，从最终控制方的角度，该项交易或事项仅是其原本已经控制的资产、负债空间位置的转移，原则上不应影响所涉及资产、负债的计价基础变化。

在确定合并中取得各项资产、负债的入账价值时，应予注意的是，被合并方在企业合并前采用的会计政策与合并方不一致的，应基于重要性原则，首先统一会计政策，即合并方应当按照本企业会计政策对被合并方资产、负债的账面价值进行调整，并以调整后的账面价值作为有关资产、负债的入账价值。

3. 合并方在合并中取得的净资产的入账价值相对于为进行企业合并支付的对价账面价值之间的差额，不作为资产的损益，不影响合并当期利润表，有关差额应调整所有者权益相关项目。合并方在企业合并中取得的价值量相对于所放弃价值量之间存在差额的，应当调整所有者权益。在根据合并差额调整合并方的所有者权益时，应首先调整资本公积（资本溢价或股本溢价），资本公积的余额不足以冲减的，应冲减留存收益。

4. 对于同一控制下的控股合并，合并方在编制合并财务报表时，应视同合并后形成的报告主体自最终控制方开始实施控制时一直是一体化存续下来的，参与合并各方在合并以前期间实现的留存收益应体现为合并财务报表中的留存收益。合并财务报表中，应以合并方的资本公积（或经调整后的资本公积中的资本溢价部分）为限，在所有者权益内部进行调整，将被合并方在合并日以前实现的留存收益中按照持股比例计算归属于合并方的部分自资本公积转入留存收益。

四、同一控制下的企业合并的具体会计处理

同一控制下的企业合并，应根据合并方式的不同，分别按照相关规定进行会计处理。

（一）同一控制下的吸收合并

同一控制下的吸收合并中，合并方主要涉及合并日取得被合并方资产、负债入账价值的确定，以及合并中取得有关净资产的入账价值与支付的合并对价账面价值之间差额的处理。

1. 合并中取得资产、负债入账价值的确定。合并方对同一控制下吸收合并中取得的资产、负债应当按照相关资产、负债在被合并方的原账面价值入账。其中，对于合并方与被合并方在企业合并前采用的会计政策不同的，在将被合并方的相关资产、负债并入合并方的账簿和报表进行核算之前，首先应基于重要性原则，统一被合并方的会计政策，即应当按照合并方的会计政策对被合并方的有关资产、负债的账面价值进行调整，以调整后的账面价值确认。

2. 合并差额的处理。合并方在确认了合并中取得的被合并方的资产和负债的入账价值后，以发行权益性证券方式进行的该类合并，所确认的净资产入账价值与发行股份面值总额的差额，应计入资本公积（资本溢价或股本溢价），资本公积（资本溢价或股本溢价）的余额不足冲减的，相应冲减盈余公积和未分配利润；以支付现金、非现金资产方式进行的该类合并，所确认的净资产入账价值与支付的现金、非现金资产账面价值的差额，相应调整资本公积（资本溢价或股本溢价），资本公积（资本溢价或股本溢价）的余额不足冲减的，相应冲减盈余公积和未分配利润。

【例 1－1】 P、Q 两公司同为 S 集团控制下的全资子公司，20×7 年 6 月 30 日 P 公司通过发行若干数量的普通股（每股面值为 1 元、市价为 8 元）作为合并对价，交换 Q 公司发行在外的全部股份，从而吸收合并 Q 公司全部净资产，不考虑合并费用。20×7 年 6 月 30 日 P、Q 两公司的资产负债表数据如表 1－1 所示。

表 1－1　　P、Q 两公司的资产负债表（简表）

20×7 年 6 月 30 日　　单位：元

项　目	P 公司账面价值	Q 公司	
		账面价值	公允价值
货币资金	10 000 000	8 000 000	8 000 000
应收账款	20 000 000	15 000 000	12 000 000
存货	50 000 000	45 000 000	51 000 000

续表

项　目	P公司账面价值	Q公司	
		账面价值	公允价值
固定资产净额	80 000 000	52 000 000	54 000 000
资产合计	160 000 000	120 000 000	125 000 000
应付账款	30 000 000	10 000 000	10 000 000
股本	100 000 000	50 000 000	
资本公积	10 000 000	40 000 000	
盈余公积	8 000 000	10 000 000	
未分配利润	12 000 000	10 000 000	
负债和所有者权益合计	160 000 000	120 000 000	

本例中，P、Q两公司同为S集团控制下的子公司，合并前其共同的母公司为S集团公司，该项合并中参与合并的企业在合并前后均为S集团最终控制，故此项合并为同一控制下企业合并。自6月30日开始，P公司能够对Q公司净资产实施控制，该日即为合并日。

因合并后Q公司失去法人资格，P公司应确认合并取得的Q公司的各项资产和负债，假设P公司与Q公司在合并前采用的会计政策相同。P公司在合并日进行合并的会计处理时，应根据支付对价的具体情况，即实际发行普通股的面值情况，分以下两种情况进行会计处理：

（1）P公司发行股份的面值等于Q公司股本账面价值，假设P公司发行5 000 万股普通股作为对价，交换Q公司发行在外的全部股份，则合并方P公司在合并日应编制如下会计分录：

借：货币资金　　8 000 000
　　应收账款　　15 000 000
　　存货　　45 000 000
　　固定资产　　52 000 000
　　贷：应付账款　　10 000 000
　　　　股本　　50 000 000
　　　　资本公积——股本溢价　　60 000 000

（2）P公司发行股份的面值大于Q公司股本账面价值，假设P公司发行11 500万股普通股作为对价，交换Q公司发行在外的全部股份，则合并方P公司在合并日应编制如下会计分录：

借：货币资金　　8 000 000

应收账款	15 000 000	
存货	45 000 000	
固定资产	52 000 000	
资本公积——股本溢价	5 000 000	
贷：应付账款		10 000 000
股本		115 000 000

注意，同一控制下的新设合并，其合并方（即新设公司）在合并日的会计处理可比照上述做法进行处理。

（二）同一控制下的控股合并

同一控制下的企业合并中，合并方在合并后取得对被合并方生产经营决策的控制权，并且被合并方在企业合并后仍然继续经营的，合并方在合并日涉及两个方面的问题：一是对于该项企业合并形成的对被合并方的长期股权投资的确认和计量问题；二是合并日合并财务报表的编制问题。

1. 长期股权投资的确认和计量。按照我国《企业会计准则第2号——长期股权投资》的规定，同一控制下的企业合并形成的长期股权投资，合并方应以合并日应享有被合并方账面所有者权益的份额作为形成长期股权投资的初始投资成本，借记“长期股权投资”科目，按享有被投资单位已宣告但尚未发放的现金股利或利润，借记“应收股利”科目，按支付的合并对价的账面价值，贷记有关资产或借记有关负债科目，以支付的现金、非现金资产方式进行的，该初始投资成本与支付的现金、非现金资产的差额，相应调整资本公积（资本溢价或股本溢价），资本公积（资本溢价或股本溢价）的余额不足冲减的，相应调整盈余公积和未分配利润；以发行权益性证券方式进行的，长期股权投资的初始投资成本与所发行股份的面值总额之间的差额，应调整资本公积（资本溢价或股本溢价），资本公积（资本溢价或股本溢价）的余额不足冲减的，相应调整盈余公积和未分配利润。

有关该合并方式下形成长期股权投资初始成本的确定及其举例，可以参见《中级财务会计》教材中“长期股权投资”的有关内容。

2. 合并日合并报表的编制。同一控制下企业合并形成母子公司关系的，合并方一般应在合并日编制合并财务报表，反映于合并日形成的报告主体的财务状况、视同该主体一直存在产生的经营成果等。编制合并日的合并财务报表时，一般只包括合并资产负债表。

合并日合并财务报表的具体编制方法及其举例，可以参见本教材第二章有关内容。

【例1-2】 承〖例1-1〗有关资料，假设20×7年6月30日P公司通过发行若干数量的普通股（每股面值为1元、市价为8元）作为合并对价，交换Q公司发行在外全部股份，从而取得Q公司的控制权，合并后Q公司仍维持其独立法人资格继续经营。不考虑合并费用。

P公司在合并日应进行的会计处理为：

（1）P公司发行股份的面值小于Q公司净资产账面价值，假设P公司发行5 000万股普通股作为对价，交换Q公司发行在外全部股份，则合并方P公司在合并日应编制如下会计分录：

借：长期股权投资　　110 000 000

　　贷：股本　　50 000 000

　　　　资本公积——股本溢价　　60 000 000

（2）P公司发行股份的面值大于Q公司净资产账面价值，假设P公司发行11 500万股普通股作为对价，交换Q公司发行在外的全部股份，则合并方P公司在合并日应编制如下会计分录：

借：长期股权投资　　110 000 000

　　资本公积——股本溢价　　5 000 000

　　贷：股本　　115 000 000

五、合并方为进行企业合并发生的有关费用的处理

合并方为进行企业合并发生的有关费用，指合并方为进行企业合并发生的各项相关费用，包括为进行企业合并而支付的审计费用、评估费用、法律服务费用等，简称合并费用。

企业合并进行过程中发生的各项相关费用，应于发生时计入当期损益。借记“管理费用”等科目，贷记“银行存款”等科目。但以下两种情况除外：

（1）以发行债券方式进行企业合并，与发行债券相关的佣金、手续费等应按照《企业会计准则第22号——金融工具确认和计量》的规定进行核算。即该部分费用虽然与筹集用于企业合并的对价直接相关，但其核算应遵循金融工具会计准则的原则，有关的费用应当计入所发行债券及其他债务的初始计量金额中。其中债券如为折价发行的，该部分费用应增加折价的金额；债券如为溢价发行的，该部分费用应减少溢价的金额。

（2）发行权益性证券作为合并对价的，与所发行权益性证券相关的佣金、手续费等应按照《企业会计准则第37号——金融工具列报》的规定进行核算。即与发行权益性证券相关的费用，不管其是否与企业直接相关，均应自所发行权益性证券的发行收入中扣减，在权益性工具发行有溢价的情况下，自溢价收入中扣除，在权益性证券发行无溢价或溢价金额不足以扣减的情况下，应当冲减盈余公积和未分配利润。

第三节　非同一控制下企业合并的会计处理

一、购买法的概念

购买法（purchase method）是从被认定为购买方的参与合并主体的角度看待企业合并，认为企业合并是合并方（即购买方）通过购买方式取得其他参与合并企业净资产的一种交易，这一交易与企业直接从外部购入机器设备、存货等一般资产并无区别。因此，购买法要求应用与传统会计处理相一致的方法，即对所收到的资产与承担的负债用与之交换的资产或权益的价值量来衡量。合并后，经济资源流出方获得了对经济资源的控制权，而被合并方丧失了对经济资源的控制权。购买法要求按公允价值反映被购买企业的资产负债表项目，并将公允价值体现在购买企业的账户和合并后的资产负债表中，所取得的净资产的公允价值与购买成本的差额表现为购买企业购买时发生的商誉。

购买法具有以下特征：

1. 实施合并的企业应按其成本进行核算，其成本为所支付的现金及现金等价物的金额，或交易发生日购买方为了取得对其他净资产的控制权而支付的其购买价款的公允价值，加上其他任何可直接归属于该项购买的费用。

2. 如果被并企业丧失法人地位，购买企业收到被并企业的资产和负债应按公允价值入账，合并成本超过取得净资产公允价值的差额，确认为商誉。

3. 实施合并企业的收益包括当年本身实现的收益，但仅包括合并日后被并企业所实现的收益。从购买日起，被并企业的经营成果应合并到购买企业的利润表中，被并企业的留存收益不能转到购买企业。实施合并企业的留存收益有可能因合并而减少，但不能增加；被合并企业的留存收益也不能转入实施合并的企业。

4. 不需要对参与合并的其他企业的会计记录加以调整，因为它们的资产和负债已按公允价值记账。购买方购买净资产并确认取得的资产和承担的负债及或有负债，包括那些被购买方以前未予确认的部分。购买方的资产和负债的计量，以及购买方由于交易而确认的额外的资产或负债的计量都不受交易的影响，因为它们不是交易的对象。

二、购买法的适用对象和应用步骤

《国际财务报告准则第 3 号——企业合并》中指出：所有的企业合并都应当采用购买法进行会计处理。

我国企业合并会计准则并没有直接提出购买法，但从对非同一控制下企业合并的会计处理的规定内容看，可以认为非同一控制下的企业合并是参与合并的一方购买另一方或多方的交易，其基本处理原则是购买法。因此，购买法适用于非同一控制下企业合并的会计处理。

购买法的应用步骤包括：（1）确定购买方；（2）计量企业合并成本；（3）在购买日将企业合并成本分配到取得的资产和承担的负债及或有负债，即将企业合并成本在取得的可辨认资产和负债之间的分配。

三、非同一控制下企业合并会计处理的基本规定

非同一控制下的企业合并，主要涉及购买方及购买日的确定、企业合并成本的确定、合并中取得各项可辨认资产负债的确认和计量以及合并差额的处理等，分别说明如下：

（一）确定购买方

采用购买法核算企业合并的首要一步是确定购买方。购买方是获得对其他参与合并主体或业务的控制权的参与合并主体。购买法假定交易的一方能够被认定为购买方。确定购买方的基本标志在于控制权。控制权是指统驭一个主体或业务的财务和经营成果，并借此从其活动中获得利益的权力。一个参与合并主体在获得对另一参与合并主体一半以上的表决权时，便可认为其获得了对另一参与合并主体的控制权，除非能证明这种所有权不构成控制。

持有半数或半数以下表决权的投资方，可以综合考虑以下情况，判断是否拥有对被投资方控制的权力。

1. 投资方持有的表决权份额相对于其他投资方持有的表决权份额的大小，以及其他投资方持有表决权的分散程度。

2. 投资方和其他投资方持有的潜在表决权，例如，可转换工具等。

3. 其他合同安排产生的权利。例如，合同安排赋予投资方能够聘任被投资方董事会或类似权力机构多数成员，这些成员能够主导董事会或类似权力机构等相关活动的决策。

4. 其他相关事实和情况。如果上述 1 ~ 3 项所列因素不足以判断是否控制被投资方，还可以结合下列事实和情况判断：

（1）投资方是否能够任命或批准被投资方的关键管理人员，这些关键管理人员能够主导被投资方的相关活动。

（2）投资方是否能够出于自身利益决定或者否决被投资方的重大交易。

（3）投资方是否能够控制被投资方董事会等类似权力机构成员的任命程序，或者

从其他表决权持有人手中获得代理投票权。

(4) 投资方与被投资方的关键管理人员或董事会等类似权力机构中的多数成员是否存在关联关系（例如，被投资方首席执行官与投资方首席执行官为同一人）。

(5) 投资方与被投资方之间是否存在特殊关系。例如，被投资方的关键管理人员是投资方的现任或前任职工，被投资方经营活动依赖于投资方，等等。

（二）确定购买日

购买日是购买方实际获得对被购买方控制权的日期，即企业合并交易进行过程中，发生控制权转移的日期。同时满足了以下条件时，一般认为实现了控制权的转移，形成购买日。有关的条件包括：

1. 企业合并合同或协议已获得股东大会等内部权力机构通过，如对于股份有限公司，其内部权力机构一般为股东大会。

2. 按照规定，合并事项需要经过国家有关主管部门审批的，已获得相关部门的批准。

3. 参与合并各方已办理了必要的财产权交接手续。作为购买方，其通过企业合并无论是取得对被购买方的股权还是被购买方的全部净资产，能够形成与取得股权或净资产相关的风险和报酬的转移，一般需要办理相关的财产权交接手续，从而从法律上保障有关风险和报酬的转移。

4. 购买方已支付了购买价款的大部分（一般应超过50%），并且有能力支付剩余款项。

5. 购买方实际上已经控制了被购买方的财务和经营政策，并享有相应的收益和风险。

企业合并涉及一次以上交换交易的，例如通过逐次取得股份分阶段实现合并，企业应于每一交易日确认对被投资企业的各单项投资。“交易日”是指合并方或购买方在自身的账簿和报表中确认对被投资单位投资的日期。分步实现的企业合并中，购买日是指按照有关标准判断购买方最终取得对被购买企业控制权的日期。例如，甲企业于20×7年12月10日取得乙公司30%的股权（假定能够对被投资单位施加重大影响），在与取得股权相关的风险和报酬发生转移的情况下，甲公司应确认对乙公司的长期股权投资。在已经拥有乙公司30%股权的基础上，甲公司又于20×8年4月1日取得乙公司40%的股权，在其持股比例达到70%的情况下，假定于当日开始能够对乙公司实施控制，则20×8年4月1日为第二次购买股权的交易日，同时因在当日能够对乙公司实施控制，形成企业合并的购买日。

（三）确定企业合并成本

企业合并成本包括购买方为进行企业合并支付的现金或非现金资产、发行或承担的债务、发行的权益性证券等在购买日的公允价值。

在某些情况下，当企业合并协议规定了由于未来或有事项对企业合并成本进行调整时，如果调整很可能发生并能可靠地计量，即符合《企业会计准则第 13 号——或有事项》规定的确认条件的，则购买方应在购买日将调整额计入合并成本中。企业合并协议可能允许根据一项或多项未来事项对合并成本进行调整，例如，调整可能与未来期间能够保持或实现的特定盈利水平相联系，或者与维持所发行工具的时价相联系。在对合并进行初始会计处理时，即使存在一些不确定性，通常仍能对此类调整额作出估计而不降低信息的可靠性。如果未来事项没有发生，或者需要对估计进行修订，则企业合并成本应当进行相应的调整。当企业合并协议中规定了此类调整，如果它不可能发生或是不能被可靠地计量，则在合并的初始会计处理时不应将此类调整包括在合并成本中。如果调整后来成为很可能发生并能可靠地计量，则追加的对价应当作为合并成本的调整来处理。

通过多次交换交易分步实现的企业合并，在购买方的个别财务报表中，应当以购买日之前所持被购买方的股权投资的账面价值与购买日新增投资成本之和，作为该项投资的初始投资成本；在合并财务报表中，以购买日之前所持被购买方股权于购买日的公允价值与购买日支付对价的公允价值之和，作为合并成本。

应当注意，企业发生的下列事项所产生的成本不应当包括在合并成本中：

1. 以承担负债实现企业合并时，预期由于合并而发生的未来损失或其他成本不是购买方为换取被购方控制权而发生或承担的负债。

2. 因企业合并购买方发生的审计、法律服务、评估咨询等中介费用以及其他相关管理费用。这些费用应当于发生时计入当期损益。

3. 因合并而筹备与发行金融负债的成本。该成本属于负债发行交易的组成部分，不属于合并成本。

4. 因合并而发行权益性工具的成本。该成本属于权益发行交易的组成部分，应减少发行权益取得的收入。

5. 在某些情况下，购买方可能要向出售者进行的后续支付。该后续支付是补偿购买方为换取被购方控制权而放弃的资产、发行的权益或者发生或承担的负债的价值减少。例如，购买方对在作为企业合并成本的部分而发行的权益或债务工具的市价作出担保，并为最初确定的成本而必须发行额外的权益或债务工具。在权益工具的情况下，追加支付公允价值被归属于首次发行工具的价值减少所抵销；在债务工具下，追加的支付被视为首次发行溢价的减少或折价的增加。

购买方在购买日对作为企业合并对价付出的资产、发生或承担的负债应当按照公允价值计量，公允价值与其账面价值的差额，计入当期损益。

（四）企业合并成本在取得的可辨认资产和负债之间的分配

非同一控制下的企业合并成本中，通过企业合并交易，购买方无论是取得对被购买方生产经营决策的控制权还是取得被购买方的全部净资产，从本质上看，取得的均是对被购买方净资产的控制权，视合并方式的不同，控股合并的情况下，购买方在其个别财务报表中应确认所形成的对被购买方的长期股权投资，该长期股权投资所代表的是购买方在合并中取得的对被购买方各项资产、负债中享有的份额，具体体现在合并财务报表中应列示的有关资产、负债的价值；吸收合并的情况下，合并中取得的被购买方各项可辨认资产、负债等直接体现为购买方账簿及个别财务报表中的资产、负债项目。

1. 购买方在企业合并中购入资产、负债和或有负债的确认。购买方应在购买日单独确认从被购买方取得的可辨认资产、负债及或有负债。有关的确认条件包括：

（1）对于合并中取得的被购买方的各项资产（无形资产除外），相关的未来经济利益很可能流入购买方，并且其公允价值能够可靠地计量，应单独作为资产确认。

（2）对于合并中取得的被购买方的各项负债（或有负债除外），包含经济利益的资源将很可能流出以解除义务，并且其公允价值能够可靠地计量，应单独作为负债确认。

（3）企业合并中取得的无形资产在其公允价值能够可靠计量的情况下应单独予以确认。

企业合并中取得的需要区别于商誉单独确认的无形资产一般是按照合同或法律产生的权利，某些并非产生于合同或法律规定的无形资产，需要区别于商誉单独确认的条件是能够对其进行区分，即能够区别于被购买企业的其他资产并且能够单独出售、转让、出租等。

公允价值能够可靠计量的情况下，应区别于商誉单独确认的无形资产一般包括：商标、版权及与其相关的许可协议、特许权、分销权等类似权利、专利技术、专有技术、商业秘密等。

（4）对于购买方在企业合并时可能需要代被购买方承担的或有负债，在其公允价值能够可靠计量的情况下，应作为合并中取得的负债单独确认。

企业合并中对于或有负债的确认条件，与企业在正常经营过程中因或有事项需要确认负债的条件不同，在购买日可能相关的或有事项导致经济利益流出企业的可能性还比较小，但其公允价值能够合理确定的情况下，即需要作为合并中取得的负债确认。

2. 购买方在合并中购入资产、负债和或有负债的计量：公允价值。公允价值是指市场参与者在计量日发生的有序交易中，出售一项资产所能收到或者转移一项负债所需支付的价格。企业合并中取得的可辨认资产、负债和或有负债在满足确认条件后，应以公允价值计量。具体是：

（1）货币资金：按照购买日被购买方的原账面价值确定。

（2）有活跃市场的股票、债券、基金等金融工具：按照购买日活跃市场中的市场价值确定。

（3）应收款项：短期应收款项因其折现后的价值与名义金额相差不大，可以直接运用其名义金额作为公允价值；对于收款期在3年以上的长期应收款项，应以适当的现行利率折现后的现值确定其公允价值。在确定应收款项的公允价值时，要考虑发生坏账的可能性及收款费用。

（4）存货：产成品和商品按其估计售价减去估计的销售费用、相关税费以及购买方通过自身的努力在销售过程中对于类似的产成品或商品可能实现的利润加以确定；在产品按完工产品的估计售价减去至完工仍将发生的成本、预计销售费用、相关税费以及基于同类或类似产成品的基础上估计可能实现的利润加以确定；原材料按现行重置成本加以确定。

（5）不存在活跃市场的金融工具如权益性投资等：应当参照《企业会计准则第22号——金融工具确认和计量》等的规定，采用估值技术确定其公允价值。

（6）房屋建筑物：存在活跃市场的，应以购买日的市场价格确定其公允价值；本身不存在活跃市场，但同类或类似房屋建筑物存在活跃市场的，应参照同类或类似房屋建筑物的市场价格确定其公允价值；同类或类似房屋建筑物也不存在活跃市场，无法取得有关市场信息的，应按照一定的估值技术确定其公允价值。采用估值技术确定的公允价值估计数的变动区间很小，或者在公允价值估计数变动区间内，各种用于确定公允价值估计数的概率能够合理确定的，视为公允价值能够可靠计量。

（7）机器设备：存在活跃市场的，应按购买日的市场价值确定其公允价值；本身不存在活跃市场，但同类或类似机器设备存在活跃市场的，应参照同类或类似机器设备的市场价格确定其公允价值；同类或类似机器设备也不存在活跃市场，或因有关的机器设备具有专用性，在市场上很少出售、无法取得确定其公允价值的市场证据，可使用收益法或考虑该机器设备损耗后的重置成本估计其公允价值。

（8）无形资产：存在活跃市场的，参考市场价格确定其公允价值；不存在活跃市场的，应当在可获得的最佳信息基础上，以估计熟悉情况的双方在公平的市场交易中为取得该项资产应支付的金额作为其公允价值。

（9）应付账款、应付票据、应付职工薪酬、应付债券、长期应付款等债务项目：对于短期债务，因其折现后的价值与名义金额相差不大，可以名义金额作为公允价值；对于长期债务，应当按照适当的折现率折现后的现值作为其公允价值。

（10）取得的被购买方的或有负债：如果其公允价值在购买日能够可靠计量的，应单独确认为预计负债。此项负债应当假定第三方愿意代购买方承担该项义务，并按照其所承担义务需要购买方支付的金额进行计量。

（11）递延所得税资产和递延所得税负债：对于企业合并中取得的被购买方各项可辨认资产、负债及或有负债的公允价值与其计税基础之间存在差额的，应当按照《企业会计准则第18号——所得税》的规定确认相应的递延所得税资产或递延所得税负债，所确认的递延所得税资产或递延所得税负债的金额不应折现。

（五）企业合并成本中与合并中取得的被购买方可辨认净资产公允价值份额差额的处理

购买方对于企业合并成本中与确认的可辨认净资产公允价值份额的差额，应视情况分别处理：

1. 企业合并成本大于合并中取得的被购买方可辨认净资产公允价值份额的差额应确认为商誉。根据企业合并方式的不同，在控股合并的情况下，该差额是指在合并财务报表中应予列示的商誉，即长期股权投资的成本与购买日按照持股比例计算确定应享有被购买方可辨认净资产公允价值份额之间的差额；在吸收合并下，该差额是购买方在其账簿及个别财务报表中应确认的商誉。

对于非同一控制下的企业合并，存在合并差额的情况下，企业首先应对企业合并成本及合并中取得的可辨认资产、负债的公允价值进行复核，在取得的各项资产和负债均以公允价值计量并且确认了符合条件的无形资产以后，剩余部分才构成商誉。商誉代表的是合并中取得的由于不符合确认条件未予确认的资产以及被购买方有关资产产生的协同效应或合并盈利能力。

商誉在确认以后，持有期间的会计处理存在着不同的做法。我国会计准则规定，商誉在持有期间不要求摊销，每一会计期末，企业应当按照《企业会计准则第8号——资产减值》的规定对其进行测试，按照账面价值与可收回金额孰低的原则计量，对于可收回金额低于账面价值的部分，计提减值准备，有关减值准备在提取以后，不能够转回。

应当注意，对于商誉的会计处理，历史上曾有以下三种不同的方法：第一，将购买商誉资本化为一项资产，在以后一定时期按期摊销；第二，将购买商誉资本化为一项资产，以后时期不摊销；第三，购买商誉不予资本化为一项资产，在合并日立即注销。

2. 企业合并成本小于合并中取得的被购买方可辨认净资产公允价值份额的部分，应计入合并当期损益。

该种情况下，购买方首先要对合并中取得的可辨认资产、负债的公允价值、作为合并对价的非现金资产或发行的权益性证券等公允价值进行复核，如果复核结果表明所确定的各项资产和负债的公允价值是恰当的，应将企业合并成本低于取得的被购买方可辨认净资产公允价值之间的份额，计入合并当期的营业外收入，并在会计报表附注中予以说明。

与商誉的确认相同，在吸收合并的情况下，上述企业合并成本小于合并中取得的被购买方可辨认净资产公允价值份额的差额，应计入购买方的合并当期的个别利润表；在控股合并的情况下，上述差额应体现在合并当期的合并利润表中，不影响购买方的个别利润表。

应当注意，企业合并成本小于合并中取得的被购买方可辨认净资产公允价值份额的部分，历史上也被称为负商誉。负商誉的会计处理也曾存在如下三种方法：第一，将净资产公允价值超过购买成本的部分先等比例冲销企业购入的各项非货币性资产的价值后，将其余额列作递延收益，在规定的有效期内平均摊销；第二，在合并日的财务报表中直接作为股东权益的增加；第三，列作递延收益，在规定的期限内等额摊销。

（六）企业合并成本或有关可辨认资产、负债公允价值暂时确定的情况

对于非同一控制下的企业合并，如果在购买日或合并当期期末，因各种因素影响无法合理确定企业合并成本或合并中取得有关可辨认资产、负债公允价值的，在合并当期期末，购买方应以暂时确定的价值为基础进行核算。继后取得进一步信息表明有关资产、负债公允价值的，应分别以下情况进行处理：

1. 购买日后12个月内有关价值量的调整。在合并当期期末以暂时确定的价值对企业合并进行处理的情况下，自购买日算起12个月内取得进一步的信息表明需对原暂时确定的企业合并成本或所取得的资产、负债的暂时性价值进行调整的，应视同在购买日发生，即应进行追溯调整，同时对以暂时性价值为基础提供的比较报表信息，也应进行相关的调整。

例如，甲企业于20×7年10月10日对乙公司进行吸收合并，合并中取得的一项固定资产不存在活跃市场，为确定其公允价值，甲企业聘请了有关的资产评估机构对其进行评估。至20×7年财务报告对外报出时，尚未取得评估报告。甲企业在其20×7年财务报告中对该项固定资产暂估的价值为200万元，预计使用年限10年，净残值为0，按照年限平均法计提折旧。该项企业合并中甲企业确认商誉500万元。

20×8年3月，甲企业取得了资产评估报告，确认该项固定资产的价值为260万元。则甲企业应视同在购买日确定的该项固定资产的公允价值为260万元。相应追溯调整20×7年财务报告中确认的商誉价值（调减60万元）及利润表中的折旧费用（调增1万元）。

2. 超过规定期限后的价值量调整。自购买日算起12个月以后对企业合并成本或合并中取得的可辨认资产、负债价值的调整，应视为会计差错更正，在调整相关资产、负债账面价值的同时，应调整所确认的商誉或是计入合并当期利润表中的余额，以及相关资产的折旧、摊销等。

（七）购买日合并财务报表的编制

非同一控制下的企业合并中形成母子公司关系的，母公司应当编制购买日的合并资产负债表，反映其于购买日开始能够控制的经济资源情况。在合并资产负债表中，合并中取得的被购买方各项可辨认资产、负债及或有负债应当以购买日的公允价值列示。母公司的合并成本与取得的子公司可辨认净资产公允价值份额的差额，分别两种情况处理，即如果母公司长期股权投资的成本大于合并中取得的被购买方可辨认净资产公允价值份额的差额，体现为合并财务报表中的商誉；如果母公司长期股权投资的成本小于合并中取得的被购买方可辨认净资产公允价值份额的差额，应计入合并利润表中作为当期损益。因购买日不需要编制合并利润表，该差额体现在合并资产负债表上，应调整合并资产负债表的盈余公积和未分配利润。有关购买日合并财务报表的具体编制参见本教材第二章有关内容。

四、非同一控制下企业合并的具体会计处理

（一）非同一控制下的吸收合并

非同一控制下的吸收合并，购买方在购买日应当将合并中取得的符合确认条件的各项资产、负债，按其公允价值确认为本企业的资产和负债；作为合并对价的有关非货币性资产在购买日的公允价值与其账面价值的差额，应作为资产的处置损益计入当期的利润表；确定的企业合并成本与所取得的被购买方可辨认净资产公允价值的差额，视情况分别确认为商誉或是作为企业合并当期的损益计入利润表。同时将合并中取得的可辨认资产和负债作为个别报表中的项目列示，合并中产生的商誉也应作为购买方账簿中及个别财务报表中的资产加以列示。

【例1-3】 20×7 年 1 月 1 日，A 公司吸收合并 B 公司，A 公司以银行存款 1 000 万元购买 B 公司全部净资产。另以银行存款支付与本项合并相关的费用 8 万元。购买日 B 公司资产负债表中的账面价值与公允价值如表1-2 所示。

表 1-2 **B 公司资产负债表**

20×7 年1月1日 单位：元

项 目	账面价值	公允价值
存货	2 000 000	1 500 000
固定资产（净值）	5 000 000	8 000 000

续表

项 目	账面价值	公允价值
无形资产——专利权	120 000	150 000
资产合计	7 120 000	9 650 000
短期借款	500 000	500 000
股本	5 000 000	
资本公积	1 000 000	
盈余公积	300 000	
未分配利润	320 000	
负债及所有者权益合计	7 120 000	

本例中 B 公司的可辨认净资产的公允价值为 915 万元。

A 公司的合并成本为 1 000 万元。

A 公司吸收合并 B 公司的有关会计分录如下：

（1）支付合并成本：

借：长期股权投资　　10 000 000

　　管理费用　　80 000

　　贷：银行存款　　10 080 000

（2）分配合并成本：

借：存货　　1 500 000

　　固定资产　　8 000 000

　　无形资产　　150 000

　　商誉　　850 000

　　贷：短期借款　　500 000

　　　　长期股权投资　　10 000 000

上述〖例 1－3〗中，假设 A 公司以银行存款 900 万元购买 B 公司全部净资产，其他资料不变，则：

B 公司的可辨认净资产的公允价值仍为 915 万元。

A 公司的合并成本为 900 万元。

A 公司吸收合并 B 公司应编制的会计分录为：

（1）支付合并成本：

借：长期股权投资　　9 000 000

　　管理费用　　80 000
　　贷：银行存款　　9 080 000

（2）分配合并成本：

借：存货　　1 500 000
　　固定资产　　8 000 000
　　无形资产　　150 000
　　贷：短期借款　　500 000
　　　　长期股权投资　　9 000 000
　　　　营业外收入　　150 000

（二）非同一控制下的控股合并

在控股合并方式下，购买方所涉及的会计处理主要包括两个：一是购买日因进行企业合并形成的对被购买方的长期股权投资初始投资成本的确定，该成本与作为合并对价支付的有关资产账面价值之间差额的处理；二是购买日合并财务报表的编制。

长期股权投资的初始投资成本确定。非同一控制下的企业合并中，购买方取得对被购买方控制权的，在购买日应当按照确定的企业合并成本（不包括自被投资单位收取的现金股利或利润），作为形成的对被购买方长期股权投资的初始投资成本，借记“长期股权投资”科目，按享有投资单位已宣告但尚未发放的现金股利或利润，借记“应收股利”科目，按支付合并对价的账面价值，贷记有关资产或借记有关负债科目，按发生的直接费用，贷记“银行存款”等科目，按其差额，贷记“营业外收入”或借记“营业外支出”等科目。

关于非同一控制下长期股权投资初始投资成本的确定及其举例，参见《中级财务会计》教材“长期股权投资”的有关内容。

购买方为取得对被购买方的控制权，以支付非货币性资产为对价的，有关非货币性资产在购买日的公允价值与其账面价值的差额，应作为资产的处置损益，计入合并当期的利润表。其中，以库存商品等作为对价的，应按库存商品的公允价值，贷记“主营业务收入”科目，并同时结转相关的成本。

【例 1-4】　承〖例 1-3〗资料，若 A 公司向 B 公司股东发行本公司股票 200 万股以收购其全部净资产，A 公司股票每股面值 1 元，当前市价每股 5.5 元。不考虑股票发行费用，其他资料不变。则 A 公司的合并成本 $=5.5\times200=1\ 100$（万元），编制会计分录如下：

借：长期股权投资　　11 000 000
　　管理费用　　80 000
　　贷：银行存款　　80 000

　　股本　　2 000 000

　　资本公积——股本溢价　　9 000 000

应当注意，非同一控制下的控股合并应做好合并成本分配的备查登记，以便编制合并财务报表。

(三) 通过多次交易分步实现的企业合并

如果企业合并并非通过一次交换交易实现，而是通过多次交换交易分步实现的，则企业在每一单项交易发生时，应确认对被购买方的投资。投资企业在持有被投资单位部分股权后，通过增加持股比例等达到对被投资单位形成控制的，购买方应当区分个别和合并财务报表分别进行处理：

在个别财务报表中，应当以购买日之前所持被购买方的股权投资的账面价值与购买日新增投资成本之和，作为该项投资的初始投资成本；购买日之前持有的被购买方的股权涉及其他综合收益的，应当在处置该项投资时将与其相关的其他综合收益（例如，其他债权投资公允价值变动计入其他综合收益的部分）转入当期投资收益。具体可按以下原则进行会计处理：

1. 购买方于购买日之前持有的被购买方的股权投资保持其账面价值不变。其中，购买日前持有的股权投资作为长期股权投资并采用权益法核算的，为权益法核算下至购买日应有的账面价值；购买日前持有的股权投资作为金融资产并按公允价值计量至购买日的账面价值。

2. 追加的投资，按照购买日支付对价的公允价值计量，并确认长期股权投资。购买方应当以购买日之前所持被购买方的股权投资的账面价值与购买日新增投资成本之和，作为该项投资的初始投资成本。

3. 购买方对于购买日之前持有的被购买方的股权投资涉及其他综合收益的，例如购买方原持有的股权投资按照权益法核算时，被购买方持有的其他债权投资的公允价值变动确认的其他综合收益，购买方按持股比例计算应享有的份额并确认为其他综合收益的部分，不予处理。待购买方出售被购买方股权时，再按出售股权相对应的其他综合收益部分转入出售当期的损益。

4. 如果通过多次交易实现非同一控制下吸收合并的，按照非同一控制下吸收合并相同的原则进行会计处理。

在合并财务报表中，对于购买日之前持有的被购买方的股权，应当按照该股权在购买日的公允价值进行重新计量，公允价值与其账面价值的差额计入当期投资收益；购买日之前持有的被购买方的股权与购买日的公允价值，与购买日新购入股权所支付对价的公允价值之和，为合并财务报表中的合并成本；在按上述计算的合并成本基础上，比较购买日被购买方可辨认净资产公允价值的份额，确定购买日应予确认的商誉，或者应计入发生当期损益的金额；购买方对于购买日之前持有的被购买方的股权涉及由于其他债权投资产生的其他综合收益的，与其相关的其他综合收益应当转为购买日所属当期投资收益。购买方应当在附注中披露其在购买日之前持有的被购买方的股权在购买日的公允价值、按照公允价值重新计量产生的相关利得或损失的金额。

【例1-5】 P公司于20×6年1月1日以8 000万元取得S公司10%的股权，并具有重大影响，按权益法进行核算。当日，S公司可辨认净资产公允价值为75 000万元。20×7年1月1日，P公司另支付50 000万元取得S公司50%的股份，能够对S公司实施控制。购买日S公司可辨认净资产公允价值为85 000万元，P公司之前购买的10%股权于购买日的公允价值为8 500万元，账面价值为8 350万元（与S公司权益法核算相关的净损益为350万元）。S公司自20×6年1月1日P公司股权投资后至20×7年1月1日购买进一步股份前实现的留存收益为3 500万元，未进行利润分配。

（1）P公司在个别财务报表中的处理：

20×6年1月1日，P公司取得对S公司的长期股权投资的成本为8 000万元，应进行的账务处理为：

借：长期股权投资　　80 000 000
　　贷：银行存款　　80 000 000

P公司确认权益法投资收益350万元，应进行的账务处理为：

借：长期股权投资　　3 500 000
　　贷：投资收益　　3 500 000

20×7年1月1日，P公司进一步取得S公司50%的股权时，支付价款50 000万元。该项长期股权投资于购买日的账面价值为58 000万元。P公司于购买日的账务处理如下：

借：长期股权投资　　500 000 000
　　贷：银行存款　　500 000 000

（2）P公司在合并财务报表中的处理：

① 长期股权投资成本：

投资成本=8 500+50 000=58 500（万元）

② 计算应计入损益的金额：

应计入损益的金额=8 500-8 350=150（万元）

应作如下调整会计分录：

借：长期股权投资　　1 500 000
　　贷：投资收益　　1 500 000

（3）计算合并商誉：

在合并财务报表中应体现的商誉 = 58 500 − 85 000 × 60% = 7 500（万元）

在合并工作底稿上应作的合并抵销分录为：

借：S公司所有者权益	850 000 000	
商誉	75 000 000	
贷：长期股权投资		585 000 000
少数股权权益		340 000 000

（四）反向购买的处理

以发行权益型性证券交换股权的方式实现非同一控制下的企业合并，发行权益性证券的一方通常为购买方。但在某些企业合并中，发行权益性证券一方因其生产经营决策在合并后被参与合并的另一方所控制，发行权益性证券的一方虽然为法律上的母公司，但其为会计上的被购买方，该类企业合并通常称为“反向购买”。反向购买中，法律上的子公司（购买方）的企业合并成本是指其如果以发行权益性证券的方式为获取在合并后报告主体的股权比例，应为法律上母公司（被购买方）的股东发行的权益性证券数量与其公允价值计算的结果。购买方的权益性证券在购买日存在公开报价的，通常应以公开报价作为其公允价值；购买方的权益性证券在购买日不存在公开报价的，应参照购买方的公允价值和被购买方的公允价值两者之中更为明显证据支持的一个作为基础，确定购买方假定应发行权益性证券的公允价值。

（五）购买子公司的少数股权

企业在取得对子公司的控制权，形成企业合并后，自子公司的少数股东处取得少数股东拥有的对子公司全部或部分少数股权，该类交易或事项发生以后，应当遵循以下原则分别母公司个别财务报表以及合并财务报表两种情况进行处理：

1. 从母公司个别财务报表角度，从其子公司少数股东处新取得的长期股权投资应属于除企业合并形成的长期股权投资以外其他方式取得的长期股权投资，应当按照下列规定确定其初始投资成本：

（1）以支付现金取得的长期股权投资，应当按照实际支付的购买价款作为初始投资成本。初始投资成本包括与取得长期股权投资直接相关的费用、税金及其他必要支出，但实际支付的价款中包含的已宣告但尚未领取的现金股利，应作为应收项目单独核算。

（2）以发行权益性证券取得的长期股权投资，应当按照发行权益性证券的公允价值作为初始投资成本。

（3）投资者投入的长期股权投资，应当按照投资合同或协议约定的价值作为初始投资成本，但合同或协议约定价值不公允的除外。

（4）通过非货币性资产交换取得的长期股权投资，其初始投资成本应当按照《企业会计准则第 7 号——非货币性资产交换》确定。

（5）通过债务重组取得的长期股权投资，其初始投资成本应当按照《企业会计准则第 12 号——债务重组》确定。

2. 在合并财务报表中，子公司的资产、负债应以购买日（或合并日）开始持续计算的金额反映。

因购买少数股权新取得的长期股权投资与按照新增持股比例计算应享有子公司自购买日（或合并日）开始持续计算的净资产份额之间的差额，应当调整资本公积（资本溢价或股本溢价），资本公积不足冲减的，调整留存收益。

购买少数股东股权的会计处理参见本书第三章第四节。

五、被购买方的会计处理

非同一控制下的企业合并中，被购买方在企业合并后仍然持续经营的，如购买方取得被购买方 100% 股权，被购买方可以按合并中确定的有关资产、负债的公允价值调整，其他情况下被购买方不应因企业合并改记资产、负债的账面价值。

第四节　企业合并的信息披露和会计方法比较

一、企业合并会计信息披露

（一）同一控制下企业合并的信息披露

企业合并发生当期的期末，合并方应当在附注中披露与同一控制下企业合并有关的下列信息：

1. 参与合并企业的基本情况。

2. 属于同一控制下企业合并的判断依据。

3. 合并日的确定依据。

4. 以支付现金、转让非现金资产以及承担债务作为合并对价的，所支付对价在合并日的账面价值；以发行权益性证券作为合并对价的，合并中发行权益性证券的数量及定价原则，以及参与合并各方交换有表决权股份的比例。

5. 被合并方的资产、负债在上一会计期间资产负债表日及合并日的账面价值；被合并方自合并当期期初至合并日的收入、净利润、现金流量等情况。

6. 合并合同或协议约定将承担被合并方或有负债的情况。

7. 被合并方采用的会计政策与合并方不一致所作调整情况的说明。

8. 合并后已处置或准备处置被合并方资产、负债的账面价值、处置价格等。

（二）非同一控制下企业合并的信息披露

企业合并发生当期的期末，购买方应当在附注中披露与非同一控制下企业合并有关的下列信息：

1. 参与合并企业的基本情况。

2. 购买日的确定依据。

3. 合并成本的构成及其账面价值、公允价值及公允价值的确定方法。

4. 被购买方各项可辨认资产、负债在上一会计期间资产负债表日及购买日的账面价值和公允价值。

5. 合并合同或协议约定将承担被购买方或有负债的情况。

6. 被购买方自购买日起至报告期期末的收入、净利润和现金流量等情况。

7. 商誉的金额及其确定方法。

8. 因合并成本小于合并中取得的被购买方可辨认净资产公允价值的份额计入当期损益的金额。

9. 合并后已处置或准备处置被购买方资产、负债的账面价值、处置价格等。

二、购买法与权益结合法的比较

（一）购买法和权益结合法的差别

购买法和权益结合法的差别主要表现在以下几点：

1. 在企业合并业务的会计处理中是否产生新的计价基础，即对被合并企业的资产和负债是按其账面价值入账，还是按其公允价值入账，即对取得资产和负债的计价基础不同。购买法建立在非持续经营假设的基础上，合并企业要按公允价值记录取得的被并方资产和负债，合并成本超过取得的净资产公允价值的差额计入商誉；权益结合法建立在持续经营假设的基础上，合并企业的计价基础不变，其资产负债仍按账面价值计价，股本按发行股票面值计价，换出股票与并入方股本或实收资本的差额调整资本公积，由于对被并企业净资产的计价不是按照其取得的代价，而是按照其账面价值，因而也就不存在确认商誉的问题。

2. 购买法下合并企业的收益包括当年本身实现的收益以及合并后被并企业所实现的收益；权益结合法下参与合并企业的整个年度的损益均应包括在合并后的企业中。

3. 购买法下实施合并企业的留存收益可能因合并而减少，被并企业的留存收益不能转入实施合并的企业；权益结合法下，参与合并企业整个年度的留存收益均转入合并后企业，不会影响可用于股利分配的数额。

4. 购买法下，因为其他参与合并企业的资产和负债已经按照公允价值计价，不需要对其账面进行调整；权益结合法下，若与参与合并企业的会计政策不一致，应予以追溯调整，并重新编制前期财务报表。

购买法与权益结合法在处理合并事项过程中的主要差异汇总如表1－3所示。

表1－3　　购买法与权益结合法的主要差异

主要差异点	权益结合法	购买法
所并入净资产的计价基础	原始账面价值	公允价值
是否确认商誉	不确认	在合并资产负债表上确认为资产，期末根据资产减值会计准则要求确认其价值变动
合并当年所并入的被购并企业利润的起始时点	期初为起始时点，包括了整个会计年度实现的利润	以合并日为起始点，不包括合并日前的利润
被并入企业的资本公积和留存收益	转入母公司资产负债表	在编制合并资产负债表时予以抵销

（二）两种方法的优缺点

购买法的优点有：以公允价值计量被并企业的净资产，与企业购买其他资产成本的确定方法相一致。企业合并是讨价还价的公平交易的结果，这一交易基于资产和负债的公允价值而非原账面价值，因此需要按公允价值计价。

购买法的缺点主要有：计价基础不一致，购买方企业的资产和负债是按照账面价值计价，而被并企业的资产和负债却以公允价值计价，只确认被并企业的商誉，存在不一致性；要准确确定资产和负债的公允价值并非易事，其可靠性较低；由于要确认商誉并要确认其减值，可能使购买方企业的股票价格处于不利地位。

权益结合法的优点有：符合历史成本原则和持续经营观念，可以使信息使用者了解被并企业的历史经营状况及其资产质量；易于操作，由于直接按账面价值合并报表，因此比购买法下要先确定被并方净资产公允价值要简单易行。

权益结合法的缺点主要有：缺乏明确的概念基础，其适用的标准很难确定，会导致滥用；管理当局可通过年底的合并，并尽快出售并入的资产就可迅速增加利润，为操纵盈余提供了可能；不能反映合并的经济实质，合并实际上是一项讨价还价的结果，被并企业净资产应该以公允价值来反映。

（三）购买法与权益结合法的会计后果分析

所谓会计后果，是指不同会计政策的运用将导致对外报告业绩的差异，并对企业会计政策的选择产生影响。如果说购买法和权益结合法是否具有经济后果尚存争议，那么它们具有明显的会计后果应当是毋庸置疑的。这是因为对于一项企业合并，采用购买法或权益结合法反映，往往导致对外报告的财务状况和经营业绩产生差异，这种差异反过来又决定着对购买法和权益结合法的取舍。

尽管购买法和权益结合法一般不影响企业对外报告的现金流量，但它们对资产负债表和利润表以及相关财务指标的影响是显而易见的。

1. 对资产负债表的影响。在购买法下，购买方按照公允价值对被购买方的资产、负债和净资产重新进行计量，产生了新的计价基础，净资产的价值变动以及商誉必须在购买方的单独报表或合并报表予以反映。而在权益结合法下，合并一方在编制单独报表或合并报表时，计价基础保持不变，继续沿用合并另一方资产和负债的账面价值，既不反映资产和负债的价值变动，也不确认商誉。在物价上涨或资产质量较好的情况下，采用购买法所报告的净资产通常大于权益结合法。

从合并报表角度看，在购买法下，无论合并的支付方式是付现还是换股，购买方的股东权益（未分配利润除外）就是合并后的股东权益，被购买方在合并时业已存在的未分配利润必须予以抵销，不得纳入合并报表。而在权益结合法下，合并一方在记录合并业务时，并不按合并另一方的股本、资本公积等所有者权益项目的账面数记录，而是按换出股票的面值和股票溢价发行收入记录，但合并时业已存在的未分配利润可全额纳入合并报表。

2. 对利润表的影响。采用购买法一般会报告较低的利润，这是因为：（1）购买法运用新的计价基础，需要确认资产增值和商誉并加以摊销或计提减值准备，在权益结合法下，则不存在这类摊销或减值准备；（2）购买法仅将合并日后被购买方实现的利润纳入合并报表，而权益结合法则将参与合并另一方整个年度的利润纳入合并报表；（3）购买法通常采用现金或债务方式收购被合并方，利息负担通常大于按权益结合法反映的换股合并。

3. 对财务指标的影响。在权益结合法下，利润较高，股东权益较低，资产收益率（ROE）和每股收益（EPS）通常也较高。而在购买法下，利润较低，股东权益较高，净资产收益率和每股收益一般也较低。如果出现负商誉或公允价值低于账面价值，则结果正好相反。此外，反映偿债能力的指标如资产负债率、流动比率在购买法下往往优于权益结合法，主要原因是被并企业的负债评估后的价值与账面价值的差异往往不大，但资产的评估价值往往高于账面价值。

应当看到，同一控制下企业合并的会计处理是目前我国企业会计准则与国际财务报告准则的主要差异点。

某"A+H"上市公司执行境内外会计准则差异

（1）《企业会计准则》（2006）和《国际财务报告准则》之重大差异对净利润的影响分析如下：

	附注	2008 年 人民币（千元）	2007 年 人民币（千元）
《企业会计准则》（2006）下的金额		(3 044 162)	1 746 545
调整：			
同一控制下的企业合并	(a)	(39 508)	(336 606)
政府补助	(b)	12 220	11 137
调整对税务的影响		12 328	99 389
合计		(14 960)	(226 080)
《国际财务报告准则》下的金额		(3 059 122)	1 520 465

（2）《企业会计准则》（2006）和《国际财务报告准则》之重大差异对股东权益的影响分析如下：

	附注	2008 年 人民币（千元）	2007 年 人民币（千元）
《企业会计准则》（2006）下的金额		15 462 893	20 106 760
调整：			
同一控制下的企业合并	(a)	809 475	(1 747 760)
政府补助	(b)	(174 103)	(183 443)
调整对税务的影响		(161 485)	(32 875)
合计		473 887	(1 964 078)
《国际财务报告准则》下的金额		15 936 780	18 142 682

附注：

(a) 根据本集团按照《国际财务报告准则》编制的财务报表中所采用的会计政策，无论同一控制下企业合并还是非同一控制下企业合并，本集团在企业合并中取得的资产和负债，均是按照购买日被购买方可辨认资产和负债的公允价值计量（购买法）；在编制合并财务报表时，以购买日确定的各项可辨认资产、负债的公允价值为基础对子公司的财务报表进行调整。本公司所支付的合并成本大于被购买方可辨认净资产公允价值份额的差额确认为商誉。根据《企业会计准则》（2006），对于同一控制下企业合并，本集团在企业合并中取得的资产和负债，是按照合并日被合并方的账面价值计量（权益结合法），编制合并财务报表时，以母公司及子公司的财务报表为基础编制。本公司支付的合并对价账面价值大于合并中取得的净资产账面价值份额的差额，应调减资本公积中的股本溢价或留存收益。另外，根据《企业会计准则》（2006），同一控制下的控股合并，在合并当期编制合并财务报表时，应当对合并报表的年初数进行调整，同时应当对比较报表的相关项目进行调整，视同合并后的报告主体在以前期间一直存在，因合并而增加的净资产须调整资本公积。

（b）根据《国际财务报告准则》，满足一定条件的政府补助会先记于长期负债，并当有关的工程符合政府补助的要求时，在其有关资产的使用年限内按直线法摊销记入利润表内。根据《企业会计准则》（2006），与资产相关的政府补助（有政府文件规定记入资本公积的）不确认为递延收益。

资料来源：某上市公司 2008 年度报告。

【关键词】

企业合并	business combination
吸收合并	merger
新设合并	consolidation
控股合并	acquisition of majority interest 或简称 Acquisition
横向合并	horizontal integration
纵向合并	vertical integration
混合合并	conglomeration
同一控制下的企业合并	business combination under the same control
非同一控制下的企业合并	business combination not under the same control
权益结合法	pooling of interests method
购买法	purchase method
合并成本	pombination costs
公允价值	fair value
可辨认净资产	identifiable net assets

思考题与练习题

一、思考题

1. 简述企业合并的主要分类。

2. 什么是同一控制下的企业合并？如何判断是否属于同一控制下的企业合并？

3. 企业合并中的会计问题是什么？

4. 简述权益结合法的主要特征。

5. 同一控制下的企业合并，合并中取得有关净资产的入账价值与支付的合并对价账面价值之间的差额应如何处理？

6. 简述购买法的主要特征。

7. 简述购买法的应用步骤。

8. 简述购买日确定的有关条件。

9. 企业合并成本中与合并中取得的被购买方可辨认净资产公允价值份额的差额应如何处理？

10. 试结合我国上市公司并购的实践，分析企业合并会计方法的运用。

二、练习题

1. 20×8 年 1 月 1 日，甲公司支付 1 800 万元现金购买乙公司的全部净资产并承担全部负债，不考虑合并费用。甲、乙两公司合并前不存在关联关系。购买日乙公司的资产负债表各项的账面价值与公允价值如表 1 所示。

表 1　　资产负债表（简表）　　单位：万元

项　　目	账面价值	公允价值
流动资产	300	300
固定资产（建筑物）	600	900
无形资产（土地使用权）	180	300
资产总额	1 080	1 500
负债	120	120
股本	300	
资本公积	240	
盈余公积	220	
未分配利润	200	
负债与股东权益总额	1 080	

要求：

（1）根据上述资料确定商誉并编制甲公司购买乙公司净资产的会计分录。

（2）如果甲公司支付的现金为1 100万元，其他资料不变，编制甲公司购买乙公司净资产的会计分录。

2. A公司于20×8年6月30日采用吸收合并方式合并B公司。合并后A公司继续存在，B公司失去法人资格。合并前，A公司和B公司资产负债表有关资料如表2所示。在评估确认B公司资产公允价值的基础上，双方协商的并购价为1 000 000元，由A公司以银行存款支付，同时A公司还支付了注册登记费用和其他合并相关费用共计18 000元。

表2 **资产负债表（简表）** 单位：元

项　目	A公司	B公司（账面价值）	B公司（公允价值）
银行存款	1 060 000	25 000	25 000
交易性金融资产	100 000	15 000	15 000
应收账款（净额）	420 000	105 000	100 000
存货	720 000	180 000	206 250
长期股权投资	600 000	150 000	176 250
固定资产	3 800 000	900 000	900 000
减：累计折旧	800 000	150 000	100 000
固定资产净值	3 000 000	750 000	800 000
无形资产	200 000	50 000	45 000
资产合计	6 100 000	1 275 000	1 367 500
短期借款	320 000	80 000	80 000
应付账款	454 000	113 500	113 500
长期应付款	1 280 000	320 000	274 000
负债合计	2 054 000	513 500	467 500
股本	2 200 000	300 000	—
资本公积	1 000 000	305 000	—
盈余公积	346 000	86 500	—
未分配利润	500 000	70 000	—
所有者权益合计	4 046 000	761 500	900 000

要求：

（1）采用购买法对上述吸收合并业务进行会计处理。

（2）如果上述合并系控股合并，即A公司购买B公司的全部净资产，但B公司法人资格继续独立存在并持续经营，则此项合并的会计处理又是如何？

3. 20×8年1月2日A企业以增发的本企业普通股1 000万股为对价取得B企业100%的净资产，不考虑合并费用。A企业增发的股票面值为每股1元，公允价值每股12.5元。购买日B企业各项可辨认资产、负债的公允价值如表3所示。

表3　　B企业各项可辨认资产、负债的公允价值　　单位：万元

项　　目	B企业	
	账面价值	公允价值
资产：		
银行存款	8 000	8 000
应收账款	1 200	1 200
存货	200	300
长期股权投资	1 000	1 000
固定资产	5 000	7 000
无形资产	5 000	4 000
商誉	0	0
资产总计	20 400	21 500
负债和所有者权益：		
短期借款	100	100
应付账款	5 000	5 000
其他应付款	4 000	4 000
预计负债	0	300
负债合计	9 100	9 400
实收资本（股本）	10 000	
资本公积	300	
盈余公积	100	
未分配利润	900	
所有者权益合计	11 300	

要求：

（1）假设A企业采取吸收合并方式合并B企业，合并前A企业与B企业不存在任

何关联方关系，不考虑所得税因素，计算并确定 A 企业购买日商誉；编制 A 企业购买日有关会计分录。

（2）假设 A 企业采取吸收合并方式合并 B 企业，合并前 A 企业与 B 企业同属于 P 集团，其他资料不变，试编制 A 企业合并日有关会计分录。

（3）假设 A 企业采取控股合并方式合并 B 企业，试分别按照同一控制下企业合并和非同一控制下企业合并两种情况编制 A 企业控股合并 B 企业的有关会计分录。

第二章

合并财务报表——简单股权结构下合并财务报表的编制

【本章学习目的和要求】

通过本章的学习，了解合并财务报表的性质及合并理论、合并财务报表的种类及编制程序、合并财务报表编制之前应进行的基础工作；熟悉合并财务报表的合并范围、通过多次交易实现的非同一控制下合并资产负债表的编制方法、反向购买日合并资产负债表编制的基本要求；掌握母公司按成本法核算长期股权投资个别财务报表基础上直接编制合并财务报表，熟悉母公司按权益法调整长期股权投资基础上编制合并财务报表；熟悉合并现金流量表的编制。

第一节　合并财务报表概述

一、合并财务报表的合并理论

近年来，随着我国经济的高速发展，特别是在市场竞争日趋激烈的情况下，企业集团不断发展和壮大。在新的形势下，客观上需要通过反映企业集团整体规模和业绩的财务报告，以满足财务报告使用者决策的需要。

合并财务报表，是指反映母公司和其全部子公司组成的企业集团整体财务状况、经营成果和现金流量的财务报表。

与个别财务报表相比，合并财务报表反映的对象是由母公司和其全部子公司组成的经济统一体。合并财务报表的编制者或编制主体是母公司。合并财务报表以纳入合并范围的企业个别财务报表为基础，结合其他有关资料，在抵销母公司与子公司、子公司之间发生的内部交易（以下简称内部交易）影响后合并编制。

（一）合并理论概述

合并财务报表的合并理论与其他经济理论一样，是指会计理论与实务界通过长期实际工作，探索出来的对企业集团拥有或控制经济资源及其运营成果的反映方法，是对合并财务报表观念及编制方法的高度概括和总结。合并理论源于长期以来编制合并财务报表的实务活动，且随着企业集团本身及其业务的发展而不断得以完善。目前国际上公认的合并理论主要包括所有权理论、实体理论及母公司理论三类。

1. 所有权理论。所有权理论也称业主权理论，是指站在母公司对子公司所有权的角度来看待控股合并形成的母子公司关系的一种合并理论，认为母、子公司之间是拥有与被拥有的关系，强调的是母公司对子公司净资产及经营结果的所有权。编制合并财务报表的目的，是为了向母公司的股东报告其所拥有的资源。合并财务报表只是为了满足母公司股东的信息需求，而子公司中少数股东的信息需求应当通过子公司的个别财务报表予以满足。当母公司合并非全资子公司的财务报表时，所有权理论关注的只是子公司净资产及净利润中归母公司所有的份额，对子公司净资产及净利润中不归属于母公司所有的份额，则不予考虑，也不纳入合并财务报表之中。即在合并资产负债表及合并利润表中只反映母公司股东所拥有的份额，而对少数股东所拥有的份额则不纳入到合并财务报表当中，所以按所有权理论编制的合并财务报表中，并不涉及少数股东权益或少数股东损益项目。

2. 实体理论。实体理论也称主体理论，是将母公司及其控制的子公司构成的企业集团视为一个统一的经济实体，并站在这个统一实体的角度来看待整个集团的构成及集团中母子公司的关系，而不是站在控股股东（母公司股东）的角度来看待集团这一经济实体及母子公司关系。按实体理论编制的合并财务报表，反映的是整个经济实体的财务状况、经营成果和现金流量的信息。实体理论强调集团作为一个经济实体所控制的资源状况及运用这些资源所取得的收益情况。

依据实体理论，编制合并财务报表的目的在于，提供由不同法律实体组成的企业集团作为一个整体的财务状况、经营成果及现金流量的信息。凡是对该经济体进行投资者都是实体的所有者，包括母、子公司的全体股东。在子公司的股东中，母公司为控股股东，母公司之外的其他股东为非控股股东（即通常所说的少数股东）。企业集团的财务状况，指的是母公司及所有子公司组成的经济统一体的财务状况；企业集团的经营成果及现金流量，指的是集团管理者运用其所控制整个经济统一体的经济资源所实现的经营成果及现金流量。

综上所述，依据实体理论编制合并财务报表时，如果母公司未能拥有子公司100%的股权，则要把子公司的所有者权益区分为控股股东权益与少数股东权益。在合并资产负债表中，少数股东权益与控股股东权益一样，也属于企业集团这一统一经济体所有者权益的组成部分，并在合并资产负债表的所有者权益项下列示；在合并利润中，当期的净利润同样包括归属于控股股东所有的净利润份额，也包括归属于少数股东所有的净利润的份额，即合并净利润是整个集团作为一个经济统一体实现的净利润。

3. 母公司理论。母公司理论主要是站在母公司股东的角度来看待母公司与其子公司之间的控股合并关系，强调的是母公司股东的利益。依据母公司理论编制的合并财务报表，也要反映由企业集团的管理层所能控制的全部经济资源及利用这些资源产生的经济效益。但母公司理论是站在控股股东的角度上来看问题，所以当母公司不拥有子公司100%的权益时，要将已并入合并财务报表的子公司少数股东的权益，作为企业集团的负债及费用予以扣除，以便合并财务报表只反映母公司股东的权益及归母公司股东所有的经营成果。

依据母公司理论编制的合并财务报表，强调的是母公司股东在整个企业集团中所享有的权益以及归属于母公司股东所有的经营成果。母公司股东在企业集团中的权益，既包括母公司本身的利益，也包括所属子公司权益中归母公司所有的份额。当子公司不完全归属于母公司所有时，要将子公司中的少数股东视为集团外的利益群体，将少数股东所持有的权益视为整个集团的负债，而不是将其视为整个集团的权益。

（二）不同合并理论的比较

运用不同的合并理论及不同的合并方法编制的合并财务报表，会得出完全不同的合并结果。

所有权理论并没有完全反映企业集团管理层所掌控的全部经济资源及其经营成果，故这种方法在实际中的运用也很少。但对投资各方共同控制的合营企业及投资方能施加重大影响的联营企业则允许采用该理论进行处理。

实体理论反映的是整个企业集团管理层所控制的经济资源及利用这些资源所取得的经营成果，所以最能反映“将母、子公司组成的企业集团视为一个经济实体而编制的财务报表”这一合并财务报表的基本定义，故实体理论也越来越普遍地被各国所采纳或接受。

母公司理论虽然也反映了企业集团管理层所掌控的全部经济资源，但却没有将其中由集团外股东提供的资源作为整个集团的所有者权益，而是作为企业集团的负债来看待，这与合并财务报表的基本定义并不完全符合。合并财务报表的初衷是将企业集团作为一个经济实体而编制的报表，在单一经济实体中，对企业管理层所掌控的资源不管是由哪方提供，都应将其作为所有者权益处理，而不是仅将控股股东的权益作为所有者权益、将非控股股东的权益作为负债处理。也就是说，母公司理论并没有从实质上反映合并财务报表的本质特征，按母公司理论编制的合并财务报表实际上并不是真正“将企业集团视为一个经济实体而编制的财务报表”，不能很好地体现编制合并财务报表的出发点。

三种合并理论中，实体理论不将具有独立法人资格的集团成员分开来看待，而是站在企业集团具有单一控制主体的角度，将母、子公司组成的企业集团作为一个统一的经济实体看待，是实质重于形式原则在合并报表层面的具体体现。该合并理论顺应了编制合并财务报表的目的，所以也得到了会计界的逐步认同，成为目前实务中运用最为广泛的合并理论，这一点从国际会计准则委员会对合并财务报表相关准则的修订及我国对合并财务报表相关准则及制度规定的演变中不难看出。

（三）合并理论的发展趋势

1. 国际合并理论的发展趋势。早期的国际会计准则并没有对合并财务报表采用的具体合并理论作出明确的规定，但其对合并财务报表相关规定的变化，从侧面反映了合并财务报表合并理论的变化过程，即从早期对不同合并理论的混合使用到目前对实体理论的演变。

（1）合并财务报表编报格式的演变。1997 年修订的《国际会计准则第 1 号——财务报表的列报》①中首次规定了合并财务报表的标准列报格式，尽管这些标准格式不带有强制性，但却是国际会计准则在这方面的一次突破。准则后附的合并财务报表格式显示，对于不归母公司股东所有的少数股东权益，在合并资产负债表中，应列示于所有者权益及长期负债之间，即将少数股东权益列示于所有者权益合计之后，但在长期负债之前②，使少数股东权益既不包括在所有者权益之中，也不包含在负债之中，而是作为一个独立的项目列示于所有者权益及负债之间；同理，在准则后附的合并利润表格式中，将子公司本期净利润中不归母公司股东所有的少数股东损益部分，作为一项费用列示于本期经营活动利润之后，但在本期正常经营活动净利润及本期净利润之前，实际上是将少数股东损益作为企业集团的一项费用从本期合并净利润之中予以扣除了。准则中对少数股东权益及少数股东损益在合并财务报表中的列报格式，一定程度上体现了对合并财务报表合并理论比较含糊的观点；但大多数业界人士当时更倾向于将其解释为母公司理论，更愿意将少数股东权益理解为企业集团的负债，同时将少数股东损益理解为企业集团的费用。

2003 年再次对《国际会计准则第 1 号——财务报表的列报》修订后，所附的合并财务报表的列报格式也发生了相应的变化。在新的合并财务报表列报格式中，虽然也将不归母公司股东所有的少数股东权益仍列示于所有者权益项目之后，但却在所有者权益合计指标之前，这就清楚地表明是将少数股东权益作为所有者权益的组成部分，表明少数股东与控股股东一样，也是集团这一经济实体的权益所有者；同理，在合并损益中，将子公司本期净利润中不归母公司股东所有的少数股东损益部分，列示于集团合并净利润之后，而不是将少数股东损益作为一项费用在计算合并净利润之前就予以扣除。准则

① IAS 1 Presentation of Financial Statements.

② 国际会计准则推荐的资产负债表格式中，对资产及权益的列示顺序与我国相反，即资产先列示非流动资产，后列示流动资产；非流动资产及流动资产内部也是按流动性由小到大的顺序排列。权益部分先列示所有者权益，后列示负债；所有者权益及负债内部也是按照流动性由弱到强的顺序排列。

中对少数股东权益及少数股东损益在合并财务报表中列报格式的变化，体现了会计界对合并财务报表合并理论的认识从含糊不清到逐步明确的过程，也反映了实体理论被认可的过程。

（2）对子公司公允价值调整处理方法的演变。对子公司公允价值调整处理方法的演变，也从侧面反映了合并理论的演变过程。1998 年发布的《国际会计准则第 22 号——企业合并》（IAS22 Business Combinations）准则中规定，采用购买法编制合并资产负债表时，商誉的计算应以购买方支付对价的公允价值及购买日子公司净资产的公允价值为基础，如果子公司净资产的账面价值与其公允价值不一致，则应对子公司净资产进行重估，并相应调整子公司净资产价值。对由于重估导致的子公司净资产价值的变动，准则规定的基准处理方法是：只调整净资产变动中归属于母公司所有的份额，而对归属于子公司的价值变动部分，则不进行调整；当然准则也允许对子公司整个价值变动均进行调整，但这在当时只是作为基准处理方法之外的一种备选方法，而基准处理方法则是准则建议采用的处理方法。

这种对子公司公允价值变动只调整母公司拥有份额的方法，实际上就是一种所有权理论的具体体现，因为按实体理论及母公司理论都应当将少数股东所享有的份额也纳入调整范围，从而将整个价值调整纳入合并财务报表。

2004 年颁布的《国际财务报告准则第 3 号——企业合并》（IFR3 Business Combinations）（该准则已取代了原《国际会计准则第 22 号——企业合并》）中，对子公司公允价值调整的处理作出了新的规定。2004 年颁布的企业合并准则规定，如果购买日子公司净资产的公允价值与其账面价值不一致，必须对其进行调整。当子公司不是母公司的全资子公司时，则要将少数股东拥有的份额考虑在内。

《企业会计准则》的规定则体现了实体理论的观点，即在合并资产负债表中，既要反映母公司的权益，也要反映少数股东的权益。

（3）对商誉处理方法的演变。对商誉处理方法的演变，则是实体理论的进一步深化。直到 2008 年《国际财务报告准则第 3 号——企业合并》修订之前，合并财务报表中确认的商誉只限于母公司支付了对价的部分，而不是子公司商誉的全部，即对子公司商誉中归属于少数股东所有的部分，并没有在合并财务报表中确认。也就是说在此之前合并资产负债表中的商誉项目的确认实际上是所有权理论的具体体现，而合并资产负债表中其他资产、负债项目则既包括了归母公司所有的份额，又包括归少数股东所有的份额，是实体理论的具体体现。也就是说，按照修订之前准则规定的“老方法”编制的合并资产负债表不是完全采用的实体理论，对商誉的确认还停留在所有权理论阶段。

2008 年修订后的《国际财务报告准则第 3 号——企业合并》规定，对商誉的处理企业既可以采用“老方法”，也可以采用“新方法”，也称公允价值法。按照公允价值法规定，企业合并产生的商誉，既包括母公司支付了对价的部分（按“老方法”确认的商誉），也包括归少数股东所有的商誉部分，合并报表中确认的商誉应同其他资产、负债一样，按公允价值进行确认和计量，对其中不归属于母公司股东所有的商誉，应同时计入少数股东权益之中。

按照公允价值法确认商誉，使得商誉的处理同集团管理层控制的其他资源的处理一样，是集团管理层控制的全部商誉，而不仅仅是归母公司所有的份额，使得实体理论在商誉计量中得到全面的运用。

2. 我国合并理论的发展趋势。我国对合并财务报表相关准则、制度、规定变化的轨迹，与国际上基本一致，也反映了我国会计界对合并财务报表合并理论认识的变化过程。

1995 年颁布实施的《合并会计报表暂行规定》（以下简称《规定》）中并没有说明编制合并财务报表应采用哪种合并理论，但在其所附的《股份制试点企业合并财务报表格式》中对少数股东权益及少数股东损益的处理，则从侧面反映了早期对不同合并理论的认识过程。在《规定》所附的合并资产负债表格式中，将少数股东权益列示于负债合计项目之后、股东权益项目之前，与国际会计准则原来对少数股东权益的处理基本一致；而在合并利润表格式中则将当期损益中的少数股东损益列示于净利润项目之前，也就是说合并损益表中的合并净利润数没有包括少数股东的份额，只包括归属于母公司股东所有的份额。合并财务报表的上述列示格式，导致实务中对少数股东权益的看法也不相同。有的企业集团将少数股东权益视为企业集团的负债，有的企业集团则将少数股东权益视为所有者权益的组成部分。除了《规定》中对合并财务报表格式作了规定外，之后财政部陆续发布的基本会计准则、16 项具体会计准则及《企业会计制度》中对合并财务报表格式问题再没有其他新的规定。

2006 年颁布的企业会计准则体系中的《企业会计准则第 33 号——合并财务报表》规定，在合并资产负债表中，对于“子公司所有者权益中不属于母公司的份额，应当作为少数股东权益，在合并资产负债表中所有者权益项目合并数之前以‘少数股东权益’项目列示”①。在合并利润表中，“子公司当期净损益中属于少数股东所有的份额，应当在合并利润表中净利润项目之后以‘少数股东损益’项目列示。”②该准则中规定的对少数股东权益及少数股东损益的列示方法，不仅仅是列示顺序的变更问题，同时也反映了我国会计界对合并财务报表合并理论从原来的母公司论向实体理论的转化。

① 见《企业会计准则》（2006）中的《企业会计准则第 33 号——合并财务报表》第十六条。
② 见《企业会计准则》（2006）中的《企业会计准则第 33 号——合并财务报表》第二十条。

二、合并财务报表的合并范围

合并财务报表的合并范围，是指母公司在编制合并财务报表时，应当纳入合并财务报表编报的相关公司（企业）的具体界限范围。

我国《企业会计准则第33号——合并财务报表》规定，合并财务报表的编制范围应当以控制为基础予以确定。控制是确定合并财务报表合并范围的充分必要条件，是确定母、子公司关系的必要条件。

（一）母公司与子公司

企业集团由母公司和其全部子公司构成。母公司和子公司是相互依存的，有母公司必然存在子公司，同样有子公司必然存在母公司。

1. 母公司。母公司是指控制一个或一个以上主体（含企业、被投资单位中可分割的部分，以及企业所控制的结构化主体等）的主体。从母公司的定义可以看出，母公司应同时具备两个条件：

（1）母公司必须有1个或1个以上的子公司，即必须满足控制的要求。

（2）母公司可以是企业，如《公司法》所规范的股份有限公司、有限责任公司等；也可以是非企业形式的主体，如非企业形式的，但形成会计主体的其他组织，如基金等。

2. 子公司。子公司是指被母公司控制的主体。从子公司的定义可以看出，子公司也应同时具备两个条件：

（1）子公司必须被母公司控制，并且只能由1个母公司控制，不可能也不允许被两个或多个母公司控制。被两个或多个公司共同控制的被投资单位是合营企业，而不是子公司。

（2）子公司可以是企业，如《公司法》所规范的股份有限公司、有限责任公司等；也可以是非企业形式的主体，如非企业形式的，但形成会计主体的其他组织，如基金以及信托项目等特殊目的主体等。

（二）控制的定义

控制是指投资方拥有对被投资方的权力，通过参与被投资方的相关活动而享有可变回报，并且有能力运用对被投资方的权力影响其回报金额。控制通常具有如下特征：

1. 控制的主体是唯一的，不是两方或多方。即对被投资单位的财务和经营政策的提议不必征得其他方同意，就可以形成决议，付诸被投资单位执行。

2. 控制的内容是对被投资方的回报产生重大影响的活动，被投资方的相关活动应当根据具体情况判断，通常包括商品或劳务的销售和购买、金融资产的管理、资产的购买和处置、研究与开发活动以及融资活动等。

3. 控制的目的是为了获取可变回报，可变回报是不固定且可能随着被投资方业绩而变化的回报，可以是正回报或负回报。

4. 控制权力的持有人应为主要责任人，而不是代其他方行使权力。

5. 控制的性质是一种权力或法定权力，也可以是通过公司章程或协议、投资者之间的协议授予的权力。

（三）控制的具体应用

在具体应用控制标准确定合并财务报表的合并范围时，应本着实质重于形式的原则，综合考虑所有相关因素进行职业判断，如被投资单位各个投资者的持股情况、投资者之间的相互关系、公司治理结构、潜在的表决权、日常经营管理特点等因素，以确定被投资单位是否应纳入合并范围。

1. 投资方拥有其半数以上表决权的被投资单位应当纳入合并财务报表的合并范围。投资方直接或通过被投资单位间接拥有被投资单位半数以上的表决权，表明投资方能够控制被投资单位，应当将该被投资单位认定为子公司，纳入合并财务报表的合并范围。但是有证据表明投资方不能控制被投资单位的除外。

表决权是指对被投资单位经营计划、投资方案、年度财务预算方案和决算方案、利润分配方案和弥补亏损方案、内部管理机构的设置、聘任或解聘公司经理及其报酬、公司的基本管理制度等事项持有的表决权，不包括应当由股东大会（或股东会，下同）行使的修改公司章程、增加或减少注册资本、发行公司债券，公司合并、分立、解散或变更公司形式等事项持有的表决权。表决权比例通常与其出资比例或持股比例是一致的，但是对于有限责任公司，公司章程另有规定的除外。

通常情况下，当投资方拥有被投资单位半数以上表决权时，投资方就拥有对该被投资单位的控制权，能够主导该被投资单位的股东大会，特别是董事会，并对其生产经营活动和财务政策实施控制。在这种情况下，被投资单位处在投资方的直接控制和管理下进行日常生产经营活动，被投资单位的生产经营活动成为事实上的投资方生产经营活动的一个组成部分，投资方与被投资单位生产经营活动已一体化。

投资方拥有被投资单位半数以上表决权，通常包括如下 3 种情况：

（1）投资方直接拥有被投资单位半数以上表决权。

（2）投资方间接拥有被投资单位半数以上表决权。间接拥有半数以上表决权，是指投资方通过子公司而对被投资单位拥有半数以上表决权。

（3）投资方直接和间接合计拥有被投资单位半数以上表决权。直接和间接合计拥有半数以上表决权，是指投资方以直接方式拥有某一被投资单位半数以下的表决权，同时又通过其他方式如通过被投资单位拥有该被投资单位一部分的表决权，两者合计拥有该被投资单位半数以上的表决权。

拥有被投资单位半数以上表决权是投资方对其拥有控制权的最明显的标志，但是如果有证据表明投资方不能控制被投资单位的除外。

2. 投资方拥有其半数以下表决权的被投资单位纳入合并财务报表合并范围的条件。投资方拥有被投资单位半数或以下的表决权，应综合考虑：（1）投资方持有的表决权相对于其他投资方持有的表决权份额大小，以及其他投资方持有表决权的分散程度。（2）投资方与其他表决权持有人的协议。（3）其他合同安排产生的权利。如果上述因素仍不足以判断控制，可以考虑其他事实或情况。例如，投资方能够任命或批准被投资方的关键管理人员，这些关键管理人员能主导被投资方的相关活动；投资方能够出于自身利益决定或否决被投资方的重大交易；投资方能够控制被投资方董事会等类似权力机构成员的任命程序，或者从其他表决权持有人手中获得代理投票权；投资方与被投资方的关键管理人员或董事会等类似权力机构中的多数成员存在关联关系；投资方与被投资方之间存在特殊关系等。

实际工作中，在判断投资方对被投资单位是否形成控制且将其纳入合并财务报表的合并范围时，不能仅仅根据投资比例而定，而应当贯彻实质重于形式的要求，即使投资方拥有被投资单位半数或以下的表决权，满足上述条件，视为投资方能够控制被投资单位，应当将该被投资单位认定为子公司，纳入合并财务报表的合并范围。但是，如果有证据表明投资方不能控制被投资单位的除外。

3. 在确定能否控制被投资单位时对潜在表决权的考虑。在确定能否控制被投资单位时，应当考虑企业和其他企业持有的被投资单位当期可转换的可转换公司债券、当期可执行的认股权证等潜在表决权因素。所谓潜在表决权，是指当期可转换的可转换公司债券、当期可执行的认股权证等，不包括在将来某一日期或将来发生某一事项才能转换的可转换公司债券或才能执行的认股权证等，也不包括诸如行权价格的设定使得在任何情况下都不可能转换为实际表决权的其他债务工具或权益工具。

企业应当考虑影响潜在表决权的所有事项和情况，包括潜在表决权的执行条款、需要单独考虑或综合考虑的其他合约安排等。不仅要考虑本企业在被投资单位的潜在表决权，还要同时考虑其他企业或个人在被投资单位的潜在表决权；不仅要考虑可能会提高本企业在被投资单位持股比例的潜在表决权，还要考虑可能会降低本企业在被投资单位持股比例的潜在表决权。但是，本企业和其他企业或个人执行潜在表决权的意图和财务能力对潜在表决权的影响除外。

潜在表决权仅作为判断是否存在控制的考虑因素，不影响当期母公司股东和少数股东之间的分配比例。

4. 判断投资方能否控制特殊目的主体应当考虑的因素。投资方在判断能否控制特殊目的主体时，应当综合考虑以下4个因素，如果投资方控制了特殊目的主体，该特殊目的主体视同子公司，应当将其纳入合并财务报表的合并范围。

（1）投资方为了融资、销售商品或提供劳务等特定经营业务的需要直接或间接设立特殊目的主体。这是从经营活动方面判断投资方能否控制特殊目的主体：一是设立特殊目的主体主要是为了向投资方提供长期资本，或者向投资方融资以支持投资方的主要经营活动或核心经营活动；二是设立特殊目的主体主要是为了向投资方提供与其主要经营活动或核心经营活动相一致的商品或劳务。如果存在上述情况，表明投资方存在控制特殊目的主体的可能性。但是，仅仅由于特殊目的主体与投资方发生大量交易而存在的经济依赖，比如供应商和客户之间的关系，并不一定形成控制。

（2）投资方具有控制或获得控制特殊目的主体或其资产的决策权。这是从决策方面判断投资方能否控制特殊目的主体：一是投资方拥有单方面终止特殊目的主体的权力；二是投资方拥有变更特殊目的主体章程的权力；三是投资方对变更特殊目的主体的章程拥有否决权。

（3）投资方通过章程、合同、协议等具有获取特殊目的主体大部分利益的权力。这是从经济利益方面判断投资方能否控制特殊目的主体：一是以未来净现金流、收益、净资产或其他经济利益的方式，获取由特殊目的主体分配的大部分经济利益的权力；二是从特殊目的主体的预期剩余权益分配中或在清算中获取大部分剩余权益的权力。

（4）投资方通过章程、合同、协议等承担了特殊目的主体的大部分风险。这是从风险方面判断投资方能否控制特殊目的主体：一是资本提供者对特殊目的主体的净资产不享有重大利益；二是资本提供者不具有获取特殊目的主体未来经济利益的权力；三是资本提供者在实质上没有承受特殊目的主体净资产或经营活动的固有风险；四是资本提供者获取的对价基本上类似于贷款人通过贷款或权益获取的回报。比如，投资方通过特殊目的主体直接或间接对向特殊目的主体提供大部分资本的其他投资者保证一定的回报率或信用保护。这种保证使投资方保留了特殊目的主体剩余权益风险或所有权风险，而其他投资者实质上只是贷款人，因为其他投资者获得的收益或遭受的损失是有限制的。

（四）确定合并范围时应考虑的特殊问题

根据合并财务报表合并范围的确定基础，母公司应当将其全部子公司纳入合并财务报表的合并范围。即只要是由母公司控制的子公司，不论其规模大小、向母公司转移资金的能力是否受到限制，也不论其业务性质与母公司或企业集团内其他子公司是否有显著差别，都应当纳入合并范围。

对受所在国外汇管制及其他管制，资金调度受到限制的境外被投资单位，如果其财务和经营政策仍然由投资方决定，资金调度受到限制并不妨碍投资方对其实施控制，应将其纳入合并财务报表的合并范围。

下列被投资单位不是母公司的子公司，不应当纳入母公司合并财务报表的合并范围。

1. 已宣告被清理整顿的原子公司。是指在当期宣告被清理整顿的被投资单位，该被投资单位在上期是母公司的子公司。在这种情况下，根据2005年修订的《公司法》第一百八十四条的规定，被投资单位实际上在当期已经由股东、董事或股东大会指定的人员组成的清算组或人民法院指定的有关人员组成的清算组对该被投资单位进行日常管理，在清算期间，被投资单位不得开展与清算无关的经营活动。因此，母公司不能再控制该被投资单位，不能将该被投资单位继续认定为母公司的子公司。

2. 已宣告破产的原子公司。是指在当期宣告破产的被投资单位，该被投资单位在上期是本公司的子公司。在这种情况下，根据《企业破产法》的规定，被投资单位的日常管理已转给由人民法院指定的管理人，母公司不能控制该被投资单位，不能将该被投资单位认定为母公司的子公司。

3. 母公司不能控制的其他被投资单位。是指母公司不能控制的除上述情形以外的其他被投资单位，如联营企业、合营企业等。

三、合并财务报表的种类

合并财务报表主要包括合并资产负债表、合并利润表、合并所有者权益变动表、合并现金流量表以及合并财务报表附注。它们分别从不同的方面反映企业集团财务状况、经营成果及其现金流量情况，构成一个完整的合并财务报表体系。

（一）合并资产负债表

合并资产负债表是反映母公司和子公司所形成的企业集团某一特定日期财务状况的报表。合并资产负债表应当以母公司和子公司的资产负债表为依据，在相互抵销有关项目的基础上，由母公司合并资产、负债和所有者权益有关项目的数额编制。

（二）合并利润表

合并利润表是反映母公司和子公司所形成的企业集团在一定期间内经营成果的报表。该表应当以母公司和子公司的利润表为依据，在抵销有关项目的基础上，由母公司合并有关项目的数额编制。

（三）合并所有者权益变动表

合并所有者权益变动表是反映母公司和子公司所形成的企业集团在一定期间内所有

者（或股东）权益增减变动情况的报表。该表应当以母公司和子公司的所有者权益增减变动表为依据，在抵销母公司与子公司、子公司相互之间发生的经济业务对合并所有者权益变动表影响的基础上，由母公司合并有关项目的数额编制。

（四）合并现金流量表

合并现金流量表是反映母公司和子公司所形成的企业集团在一定期间现金流入、流出量以及现金净增减变动情况的报表。该表应当以母公司和子公司的现金流量表为依据，在抵销母公司与子公司、子公司相互之间发生的经济业务对合并现金流量表的影响的基础上，由母公司合并有关项目的数额编制。

（五）附注

企业应当在合并财务报表附注中披露下列信息：

1. 子公司的清单，包括企业名称、注册地、业务性质、母公司的持股比例和表决权比例；
2. 母公司直接或通过子公司间接拥有被投资单位表决权不足半数但能对其形成控制的原因；
3. 母公司直接或通过其他子公司间接拥有被投资单位半数以上的表决权但未能对其形成控制的原因；
4. 子公司所采用的与母公司不一致的会计政策等影响的信息。

四、合并财务报表的基础工作

为了使合并财务报表准确、全面反映企业集团的真实情况，编制合并财务报表之前必须做好以下基础工作。

（一）子公司必须向母公司提供编制合并财务报表所需的有关资料

合并财务报表应以母公司和纳入合并范围的子公司的个别财务报表以及其他有关资料为依据进行编制。因此，在编制合并财务报表时，子公司除了应当向母公司提供其个别财务报表外，还应当向母公司提供以下有关资料：

1. 与母公司不一致的会计政策及其影响金额；
2. 与母公司不一致的会计期间的说明；
3. 与母公司、其他子公司之间发生的所有内部交易的相关资料；
4. 所有者权益变动的有关资料；
5. 编制合并财务报表所需的其他资料。

（二）会计期间的调整

母公司为了编制合并财务报表，应当统一子公司的会计期间，使其与母公司的会计期间保持一致。财务报表是反映企业一定时点的财务状况、一定时期的经营成果和现金流量情况的报表，母公司和子公司的个别财务报表只有在反映财务状况的时点和反映经营成果和现金流量情况的时期一致的情况下，将两者合并才有意义。如果两者不一致，母公司应按照其自身的会计期间，对子公司财务报表进行调整，依据调整后的子公司财务报表编制合并财务报表，或者要求子公司按照母公司的会计期间调整其个别财务报表。

（三）会计政策的调整

母公司应当统一子公司的会计政策，使其采用的会计政策与母公司保持一致。母、子公司的会计政策一致，才能使母、子公司的财务报表各项目反映内容一致，才能对其进行加总、编制合并财务报表。为此，在编制合并财务报表前，应统一母、子公司会计政策，要求子公司所采用的会计政策与母公司保持一致。如果不一致，母公司应当按照本公司的会计政策对子公司财务报表进行必要的调整。

（四）境外子公司外币报表折算

母公司对境外子公司以外币表示的财务报表应进行折算，在统一记账本位币的基础上编制合并财务报表。对母公司和子公司的个别财务报表进行合并时，其前提是母公司和子公司的个别财务报表所使用的记账本位币保持一致。因此，母公司在编制合并财务报表之前，必须将记账本位币与母公司不一致的子公司个别财务报表按照母公司所采用的记账本位币进行折算，在统一记账本位币基础上编制合并财务报表。

有关外币财务报表的折算方法参见本书第五章。

五、合并财务报表的编制程序

编制合并财务报表是一项系统性的工作，在作好合并财务报表的基础工作之后，母公司应按下列程序编制合并财务报表。

（一）编制合并财务报表工作底稿

合并财务报表的编制可以不通过合并工作底稿的编制来直接完成，但在实际工作中，由于合并报表编制的复杂性，通常都需要编制工作底稿。合并工作底稿的作用是为合并财务报表的编制提供基础。在合并工作底稿中，对母公司和子公司的个别财务报表各项目的金额进行汇总和抵销处理，最终计算得出合并财务报表各项目的合并金额。

（二）将个别财务报表的数据过入合并工作底稿

将母、子公司个别资产负债表、利润表、所有者权益变动表各项目的数据过入合并工作底稿，同时对母、子公司的各报表项目进行加总合计，得出尚未经过调整、抵销之前的简单合并数据。该加总数据一方面可以验证对个别财务报表数据过入工作底稿过程中的准确性，另一方面也可在此基础上进行相应的调整、抵销，之后再加总，计算得出合并资产负债表、利润表、所有者权益变动表各项目金额。实际工作中，由于合并现金流量表的特殊性和相对独立性，一般单独设置合并工作底稿，进行单独合并。

（三）编制调整、抵销分录

编制合并财务报表是以整个企业集团作为报告主体，而母、子公司的个别财务报表则是以母公司和子公司作为报告主体的，这就必然导致两类主体的财务报表产生差异。因此，合并财务报表各项目的金额不能简单地根据母、子公司个别财务报表的对应项目直接加总得到，而是需要在个别财务报表项目金额的基础上，通过编制调整、抵销分录，调整计算确定合并财务报表有关项目的金额。

对母、子公司个别财务报表进行调整、抵销时，应遵循以下步骤：

第一，从母子公司个别报告主体的角度，分析相关交易或事项对个别财务报表的影响；

第二，从企业集团的合并报告主体的角度，分析相关交易或事项对合并财务报表的影响；

第三，比较相关交易或事项对个别财务报表和合并财务报表的影响，按照两者的差异确定需要在个别财务报表的基础上调整的项目、调整的方向和调整的具体金额，编制相应的调整分录和抵销分录。

编制合并财务报表过程中需要进行的调整、抵销主要包括以下几类：

（1）对子公司个别报表的调整。在采用购买法编制合并财务报表时，应根据母公司为各子公司设置的备查簿的记录，以记录的各子公司可辨认资产、负债及或有负债等在购买日的公允价值为基础，对各子公司提供的个别财务报表进行调整，以便将子公司的个别财务报表调整为以购买日公允价值为基础持续计算而确定的报告日财务报表。

在采用权益结合法编制合并财务报表时，应根据子公司个别财务报表数据为基础直接编制，无须对子公司个别财务报表项目进行公允价值调整。

（2）对母公司个别财务报表进行调整。根据长期股权投资准则规定，母公司对子公司的长期股权投资，应采用成本法进行核算，编制合并财务报表时按照权益法进行调整。

按权益法对母公司个别财务报表进行调整时，应视企业合并的种类不同而不同。对非同一控制下的控股合并形成的长期股权投资进行调整时，应以子公司按购买日公允价值调整后的所有者权益为基础计算确定调整金额；对同一控制下的企业合并形成的长期股权投资进行调整时，应以子公司所有者权益账面数为基础计算确定调整金额。

需要指出的是，编制合并财务报表时，母公司也可在以“成本法”核算“长期股权投资”的个别财务报表基础上直接进行。如果母公司在按“成本法”核算的个别财务报表基础上直接编制合并财务报表，则无须对母公司个别财务报表进行调整。

（3）对母、子公司之间发生的内部交易进行相应的调整、抵销。母、子公司之间内部交易的种类及对内部交易的调整、抵销方法，参见本书第四章。

（4）计算调整子公司当期损益中归少数股东所有的份额。也就是计算各子公司当期经营成果（经过公允价值及内部交易调整后的数额）中归少数股东所有的份额，并将其调整计入少数股东权益（损益）。

（5）对子公司当期的利润分配及其他所有者权益变动项目进行相应的调整、抵销。

（6）计算子公司期初所有者权益（经过公允价值及内部交易调整后数额）中归少数股东及归母公司所有的份额，并进行相应的调整、抵销。子公司期初所有者权益中归少数股东所有的份额，应当调整计入“少数股东权益”项下。归母公司所有的份额，应当区别购买日存在数与购买日后新增数两部分：购买日存在数应与母公司的长期股权投资进行抵销，差额确认为商誉或计入合并当期损益，购买日至期初变动数应视情况处理，如果母公司个别报表中对“长期股权投资”按权益法进行了调整，则该变动数应与长期股权投资调整数相抵销。如果母公司长期股权投资没有按权益法进行调整，则该变动数无法与长期股权投资变动数抵销，应直接计入合并所有者权益变动表相关项目期初数。

需要注意的是，编制合并财务报表中涉及的调整、抵销分录，是在合并财务报表工作底稿中进行的，并不实际记录到母、子公司的账簿中。在合并工作底稿中编制调整、抵销分录时，借记或贷记的均为合并财务报表的基本构成项目，而不是具体的会计科目，也不是合并财务报表的中间指标。比如，在涉及调整或抵销固定资产折旧、固定资产减值准备等金额时，均通过资产负债表中的“固定资产”项目进行，而不是通过“累计折旧”“固定资产减值准备”等会计科目来进行调整和抵销。

（四）计算合并财务报表各项目的合并金额

对过入合并财务报表工作底稿的母、子公司个别财务报表数据经过上述调整、抵销后，即可按下列步骤确定合并财务报表各项目金额。

1. 确定合并财务报表基本构成项目合并数。对合并财务报表基本构成项目，应通过逐行横向相加（减），得出各基本构成项目的合并数。

2. 计算合并财务报表中间指标金额。对合并财务报表的中间指标，应根据合并财务报表相关基本构成项目合并数，通过纵向相加（减）计算确定。

（五）填列生成合并财务报表

我国企业会计准则规定，合并财务报表至少应当提供一个比较年度（期间）的数据。根据上述第四步计算确定的合并财务报表相关项目合并数，可填列生成合并利润表、合并所有者权益变动表及合并现金流量表的本年（期）数及合并资产负债表的年（期）末数；合并利润表、合并所有者权益变动表及合并现金流量表的上年（期）数及合并资产负债表的年初（期初）数，应当根据上年（期）合并财务报表相应项目合并数填列。

第二节　控制权取得日的合并财务报表

一、控制权取得日合并财务报表概述

（一）控制权取得日合并财务报表的内容

根据相关企业会计准则及企业会计准则解释的规定，控制权取得日，合并方或购买方应当编制合并资产负债表。也就是说，控制权取得日的合并财务报表，指的是合并资产负债表。

（二）合并财务报表的格式

合并财务报表是通过对母、子公司个别财务报表项目进行相应的调整、抵销后合并加总计算编制的，其格式与个别财务报表略有不同。在我国，合并财务报表格式由财政部统一规定。

1. 合并利润表格式。合并利润表格式与个别利润表格式基本相同，但为了反映子公司当期实现的综合收益总额中不归母公司所有的份额，应在合并利润表“综合收益总额”项下单独列示“归属于母公司所有者的综合收益总额”及“归属于少数股东的综合收益总额”。我国《企业会计准解释第3号》及修订后的《国际会计准则第1号——财务报表列报》中均规定，合并利润表合并“综合收益总额”项下，应先列示“归属于母公司所有者的综合收益总额”，后列示“归少数股东所有者的综合收益总额”

项目。

另外，我国《企业会计准第20号——企业合并》还规定，编制同一控制下的控制权取得日的合并利润表时，对被合并方在合并前实现的综合收益，应当单列项目反映。

合并利润表的一般格式如表2-1所示。

2. 合并所有者权益变动表格式。合并所有者权益变动表实质上是合并资产负债表中所有者权益各项目的明细变动表，与个别所有者权益变动表不同的是，子公司所有者权益中不归母公司所有的份额，应以"少数股东权益"项目单独列示，故合并所有者权益变动表应增设"少数股东权益"项目列，以反映期初及本期子公司所有者权益各项目变动中归少数股东所有的份额；另外我国《企业会计准则第19号——外币折算》准则还规定，在存在境外经营子公司的情况下，对外币财务报表的折算差额应作为其他综合收益构成项目，计入合并利润表。

合并所有者权益变动表的一般格式如表2-2所示。

3. 合并资产负债表格式。与个别资产负债表格式相比，合并资产负债表格式的主要差别是资产部分的商誉，以及所有者权益部分的少数股东权益。非同一控制下的控股合并中，如果母公司的长期股权投资成本大于购买日子公司净资产公允价值的相应份额，差额应确认为商誉，列示于合并资产负债表中；合并资产负债表中的合并所有者权益各项目，即是合并所有者权益变动表各构成项目的期末余额。

合并资产负债表的一般格式如表2-3所示。

表2-1　　**合并利润表格式**

编制单位：　　年　月　　单位：元

项　目	本期金额	上期金额
一、营业总收入		
其中：营业收入		
利息收入*		
已赚保费*		
手续费及佣金收入*		
二、营业总成本		
其中：营业成本		
利息支出*		
手续费及佣金支出*		
退保金*		
赔付支出净额*		

续表

项　目	本期金额	上期金额
提取保险责任准备金净额*		
保单红利支出*		
分保费用*		
税金及附加		
销售费用		
管理费用		
研发费用		
财务费用		
其中：利息费用		
利息收入		
资产减值损失		
信用减值损失		
加：其他收益		
投资收益（损失以“－”号填列）		
其中：对联营企业和合营企业投资收益		
汇兑收益（损失以“－”号填列）*		
净敞口套期收益（损失以“－”号填列）		
公允价值变动收益（损失以“－”号填列）		
资产处置收益（损失以“－”号填列）		
三、营业利润（亏损以“－”号填列）		
加：营业外收入		
减：营业外支出		
四、利润总额（亏损总额以“－”号填列）		
减：所得税费用		
五、净利润（净亏损以“－”号填列）		
（一）按经营持续性分类		
1. 持续经营净利润（净亏损以“－”号填列）		
2. 终止经营净利润（净亏损以“－”号填列）		

续表

项　　目	本期金额	上期金额
（二）按所有权归属分类		
1. 归属于母公司股东的净利润（净亏损以“－”号填列）		
2. 少数股东损益（净亏损以“－”号填列）		
六、其他综合收益的税后净额		
（一）归属于母公司所有者的其他综合收益的税后净额		
1. 不能重分类进损益的其他综合收益		
（1）重新计量设定受益计划变动额		
（2）权益法下不能转损益的其他综合收益		
（3）其他权益工具投资公允价值变动		
（4）企业自身信用风险公允价值变动		
……		
2. 将重分类进损益的其他综合收益		
（1）权益法下可转损益的其他综合收益		
（2）其他债权投资公允价值变动		
（3）金融资产重分类计入其他综合收益的金额		
（4）其他债权投资信用减值准备		
（5）现金流量套期储备		
（6）外币财务报表折算差额		
……		
（二）归属于少数股东的其他综合收益的税后净额		
七、综合收益总额		
（一）归属于母公司所有者的综合收益总额		
（二）归属于少数股东的综合收益总额		
八、每股收益		
（一）基本每股收益		
（二）稀释每股收益		

注：标注“＊”的项目为金融企业专用行项目。

表 2－2

合并所有者权益变动表

编制单位：　　　　　　　　　　　　　　　　＿＿＿＿年度　　　　　　　　　　　　　　　　单位：元

项目	本年金额														上年金额													
	归属于母公司所有者权益												少数股东权益	所有者权益合计	归属于母公司所有者权益												少数股东权益	所有者权益合计
	实收资本（或股本）	其他权益工具			资本公积	减：库存股	其他综合收益	盈余公积	一般风险准备*	未分配利润	其他	小计			实收资本（或股本）	其他权益工具			资本公积	减：库存股	其他综合收益	盈余公积	一般风险准备*	未分配利润	其他	小计		
		优先股	永续债	其他												优先股	永续债	其他										
一、上年年末余额																												
加：会计政策变更																												
前期差错更正																												
其他																												
二、本年年初余额																												
三、本年增减变动金额（减少以“－”号填列）																												
（一）综合收益总额																												
（二）所有者投入和减少资本																												
1. 所有者投入的普通股																												
2. 其他权益工具持有者投入资本																												
3. 股份支付计入所有者权益的金额																												
4. 其他																												
（三）利润分配																												
1. 提取盈余公积																												
2. 提取一般风险准备*																												
3. 对所有者（或股东）的分配																												
4. 其他																												
（四）所有者权益内部结转																												
1. 资本公积转增资本（或股本）																												
2. 盈余公积转增资本（或股本）																												
3. 盈余公积弥补亏损																												
4. 设定受益计划变动额结转留存收益																												
5. 其他综合收益结转留存收益																												
6. 其他																												
四、本年年末余额																												

注：标注“＊”的项目为金融企业专用行项目。

表 2-3 **合并资产负债表**

编制单位：______年__月__日 单位：元

资产	期末余额	年初余额	负债和所有者权益（或股东权益）	期末余额	年初余额
流动资产：			流动负债：		
货币资金			短期借款		
结算备付金*			向中央银行借款*		
拆出资金*			拆入资金*		
交易性金融资产			交易性金融负债		
衍生金融资产			衍生金融负债		
应收票据及应收账款			应付票据及应付账款		
预付款项			预收款项		
应收保费*			卖出回购金融资产款*		
应收分保账款*			吸收存款及同业存放*		
应收分保合同准备金*			代理买卖证券款*		
其他应收款			代理承销证券款*		
买入返售金融资产*			应付职工薪酬		
存货			应交税费		
合同资产			其他应付款		
持有待售资产			应付手续费及佣金*		
一年内到期的非流动资产			应付分保账款*		
其他流动资产			合同负债		
流动资产合计			持有待售负债		
非流动资产：			一年内到期的非流动负债		
发放贷款和垫款*			其他流动负债		
债权投资			流动负债合计		
其他债权投资			非流动负债：		
长期应收款			保险合同准备金*		
长期股权投资			长期借款		
其他权益工具投资			应付债券		
其他非流动金融资产			其中：优先股		
投资性房地产			永续债		
固定资产			长期应付款		
在建工程			预计负债		

续表

资产	期末余额	年初余额	负债和所有者权益（或股东权益）	期末余额	年初余额
生产性生物资产			递延收益		
油气资产			递延所得税负债		
无形资产			其他非流动负债		
开发支出			非流动负债合计		
商誉			负债合计		
长期待摊费用			所有者权益（或股东权益）：		
递延所得税资产			实收资本（或股本）		
其他非流动资产			其他权益工具		
非流动资产合计			其中：优先股		
			永续债		
			资本公积		
			减：库存股		
			其他综合收益		
			盈余公积		
			一般风险准备*		
			未分配利润		
			归属于母公司所有者权益（或股东权益）合计		
			少数股东权益		
			所有者权益（或股东权益）合计		
资产总计			负债和所有者权益（或股东权益）总计		

注：标注“*”的项目为金融企业专用行项目。

（三）采用购买法编制控制权取得日合并资产负债表的基本程序

按购买法编制控制权取得日的合并资产负债表的基本程序如下：

1. 编制合并资产负债表工作底稿。

2. 将母、子公司的个别资产负债表各项目数据过入合并工作底稿。

3. 对子公司个别资产负债表相关项目进行调整，将子公司个别报表中的账面价值调整为购买日的公允价值。该项调整可在工作底稿中的调整、抵销分录栏进行。

4. 对购买日存在的母、子公司之间的债权债务予以抵销。非同一控制下的控股合并中，购买方与被购买方之间在购买日之前发生的交易，不属于集团内部交易，无须对交易进行抵销处理；但对于购买日存在的债权、债务，则属于集团内部往来，应当予以抵销。

5. 对子公司所有者权益进行相应的调整、抵销。购买日子公司所有者权益金额（公允价值调整后）中，归属于少数股东所有的份额，应调整计入少数股东权益项目中；归母公司所有的份额，应与母公司长期股权投资抵销，差额确认为商誉或通过“盈余公积”及“未分配利润”项目计入当期损益。

6. 计算合并资产负债表各项目的合并金额。将上述调整、抵销分录过入合并工作底稿的调整、抵销栏之后，应按下列顺序对合并资产负债表各项目进行合并加总，编制合并资产负债表：

（1）对合并资产负债表的基本构成项目进行逐行加总，得出合并资产负债表各基本构成项目合并数；

（2）根据上述计算得出的合并资产负债表各基本构成项目金额，计算合并资产负债表中各项中间指标（非基本构成项目）的金额，完成合并资产负债表的编制。

（四）采用权益结合法编制控制权取得日合并资产负债表的基本程序

按权益结合法编制控制权取得日的合并资产负债表之前，如果子公司的会计政策与母公司不一致，母公司应按其自身的会计政策对子公司个别财务报表进行调整，以使子公司的会计政策与母公司保持一致。在母、子公司会计政策调整一致的基础上，应按下列程序编制控制权取得日合并资产负债表：

1. 编制合并资产负债表工作底稿。

2. 将母、子公司的个别资产负债表数据过入合并资产负债表工作底稿。

3. 对合并日存在的母、子公司之间的内部交易进行抵销。权益结合法视同企业合并形成的报告主体自最终控制方开始实施控制起就一直是一体化存续下来的，母、子公司之间在合并日之前发生的交易，应视同内部交易予以抵销。

4. 对子公司所有者权益进行相应的调整、抵销。合并日子公司所有者权益金额中，归属于少数股东所有的份额，应调整计入少数股东权益项目中；归母公司所有的份额，应与母公司长期股权投资抵销。

5. 计算合并资产负债表各项目的合并金额。将上述调整、抵销分录过入合并工作底稿的调整、抵销栏之后，应按下列顺序对合并资产负债表各项目进行合并加总，编制合并资产负债表。

（1）对合并资产负债表的基本构成项目进行逐行加总，得出合并资产负债表各基本构成项目合并数；

（2）根据上述计算得出的合并资产负债表各基本构成项目金额，计算合并资产负债表中各项中间指标（非基本构成项目）的金额，完成合并资产负债表的编制。

二、非同一控制下的控股合并日合并财务报表的编制

非同一控制下的控制权取得日，母公司应按购买法编制合并资产负债表。合并资产负债表是以母公司和纳入合并范围的子公司的个别资产负债表为基础，通过在合并资产负债表工作底稿中对购买日子公司所有者权益进行相应的调整、抵销后合并编制。

（一）通过一次交易实现的控股合并

【例2-1】 20×7年7月1日，甲公司按每股3.125元的价格，以银行存款从乙公司股东处购入8 000万股、每股面值为1元的普通股股票。此项交易之前，甲、乙公司不存在关联关系，交易日甲、乙公司的个别资产负债表如表2-4所示。

表2-4　　甲、乙公司资产负债表（简表）

20×7年7月1日　　单位：万元

项　目	甲公司		乙公司	
	借方	贷方	借方	贷方
资产：				
流动资产	24 600		10 800	
长期股权投资	25 000		—	
固定资产	24 000		15 000	
无形资产——土地使用权	5 000		11 000	
资产总计	78 600		36 800	
负债合计		16 800		10 800
所有者权益：				
股本——普通股		20 000		10 000
资本公积		16 000		10 000
盈余公积		7 800		4 000
未分配利润		18 000		2 000
所有者权益合计		61 800		26 000
负债及所有者权益合计		78 600		36 800

经双方认可的机构评估，购买日乙公司固定资产的公允价值为18 000万元，无形资产的公允价值为10 000万元；其他资产、负债的公允价值与其账面价值相等。乙公

司对上述固定资产采用直线法计提折旧，对无形资产采用直线法进行摊销，固定资产的剩余使用年限为5年，无形资产的剩余使用年限为2年。

要求：编制甲集团控制权取得日的合并资产负债表。

分析：根据题中资料可以判断，该企业合并属于一次交易实现的非同一控制下的控股合并，应按购买法编制控制权取得日的合并资产负债表。该项合并中甲、乙公司之间形成了母、子公司关系，甲公司应当设置备查簿，记录乙公司上述固定资产及无形资产的公允价值、剩余使用年限及折旧、摊销方法（本章所有抵销分录的计量单位均为万元）。

第一步：编制合并资产负债表工作底稿，并将甲、乙公司个别资产负债表相关项目数据过入合并工作底稿中母公司列及子公司列，过入后的合并工作底稿见表2-5中的第②及第③列所示。

第二步：对子公司个别财务报表进行调整，将购买日子公司个别资产负债表调整为以公允价值为基础计量的资产负债表。对子公司净资产的调整分录为：

借：固定资产　3 000
　　贷：无形资产——土地使用权　1 000
　　　　资本公积　2 000

需要指出的是，上述调整既可以在子公司个别资产负债表数据列进行，也可以在合并工作底稿中的调整、抵销栏进行。本书中所有的调整、抵销均在调整、抵销栏中进行。

第三步：对购买日存在的甲、乙公司之间的债权债务予以抵销，并通过编制调整、抵销分录对乙公司调整后的所有者权益进行处理。本例中购买日甲、乙公司之间不存在债权、债务往来，不需进行抵销，只需对反映子公司净资产的所有者权益28 000万元进行处理。其中归属于少数股东所有的份额为5 600（28 000×20%）万元，应调整为少数股东权益；归母公司所有的份额为22 400（28 000×80%）万元，应与母公司长期股权投资25 000万元进行抵销，差额2 600（25 000-22 400）万元确认为商誉。具体的调整、抵销分录如下：

借：股本　10 000
　　资本公积　12 000
　　盈余公积　4 000
　　未分配利润　2 000
　　商誉　2 600
　　贷：长期股权投资　25 000
　　　　少数股东权益　5 600

第四步：将上述调整、抵销分录过入合并工作底稿的调整、抵销栏之后，对合并资产负债表的基本构成项目逐行加总，得出合并资产负债表各基本构成项目合并数，并根据合并资产负债表各基本构成项目数计算相应的中间指标，得出合并资产负债表所有项目数额。具体编制过程及结果如表 2 -5 中的第④、第⑤、第⑥及第⑦列所示。

表 2 -5　　甲公司合并资产负债表工作底稿

20×7 年 7 月 1 日　　单位：万元

项目①	甲公司②	乙公司③	调整、抵销分录		合并资产负债表	
			借方④	贷方⑤	借方⑥	贷方⑦
资产：						
流动资产	24 600	10 800			35 400	
长期股权投资	25 000			25 000	—	
商誉			2 600		2 600	
固定资产	24 000	15 000	3 000		42 000	
无形资产——土地使用权	5 000	11 000		1 000	15 000	
资产总计	78 600	36 800			95 000	
负债合计	16 800	10 800				27 600
所有者权益：						
股本——普通股	20 000	10 000	10 000			20 000
资本公积	16 000	10 000	12 000	2 000		16 000
盈余公积	7 800	4 000	4 000			7 800
未分配利润	18 000	2 000	2 000			18 000
少数股东权益	—	—		5 600		5 600
所有者权益合计	61 800	26 000				67 400
负债与所有者权益合计	78 600	36 800				95 000

【例 2 -2】　如果上例企业合并中甲公司购买乙公司股权的交易价格为每股 2.5 元，其他资料不变，则按购买法编制控制权取得日的合并资产负债表的编制过程如下：

第一步：编制合并资产负债表工作底稿，将购买日甲、乙公司个别资产负债表相关项目数据过入合并工作底稿中母公司列及子公司列，过入后的合并工作底稿如表 2 -6 中的第②及第③列所示。

第二步：对子公司个别财务报表进行调整，将购买日子公司个别资产负债表调整为以公允价值为基础计量的资产负债表。对子公司净资产的调整分录如下：

借：固定资产　　3 000

　　贷：无形资产——土地使用权　　1 000

资本公积　　2 000

第三步：对购买日子公司所有者权益 28 000 万元进行相应的调整、抵销。其中归属于少数股东所有的份额为 5 600（28 000×20%）万元，应调整为少数股东权益；归母公司所有的份额为 22 400（28 000×80%）万元，应与母公司长期股权投资 20 000 万元进行抵销，长期股权投资小于子公司净资产中归母公司所有份额的差额 2 400（22 400－20 000）万元应分别调整增加"盈余公积"240 万元及"未分配利润"2 160 万元。具体的调整、抵销分录如下：

借：股本　　10 000
　　资本公积　　12 000
　　盈余公积　　4 000
　　未分配利润　　2 000
　　贷：长期股权投资　　20 000
　　　　少数股东权益　　5 600
　　　　盈余公积　　240
　　　　未分配利润　　2 160

第四步：将上述调整、抵销分录过入合并工作底稿的调整、抵销栏之后，对合并资产负债表的基本构成项目逐行加总，得出合并资产负债表各基本构成项目合并数，并根据合并资产负债表各基本构成项目数计算相应的中间指标，得出合并资产负债表所有项目数额。具体编制过程及结果如表 2－6 中的第④、第⑤、第⑥及第⑦列所示。

表 2－6　　**甲公司合并资产负债表工作底稿**

20×7 年 7 月 1 日　　单位：万元

项目①	甲公司②	乙公司③	调整、抵销分录		合并资产负债表	
			借方④	贷方⑤	借方⑥	贷方⑦
资产：						
流动资产	29 600	10 800			40 400	
长期股权投资	20 000			20 000	—	
固定资产	24 000	15 000	3 000		42 000	
无形资产——土地使用权	5 000	11 000		1 000	15 000	
资产总计	78 600	36 800			97 400	
负债合计	16 800	10 800				27 600
所有者权益：						
股本——普通股	20 000	10 000	10 000			20 000
资本公积	16 000	10 000	12 000	2 000		16 000

续表

项目①	甲公司②	乙公司③	调整、抵销分录		合并资产负债表	
			借方④	贷方⑤	借方⑥	贷方⑦
盈余公积	7 800	4 000	4 000	240		8 040
未分配利润	18 000	2 000	2 000	2 160		20 160
少数股东权益	—	—		5 600		5 600
所有者权益合计	61 800	26 000				69 800
负债与所有者权益合计	78 600	36 800				97 400

（二）通过多次交易实现的控股合并

【例 2-3】 甲公司于 20×6 年 1 月 1 日以货币资金 3 000 万元取得了乙公司 30% 的股权，乙公司在该日的可辨认净资产的账面价值与公允价值均为 9 000 万元。乙公司于 20×6 年度实现净利润 6 000 万元，没有支付股利。20×7 年 1 月 1 日，甲公司以现金 9 000 万元进一步取得乙公司 40% 的股权，对乙公司实现了控股合并，当日甲公司原持有乙公司 30% 股权的公允价值为 6 500 万元。假设不考虑所得税的影响，两家公司都是根据净利润的 10% 计提盈余公积。购买日甲、乙公司资产、负债情况如表 2-7 所示。

表 2-7　资产负债表（简表）

20×7 年 1 月 1 日

单位：万元

项　目	甲公司	乙公司	
		账面价值	公允价值
资产：			
货币资金	13 800	4 000	4 000
存货	10 000	4 000	5 000
其他流动资产	4 000	3 000	3 000
应收账款——乙公司	6 000		
长期股权投资	13 800		
固定资产（净值）	30 000	20 000	25 000
无形资产——土地使用权	4 200	12 000	12 000
资产总计	81 800	43 000	49 000
负债：			
应付账款——甲公司	4 000	6 000	13 000
其他应付款	6 000	12 000	5 000

续表

项　目	甲公司	乙公司	
		账面价值	公允价值
长期应付款	5 000	10 000	10 000
负债合计	15 000	28 000	28 000
所有者权益：			
股本	30 000	8 000	
资本公积	15 000	1 000	
盈余公积	5 000	1 000	
未分配利润	16 800	5 000	
所有者权益合计	66 800	15 000	
负债及所有者权益总计	81 800	43 000	

要求：编制甲公司控制权取得日的合并资产负债表。

分析：根据题中资料可以判断，该企业合并属于通过多次交易分步实现的非同一控制下的控股合并，应按购买法编制控制权取得日的合并资产负债表。

第一步：编制合并资产负债表工作底稿，并将甲、乙公司个别资产负债表相关项目数据过入合并工作底稿中母公司列及子公司列，过入后的合并工作底稿如表 2－8 中的第②及第③列所示。

第二步：对子公司个别财务报表进行调整，将购买日子公司个别资产负债表调整为以公允价值为基础计量的资产负债表。调整分录为：

借：存货　　1 000

　　固定资产　　5 000

　　贷：资本公积　　6 000

第三步：将购买日甲公司原持有乙公司 30% 股权投资的账面价值调整为公允价值，并将二者的差额计入投资收益。本例中购买日甲公司长期股权投资的账面价值为 4 800（3 000＋6 000×30%）万元，与其公允价值（6 500 万元）之间的差额为 1 700 万元，应计入购买当期的投资收益（影响盈余公积及未分配利润项目），调整分录为：

借：长期股权投资　　1 700

　　贷：盈余公积　　170

　　　　未分配利润　　1 530

第四步：对购买日存在的甲、乙公司之间的债权、债务 6 000 万元予以抵销，抵销分录为：

借：应付账款——甲公司　　6 000

贷：应收账款——乙公司　　6 000

第五步：将购买日子公司所有者权益进行相应的调整、抵销。

根据我国企业合并准则的规定，通过多次交易实现的企业合并的合并成本为各单项交易的成本之和。本例中第一次购入的乙公司30%股权经上述第三步调整后的公允价值为6 500万元，加上购买日新购入的40%股权支付对价的公允价值9 000万元，合并成本共计15 500万元。

购买日乙公司净资产公允价值为21 000万元，应逐行并入合并报表，与其对应的所有者权益各项目中属于少数股东所有的份额为6 300（21 000×30%）万元，应调整为少数股东权益；归母公司所有的份额为14 700（21 000×70%）万元，应与母公司的合并成本（长期股权投资）15 500万元相抵销，差额800（15 500－21 000×70%）万元确认为商誉。

综合以上分析，对购买日子公司所有者权益各项目的调整、抵销分录如下：

借：股本　　8 000

　　资本公积　　7 000

　　盈余公积　　1 000

　　未分配利润　　5 000

　　商誉　　800

　　贷：长期股权投资　　15 500

　　　　少数股东权益　　6 300

第六步：将上述调整、抵销分录过入合并工作底稿的调整、抵销列后，对合并资产负债表的基本构成项目逐行加总，得出合并资产负债表各基本构成项目合并数，并根据合并资产负债表各基本构成项目数计算相应的中间指标，得出合并资产负债表所有项目数额。具体的调整、抵销过程及合并资产负债表的合并结果如表2－8中的第④、第⑤及第⑥列所示。

表2－8　　甲公司合并资产负债表工作底稿

20×7年1月1日　　单位：万元

项　目①	甲公司②	乙公司③	调整、抵销分录		合并数⑥
			借方④	贷方⑤	
资产：					
货币资金	13 800	4 000			17 800
存货	10 000	4 000	1 000		15 000
其他流动资产	4 000	3 000			7 000

续表

项　目①	甲公司②	乙公司③	调整、抵销分录		合并数⑥
			借方④	贷方⑤	
应收账款——乙公司	6 000			6 000	0
长期股权投资	13 800		1 700	15 500	0
固定资产（净值）	30 000	20 000	5 000		55 000
无形资产——土地使用权	4 200	12 000			16 200
商誉			800		800
资产总计	81 800	43 000			111 800
负债：					
应付账款——甲公司	4 000	6 000	6 000		4 000
其他应付款	6 000	12 000			18 000
长期应付款	5 000	10 000			15 000
负债合计	15 000	28 000			37 000
所有者权益：					
股本	30 000	8 000	8 000		30 000
资本公积	15 000	1 000	7 000	6 000	15 000
盈余公积	5 000	1 000	1 000	170	5 170
未分配利润	16 800	5 000	5 000	1 530	18 330
少数股东权益				6 300	6 300
所有者权益合计	66 800	15 000			72 700
负债及所有者权益总计	81 800	43 000			111 800

（三）反向购买日合并资产负债表的编制

【例 2－4】 A 上市公司于 20×7 年 9 月 30 日通过定向增发普通股的方式对 B 企业进行合并，取得 B 企业 100% 股权。假定不考虑所得税影响。A 公司及 B 企业在合并前的简化资产负债表如表 2－9 所示。

表 2-9　　A 公司及 B 企业合并前资产负债表（简表）　　单位：万元

项　　目	A 公司	B 企业
流动资产	2 000	3 000
非流动资产	14 000	40 000
资产总额	16 000	43 000
流动负债	800	1 000
非流动负债	200	2 000
负债总额	1 000	3 000
所有者权益：		
股本	1 000	600
资本公积		
盈余公积	4 000	11 400
未分配利润	10 000	28 000
所有者权益总额	15 000	40 000

其他资料：

（1）20×7 年 9 月 30 日，A 公司通过定向增发本企业普通股，以 2 股换 1 股的比例自 B 企业原股东处取得了 B 企业全部股权。A 公司共发行了 1 200 万股普通股以取得 B 企业全部 600 万股普通股。

（2）A 公司普通股在 20×7 年 9 月 30 日的公允价值为 20 元/股，B 企业每股普通股当日的公允价值为 40 元/股。A 公司、B 企业普通股的面值均为 1 元。

（3）20×7 年 9 月 30 日，A 公司除非流动资产公允价值较账面价值高 3 000 万元以外，其他资产、负债项目的公允价值与其账面价值相同。

（4）假设 A 公司与 B 企业在合并前不存在任何关联关系。

要求：编制企业合并日的合并资产负债表。

分析：对于该项企业合并，虽然在合并中发行权益性证券的一方为 A 公司，但因其生产经营决策的控制权在合并后由 B 企业原股东控制，B 企业应为购买方，A 公司为被购买方，即该项企业合并属于反向购买合并。

（1）A 公司对该反向购买交易应在其个别财务报表中进行如下账务处理：

借：长期股权投资——B 企业　　24 000

　贷：股本　　1 200

　　　资本公积　　22 800

A 公司在上述反向购买日后的个别财务报表如表 2－10 中 A 公司列所示。

（2）确定该反向购买中 B 企业的合并成本。A 公司在该项企业合并中向 B 企业原股东增发了 1 200 万股普通股，合并后 B 企业原股东持有 A 公司的股权比例为 54.55%（1 200/2 200），如果假定 B 企业发行本企业普通股在合并后主体享有同样的股权比例，则 B 企业应当发行的普通股股数为 500（600 ÷ 54.55% －600）万股，其公允价值为 20 000 万元，即 B 企业合并成本为 20 000 万元。

（3）计算反向购买中的商誉：

企业合并成本	20 000
A 公司可辨认资产、负债：	
流动资产	2 000
非流动资产	17 000
流动负债	（800）
非流动负债	（200）
商誉	2 000

（4）根据反向购买情况下合并报表的编制要求，应在合并资产负债表工作底稿中对母、子公司个别财务报表进行如下调整、抵销：

① 对法律上母公司个别财务报表进行调整，将反向购买日法律上母公司个别资产负债表调整为以公允价值为基础计量的资产负债表。调整分录为：

借：非流动资产　　3 000

　　贷：资本公积　　3 000

② 对反向购买日法律上母公司的所有者权益进行相应的调整抵销。抵销后并入合并报表的留存收益数应为法律上子公司的数据（本例中盈余公积为 11 400 万元，未分配利润为 28 000 万元），权益性工具（股本及资本公积）的金额应当为法律上子公司在反向购买之前的权益工具面值及反向购买中假定新发行的权益工具公允价值之和（本例为 600 + 500 × 40 = 20 600 万元），但权益结构应当按法律上母公司的权益结构进行反映（即股本为 2 200 万元，资本公积为 18 400 万元）。另外由于合并过程中确定的合并成本主要是为了计算反向购买的商誉所用的，该项合并成本在法律上子公司的个别财务报表中并没有体现，编制合并报表时需要抵销的应是法律上母公司的长期股权投资数，合并中的商誉则应按反向购买中计算的数额确认。根据以上规定应对反向购买日法律上母公司的所有者权益进行如下调整、抵销：

借：股本　　600

　　资本公积　　7 400

　　盈余公积　　4 000

　　未分配利润　　10 000

商誉　2 000

贷：长期股权投资　24 000

（5）将上述调整、抵销分录过入合并资产负债表工作底稿的调整、抵销分录栏，并按合并财务报表编制中的合并加总程序，即可得出反向购买日合并资产负债表中的合并数。合并结果如表 2－10 的合并数列所示。

表 2－10　A 公司 20×7 年 9 月 30 日合并资产负债表工作底稿　单位：万元

	A 公司	B 企业	调整、抵销分录		合并数
			借方	贷方	
流动资产	2 000	3 000			5 000
长期股权投资	24 000			24 000	—
其他非流动资产	14 000	40 000	3 000		57 000
商誉			2 000		2 000
资产总额	40 000	43 000			64 000
流动负债	800	1 000			1 800
非流动负债	200	2 000			2 200
负债总额	1 000	3 000			4 000
所有者权益：					
股本	2 200	600	600		2 200
资本公积	22 800		7 400	3 000	18 400
盈余公积	4 000	11 400	4 000		11 400
未分配利润	10 000	28 000	10 000		28 000
少数股东权益					0
所有者权益合计	39 000	40 000			60 000

（6）每股收益。本例中假定 20×7 年 A 公司与 B 企业形成的主体实现合并净利润为 2 300 万元，自 20×6 年 1 月 1 日至 20×7 年 9 月 30 日，B 企业发行在外的普通股股数未发生变化。A 公司 20×7 年 9 月 30 日以前发行在外的普通股为 1 000 万股，则：

20×7 年基本每股收益：

2 300/(1 000×9÷12+2 200×3÷12)=1.77（元）

提供比较报表的情况下，进行比较报表每股收益计算中，应对发行在外普通股股数进行调整，以反映反向购买中 A 公司发行在外普通股的变化情况。

（7）少数股东权益。假定上例中B企业的全部股东中只有90%的股东以原持有的对B企业股权换取了A公司增发的普通股。A公司应发行的普通股股数为1 080（600×90%×2）万股。企业合并后，B企业的股东拥有合并后报告主体的股权比例为51.92%（1 080/2 080）。通过假定B企业向A公司发行本企业普通股在合并后主体享有同样的股权比例，在计算B企业须发行的普通股数量时，不考虑少数股权因素，故B企业应当发行的普通股股数为500（600×90%÷51.92%－600×90%）万股。B企业在该项合并中的企业合并成本为20 000［（1 040－540）×40］万元，B企业未参与股权交换的股东拥有B企业的股份为10%，享有B企业合并前净资产的份额为4 000万元，在合并财务报表中应作为少数股东权益列示。

三、同一控制下的控股合并日合并财务报表的编制

同一控制下的控制权取得日，母公司应按权益结合法编制合并财务报表。按权益结合法编制合并财务报表时，应以母、子公司的个别财务报表为基础，通过在合并财务报表工作底稿中对子公司购买日所有者权益进行相应的调整、抵销后合并编制。下面以实例说明同一控制下的控制权取得日合并财务报表的编制方法。

【例2－5】　沿用本章〖例2－1〗资料，假定甲、乙公司自成立以来就由P公司控制，其中甲公司为P公司全资子公司，乙公司为P公司80%控股子公司。20×7年7月1日，甲公司以每股3.125元的现金，购买了P公司持有的乙公司80%的股权。

合并日甲、乙公司的资产负债表如表2－11所示。

表2－11　　**甲、乙公司资产负债表（简表）**

20×7年7月1日　　单位：万元

项　目	甲公司		乙公司	
	借方	贷方	借方	贷方
资产：				
流动资产	24 600		10 800	
长期股权投资	20 800		—	
固定资产	24 000		15 000	
无形资产——土地使用权	5 000		11 000	
资产总计	74 400		36 800	
负债合计		16 800		10 800
所有者权益：				

续表

项　目	甲公司		乙公司	
	借方	贷方	借方	贷方
股本——普通股		20 000		10 000
资本公积		11 800		10 000
盈余公积		7 800		4 000
未分配利润		18 000		2 000
所有者权益合计		57 600		26 000
负债及所有者权益合计		74 400		36 800

合并日前，甲、乙公司的会计政策相同，相互之间不存在其他交易，不考虑所得税影响。

要求：编制甲集团公司控制权取得日的合并资产负债表。

分析：根据题中资料可以判断，甲、乙公司之间的企业合并属于同一控制下的控股合并，应按权益结合法编制控制权取得日的合并资产负债表如下：

第一步：编制合并资产负债表工作底稿，并将甲、乙公司个别资产负债表相关项目数据过入合并资产负债表工作底稿中的母公司列及子公司列，过入后的合并工作底稿如表 2－12 中的甲公司列及乙公司列所示。

第二步：对合并日子公司所有者权益 26 000 万元进行相应的调整、抵销。其中归属于少数股东所有的份额为 5 200（26 000×20%）万元，应调整为少数股东权益；归母公司所有的份额为 20 800（26 000×80%）万元，应与母公司长期股权投资进行抵销。分录如下：

借：股本　　10 000

　　资本公积　　10 000

　　盈余公积　　4 000

　　未分配利润　　2 000

　　贷：长期股权投资　　20 800

　　　　少数股东权益　　5 200

另外，按权益结合法要求，还应将上步中已抵销的被合并方合并之前实现的留存收益调整计入合并财务报表。调整分录为：

借：资本公积　　6 000

　　贷：盈余公积　　4 000

　　　　未分配利润　　2 000

第三步：将上述调整、抵销分录过入合并工作底稿的调整、抵销列之后，对合并资产负债表的基本构成项目逐行加总，得出合并资产负债表各基本构成项目合并数，并根据各基本构成项目数计算相应的中间指标，得出合并资产负债表所有项目数额。具体合并结果如表 2-12 中的调整抵销列及合并数列所示。

表 2-12　　**甲公司合并资产负债表工作底稿**

20×7 年 7 月 1 日　　单位：万元

项　目	甲公司		乙公司		调整、抵销分录		合并数	
	借方	贷方	借方	贷方	借方	贷方	借方	贷方
资产：								
流动资产	24 600		10 800				35 400	
长期股权投资	20 800		—			20 800	—	
固定资产	24 000		15 000				39 000	
无形资产——土地使用权	5 000		11 000				16 000	
资产总计	74 400		36 800				90 400	
负债合计		16 800		10 800				27 600
所有者权益：								
股本——普通股		20 000		10 000	10 000			20 000
资本公积		11 800		10 000	10 000 6 000			7 800
盈余公积		7 800		4 000	4 000	4 000		11 800
未分配利润		18 000		2 000	2 000	2 000		20 000
少数股东权益						5 200		5 200
所有者权益合计		57 600		26 000				62 800
负债及所有者权益合计		74 400		36 800				90 400

第三节　控制权取得日后的合并财务报表

一、控制权取得日后合并财务报表的基本要求

（一）控制权取得日后合并财务报表的内容

在母公司取得子公司控制权之后的各个会计期间，无论母、子公司之间关系的形成

是源于同一控制下的企业合并，还是源于非同一控制下的企业合并，母公司都要编制合并利润表、合并所有者权益变动表、合并资产负债表及合并现金流量表。

由于合并利润表、合并所有者权益变动表及合并资产负债表之间存在着内部勾稽关系，编制合并财务报表时不能割裂开来，应一并处理。而合并现金流量表则可根据母、子公司的个别现金流量表单独编制，可不与合并利润表、合并所有者权益变动表及合并资产负债表一并处理。为了能够突出体现合并财务报表编制的基本原理，本章将详细阐述合并利润表、合并所有者权益变动表及合并资产负债表的编制原则与方法，对合并现金流量表的编制则不作详细介绍。

（二）控制权取得日后合并财务报表的格式

控制权取得日后合并财务报表的格式，包括合并利润表的格式、合并所有者权益变动表的格式及合并资产负债表的格式，与本章第一节相关合并财务报表的格式相同，这里不再重复。

（三）控制权取得日后合并财务报表的编制方法

控制权取得日后合并财务报表的编制方法，应根据母公司取得子公司控制权时企业合并的种类而定：如果母公司是通过非同一控制下的企业合并取得的对子公司的控制权，则应采用购买法编制控制权取得日后的合并财务报表。如果母公司是通过同一控制下的企业合并取得的对子公司的控制权，则应采用权益结合法编制控制权取得日后的合并财务报表。

（四）采用购买法编制合并财务报表的基本程序

按购买法编制控制权取得日后合并财务报表的基本程序如下：

第一步：编制合并财务报表工作底稿，包括合并利润表工作底稿、合并所有者权益变动表工作底稿及合并资产负债表工作底稿。

第二步：将母、子公司的个别财务报表过入合并财务报表工作底稿。

第三步：以购买日子公司相关资产、负债的公允价值为基础，对子公司个别财务报表进行调整，将子公司个别财务报表调整为以购买日的公允价值为基础计量的财务报表。该项调整可以在合并财务报表工作底稿的调整、抵销分录栏进行。

第四步：按照“权益法”要求调整母公司个别财务报表。调整时应以按购买日子公司相关资产、负债的公允价值为基础调整之后的子公司报表数据为依据，而不是以子公司原账面报表数据为基础。

合并财务报表也可在按“成本法”核算“长期股权投资”的母公司个别财务报表基础上直接编制，但是所生成的合并财务报表应当符合合并财务报表准则的相关规定。

在按“成本法”核算的母公司个别财务报表基础上直接编制合并财务报表时，本步骤可以略去。

第五步：对购买日后发生的母、子公司之间的内部交易及其未实现利润进行相应的调整、抵销。

第六步：对经过上述调整后的子公司所有者权益进行相应的处理。处理时应分别报告当期确认的综合收益总额、当期利润分配、当期所有者权益的其他增减变动数及报告当期期初所有者权益分别进行处理：

① 对子公司报告期实现的净利润及其他综合收益总额中归少数股东所有的份额进行调整。一方面在合并利润表合并净利润及其他综合收益总额项下单独列示归少数股东所有的份额（少数股东损益），同时也在合并所有者权益变动表少数股东权益项目中计入子公司当期综合收益总额中归少数股东所有的份额。

需要注意的是，计算合并利润表中归少数股东所有的份额时，应以对子公司利润表账面数据进行调整后的金额为基础，按少数股东的份额计算确定。这里的调整既包括公允价值调整额，也包括内部交易调整、抵销。

② 对子公司提取的盈余公积进行调整[①]，将子公司提取的盈余公积中归少数股东所有的份额予以转销。子公司当期利润中归少数股东所有的份额，通过上述第①项调整已全部计入少数股东权益项下，合并所有者权益变动表中的利润分配及盈余公积只反映归母公司所有的份额，故应将其中包含的少数股东份额予以转销。

③ 对子公司的现金股利分配进行调整，并根据具体情况进行相应的处理。其中分给少数股东的部分，应视同少数股东在集团中权益的减少，该部分利润分配应与少数股东权益相抵销。利润分配中的其他部分，应当视具体情况而定：如果该部分利润分配给了购买方，那么从整个集团的角度来看该部分利润分配只是货币资金的移位，应将该部分利润分配与购买方利润表中的投资收益进行抵销；如果该部分利润分配给了原股权持有者，从母、子公司组成的企业集团的角度看该部分利润分配属于对集团外的分配，不需要进行相应的抵销。

④ 对子公司所有者权益的其他变动（如所有者投入和减少资本）进行调整。子公司所有者权益的其他变动中归属于少数股东所有的份额，应当在合并所有者权益变动表调整增加（减少）少数股东权益项目；同时调整减少（增加）合并所有者权益变动表中相应的所有者权益项目。

⑤ 对子公司除提取盈余公积外的其他所有者权益内部结转进行调整，将其中归少数股东所有的份额予以转销。子公司当期所有者权益其他变动中归少数股东所有的份

① 本书对子公司提取的盈余公积归属于母公司的份额，在合并所有者权益变动表和合并资产负债表中予以反映，也就是说，合并报表中的“盈余公积”项目不仅包括母公司提取的盈余公积，也包括子公司提取的盈余公积。

额，通过上述第①、④项调整已全部计入少数股东权益项下，合并所有者权益变动表中所有者权益的内部结转只反映归母公司所有的份额，故应将其中包含的少数股东份额予以转销。

⑥ 将第三步所进行的对母公司个别财务报表按权益法进行的调整予以抵销。编制合并财务报表过程中，对控制权取得日后子公司所有者权益增减变动额中归母公司所有的份额，将通过对合并财务报表基本构成项目的逐行横向相加（减）及对合并财务报表中间指标的纵向相加（减），并入到合并利润表及合并所有者权益变动表中。如不将上述第三步母公司所作的调整分录予以抵销，将会导致合并财务报表中对该部分金额的重复计算。

如果母公司是在按“成本法”核算的个别财务报表基础上直接编制合并财务报表时，本步应该略去。即存在第三步调整分录情况下，就需要本项抵销分录；如果不存在第三步调整分录，也不需要本项抵销分录。

⑦ 对子公司期初所有者权益各项目进行相应调整、抵销。其中归属少数股东所有的份额，应调整计入期初的少数股东权益项目中。归母公司所有的份额，应区别为两部分进行处理：属于购买日存在的部分中归母公司所有的份额，应与母公司的长期股权投资相抵销，差额确认为商誉或控制权取得当期的损益；属于购买日至期初新增加的部分中归母公司所有的份额，无需进行抵销，而是应并入合并所有者权益各项目期初金额中。

需要指出的是，这里所说的子公司期初所有者权益数，指的是经过对子公司个别财务报表进行公允价值调整及内部交易调整、抵销后的数额。

第七步：将上述调整、抵销计入合并财务报表工作底稿相应的调整、抵销列之后，对合并财务报表的基本构成项目逐行横向相加（减），得出合并财务报表各基本构成项目合并数；然后根据合并财务报表各基本构成项目合并数，纵向相加（减）计算确定合并财务报表的各项中间指标的数额，得出合并财务报表所有项目数额。

报告日与报告期

报告日，也称资产负债表日，是指企业编制的财务报表报告期的期末。比如企业编制20×7年度的财务报表时，报告日就是20×7年12月31日；编制20×7年第三季度财务报表时，报告日就是20×7年9月30日。报告期，是指企业财务报表所反映的动态期间，如为年度报表，则为报告年度的1月1日至12月31日；如为中期报表，则为该中期所属年度的年初至中期期末，其中的利润表还应当包括本中期期初至期末的数据。

(五) 采用权益结合法编制合并财务报表的基本程序

按权益结合法编制控制权取得日后的合并财务报表，应以母、子公司个别财务报表为基础，通过编制调整、抵销分录后合并编制。如果子公司的会计政策、会计期间与母公司不一致，应按母公司的会计政策及会计期间对子公司个别财务报表进行调整，以便统一母、子公司的会计政策、会计期间。在母、子公司的会计政策、会计期间一致的基础上，母公司应按下列程序编制合并财务报表：

第一步：编制合并财务报表工作底稿。

第二步：将母、子公司的个别财务报表数据过入合并财务报表工作底稿。

第三步：按“权益法”核算要求调整母公司个别财务报表。按权益结合法编制控制权取得日以后期间的合并财务报表时，对母公司个别财务报表中的“长期股权投资”进行调整时，应以子公司账面所有者权益变动数为基础。

我国合并财务报表准则也允许母公司在以“成本法”核算“长期股权投资”的个别财务报表基础上直接编制合并财务报表。如果母公司在按“成本法”核算的个别财务报表基础上直接编制合并财务报表，则不需要进行本步骤调整。

第四步：对母、子公司之间的内部交易及其未实现利润进行相应的调整、抵销。有关内部交易的抵销方法，参见本书第四章。

第五步：对子公司所有者权益各项目进行相应的调整、抵销。包括对子公司当期确认的净利润及其他综合收益总额、当期的利润分配及其他权益变动数及期初所有者权益中归少数股东所有的份额所作的调整及对不能并入合并财务报表金额所作的抵销。具体处理顺序与个别财务报表的编制顺序及勾稽关系相同：

① 对子公司当期确认的净利润及其他综合收益总额中归少数股东所有的份额进行调整。一方面在合并利润表合并净利润及其他综合收益总额项下单独列示归属于少数股东所有的净利润及其他综合收益总额（少数股东损益）；同时也在合并所有者权益变动表少数股东权益项目中计入子公司当期净利润及其他综合收益总额中归少数股东所有的份额。

② 对子公司提取的盈余公积进行调整，将子公司当期提取的盈余公积中归少数股东所有的份额予以转销。

③ 对子公司的利润分配进行相应的调整、抵销。其中属于对少数股东的利润分配，应与少数股东权益相抵销；对母公司股东的利润分配，可视为货币资金在集团内部的转移，应与母公司的投资收益进行抵销。

④ 对子公司所有者权益的其他变动中归属于少数股东的份额，进行相应的调整。

⑤ 对子公司除提取盈余公积外的其他所有者权益内部结转进行调整，将其中归少数股东所有的份额予以转销。子公司当期所有者权益其他变动中归少数股东所有的份

额，通过上述第①、④项调整已全部计入少数股东权益项下，合并所有者权益变动表中所有者权益的内部结转只反映归母公司所有的份额，故应将其中包含的少数股东份额予以转销。

⑥ 对子公司期初所有者权益各项目进行相应调整、抵销。其中归属少数股东所有的份额，应调整增加期初的少数股东权益；归属于母公司所有的份额中属于合并日存在数，与母公司的长期股权投资（按成本法核算）相抵销；属于合并日至报告期期初变动数，应并入合并财务报表相关项目中。

需要说明的是，本步上述第⑥项调整、抵销是假定合并财务报表是在母公司按成本法核算长期股权投资个别财务报表基础上直接编制时所进行的调整、抵销。如果合并财务报表是在母公司按权益法调整长期股权投资基础上编制时，也就是在进行了前述第三步调整基础上编制合并财务报表时，则本步所进行的调整、抵销额与在母公司按成本法核算长期股权投资个别财务报表基础上直接编制合并财务报表时所进行的调整、抵销有所不同。这时抵销的长期股权投资应是按权益法调整后的数额，抵销的子公司所有者权益数则包括期初数（调整后数）与当期增加数中归母公司所有的份额合计数。其中期初数中归属少数股东所有的份额，应调整增加期初的少数股东权益；期初数中归属于母公司所有的份额与当期增加数中归母公司所有的份额合计数应与母公司的长期股权投资相抵销。

在母公司采用第三步按权益法调整长期股权投资个别财务报表基础上编制合并财务报表时，本项调整、抵销也可以采用简化的方法进行处理，即在上述按成本法核算长期股权投资个别财务报表基础上直接并表所进行的调整、抵销基础上，将第三步按权益法进行的调整分录予以抵销。

第六步：将上述调整、抵销分录计入合并财务报表工作底稿的调整、抵销列后，即可按照合并财务报表的编制顺序及各报表之间的勾稽关系，计算得出合并财务报表各项目数额：

① 合并财务报表中基本构成项目的计算。按权益结合法编制合并报表时，对于各报表中的基本构成项目，应分别项目的性质，以母、子公司各该项目的合并数，加上或减去借方或贷方的调整数后计算而得。

② 合并财务报表中间指标数的计算。编制合并财务报表时，对于合并财务报表中间指标数额的确定，与个别财务报表中间指标数确定方法相同。即根据合并财务报表基本构成项目加、减计算求得，不应直接对合并报表中间指标进行调整、抵销。也就是说，合并财务报表中的中间指标，是通过对合并财务报表中的基本构成项目进行纵向相加（减）计算确定的。

二、非同一控制下的控股合并日后合并财务报表的编制

下面主要以实例说明控制权取得当期及以后期间合并财务报表的编制方法。

（一）控制权取得当期合并财务报表的编制

控制权取得当期的合并财务报表，是指控制权取得日后母公司编制的首份合并财务报表，包括合并利润表、合并所有者权益变动、合并资产负债表、合并现金流量表及合并财务报表附注。

控制权取得当期的合并财务报表，既与控制权取得日的合并财务报表不同，也与控制权取得日以后期间的合并财务报表不同，但与二者又都有着密切的联系。与控制权取得日合并财务报表相比，控制权取得当期的合并财务报表不仅包括合并资产负债表，而且也包括合并利润表、合并所有者权益变动表及合并现金流量表等动态合并报表，而控制权取得日的合并财务报表则仅包括静态的合并资产负债表。与控制权取得日以后期间的合并财务报表相比，控制权取得当期的合并财务报表虽然包括了合并利润表、合并所有者权益变动表及合并现金流量表等动态合并报表，但其中子公司的报表包括的期间并不是一个完整的年度（期间），而是从购买日至年末（期末）的部分期间。

编制控制权取得日后合并财务报表时，对母公司个别财务报表中的长期股权投资有两种处理方法。一种是对母公司以“成本法”核算的“长期股权投资”不进行调整，即在母公司按“成本法”核算“长期股权投资”的个别财务报表基础上直接编制控制权取得当年合并财务报表的方法；另一种是先对母公司个别财务报表中的“长期股权投资”进行调整，将其从按“成本法”核算金额调整为按“权益法”核算的金额，在母公司按“权益法”调整后的个别财务报表基础上编制控制权取得当年合并财务报表的方法。

下面以实例说明非同一控制下的控制权取得当年合并财务报表的编制方法。

【例2－6】　沿用〖例2－1〗资料，企业合并当年（20×7年度）甲、乙公司的利润表、所有者权益变动表及资产负债表资料如表2－13、表2－14及表2－15所示。

购买日至期末，乙公司向甲公司出售了成本为400万元的商品，售价为600万元，该商品中有50%甲公司已对外出售，另外50%包含在甲公司的期末存货中；除此之外，甲、乙公司之间没有发生其他交易。假定甲、乙公司的会计政策及会计期间相同，不考虑所得税的影响。

表 2－13　　利润表（简表）

20×7 年度　　单位：万元

项　　目	甲公司	乙公司		
		1～6 月	7～12 月	全年数
一、营业收入	96 700	25 000	34 100	59 100
减：营业成本	50 000	15 000	21 000	36 000
税金及附加	6 800	1 500	3 000	4 500
销售费用	4 000	2 300	2 000	4 300
管理费用	8 400	3 000	3 200	6 200
财务费用	8 600	200	500	700
加：投资收益	0	0	0	0
二、营业利润	18 900	3 000	4 400	7 400
加：营业外收入	300	0	0	0
减：营业外支出	200	200	500	700
三、利润总额	19 000	2 800	3 900	6 700
减：所得税费用	4 000	800	900	1 700
四、净利润	15 000	2 000	3 000	5 000
五、其他综合收益	0	0	0	0
六、综合收益总额	15 000	2 000	3 000	5 000

表 2－14

所有者权益变动表（简表）

20×7 年度

单位：万元

项　　目	甲公司					乙公司（7～12月）				
	股本	资本公积	盈余公积	未分配利润	所有者权益合计	股本	资本公积	盈余公积	未分配利润	所有者权益合计
一、上年年末余额	20 000	16 000	7 200	15 000	58 200	10 000	10 000	4 000	2 000	26 000
加：会计政策变更										
前期差错更正										
二、本年年初余额	20 000	16 000	7 200	15 000	58 200	10 000	10 000	4 000	2 000	26 000
三、本年增减变动金额（减少以“－”号填列）										
（一）综合收益总额				15 000	15 000				3 000	3 000
（二）所有者投入和减少资本										
所有者投入资本										
（三）利润分配										
1. 提取盈余公积			1 500	－1 500	0			300	－300	0
2. 对所有者（或股东）的分配				－2 400	－2 400					
（四）所有者权益内部结转										
四、本年年末余额	20 000	16 000	8 700	26 100	70 800	10 000	10 000	4 300	4 700	29 000

表 2－15　　甲、乙公司资产负债表（简表）

20×7 年 12 月 31 日　　单位：万元

项目	甲公司		乙公司	
	借方	贷方	借方	贷方
资产：				
流动资产	28 900		13 950	
长期股权投资	25 000		—	
固定资产	26 000		17 000	
无形资产——土地使用权	4 500		8 250	
资产总计	84 400		39 200	
负债		13 600		10 200
所有者权益：				
股本——普通股		20 000		10 000
资本公积		16 000		10 000
盈余公积		8 700		4 300
未分配利润		26 100		4 700
所有者权益合计		70 800		29 000
负债及所有者权益合计		84 400		39 200

要求：编制控制权取得当年甲、乙公司的合并财务报表。

分析：对于甲、乙公司之间非同一控制下的控股合并形成的企业集团，应采用购买法编制控制权取得日后的合并财务报表，包括合并利润表、合并所有者权益变动表及合并资产负债表。编制的合并利润表及合并所有者权益变动表中，只有购买日后子公司新增的综合收益及其他所有者权益变动额才能并入合并财务报表，购买日已存在的所有者权益则不能并入合并财务报表。

在甲、乙公司会计政策及会计期间相同的情况下，甲公司可在其按“成本法”核算“长期股权投资”的个别财务报表基础上，按下列程序编制控制权取得当年的合并财务报表。

第一步：编制合并资产负债表工作底稿，包括合并利润表工作底稿、合并所有者权益变动表工作底稿及合并资产负债表工作底稿，如表 2－17、表 2－18 及表 2－19 所示。

第二步：将甲、乙公司个别财务报表相关项目数据分别过入合并财务报表工作底稿中母公司列及子公司列，过入后的合并财务报表工作底稿如表 2－17、表 2－18 及

表2－19中甲公司及乙公司列所示。

第三步：对子公司个别财务报表进行调整，将控制权取得当期子公司个别财务报表调整为以购买日公允价值为基础计量的财务报表。调整分录包括：

将购买日子公司固定资产及无形资产的账面价值调整为公允价值，调整分录为：

借：固定资产　　3 000

　　贷：无形资产——土地使用权　　1 000

　　　　资本公积　　2 000

以购买日子公司固定资产的公允价值为基础，调整子公司计提的固定资产折旧，调整金额为300（3 000/5/2）万元，调整分录为：

借：管理费用　　300

　　贷：固定资产（累计折旧）　　300

以购买日子公司无形资产的公允价值为基础，调整子公司的无形资产摊销额，调整金额为250（1 000/2/2）万元，调整分录为：

借：无形资产（累计摊销）　　250

　　贷：管理费用　　250

第四步：对购买日之后发生的甲、乙公司之间的内部存货交易予以抵销，分录为：

借：营业收入　　600

　　贷：营业成本　　500

　　　　流动资产（存货）　　100

第五步：对子公司自购买日至合并当期期末的利润表及所有者权益变动表相关项目进行相应的调整、抵销。包括：

对子公司购买日后实现的综合收益总额（调整后数）进行处理。本例中乙公司购买日后至期末（20×7年7～12月）确认的净利润账面数为3 000万元，通过对公允价值及内部交易进行调整后应并入合并报表的净利润为2 850（3 000－300＋250－100）万元，其中归少数股东所有的份额为570（2 850×20%）万元，应调整为“少数股东权益”。调整分录为：

借：少数股东损益　　570

　　贷：少数股东权益　　570

对子公司自购买日至合并当期期末“利润分配——提取盈余公积”中包含的少数股东份额60（300×20%）万元予以剔除，分录为：

借：盈余公积　　60

　　贷：利润分配——提取盈余公积　　60

对子公司所有者权益变动表中期初所有者权益（调整后数）进行相应的调整、抵销。本例中子公司期初所有者权益指的是购买日所有者权益，按公允价值调整后金额为

28 000 万元，归少数股东所有的份额为 5 600 万元，应调整为少数股东权益；归母公司所有的份额为 22 400 万元，应与母公司长期股权投资 25 000 万元进行抵销，差额 2 600 万元确认为商誉。对子公司期初（本例为购买日）所有者权益调整、抵销分析、计算可用表 2 – 16 表示。

表 2 – 16　　子公司购买日所有者权益调整、抵销分析计算表　　单位：万元

项　目	账面价值 ①	调整数 ②	公允价值 ③	调整为少数股东权益数 ④ = ③ × 20%	与母公司长期股权投资抵销数 ⑤ = ③ × 80%	调整、抵销数合计 ⑥ = ④ + ⑤
实收资本	10 000	—	10 000	2 000	8 000	10 000
资本公积	10 000	2 000	12 000	2 400	9 600	12 000
盈余公积	4 000	—	4 000	800	3 200	4 000
未分配利润	2 000	—	2 000	400	1 600	2 000
合计	26 000	2 000	28 000	5 600	22 400	28 000

根据上述分析编制购买日子公司所有者权益的调整、抵销分录如下：

借：股本（期初）　　10 000
　　资本公积（期初）　　12 000
　　盈余公积（期初）　　4 000
　　未分配利润（期初）　　2 000
　　商誉　　2 600
　　贷：长期股权投资　　25 000
　　　　少数股东权益（期初）　　5 600

第六步：将上述调整、抵销分录分别计入合并财务报表工作底稿各相关项目的调整、抵销分录栏后，即可对合并财务报表工作底稿中的基本报表构成项目进行横向合并加总，得出合并财务报表各基本构成项目的合并数。

在计算确定合并财务报表各基本构成项目金额后，应按照合并利润表，合并所有者权益变动表及合并资产负债表的顺序，对各报表中需通过纵向计算的中间指标进行计算，按合并利润表、合并所有者权益变动表及合并资产负债表的内在勾稽关系，依次得出合并利润表、合并所有者权益变动表及合并资产负债表各项目的合并数，结果如表 2 – 17、表 2 – 18 及表 2 – 19 合并数列所示。

表 2－17　　合并利润表工作底稿

20×7 年度　　单位：万元

项　　目	甲公司（全年）	乙公司（7～12 月）	调整、抵销分录		合并数
			借方	贷方	
一、营业收入	96 700	34 100	600		130 200
减：营业成本	50 000	21 000		500	70 500
税金及附加	6 800	3 000			9 800
销售费用	4 000	2 000			6 000
管理费用	8 400	3 200	300	250	11 650
财务费用	8 600	500			9 100
加：投资收益	0	0			0
二、营业利润	18 900	4 400			23 150
加：营业外收入	300	0			300
减：营业外支出	200	500			700
三、利润总额	19 000	3 900			22 750
减：所得税费用	4 000	900			4 900
四、净利润	15 000	3 000			17 850
五、其他综合收益					
六、综合收益总额	15 000	3 000			17 850
其中：归属于母公司股东的综合收益总额					17 280 *
归属于少数股东的综合收益总额			570		570

注：＊本项目属于合并利润表的中间指标，应根据合并综合收益总额减去其中归属于少数股东的综合收益总额计算而得。该项目合并数应直接过入合并所有者权益变动表中“未分配利润”项目列下的本年增加“综合收益总额”栏，以反映合并利润表与合并所有者权益变动表的勾稽关系。

表 2-18

甲公司合并所有者权益变动表工作底稿

20×7 年度（子公司只合并 7~12 月数）

单位：万元

项目	实收资本					资本公积					盈余公积				
	母公司	子公司	调整、抵销数		合并数	母公司	子公司	调整、抵销数		合并数	母公司	子公司	调整、抵销数		合并数
			借方	贷方				借方	贷方				借方	贷方	
一、上年年末余额	20 000	10 000				16 000	10 000				7 200	4 000			
加：会计政策变更															
二、本年年初余额	20 000	10 000	10 000		20 000	16 000	10 000	12 000	2 000	16 000	7 200	4 000	4 000		7 200
三、本年增减变动数（减少以"-"号填列）															
（一）综合收益总额															
（二）所有者投入和减少资本															
（三）利润分配															
1. 提取盈余公积											1 500	300	60		1 740
2. 对所有者分配利润															
四、本期期末余额	20 000	10 000	10 000		20 000①	16 000	10 000	12 000	2 000	16 000②	8 700	4 300	4 060		8 940③

续表

项目	未分配利润					少数股东权益			合并所有者权益合计数
	母公司	子公司	调整、抵销数		合并数	调整、抵销数		合并数	
			借方	贷方		借方	贷方		
一、上年年末余额	15 000	2 000							
加：会计政策变更									
二、本年年初余额	15 000	2 000	2 000		15 000		5 600	5 600	63 800
三、本年增减变动数（减少以“－”号填列）									
（一）综合收益总额	15 000	3 000			17 280④		570	570	17 850
（二）所有者投入和减少资本									
（三）利润分配									
1. 提取盈余公积	－1 500	－300		60	－1 740				0
2. 对所有者分配利润	－2 400				－2 400				－2 400
四、本年年末余额	26 100	4 700			28 140⑤		6 170	6 170⑥	79 250⑦

注：①本项目数直接过入合并资产负债表“实收资本（或股本）”项目合并数。

②本项目数直接过入合并资产负债表“资本公积”项目合并数。

③本项目数直接过入合并资产负债表“盈余公积”项目合并数。

④本项目由合并利润表中“归属于母公司股东的综合收益总额”直接过入。

⑤本项目数直接过入合并资产负债表“未分配利润”项目合并数。

⑥本项目数直接过入合并资产负债表“少数股东权益”项目合并数。

⑦本项目属需计算得出的中间指标，该数额应根据期初所有者权益各项目（合并数）合计数加减本期所有者权益增减变动合并数计算求得，计算结果应当与期末所有者权益各项目合并加总计算结果相同。该项目合并数应直接过入合并资产负债表中所有者权益合并数项目，以保持报表之间的勾稽关系。

表 2－19　　　　**甲集团合并资产负债表工作底稿**

20×7 年 12 月 31 日　　　　单位：万元

项　目	甲公司	乙公司	调整、抵销分录		合并数
			借方	贷方	
资产：					
流动资产	28 900	13 950		100	42 750
长期股权投资	25 000	—		25 000	—
固定资产	26 000	17 000	3 000	300	45 700
无形资产——土地使用权	4 500	8 250	250	1 000	12 000
商誉			2 600		2 600
资产总计	84 400	39 200			103 050
负债	13 600	10 200			23 800
所有者权益：					
股本——普通股	20 000	10 000			20 000①
资本公积	16 000	10 000			16 000②
盈余公积	8 700	4 300			8 940③
未分配利润	26 100	4 700			28 140④
少数股东权益					6 170⑤
所有者权益合计	70 800	29 000			79 250⑥
负债及所有者权益合计	84 400	39 200			103 050

注：①本项目由合并所有者权益变动表“股本”项目期末数直接过入。
②本项目由合并所有者权益变动表“资本公积”项目期末数直接过入。
③本项目由合并所有者权益变动表“盈余公积”项目期末数直接过入。
④本项目由合并所有者权益变动表“未分配利润”项目期末数直接过入。
⑤本项目由合并所有者权益变动表“少数股东权益”项目期末数直接过入。
⑥本项目由合并所有者权益变动表“所有者权益合计”项目期末数直接过入。

本例中如果母公司采用在按“权益法”调整个别财务报表基础上编制控制权取得当年合并财务报表的方法，则需在其按“成本法”编制的合并财务报表基础上进行如下处理：

第一，在上述第三步之后、第四步之前增加对母公司个别财务报表的调整分录，将母公司个别财务报表中的“长期股权投资”从“成本法”调整为“权益法”。本例中自购买日至报告日，子公司所有者权益账面增加额为3 000万元，按公允价值调整后增加的所有者权益为2 950（3 000 - 300 + 250）万元，其中归母公司的份额为2 360（2 950 × 80%）万元，应调整长期股权投资为2 360万元。调整分录为：

借：长期股权投资　　2 360

　　贷：投资收益　　2 360

第二，对子公司所有者权益与母公司的长期股权投资进行调整、抵销。此项调整、抵销可以按规范方法处理，也可按简化方法处理。

按规范方法处理时，本例合并过程中第五步的第三项调整、抵销分录应为：

借：股本（期初）　　10 000

　　资本公积（期初）　　12 000

　　盈余公积（期初）　　4 000

　　未分配利润（期初）　　2 000

　　商誉　　2 600

　　投资收益　　2 360

　　贷：长期股权投资　　27 360

　　　　少数股东权益（期初）　　5 600

简化方法处理，即直接在上例第五步第三项之后、第六步之前增加一项抵销分录，将上述母公司按权益法调整的、通过合并利润表及合并所有者权益变动表已并入合并财务报表的子公司当年按公允价值调整后的所有者权益变动额中归公司的份额予以转销，转销分录为：

借：投资收益　　2 360

　　贷：长期股权投资　　2 360

除增加上述两项调整、抵销分录外，其他调整、抵销分录与〖例2-6〗中以按“成本法”核算长期股权投资的个别财务报表为基础编制合并财务报表相同，编制的合并财务报表结果也与〖例2-6〗完全相同，这里不再重复。

我国合并财务报表的编制还有一种方法，是将母公司对子公司的长期股权投资在合并财务报表工作底稿中调整为权益法，然后以调整后的母公司报表为基础，将“长期股权投资”与子公司所有者权益期末数抵销，将母公司按照权益法调整后的“投资收益”与子公司“未分配利润——期初”“提取盈余公积”“应付股利”“利润分配——期末”抵销。其做法包括：

（1）在合并工作底稿中，按权益法调整对子公司的长期股权投资，借记“长期股权投资”项目，贷记“投资收益”其他综合收益项目；对于子公司除净损益以外所有者权益的其他变动，按母公司应享有的份额，借记“长期股权投资”项目，贷记“资本公积”项目。

（2）将按照权益法调整后的长期股权投资与子公司期末所有者权益抵销，借记“实收资本”“资本公积”“盈余公积”“未分配利润——年末”项目，贷记“长期股权投资”项目。其中，属于商誉的部分，还应借记“商誉”项目。在子公司为非全资子公司的情况下，将属于少数股东的权益在合并财务报表中作为“少数股东权益”处理。

（3）母公司对子公司的长期股权投资在合并工作底稿中按权益法调整的投资收益、其他综合收益，实际上就是子公司当期净利润、其他综合收益及其他权益变动与母公司持股比例相乘的结果。编制合并利润表时，必须将其予以抵销。

由于合并所有者权益变动表中的本年利润分配项目是站在整个企业集团的角度，反映对母公司股东和子公司少数股东的利润分配情况，因此子公司的个别所有者权益变动表中本年利润分配各项目的金额，包括提取盈余公积、对所有者（或股东）的分配和期末未分配利润的金额，都必须予以抵销。

至于子公司个别所有者权益变动表中本年利润分配项目中的“未分配利润——年初”项目，作为子公司以前会计期间净利润的一部分，在全资子公司的情况下已全额包括在母公司以前会计期间按权益法调整的投资收益之中，从而包括在母公司按权益法调整的本期期初未分配利润之中。为此，也应将其予以抵销。从子公司个别所有者权益变动表来看，其期初未分配利润加上本期净利润就是其本期利润分配的来源；而本期利润分配和期末未分配利润则是利润分配的结果。母公司本期对子公司长期股权投资按权益法调整的投资收益和子公司期初未分配利润正好与子公司本年利润分配项目相抵销。在子公司为非全资子公司的情况下，母公司本期对子公司长期股权投资按权益法调整的投资收益、本期少数股东损益和期初未分配利润与子公司本年利润分配项目也正好相抵销。

本方法的合并抵销处理举例，参见第四章〖例 4－19〗。

（二）控股权取得日以后年度（期间）的合并财务报表

非同一控制下的控制权取得日以后年度（中期）的合并财务报表，是指控制权取得日后第 2 年（期间）及以后各年（期间）的合并财务报表。与控制权取得当年合并财务报表不同的是，在控制权取得日以后各年度，子公司利润表、所有者权益变动表及现金流量表均为全年数。控制权取得日以后年度（期间）的合并财务报表，应按购买法的基本程序及方法进行编制。下面以控制权取得日后第 2 年为例，说明控制权取得日以后年度合并利润表、合并所有者权益变动表及合并资产负债表的编制方法。

【例 2－7】 沿用〖例 2－6〗资料，假定控制权取得日后第 2 年（20×8 年度）

甲、乙公司的利润表、所有者权益变动表及资产负债表资料分别如表2－20、表2－21、表2－22所示。

20×8年度，乙公司向甲公司出售了成本为800万元的商品，售价为1 200万元，该商品中有3/4甲公司已对外出售，另外1/4包含在甲公司的期末存货中；此外，乙公司与甲公司上期（指购买日至20×7年年末）内部交易的存货仍然包含在甲公司期末存货中。甲、乙公司的会计政策及会计期间相同，不考虑所得税的影响。

表2－20　　**利润表（简表）**

20×8年度　　单位：万元

项　　目	甲公司	乙公司
一、营业收入	99 150	75 000
减：营业成本	54 000	46 000
税金及附加	7 000	5 000
销售费用	4 300	4 700
管理费用	8 250	10 800
财务费用	7 600	600
加：投资收益	1 600	0
二、营业利润	19 600	7 900
加：营业外收入	500	100
减：营业外支出	100	200
三、利润总额	20 000	7 800
减：所得税费用	4 000	1 800
四、净利润	16 000	6 000
五、其他综合收益	0	0
六、综合收益总额	16 000	6 000

表 2－21

所有者权益变动表（简表）

20×8 年度

单位：万元

项目	甲公司					乙公司				
	股本	资本公积	盈余公积	未分配利润	所有者权益合计	股本	资本公积	盈余公积	未分配利润	所有者权益合计
一、上年年末余额	20 000	16 000	8 700	26 100	70 800	10 000	10 000	4 300	4 700	29 000
加：会计政策变更										
前期差错更正										
二、本年年初余额	20 000	16 000	8 700	26 100	70 800	10 000	10 000	4 300	4 700	29 000
三、本年增减变动金额（减少以“－”号填列）										
（一）综合收益总额				16 000	16 000				6 000	6 000
（二）所有者投入和减少资本										
所有者投入资本										
（三）利润分配										
1. 提取盈余公积			1600	－1 600	0			600	－600	0
2. 对所有者（或股东）的分配				－4 500	－4 500				－2 000	－2 000
（四）所有者权益内部结转										
四、本年年末余额	20 000	16 000	10 300	36 000	82 300	10 000	10 000	4 900	8 100	33 000

表 2-22　　甲、乙公司资产负债表（简表）

20×8 年 12 月 31 日　　单位：万元

项　目	甲公司		乙公司	
	借方	贷方	借方	贷方
资产：				
流动资产	34 400		12 600	
长期股权投资	25 000		12 000	
固定资产	30 900		16 250	
无形资产——土地使用权	4 000		2 750	
资产总计	94 300		43 600	
负债		12 000		10 600
所有者权益：				
股本——普通股		20 000		10 000
资本公积		16 000		10 000
盈余公积		10 300		4 900
未分配利润		36 000		8 100
所有者权益合计		82 300		33 000
负债及所有者权益合计		94 300		43 600

要求：编制控制权取得日后第 2 年（20×8 年）甲、乙公司的合并财务报表。

分析：对于甲、乙公司之间非同一控制下的控股合并形成的集团，应采用购买法编制控制权取得日后的合并财务报表，包括合并利润表、合并所有者权益变动表及合并资产负债表。

在甲、乙公司会计政策及会计期间相同的情况下，甲公司在其按“成本法”核算“长期股权投资”的个别财务报表基础上，按如下程序编制控制权取得日后第 2 年（即 20×8 年度）的合并财务报表。

第一步：编制合并资产负债表工作底稿，包括合并利润表工作底稿、合并所有者权益变动表工作底稿及合并资产负债表工作底稿。

第二步：将甲、乙公司个别财务报表相关项目数据分别过入合并财务报表工作底稿中母公司列及子公司列。

第三步：对子公司个别财务报表进行调整，将报告日子公司个别财务报表调整为以购买日公允价值为基础计量的财务报表。调整分录包括：

将购买日子公司固定资产及无形资产的账面价值调整为公允价值，调整分录为：

借：固定资产　　3 000

　　贷：无形资产——土地使用权　　1 000

　　　　资本公积　　2 000

以购买日子公司固定资产的公允价值为基础，调整增加子公司计提的固定资产折旧，调整金额为900万元：其中购买日至本年年初调整金额为300（3 000/5/2）万元，本年调整金额为600（3 000/5）万元。调整分录为：

借：未分配利润（期初）　　300

　　管理费用　　600

　　贷：固定资产（累计折旧）　　900

以购买日子公司无形资产的公允价值为基础，调整减少子公司无形资产摊销额，调整金额为750万元：其中购买日至本年年初调整金额为250（1 000/2/2）万元，本年调整金额为500（1 000/2）万元。调整分录为：

借：无形资产　　750

　　贷：未分配利润（期初）　　250

　　　　管理费用　　500

第四步：对购买日之后甲、乙公司之间的内部交易及其未实现利润进行调整、抵销。本例购买日至期初内部交易未实现利润为100万元，应调整减少期初未分配利润及存货项目；本期内部交易1 200万元，未实现利润100万元，应调减本期营业收入1 200万元、调减营业成本1 100万元，调减存货100万元。合并调整、抵销分录为：

借：营业收入　　1 200

　　未分配利润（期初）　　100

　　贷：营业成本　　1 100

　　　　流动资产（存货）　　200

第五步：对报告期子公司所有者权益（调整后数）进行相应的调整、抵销。包括：

对子公司本年确认的综合收益总额（调整后数）进行处理。本例中乙公司本年综合收益总额账面数为6 000万元，通过对公允价值及内部交易进行调整、抵销后应当并入合并利润表数为5 800（6 000－600＋500－100）万元。其中归少数股东所有的份额为1 160（5 800×20%）万元，应调整为“少数股东权益”。调整分录为：

借：少数股东损益　　1 160

　　贷：少数股东权益　　1 160

对子公司本年“利润分配——提取盈余公积”中包含的少数股东份额120（600×20%）万元予以剔除。分录为：

借：盈余公积　　120

　　贷：利润分配——提取盈余公积　　　　　　　　　　　　　　　　　　120

对子公司本年利润分配2 000万元进行相应的调整、抵销。其中分配给母公司的利润，应与母公司的“投资收益”相抵销，分配给少数股东的利润，应调整减少合并所有者权益变动表中的“少数股东权益”项目。分录为：

借：投资收益　　　　　　　　　　　　　　　　　　　　　　1 600

　　少数股东权益　　　　　　　　　　　　　　　　　　　　　400

　　贷：利润分配——应付现金股利　　　　　　　　　　　　　　　　2 000

对子公司期初所有者权益（调整后数）进行相应的调整、抵销。

本例中子公司经调整后的期初所有者权益为30 850万元，其中归少数股东所有的份额为6 170万元，应调整为少数股东权益；归母公司所有的份额为24 680万元，其中购买日存在数22 400万元，应与母公司长期股权投资进行抵销，差额确认为商誉，购买日至年初新增数2 280万元，应并入合并所有者权益期初数中，不需进行抵销。对子公司期初所有者权益调整、抵销的分析、计算如表2－23所示。

表2－23　　　　子公司期初所有者权益调整、抵销计算分析表　　　　单位：万元

项　目	账面数①	调整、抵销数②	调整、抵销后数③	归少数股东所有的份额④=③×20%	归母公司股东所有的份额				调整、抵销数合计⑨=④+⑥
					其中：购买日存在数		购买日至年初新增数		
					购买日存在数⑤	与长期股权投资抵销数⑥=⑤×80%	购买日至年初新增数⑦=③－⑤	并入合并报表数⑧=⑦×80%	
实收资本	10 000	0	10 000	2 000	10 000	8 000	0	0	10 000
资本公积	10 000	2 000	12 000	2 400	12 000	9 600	0	0	12 000
盈余公积	4 300	0	4 300	860	4 000	3 200	300	240	4 060
未分配利润	4 700	－300 +250 －100	4 550	910	2 000	1 600	2 550	2 040	2 510
合计	29 000	1 850	30 850	6 170	28 000	22 400	2 850	2 280	28 570

根据上述分析编制对子公司期初所有者权益的调整、抵销分录如下：

借：股本（8 000＋2 000）　　　　　　　　　　　　　　　　10 000

　　资本公积（9 600＋2 400）　　　　　　　　　　　　　　12 000

　　盈余公积（3 200＋860）　　　　　　　　　　　　　　　4 060

　　未分配利润（1 600＋910）　　　　　　　　　　　　　　2 510

　　商誉　　　　　　　　　　　　　　　　　　　　　　　　2 600

贷：长期股权投资　　　　25 000

少数股东权益　　　　6 170

第六步：将上述调整、抵销分录分别计入合并财务报表工作底稿各相关项目的调整、抵销分录列后，即可对合并财务报表工作底稿中的基本报表构成项目进行横向相加（减），得出合并财务报表各基本构成项目的合并数；之后再按照合并利润表、合并所有者权益变动表及合并资产负债表的顺序，对各报表中需要通过纵向计算的中间指标进行计算，按合并利润表、合并所有者权益变动表及合并资产负债表内在勾稽关系，依次得出合并利润表、合并所有者权益变动表及合并资产负债表各项目的合并数。具体的合并结果如表2－24、表2－25及表2－26合并数列所示。

表2－24　　合并利润表工作底稿

20×8年度　　单位：万元

报表项目	甲公司	乙公司	调整、抵销分录		合并数
			借方	贷方	
一、营业收入	99 150	75 000	1 200		172 950
减：营业成本	54 000	46 000		1 100	98 900
税金及附加	7 000	5 000			12 000
销售费用	4 300	4 700			9 000
管理费用	8 250	10 800	600	500	19 150
财务费用	7 600	600			8 200
加：投资收益	1 600	0	1 600		0
二、营业利润	19 600	7 900			25 700
加：营业外收入	500	100			600
减：营业外支出	100	200			300
三、利润总额	20 000	7 800			26 000
减：所得税费用	4 000	1 800			5 800
四、净利润	16 000	6 000			20 200
五、其他综合收益	0	0			0
六、综合收益总额	16 000	6 000			20 200
其中：归属于母公司股东的综合收益总额					19 040*
归属于少数股东的综合收益总额				1 160	1 160

注：*本项目金额直接过入合并所有者权益变动表中“未分配利润”项目合并数列下的本年增加“综合收益总额”栏，以反映合并利润表与合并所有者权益变动表的勾稽关系。

表 2－25

甲公司合并所有者权益变动表工作底稿

20×8 年度

单位：万元

项目	实收资本					资本公积					盈余公积				
	母公司	子公司	调整、抵销数		合并数	母公司	子公司	调整、抵销数		合并数	母公司	子公司	调整、抵销数		合并数
			借方	贷方				借方	贷方				借方	贷方	
一、上年年末余额	20 000	10 000				16 000	10 000				8 700	4 300			
二、本年年初余额	20 000	10 000	10 000		20 000	16 000	10 000	12 000	2 000	16 000	8 700	4 300	4 060		8 940
三、本年期增减变动数（减少以“－”号填列）															
（一）综合收益总额															
（二）所有者投入和减少资本															
（三）利润分配															
1. 提取盈余公积											1 600	600	120		2 080
2. 对所有者分配利润															
四、本期期末余额	20 000	10 000	10 000		20 000①	16 000	10 000	12 000	2 000	16 000②	10 300	4 900	4 180		11 020③

续表

项目	未分配利润					少数股东权益			合并所有者权益合计数
	母公司	子公司	调整、抵销数		合并数	调整、抵销数		合并数	
			借方	贷方		借方	贷方		
一、上年年末余额	26 100	4 700							
二、本年年初余额	26 100	4 700	300 100 2 510	250	28 140		6 170	6 170	79 250
三、本年增减变动数（减少以“–”号填列）									
（一）综合收益总额	16 000	6 000			19 040④		1 160	1 160	20 200
（二）所有者投资和减少资本									
（三）利润分配									
1. 提取盈余公积	–1 600	–600		120	–2 080				0
2. 对所有者分配利润	–4 500	–2 000		2 000	–4 500	400		–400	–4 900
四、本年年末余额	36 000	8 100			40 600⑤			6 930⑥	94 550⑦

注：①本项目数直接过入合并资产负债表“实收资本（或股本）”项目合并数。

②本项目数直接过入合并资产负债表“资本公积”项目合并数。

③本项目数直接过入合并资产负债表“盈余公积”项目合并数。

④本项目由合并利润表中“归属于母公司股东的综合收益总额”直接过入。

⑤本项目数直接过入合并资产负债表“未分配利润”项目合并数。

⑥本项目数直接过入合并资产负债表“少数股东权益”项目合并数。

⑦本项目属中间指标，应根据期初所有者权益各项目合计数加减本期所有者权益增加变动合并数计算求得，计算结果应当与期末所有者权益各项目合并数加计结果相同。该所有者权益合并数应直接过入合并资产负债表中所有者权益合并项目，以保持报表之间的勾稽关系。

表 2-26 甲公司合并资产负债表工作底稿

20×8 年 12 月 31 日 单位：万元

项目	甲公司	乙公司	调整、抵销分录		合并数
			借方	贷方	
资产：					
流动资产	34 400	12 600		200	46 800
长期股权投资	25 000	12 000		25 000	12 000
固定资产	30 900	16 250	3 000	900	49 250
无形资产——土地使用权	4 000	2 750	750	1 000	6 500
商誉			2 600		2 600
资产总计	94 300	43 600			117 150
负债合计	12 000	10 600			22 600
所有者权益：					
股本——普通股	20 000	10 000			20 000①
资本公积	16 000	10 000			16 000②
盈余公积	10 300	4 900			11 020③
未分配利润	36 000	8 100			40 600④
少数股东权益					6 930⑤
所有者权益合计	82 300	33 000			94 550⑥
负债及所有者权益合计	94 300	43 600			117 150

注：①本项目由合并所有者权益变动表“股本”项目期末数直接过入。
②本项目由合并所有者权益变动表“资本公积”项目期末数直接过入。
③本项目由合并所有者权益变动表“盈余公积”项目期末数直接过入。
④本项目由合并所有者权益变动表“未分配利润”项目期末数直接过入。
⑤本项目由合并所有者权益变动表“少数股东权益”项目期末数直接过入。
⑥本项目由合并所有者权益变动表“所有者权益合计”项目期末数直接过入。

三、同一控制下的控股合并日后合并财务报表的编制

（一）控制权取得当期合并财务报表的编制

同一控制下的控制权取得当期的合并财务报表，是指控制权取得当期期末母公司编制的首份完整的合并财务报表，包括合并利润表、合并所有者权益变动表、合并资产负债表、合并现金流量表及合并财务报表附注。

下面以实例说明按权益结合法编制同一控制下的控制权取得当年合并财务报表的具体程序及方法。

【例 2-8】 沿用〖例 2-1〗及〖例 2-5〗资料，假定甲、乙公司自成立以来就由 P 公司控制，其中甲为 P 的全资子公司，乙为 P 的 80% 控股子公司。20×7 年 7 月 1 日，甲公司以每股 3.125 元的现金，购买了 P 公司持有的乙公司 80% 的股权。企业合并当年（20×7 年度）甲、乙公司的个别利润表如表 2-13 所示，个别所有者权益变动表及个别资产负债表如表 2-27 及表 2-28 所示。

表 2-27

所有者权益变动表（简表）

20×7 年度

单位：万元

项目	甲公司					乙公司（7~12月）				
	股本	资本公积	盈余公积	未分配利润	所有者权益合计	股本	资本公积	盈余公积	未分配利润	所有者权益合计
一、上年年末余额	20 000	16 000	7 200	15 000	58 200	10 000	10 000	4 000	2 000	26 000
加：会计政策变更										
前期差错更正										
二、本年年初余额	20 000	16 000	7 200	15 000	58 200	10 000	10 000	4 000	2 000	26 000
三、本年增减变动金额（减少以“-”号填列）										
（一）综合收益总额		-4 200		15 000	10 800				3 000	3 000
（二）所有者投入和减少资本										
所有者投入资本										
（三）利润分配										
1. 提取盈余公积			1 500	-1 500	0			300	-300	0
2. 对所有者（或股东）的分配				-2 400	-2 400					
（四）所有者权益内部结转										
四、本年年末余额	20 000	11 800	8 700	26 100	66 600	10 000	10 000	4 300	4 700	29 000

表 2-28　　甲、乙公司资产负债表（简表）

20×7 年 12 月 31 日　　单位：万元

项　目	甲公司		乙公司	
	借方	贷方	借方	贷方
资产：				
流动资产	28 900		13 950	
长期股权投资	20 800		—	
固定资产	26 000		17 000	
无形资产——土地使用权	4 500		8 250	
资产总计	80 200		39 200	
负债		13 600		10 200
所有者权益：				
股本——普通股		20 000		10 000
资本公积		11 800		10 000
盈余公积		8 700		4 300
未分配利润		26 100		4 700
所有者权益合计		66 600		29 000
负债及所有者权益合计		80 200		39 200

企业合并当期，乙公司向甲公司出售了成本为 400 万元的商品，售价为 600 万元，该商品中有 50% 甲公司已对外出售，另外 50% 包含在甲公司的期末存货中；除此之外，甲、乙公司之间没有发生其他交易。假定甲、乙公司的会计政策及会计期间相同，不考虑所得税的影响。

要求：编制控制权取得当年甲、乙公司的合并财务报表。

分析：对于甲、乙公司之间同一控制下的控股合并形成的企业集团，应采用权益结合法编制控制权取得当年的合并利润表、合并所有者权益变动表及合并资产负债表。合并利润表及合并所有者权益变动表中，应当包括甲公司全年的综合收益及其他所有者权益变动数额，以及乙公司自合并日至年末的综合收益及其他所有者权益变动数额；乙公司自年初至合并日实现的综合收益及其他所有者权益变动数额，则应当通过 P 公司并入最终控制方的合并财务报表当中。

在甲、乙公司会计政策及会计期间相同的情况下，甲公司在其按“成本法”核算“长期股权投资”的个别财务报表基础上，编制甲集团公司控制权取得当年的合并财务报表如下：

第一步：编制合并财务报表工作底稿，包括合并利润表工作底稿、合并所有者权益变动表工作底稿及合并资产负债表工作底稿。

第二步：将甲、乙公司个别财务报表相关项目数据分别过入合并财务报表工作底稿中母公司列及子公司列。

第三步：对合并日之后发生的甲、乙公司之间的内部交易及其影响额予以抵销。抵销分录为：

借：营业收入　　　　600

　　贷：营业成本　　　　500

　　　　流动资产（存货）　　　　100

第四步：对子公司合并当年利润表及所有者权益变动表相关项目进行相应的调整、抵销。

对合并日至年末乙公司的综合收益总额（抵销内部交易后数）进行处理。本例中合并日至20×7年末乙公司净利润账面金额为3 000万元。通过对内部交易进行调整后应当并入合并利润表的金额为2 900[3 000－(600－500)]万元。对其中归少数股东所有的份额为580（2 900×20%）万元，应调整为“少数股东权益”。调整分录为：

借：少数股东损益　　　　580

　　贷：少数股东权益　　　　580

对子公司的“利润分配——提取盈余公积”中包含的少数股东份额60（300×20%）万元予以剔除。调整分录为：

借：盈余公积　　　　60

　　贷：利润分配——提取盈余公积　　　　60

对子公司合并日所有者权益进行相应的调整、抵销。其中归属于少数股东所有的份额5 200（26 000×20%）万元，应调整增加少数股东权益，归母公司所有的份额20 800（26 000×80%）万元，应与母公司的长期股东投资予以抵销。对合并日子公司所有者权益的调整、抵销分析、计算可用表2－29表示。

表2－29　　子公司所有者权益调整、抵销分析计算表　　单位：万元

项　　目	账面价值①	调整为少数股东权益数 ②＝①×20%	与母公司长期股权投资抵销数 ③＝①×80%	调整、抵销数合计 ④＝②＋③
实收资本	10 000	2 000	8 000	10 000
资本公积	10 000	2 000	8 000	10 000
盈余公积	4 000	800	3 200	4 000
未分配利润	2 000	400	1 600	2 000
合　　计	26 000	5 200	20 800	26 000

综合以上分析，对合并日子公司所有者权益各项目及母公司长期股权投资的调整、抵销分录为：

借：股本（子公司期初）　　　　10 000

　　资本公积（子公司期初）　　　　10 000

　　盈余公积（子公司期初）　　　　4 000

　　未分配利润（子公司期初）　　　　2 000

　　贷：长期股权投资　　　　20 800

少数股东权益　　5 200

将按权益结合法应并入合并财务报表但在上步抵销的乙公司合并日之前的留存收益调整计入合并财务报表。调整分录为：

借：资本公积　　6 000

　贷：盈余公积　　4 000

　　未分配利润　　2 000

第五步：将上述调整、抵销分录分别计入合并财务报表工作底稿各相关项目的调整、抵销分录栏后，即可对合并财务报表工作底稿中的基本报表构成项目进行横向合并相加（减），得出合并财务报表各基本构成项目的合并数。之后再按照合并利润表，合并所有者权益变动表及合并资产负债表的顺序，对各报表中需要通过纵向计算的中间指标进行计算，按合并利润表、合并所有者权益变动表及合并资产负债表内在勾稽关系，依次得出合并利润表、合并所有者权益变动表及合并资产负债表各项目的合并数。具体合并结果如表2－30、表2－31及表2－32合并数列所示。

表2－30　　合并利润表工作底稿

20×7年度　　单位：万元

项　　目	甲公司（全年）	乙公司（全年）	调整、抵销分录		合并数
			借方	贷方	
一、营业收入	96 700	34 100	600		130 200
减：营业成本	50 000	21 000		500	70 500
税金及附加	6 800	3 000			9 800
销售费用	4 000	2 000			6 000
管理费用	8 400	3 200			11 600
财务费用	8 600	500			9 100
加：投资收益	0	0			0
二、营业利润	18 900	4 400			23 200
加：营业外收入	300	0			300
减：营业外支出	200	500			700
三、利润总额	19 000	3 900			22 800
减：所得税费用	4 000	900			4 900
四、净利润	15 000	3 000			17 900
五、其他综合收益	0	0			0
六、综合收益总额	15 000	3 000			17 900
其中：归属于母公司股东的综合收益总额					17 320*
归属于少数股东的综合收益总额			580		580

注：* 本项目金额直接过入合并所有者权益变动表中“未分配利润”项目合并数列对应的本年增加“综合收益总额”项目，以反映合并利润表与合并所有者权益变动表的勾稽关系。

表 2－31 甲公司合并所有者权益变动表工作底稿

20×7 年度

单位：万元

项目	实收资本					资本公积					盈余公积				
	母公司	子公司	调整、抵销数		合并数	母公司	子公司	调整、抵销数		合并数	母公司	子公司	调整、抵销数		合并数
			借方	贷方				借方	贷方				借方	贷方	
一、上年年末余额	20 000	10 000				16 000	10 000				7 200	4 000			
二、本年年初余额	20 000	10 000	10 000		20 000	16 000	10 000	10 000 6 000		10 000	7 200	4 000	4 000	4 000	11 200
三、本年增减变动数（减少以“－”号填列）															
（一）综合收益总额						－4 200				－4 200					
（二）所有者投入和减少资本															
（三）利润分配															
1. 提取盈余公积											1 500	300	60		1 740
2. 对所有者分配利润															
四、本年年末余额	20 000	10 000	10 000		20 000①	11 800	10 000	16 000		5 800②	8 700	4 300	4 060	4 000	12 940③

续表

项　目	未分配利润					少数股东权益			所有者权益合计数
	母公司	子公司	调整、抵销数		合并数	调整、抵销数		合并数	
			借方	贷方		借方	贷方		
一、上年年末余额	15 000	2 000							
二、本年年初余额	15 000	2 000	2 000	2 000	17 000		5 200	5 200	63 400
三、本年增减变动数（减少以“－”号填列）									
（一）综合收益总额	15 000	3 000			17 320④		580	580	13 700
（二）所有者投入和减少资本									
（三）利润分配									
1. 提取盈余公积	－1 500	－300		60	－1 740				0
2. 对所有者分配利润	－2 400				－2 400				－2 400
四、本年年末余额	26 100	4 700			30 180⑤		5 780	5 780⑥	74 700⑦

注：①本项目数直接过入合并资产负债表“实收资本（或股本）”项目合并数。

②本项目数直接过入合并资产负债表“资本公积”项目合并数。

③本项目数直接过入合并资产负债表“盈余公积”项目合并数。

④本项目由合并利润表中“归属于母公司股东的综合收益总额”直接过入。

⑤本项目数直接过入合并资产负债表“未分配利润”项目合并数。

⑥本项目数直接过入合并资产负债表“少数股东权益”项目合并数。

⑦本项目属中间指标，应根据期初所有者权益各项目（合并数）合计数加减本期所有者权益增加变动合并数计算求得，计算结果应当与期末所有者权益各项目合并加总计算结果相同。该项目合并数应直接过入合并资产负债表中所有者权益合并项目，以保持报表之间的勾稽关系。

表 2-32　　甲公司合并资产负债表工作底稿

20×7 年 12 月 31 日　　单位：万元

项目	甲公司	乙公司	调整、抵销分录		合并数
			借方	贷方	
资产：					
流动资产	28 900	13 950		100	42 750
长期股权投资	20 800	—		20 800	—
固定资产	26 000	17 000			43 000
无形资产——土地使用权	4 500	8 250			12 750
资产总计	80 200	39 200			98 500
负债	13 600	10 200			23 800
所有者权益：					
股本——普通股	20 000	10 000			20 000①
资本公积	11 800	10 000			5 800②
盈余公积	8 700	4 300			12 940③
未分配利润	26 100	4 700			30 180④
少数股东权益					5 780⑤
所有者权益合计	66 600	29 000			74 700⑥
负债及所有者权益合计	80 200	39 200			98 500

注：①本项目由合并所有者权益变动表“股本”项目期末数直接过入。
②本项目由合并所有者权益变动表“资本公积”项目期末数直接过入。
③本项目由合并所有者权益变动表“盈余公积”项目期末数直接过入。
④本项目由合并所有者权益变动表“未分配利润”项目期末数直接过入。
⑤本项目由合并所有者权益变动表“少数股东权益”项目期末数直接过入。
⑥本项目由合并所有者权益变动表“所有者权益合计”项目期末合并数直接过入。

需要说明的是，从最终控制方的角度看，同一控制下的企业合并只是将被合并方的控制权从某一集团成员企业（原直接控制方）转移至另一集团成员企业（合并方）而已；从整个集团的角度看，并不涉及资源的流入或流出，也不会导致整个集团所有者权益的变动。所以，同一控制下的企业合并当期最终控制方编制整个集团的合并财务报表时，应将合并方计入资本公积（或留存收益）、被合并方的原直接控制方计入当期损益的合并成本与被合并方净资产账面价值份额的差额予以抵销，以真实反映同一控制下的企业合并的实质。

（二）控制权取得日以后期间的合并财务报表

同一控制下的控制权取得日以后年度（期间）的合并财务报表，是指控制权取得日后第2年（期）及以后各年（期）的合并财务报表。控制权取得日以后年度（期间）的合并财务报表，应按权益结合法的基本程序及方法进行编制。下面以控制权取得日后第2年为例，说明同一控制下的控制权取得日以后年度合并利润表、合并所有者权益变动表及合并资产负债表的编制方法。

【例2-9】　沿用本章〖例2-4〗及〖例2-7〗资料，假定甲、乙公司自成立以来就由P公司控制，其中甲公司为P公司全资子公司，乙公司为P公司80%控股子公司。20×7年7月1日，甲公司以每股3.125元的现金，购买了P公司持有的乙公司80%的股权。

控制权取得日后第2年（20×8年度）甲、乙公司的利润表、所有者权益变动表及资产负债表资料如表2-33、表2-34及表2-35所示。

20×8年度乙公司向甲公司出售了成本为800万元的库存商品，售价为1 200万元，该商品中有3/4甲公司已对外出售，另外1/4包含在甲公司的期末存货中；此外，乙公司与甲公司上年内部交易存货的50%仍然包含在甲公司期末存货中。甲、乙公司的会计政策及会计期间相同，不考虑所得税的影响。

表2-33　　**利润表（简表）**

20×8年度　　单位：万元

报表项目	甲公司	乙公司
一、营业收入	99 150	75 000
减：营业成本	54 000	46 000
税金及附加	7 000	5 000
销售费用	4 300	4 700
管理费用	8 250	10 800
财务费用	7 600	600
加：投资收益	1 600	0
二、营业利润	19 600	7 900
加：营业外收入	500	100
减：营业外支出	100	200
三、利润总额	20 000	7 800
减：所得税费用	4 000	1 800
四、净利润	16 000	6 000
五、其他综合收益	0	0
六、综合收益总额	16 000	6 000

表 2-34

所有者权益变动表（简表）

20×8 年度

单位：万元

项目	甲公司					乙公司				
	股本	资本公积	盈余公积	未分配利润	所有者权益合计	股本	资本公积	盈余公积	未分配利润	所有者权益合计
一、上年年末余额	20 000	11 800	8 700	26 100	66 600	10 000	10 000	4 300	4 700	29 000
二、本年年初余额	20 000	11 800	8 700	26 100	66 600	10 000	10 000	4 300	4 700	29 000
三、本年增减变动金额（减少以“-”号填列）										
（一）综合收益总额				16 000	16 000				6 000	6 000
（二）所有者投入和减少资本										
所有者投入资本										
（三）利润分配										
1. 提取盈余公积			1 600	-1 600	0			600	-600	0
2. 对所有者（或股东）的分配				-4 500	-4 500				-2 000	-2 000
（四）所有者权益内部结转										
四、本年年末余额	20 000	11 800	10 300	36 000	78 100	10 000	10 000	4 900	8 100	33 000

表 2－35　　甲、乙公司资产负债表（简表）

20×8 年 12 月 31 日　　单位：万元

项　目	甲公司		乙公司	
	借方	贷方	借方	贷方
资产：				
流动资产	34 400		12 600	
长期股权投资	20 800		12 000	
固定资产	30 900		16 250	
无形资产——土地使用权	4 000		2 750	
资产总计	90 100		43 600	
负债		12 000		10 600
所有者权益：				
股本——普通股		20 000		10 000
资本公积		11 800		10 000
盈余公积		10 300		4 900
未分配利润		36 000		8 100
所有者权益合计		78 100		33 000
负债及所有者权益合计		90 100		43 600

要求：编制甲公司 20×8 年度合并财务报表。

分析：对甲、乙公司之间同一控制下的控股合并，应采用权益结合法编制控制权取得日后的合并财务报表，包括合并利润表、合并所有者权益变动表及合并资产负债表。

在甲、乙公司会计政策及会计期间相同的情况下，甲公司在其按“成本法”核算“长期股权投资”的个别财务报表基础上，按如下程序编制控制权取得日后第 2 年(20×8 年)的合并财务报表：

第一步：编制合并财务报表工作底稿，包括合并利润表工作底稿、合并所有者权益变动表工作底稿及合并资产负债表工作底稿。

第二步：将甲、乙公司个别财务报表相关项目数据分别过入合并财务报表工作底稿中母公司列及子公司列。

第三步：对甲、乙公司之间的内部交易及其未实现利润进行调整、抵销。本例年初存货中包括以前年度内部交易未实现利润为 100 万元，应调整减少期初未分配利润及存货项目；本年内部交易 1 200 万元，未实现利润 100 万元，应调减本期营业收入 1 200 万元、调减营业成本 1 100 万元，调减存货 100 万元。合并调整、抵销分录为：

借：营业收入　　　　1 200

　　未分配利润（期初）　　100
　　贷：营业成本　　1 100
　　　　流动资产（存货）　　200

第四步：对子公司利润表及所有者权益变动表相关项目进行相应的调整、抵销。

对子公司本年实现的净利润（调整后数）进行处理。本例中乙公司本年实现净利润账面金额为6 000万元，通过对内部交易进行调整后应当并入合并利润表的金额为5 900[6 000 - (1 200 - 1 100)]万元，其中归少数股东所有的份额为1 180（5 900 × 20%）万元，应调整为“少数股东权益”。调整分录为：

借：少数股东损益　　1 180
　　贷：少数股东权益　　1 180

对子公司本期“利润分配——提取盈余公积”中包含的少数股东份额120（600 × 20%）万元予以剔除。调整分录为：

借：盈余公积　　120
　　贷：利润分配——提取盈余公积　　120

对子公司本期的利润分配2 000万元进行相应的调整、抵销。其中分配给母公司的利润，应与母公司的“投资收益”相抵销；分配给少数股东的利润，应调整减少合并所有者权益变动表中的“少数股东权益”。调整抵销分录为：

借：投资收益　　1 600
　　少数股东权益　　400
　　贷：利润分配——应付现金股利　　2 000

对子公司期初所有者权益进行相应的调整、抵销。本例中子公司期初所有者权益为28 900（29 000 - 100）万元，归少数股东所有的份额为5 780万元，应调整为少数股东权益；归母公司所有的份额为23 120万元，其中属于合并日存在数为20 800万元，应与母公司的长期股权投资相抵销，属于合并日至本年年初子公司新增数2 320万元，应包含在合并所有者权益期初数中，不需进行抵销。

对子公司期初所有者权益各项目调整、抵销分析、计算如表2 - 36所示。

表2 - 36　　子公司期初所有者权益调整、抵销计算分析表　　单位：万元

项目	期初数			调整至少数股东权益数 ④ = ③ × 20%	与长期股权投资抵销数 ⑤ = 合并日存在数 × 80%	并入合并报表数 ⑥ = 合并日至年初新增数 × 80%	调整、抵销合计 ⑦ = ④ + ⑤
	账面数 ①	调整、抵销数 ②	调整、抵销后数 ③				
股本	10 000	0	10 000	2 000	8 000	0	10 000
资本公积	10 000	0	10 000	2 000	8 000	0	10 000

续表

项　目	期初数			调整至少数股东权益数 ④=③×20%	与长期股权投资抵销数 ⑤=合并日存在数×80%	并入合并报表数 ⑥=合并日至年初新增数×80%	调整、抵销合计 ⑦=④+⑤
	账面数 ①	调整、抵销数 ②	调整、抵销后数 ③				
盈余公积	4 300	0	4 300	860	3 200	240	4 060
未分配利润	4 700	－100	4 600	920	1 600	2 080	2 520
合计	29 000	－100	28 900	5 780	20 800	2 320	26 580

根据上述对子公司期初所有者权益各不同部分的分析，编制对子公司期初所有者权益的调整、抵销分录如下：

借：股本（8 000＋2 000）　　10 000
　　资本公积（8 000＋2 000）　　10 000
　　盈余公积（3 200＋860）　　4 060
　　未分配利润（1 600＋920）　　2 520
　　贷：长期股权投资　　20 800
　　　　少数股东权益　　5 780

将按权益结合法应并入合并财务报表但在上步抵销的乙公司合并日存在的留存收益调整计入合并财务报表。调整分录为：

借：资本公积　　6 000
　　贷：盈余公积　　4 000
　　　　未分配利润　　2 000

第五步：将上述调整、抵销分录分别计入合并财务报表工作底稿各相关项目的调整、抵销分录列后，即可对合并财务报表工作底稿中的基本报表构成项目进行横向合并加总，得出合并财务报表各基本构成项目的合并数；之后再对各报表中需要通过纵向计算的中间指标进行计算加总，依次得出合并利润表、合并所有者权益变动表及合并资产负债表各项目的合并数，如表2－37、表2－38及表2－39合并数列所示。

表2－37　　**合并利润表工作底稿**

20×8年度　　单位：万元

报表项目	甲公司	乙公司	调整、抵销分录		合并数
			借方	贷方	
一、营业收入	99 150	75 000	1 200		172 950
减：营业成本	54 000	46 000		1 100	98 900

续表

报表项目	甲公司	乙公司	调整、抵销分录		合并数
			借方	贷方	
税金及附加	7 000	5 000			12 000
销售费用	4 300	4 700			9 000
管理费用	8 250	10 800			19 050
财务费用	7 600	600			8 200
加：投资收益	1 600	0	1 600		0
二、营业利润	19 600	7 900			25 800
加：营业外收入	500	100			600
减：营业外支出	100	200			300
三、利润总额	20 000	7 800			26 100
减：所得税费用	4 000	1 800			5 800
四、净利润	16 000	6 000			20 300
其中：被合并方在合并之前实现的净利润					
五、其他综合收益	0	0			0
六、综合收益总额	16 000	6 000			20 300
其中：归属于母公司股东的综合收益总额					19 120*
归属于少数股东的综合收益总额			1 180		1 180

注：* 本项目金额直接过入合并所有者权益变动表中“未分配利润”项目合并数列下的本年增加“综合收益总额”栏，以反映合并利润表与合并所有者权益变动表的勾稽关系。

表 2－38

甲公司合并所有者权益变动表工作底稿

20×8 年度

单位：万元

项　目	实收资本					资本公积					盈余公积				
	母公司	子公司	调整、抵销数		合并数	母公司	子公司	调整、抵销数		合并数	母公司	子公司	调整、抵销数		合并数
			借方	贷方				借方	贷方				借方	贷方	
一、上年年末余额	20 000	10 000				11 800	10 000				8 700	4 300			
二、本年年初余额	20 000	10 000	10 000		20 000	11 800	10 000	10 000 6 000		5 800	8 700	4 300	4 060	4 000	12 940
三、本年增减变动数（减少以“－”号填列）															
（一）综合收益总额															
（二）所有者投入和减少资本															
（三）利润分配															
1. 提取盈余公积											1 600	600	120		2 080
2. 对所有者分配利润															
四、本年年末余额	20 000	10 000	10 000		20 000①	11 800	10 000	16 000		5 800②	10 300	4 900	4 180	4 000	15 020③

续表

项目	未分配利润					少数股东权益			所有者权益合计数
	母公司	子公司	调整、抵销数		合并数	调整、抵销数		合并数	
			借方	贷方		借方	贷方		
一、上年年末余额	26 100	4 700							
二、本年年初余额	26 100	4 700	100 2 520	2 000	30 180		5 780	5 780	74 700
三、本年增减变动数（减少以“－”号填列）									
（一）综合收益总额	16 000	6 000			19 120④		1 180	1 180	20 300
（二）所有者投入和减少资本									
（三）利润分配									
1. 提取盈余公积	－1 600	－600		120	－2 080				0
2. 对所有者分配利润	－4 500	－2 000		2 000	－4 500	400		－400	－4 900
四、本年年末余额	36 000	8 100			42 720⑤			6 560⑥	90 100⑦

注：①本项目数直接过入合并资产负债表“实收资本（或股本）”项目合并数。

②本项目数直接过入合并资产负债表“资本公积”项目合并数。

③本项目数直接过入合并资产负债表“盈余公积”项目合并数。

④本项目由合并利润表中“归属于母公司股东的综合收益总额”直接过入。

⑤本项目数直接过入合并资产负债表“未分配利润”项目合并数。

⑥本项目数直接过入合并资产负债表“少数股东权益”项目合并数。

⑦本项目属需计算得出的指标，该数额应根据期初所有者权益各项目（合并数）合计数加减本期所有者权益增加变动合并数计算求得，计算结果应当与期末所有者权益各项目合并加总计算结果相同。该项目合并数应直接过入合并资产负债表中所有者权益合并项目，以保持报表之间的勾稽关系。

表 2-39　　甲公司合并资产负债表工作底稿

20×8 年 12 月 31 日　　单位：万元

项　目	甲公司	乙公司	调整、抵销分录		合并数
			借方	贷方	
资产：					
流动资产	34 400	12 600		200	46 800
长期股权投资	20 800	12 000		20 800	12 000
固定资产	30 900	16 250			47 150
无形资产——土地使用权	4 000	2 750			6 750
资产总计	90 100	43 600			112 700
负债合计	12 000	10 600			22 600
所有者权益：					
股本——普通股	20 000	10 000			20 000①
资本公积	11 800	10 000			5 800②
盈余公积	10 300	4 900			15 020③
未分配利润	36 000	8 100			42 720④
少数股东权益					6 560⑤
所有者权益合计	78 100	33 000			90 100⑥
负债及所有者权益合计	90 100	43 600			112 700

注：①本项目由合并所有者权益变动表“股本”项目期末数直接过入。

②本项目由合并所有者权益变动表“资本公积”项目期末数直接过入。

③本项目由合并所有者权益变动表“盈余公积”项目期末数直接过入。

④本项目由合并所有者权益变动表“未分配利润”项目期末数直接过入。

⑤本项目由合并所有者权益变动表“少数股东权益”项目期末数直接过入。

⑥本项目由合并所有者权益变动表“所有者权益合计”项目期末数直接过入。

第四节　合并现金流量表的编制

一、合并现金流量表概述

合并现金流量表是综合反映母公司和子公司所形成的企业集团在一定期间现金流入、流出量以及现金净增减变动情况的报表。

合并现金流量表应当以母公司和子公司的现金流量表为依据，在抵销母公司与子公司、子公司相互之间发生的经济业务对合并现金流量表影响的基础上，由母公司合并有关项目的数额编制。合并现金流量表也可以合并资产负债表和合并利润表为依据进行编制。

二、编制合并现金流量表需要抵销的项目

编制合并现金流量表原则上以母公司和纳入合并范围的子公司的个别现金流量表为基础编制。在编制合并现金流量表时，需要将母公司和子公司以及子公司相互之间交易所导致的现金流入和流出予以抵销。

在以母公司和子公司个别现金流量表为基础编制合并现金流量表时，需要进行抵销的内容主要有：

1. 母公司与子公司、子公司相互之间当期以现金进行投资或收购股权增加的投资所产生的现金流量应当抵销，即在合并收回投资所收到的现金项目、合并吸收投资所收到的现金项目与合并投资所支付的现金项目之间相互抵销。

2. 母公司与子公司、子公司相互之间当期以现金支付股利、利润、利息所产生的现金流量应当抵销，即在合并取得投资收益所收到的现金项目与分配股利、利润或偿付利息所支付的现金项目之间相互抵销。

3. 母公司与子公司、子公司相互之间以现金结算债权与债务所产生的现金流量应当抵销。现金结算使母公司与子公司、子公司相互之间应收账款（或应收票据）和应付账款（或应付票据）同时减少的，应在合并销售商品、提供劳务收到的现金项目与合并购买商品、接受劳务支付的现金项目之间相互抵销；现金收支使母公司与子公司、子公司相互之间预收账款和预付账款同时增加的，应在合并销售商品、提供劳务收到的现金项目与合并购买商品、接受劳务支付的现金项目之间相互抵销；现金往来使母公司与子公司、子公司相互之间其他应收款和其他应付款增加或减少，应在合并收到的其他与经营活动有关的现金项目与合并支付的其他与经营活动有关的现金项目之间相互抵销。

4. 母公司与子公司、子公司相互之间当期销售商品所产生的现金流量应当抵销。母公司与子公司、子公司相互之间当期销售商品没有形成固定资产、工程物资、在建工程、无形资产等资产所产生的现金流量，应在合并销售商品、提供劳务收到的现金项目与合并购买商品、接受劳务支付的现金项目之间相互抵销；母公司与子公司、子公司相互之间当期销售商品形成固定资产、工程物资、在建工程、无形资产等资产所产生的现金流量，应在合并销售商品、提供劳务收到的现金项目与合并购买商品、接受劳务支付的现金项目、合并购建固定资产、无形资产和其他长期资产所支付的现金项目之间相互抵销。

5. 母公司与子公司、子公司相互之间当期处置固定资产、无形资产和其他长期资产所产生的现金流量，应在合并处置固定资产、无形资产和其他长期资产所收回的现金净额项目与合并购建固定资产、无形资产和其他长期资产所支付的现金项目之间相互抵销。

6. 母公司与子公司、子公司相互之间当期借款所产生的现金流量，应在合并借款所收到现金项目与合并偿还债务所支付的现金项目之间相互抵销。

7. 母公司与子公司、子公司相互之间当期发生的其他交易所产生的现金流量应当抵销。

三、合并现金流量表的格式

合并现金流量表的格式与个别现金流量表的格式基本相同，其基本格式如表 2－40 所示。

表 2－40　　　　**合并现金流量表**

编制单位：　　　　＿＿＿年＿月　　　　单位：元

项　　目	本期金额	上期金额
一、经营活动产生的现金流量		
销售商品、提供劳务收到的现金		
客户存款和同业存放款项净增加额*		
向中央银行借款净增加额*		
向其他金融机构拆入资金净增加额*		
收到原保险合同保费取得的现金*		
收到再保业务现金净额*		
保户储金及投资款净增加额*		
收取利息、手续费及佣金的现金*		
拆入资金净增加额*		
回购业务资金净增加额*		
代理买卖证券收到的现金净额*		
收到的税费返还		
收到其他与经营活动有关的现金		
经营活动现金流入小计		
购买商品、接受劳务支付的现金		
客户贷款及垫款净增加额*		
存放中央银行和同业款项净增加额*		

续表

项　目	本期金额	上期金额
支付原保险合同赔付款项的现金*		
为交易目的而持有的金融资产净增加额		
拆出资金净增加额*		
支付利息、手续费及佣金的现金*		
支付保单红利的现金*		
支付给职工及为职工支付的现金		
支付的各项税费		
支付其他与经营活动有关的现金		
经营活动现金流出小计		
经营活动产生的现金流量净额		
二、投资活动产生的现金流量		
收回投资收到的现金		
取得投资收益收到的现金		
处置固定资产、无形资产和其他长期资产收回的现金净额		
处置子公司及其他营业单位收到的现金净额		
收到其他与投资活动有关的现金		
投资活动现金流入小计		
购建固定资产、无形资产和其他长期资产支付的现金		
投资支付的现金		
质押贷款净增加额*		
取得子公司及其他营业单位支付的现金净额		
支付其他与投资活动有关的现金		
投资活动现金流出小计		
投资活动产生的现金流量净额		
三、筹资活动产生的现金流量		
吸收投资收到的现金		
其中：子公司吸收少数股东投资收到的现金		
取得借款收到的现金		
发行债券收到的现金		
收到其他与筹资活动有关的现金		
筹资活动现金流入小计		

续表

项　　目	本期金额	上期金额
偿还债务支付的现金		
分配股利、利润或偿付利息支付的现金		
其中：子公司支付给少数股东的股利、利润		
支付其他与筹资活动有关的现金		
筹资活动现金流出小计		
筹资活动产生的现金流量净额		
四、汇率变动对现金及现金等价物的影响		
五、现金及现金等价物净增加额		
加：期初现金及现金等价物余额		
六、期末现金及现金等价物余额		

注：标注“*”的项目为金融企业专用行项目。

【关键词】

合并财务报表　consolidated financial statements
合并资产负债表　consolidated balance sheet
合并利润表　consolidated income statement
合并现金流量表　consolidated cash flow statement
特殊目的主体　special purpose entity
工作底稿　consolidation worksheet
调整分录　adjusting entries
抵销分录　eliminating entries
可辨认净资产　identifiable net assets
少数权益　minority interest
非控制性权益　non-controlling interest
少数股东损益　minority interest share of subsidiary net income
母公司　parent company
子公司　subsidiary company
控制　control
共同控制　common control
重大影响　significant influence

成本法	cost method
权益法	equity method
合并净利润	consolidated net income
合并留存收益	consolidated retained earnings
分步购买	step acquisitions
商誉	goodwill
反向购买	reverse acquisitions

思考题与练习题

一、思考题

1. 国际上公认的合并理论主要包括哪几类？

2. 按三种不同合并理论编制合并财务报表时，对“少数股东权益”是如何处理的？

3. 母公司应如何确定合并财务报表的合并范围？

4. 编制合并财务报表的基础工作有哪些？

5. 母公司应如何选择合并财务报表的编制方法？

6. 合并财务报表的编制程序如何？

7. 编制合并财务报表过程中需要进行的调整、抵销包括哪些内容？

8. 控制权取得日合并财务报表的内容有哪些？

9. 非同一控制下企业合并中，母公司的合并成本与子公司净资产公允价值份额的差额应如何处理？

10. 合并财务报表中的“股本”、“资本公积”、“盈余公积”及“未分配利润”项目中，是否包含“少数股东权益”？

11. 什么是合并财务报表的基本构成项目？合并财务报表的基本构成项目有哪些？

12. 如何计算确定合并财务报表基本构成项目的金额？

13. 什么是合并财务报表的中间指标？合并财务报表的中间指标有哪些？

14. 如何计算合并财务报表中间指标的金额？

15. 简述控制权取得当期合并财务报表的内容。

16. 在合并工作底稿中，母、子公司的资产和负债是如何进行合并的？

17. 非同一控制下的企业合并中，长期股权投资的成本高于或低于被购买方净资产公允价值份额的部分如何处理？

18. 非同一控制下的企业合并中，购买日子公司净资产的公允价值与账面价值的差额对控制权取得日的合并财务报表有何影响？

二、练习题

1. 并购日的合并财务报表。20×6 年 7 月 1 日，甲公司按每股 5 元的价格，以银行存款从乙公司股东处购入 8 000 万股、每股面值为 1 元的普通股股票。此项交易之前，甲、乙公司不存在关联关系，交易日甲、乙公司的个别资产负债表如表 1 所示。

表 1　　**甲、乙公司资产负债表（简表）**

20×6 年 7 月 1 日　　单位：万元

项　　目	甲公司		乙公司	
	借方	贷方	借方	贷方
资产：				
流动资产	28 000		28 000	
长期股权投资	40 000		—	
固定资产	24 000		22 000	
无形资产——土地使用权	6 000		10 000	
资产总计	98 000		60 000	
负债合计		18 000		15 000
所有者权益：				
股本——普通股		30 000		10 000
资本公积		26 000		10 000
盈余公积		8 000		4 000
未分配利润		16 000		21 000
所有者权益合计		80 000		45 000
负债及所有者权益合计		98 000		60 000

经双方认可的机构评估，购买日乙公司固定资产的公允价值为 25 000 万元，其他资产、负债的公允价值与其账面价值相等。乙公司对上述固定资产采用直线法计提折旧，固定资产的剩余使用年限为 5 年。

要求：编制甲集团控制权取得日的合并资产负债表。

2. 并购日的合并财务报表。沿用上述练习题 1 资料，假定甲、乙公司上述交易之前最终的控制方相同。

要求：编制甲集团控制权取得日的合并资产负债表。

3. 并购日后的合并财务报表。沿用上述练习题 1 资料，假定控制权取得日后第 2 年（20×7 年度）甲、乙公司的利润表、所有者权益变动表及资产负债表资料如表 2、表 3、表 4 所示。

20×7 年年末，甲公司的流动资产中有 1 800 万元为其从乙公司购入的存货，其中有 600 万元为上年度购入，其余 1 200 万元为本年购入（本年共购入 3 000 万元存货，其中的1 800 万元已于当年实现对集团外出售）。乙公司上述存货均加价 50% 出售给甲公司。

甲、乙公司的会计政策及会计期间相同，不考虑所得税的影响。

表 2 **利润表（简表）**

20×7 年度 单位：万元

报表项目	甲公司	乙公司
一、营业收入	99 150	78 000
减：营业成本	54 000	46 000
税金及附加	7 000	5 000
销售费用	4 700	4 700
管理费用	8 250	7 800
财务费用	7 600	600
加：投资收益	4 000	0
二、营业利润	21 600	13 900
加：营业外收入	500	100
减：营业外支出	100	200
三、利润总额	22 000	13 800
减：所得税费用	4 000	1 800
四、净利润	18 000	12 000
五、其他综合收益	0	0
六、综合收益总额	18 000	12 000

表 3

所有者权益变动表（简表）

20×7 年度

单位：万元

项　　目	甲公司					乙公司				
	股本	资本公积	盈余公积	未分配利润	所有者权益合计	股本	资本公积	盈余公积	未分配利润	所有者权益合计
一、上年年末余额	30 000	26 000	8 800	23 200	88 000	10 000	10 000	4 500	25 500	50 000
加：会计政策变更										
前期差错更正										
二、本年年初余额	30 000	26 000	8 800	23 200	88 000	10 000	10 000	4 500	25 500	50 000
三、本年增减变动金额										
（一）综合收益总额				18 000	18 000				12 000	12 000
（二）所有者投入和减少资本										
所有者投入资本										
（三）利润分配										
1. 提取盈余公积			1 800	-1 800	0			1 200	-1 200	0
2. 对所有者（或股东）的分配				-8 000	-8 000				-5 000	-5 000
（四）所有者权益内部结转										
四、本年年末余额	30 000	26 000	10 600	31 400	98 000	10 000	10 000	5 700	31 300	57 000

表 4　　甲、乙公司资产负债表（简表）

20×7 年 12 月 31 日　　单位：万元

项　目	甲公司		乙公司	
	借方	贷方	借方	贷方
资产：				
流动资产	35 800		28 000	
长期股权投资	40 000		—	
固定资产	30 000		29 500	
无形资产——土地使用权	4 200		12 500	
资产总计	110 000		70 000	
负债		12 000		13 000
所有者权益：				
股本——普通股		30 000		10 000
资本公积		26 000		10 000
盈余公积		10 600		5 700
未分配利润		32 400		31 300
所有者权益合计		98 000		57 000
负债及所有者权益合计		110 000		70 000

要求：编制控制权取得日后第 2 年（20×7 年）甲、乙公司的合并财务报表。

4. 并购日后的合并财务报表。沿用上述练习题1 及练习题3 资料，假定甲、乙公司在上述股权交易前就由相同的最终控制方控制，其他资料相同。

要求：编制控制权取得日后第 2 年（20×7 年）甲、乙公司的合并财务报表。

第三章

合并财务报表——复杂股权结构及股权变动情况下合并财务报表的编制

【本章学习目的和要求】

通过本章的学习，了解垂直间接控股的含义、母公司购买子公司少数股权的实质、母公司处置子公司股权的实质；熟悉采用直接合并法和逐级合并法时商誉的计算、少数股权比例的计算、母公司享有被控制方股权比例的计算、控制权日的确定方法；掌握母公司购买子公司少数股权时合并财务报表的编制、掌握母公司处置子公司股权情况下合并财务报表的编制。

第一节　垂直间接控股情况下合并财务报表的编制

一、垂直间接控股概述

垂直间接控股（以下简称“间接控股”）也称垂直间接控制，是指企业集团的母公司不是通过直接持有被投资单位股权的方式对其进行控制，而是通过一家或多家中间层级的公司来达到对被投资单位的控制权。

如集团母公司甲公司持有 A 公司 90% 的股权，能够对 A 公司进行控制；A 公司持有 B 公司 60% 的股权，能够对 B 公司进行控制；集团母公司甲虽没直接持有 B 公司的股权，但却能够通过 A 公司对 B 公司实施间接控制。实务中通常将上述 A 公司称为甲公司的子公司，将 B 公司称为甲公司的孙公司，依此类推，将 B 公司直接控制的下一级公司（如 D 公司）称为甲公司的重孙公司等。其中的孙公司 B、重孙公司 D 均为甲公司的间接控股公司，按照相关准则的规定，均应纳入合并财务报表的合并范围。

二、垂直间接控股控制权取得日的确定

垂直间接控股情况下控制权取得日的确定非常重要，因为该日期直接影响到被控制单位纳入合并财务报表时点的确定。通常情况下，可将该日期理解为集团母公司对该间

接被控制单位的企业合并日。

垂直间接控股情况下控制权取得日的确定，受到被控制单位及其以上所有中间层级公司的控制权取得日期的影响。以孙公司为例，母公司取得孙公司控制权的日期要受到母公司取得子公司控制权日期的影响，同时也受到子公司取得孙公司控制权日期的影响。一般情况下，取得孙公司控制权的日期为上述两个日期之中的较晚者。同理，判断集团母公司取得重孙公司控制权的日期时，要考虑母公司取得子公司控制权的日期、子公司取得孙公司控制权的日期及孙公司取得重孙公司控制权的日期。通常情况下，母公司取得重孙公司控制权的日期为上述3个日期中的较晚者。

三、垂直间接控股情况下合并财务报表的特点

（一）母公司持股比例的确定

垂直间接控股情况下，母公司持有垂直间接被控制方的股权比例应根据母公司与垂直间接被控制方之间各层级直接股权投资比例的乘积进行计算。如甲公司持有乙公司90%的股权，乙公司持有丙公司80%的股权，则甲公司持有丙公司的股权比例为72%（90%×80%），另外的28%则归属于甲集团外的非控股股东（少数股东）所有。

（二）垂直间接控制情况下合并财务报表的编制方法

母公司在编制合并财务报表时，对于其垂直间接控制的被投资单位的个别财务报表有两种合并方法，即逐级合并法与一次直接合并法。

1. 逐级合并法。逐级合并法是指编制整个集团合并财务报表时，先由最下层级的被控制单位将其个别财务报表报送给其直接控制的上一级公司，由其上一级公司来编制本级的合并财务报表；然后将本级的合并财务报表报送更上一层级的直接控制公司，由更上一层级的直接控制公司再据此逐级合并直到最后由母公司编制整个集团的合并财务报表的方法。

2. 直接合并法。直接合并法也称一次合并法，是指母公司在编制集团合并报表时，对各被间接控制单位不是先由其上一层级公司合并，而是由母公司在各被间接控制单位个别财务报表基础上直接编制整个集团合并财务报表的方法。

采用一次合并法的主要问题是对被间接控制单位控制权取得日的确定、母公司持股比例的确定、商誉及少数股东权益的计算等。

四、垂直间接控股情况下合并财务报表编制实例

【例3-1】 假定P公司于20×5年7月1日以4 500万元取得S公司80%的股权，

当日S公司净资产公允价值与其账面价值均为5 000万元（其中股本2 000万元，盈余公积1 000万元，未分配利润2 000万元）；S公司于20×6年7月1日以1 500万元取得SA公司60%的股权，当日SA公司净资产公允价值与其账面价值均为2 000万元（其中股本1 000万元，盈余公积400万元，未分配利润600万元）。假定P、S、SA在上述股权交易之前不存在其他关联关系，P公司、S公司、SA公司20×7年度的个别财务报表（简表）如表3－1、表3－2和表3－3所示。

表3－1　　　　利润表（简表）

20×7年度　　　　单位：万元

报表项目	P公司	S公司	SA公司
一、营业收入	12 000	8 000	5 000
减：营业成本	9 000	6 000	3 800
期间费用	1 720	1 020	650
加：投资收益	320	120	0
减：所得税费用	400	300	150
二、净利润	1 200	800	400
三、其他综合收益	0	0	0
四、综合收益总额	1 200	800	400

表3－2　　　　所有者权益变动表（简表）

20×7年度　　　　单位：万元

项目	P公司				S公司				SA公司			
	股本	盈余公积	未分配利润	所有者权益合计	股本	盈余公积	未分配利润	所有者权益合计	股本	盈余公积	未分配利润	所有者权益合计
一、本年年初余额	5 000	1 600	2 400	9 000	2 000	1 160	2 640	5 800	1 000	440	760	2 200
二、本年增减变动数												
（一）综合收益总额			1 200	1 200			800	800			400	400
（二）利润分配												
1. 提取盈余公积		120	－120	0		80	－80	0		40	－40	0
2. 对股东的分配			－800	－800			－400	－400			－200	－200
三、本年年末余额	5 000	1 720	2 680	9 400	2 000	1 240	2 960	6 200	1 000	480	920	2 400

表3－3　　资产负债表（简表）

20×7年12月31日　　单位：万元

报表项目	P公司	S公司	SA公司
长期股权投资	4 500	1 500	0
其他资产	4 900	4 700	2 400
资产总计	9 400	6 200	2 400
所有者权益：			
股本	5 000	2 000	1 000
盈余公积	1 720	1 240	480
未分配利润	2 680	2 960	920
所有者权益合计	9 400	6 200	2 400

要求：编制P公司的合并财务报表。

（一）逐级合并法

1. 第一级合并，即由S公司对其个别财务报表及SA公司的个别财务报表进行合并，编制S公司的合并财务报表。S公司采用在成本法核算长期股权投资基础上直接编制合并报表，合并过程中需在工作底稿中进行如下调整、抵销（本章所有抵销分录的计量单位为万元）：

（1）SA公司本年确认的净利润为400万元，其中归少数股东所有的份额为160（400×40%）万元。调整分录为：

借：少数股东损益　　160

　　贷：少数股东权益　　160

（2）对SA公司本期提取的盈余公积中包含的少数股东份额16（40×40%）万元予以剔除。分录为：

借：盈余公积　　16

　　贷：利润分配——提取盈余公积　　16

（3）对SA公司本期的利润分配200万元进行相应的调整、抵销。分录为：

借：投资收益　　120

　　少数股东权益　　80

　　贷：利润分配——应付现金股利　　200

（4）对SA公司期初所有者权益2 200万元进行相应的调整、抵销。分录为：

借：股本　　1 000

　　盈余公积　　416

　　未分配利润　　664

　　商誉　　300

贷：长期股权投资 1 500

少数股东权益 880

其中，S 公司购买 SA 公司的商誉计算如下：

S 公司支付的对价 1 500

购买日 SA 公司净资产公允价值的份额（2 000×60%） 1 200

商誉 300

对 SA 公司期初所有者权益的其他调整、抵销分析计算如表 3－4 所示。

表 3－4　SA 公司期初所有者权益调整、抵销分析计算表　单位：万元

项目	期初数 ①	调整计入少数股东权益数 ②=①×40%	抵销及并入合并所有者权益数				调整、抵销数合计 ⑦=②+④
			购买日存在数		购买日至年初新增数		
			购买日存在数 ③	与 S 公司长期股权投资抵销数 ④=③×60%	购买日至年初新增数 ⑤=①－③	并入合并报表数 ⑥=⑤×60%	
实收资本	1 000	400	1 000	600	0	0	1 000
盈余公积	440	176	400	240	40	24	416
未分配利润	760	304	600	360	160	96	664
合计	2 200	880	2 000	1 200	200	120	2 080

将上述调整、抵销分录分别记入合并财务报表工作底稿，并对合并报表各项目进行加总，得出 S 公司合并财务报表各项目的合并结果如表 3－5、表 3－6、表 3－7 合并数列所示。

表 3－5　S 公司合并利润表工作底稿

20×7 年度　单位：万元

报表项目	S 公司	SA 公司	调整、抵销分录		合并数
			借方	贷方	
一、营业收入	8 000	5 000			13 000
减：营业成本	6 000	3 800			9 800
期间费用	1 020	650			1 670
加：投资收益	120	0	120		0
减：所得税费用	300	150			450
二、净利润	800	400			1 080
三、其他综合收益	0	0			0
四、综合收益总额	800	400			1 080
其中：归属于母公司股东的综合收益总额					920①
归属于少数股东的综合收益总额			160		160

注：① 本项目数直接过入合并所有者权益变动表未分配利润合计数列对应的本年增减变动项下的“综合收益总额”一栏。

表 3－6

S 公司合并所有者权益变动表工作底稿

20×7 年度

单位：万元

项目	实收资本					盈余公积				
	S 公司	SA 公司	调整、抵销数		合并数	S 公司	SA 公司	调整、抵销数		合并数
			借方	贷方				借方	贷方	
一、本年年初余额	2 000	1 000	1 000		2 000	1 160	440	416		1 184
二、本年增减变动数										
（一）综合收益总额										
（二）利润分配										
1. 提取盈余公积						80	40	16		104
2. 对所有者分配利润										
三、本年年末余额	2 000	1 000	1 000		2 000①	1 240	480	432		1 288②

续表

项　　目	未分配利润					少数股东权益			所有者权益合计合并数
	S 公司	SA 公司	调整、抵销数		合并数	调整、抵销数		合并数	
			借方	贷方		借方	贷方		
一、本年年初余额	2 640	760	664		2 736		880	880	6 800
二、本年增减变动数									
（一）综合收益总额	800	400			920③		160	160	1 080
（二）利润分配									
1. 提取盈余公积	－80	－40		16	－104				0
2. 对所有者分配利润	－400	－200		200	－400	80		－80	－480
三、本年年末余额	2 960	920	664	216	3 152④	80	1 040	960⑤	7 400⑥

注：① 本项目数直接过入合并资产负债表“股本”项目合并数。

② 本项目数直接过入合并资产负债表“盈余公积”项目合并数。

③ 本项目数由合并利润表中“归属于母公司股东的综合收益总额”数中的净利润数转入。

④ 本项目数根据“未分配利润”项目合并数列纵向计算而得，不能根据母、子公司未分配利润期末数及调整、抵销数横向计算求得，本项目直接过入合并资产负债表“未分配利润”项目合并数。

⑤ 本项目数直接过入合并资产负债表“少数股东权益”项目合并数。

⑥ 本项目属中间指标，应根据所有者权益各项目期初合并数及本年增减变动合并数纵向计算求得，计算结果应当与所有者权益各项目期末合并数横向加总计算结果相同。该项目合并数应直接过入合并资产负债表所有者权益合计项目，以保持报表之间的勾稽关系。

表 3－7　　S 公司合并资产负债表工作底稿

20×7 年 12 月 31 日　　单位：万元

报表项目	S 公司	SA 公司	调整、抵销分录		合并数
			借方	贷方	
长期股权投资	1 500	0		1 500	0
商誉			300		300
其他资产	4 700	2 400			7 100
资产总计	6 200	2 400			7 400
所有者权益：					
股本	2 000	1 000			2 000①
盈余公积	1 240	480			1 288②
未分配利润	2 960	920			3 152③
少数股东权益					960④
所有者权益合计	6 200	2 400			7 400⑤

注：①本项目数由合并所有者权益变动表“股本”项目期末合并数直接过入。

②本项目数由合并所有者权益变动表“盈余公积”项目期末合并数直接过入。

③本项目数由合并所有者权益变动表“未分配利润”项目期末合并数直接过入。

④本项目数由合并所有者权益变动表“少数股东权益”项目期末合并数直接过入。

⑤本项目数由合并所有者权益变动表“所有者权益合计”项目期末合并数直接过入。

2. 第二级合并，即由 P 公司对其自身个别财务报表及 S 公司的合并财务报表再进行合并，编制 P 公司的合并财务报表。P 公司采用在成本法核算长期股权投资基础上直接编制合并报表，合并过程中需在工作底稿中进行如下调整、抵销：

（1）S 公司合并利润表中归属于母公司所有者的综合收益总额为 920 万元，其中归少数股东所有的份额为 184（920×20%）万元。调整分录为：

借：少数股东损益　　184

　　贷：少数股东权益　　184

（2）对 S 公司本期提取盈余公积中包含的少数股东份额 20.8（104×20%）万元予以剔除。分录为：

借：盈余公积　　20.8

　　贷：利润分配——提取盈余公积　　20.8

（3）对 S 公司本期利润分配 400 万元进行相应的调整、抵销。分录为：

借：投资收益　320
　　少数股东权益　80
　　贷：利润分配——应付现金股利　400

（4）对S公司期初所有者权益中归P公司所有的份额5 920万元进行相应的调整、抵销。分录为：

借：股本　2 000
　　盈余公积　1 036.8
　　未分配利润　2 147.2
　　商誉　500
　　贷：长期股权投资　4 500
　　　　少数股东权益　1 184

其中，P公司购买S公司的商誉计算如下：

P公司支付的对价　4 500
P公司取得S公司净资产公允价值的份额（5000×80%）　4 000
商誉　500

对S公司期初所有者权益的其他调整、抵销计算如表3－8所示。

表3－8　S公司期初合并所有者权益调整、抵销分析计算表　单位：万元

项目	子集团账面数 ①	调整数（计入少数股东权益数）②＝①×20%	抵销及并入合并所有者权益数				调整、抵销数合计 ⑦＝②＋④
			购买日存在数		购买日至年初新增数		
			购买日数 ③	抵销数（与P公司长投抵销）④＝③×80%	购买日至年初新增数 ⑤＝①－③	不抵销数（并入合并报表）⑥＝⑤×80%	
实收资本	2 000	400	2 000	1 600	0	0	2 000
盈余公积	1 184	2 36.8	1 000	800	184	147.2	1 036.8
未分配利润	2 736	547.2	2 000	1 600	736	588.8	2 147.2
合计	5 920	1 184	5 000	4 000	920	736	5 184

（5）另外，按照我国准则对商誉的确认要求，合并资产负债表中确认的商誉仅限于子公司商誉中归属于母公司所有者的部分，即母公司支付了对价部分的商誉，对归属于少数股东的商誉部分则不予以确认。但在上述逐级合并过程中，并入S公司合并资产负债表中的300万元商誉属于子公司全体股东所有，在逐级合并中同其他资产一样全部（100%）并入了P公司的合并资产负债表中。但实际上这300万元的商誉中仅有80%

（即 240 万元）属于母公司支付了对价的商誉，而另外的 20%（即 60 万元）则属于 P 公司少数股东所有的商誉，按规定不应在合并报表中确认，故在采用逐级合并法编制合并财务报表时，应将上述不应确认的商誉予以剔除，剔除分录为：

借：少数股东权益　　60

　贷：商誉　　60

将上述调整、抵销分录分别过入 P 公司合并财务报表工作底稿，并对合并报表各项目进行加总，得出 P 公司合并财务报表各项目数据，具体合并结果如表 3－9、表 3－10 和表 3－11 合并数列所示。

表 3－9　　P 公司合并利润表工作底稿

20×7 年度　　单位：万元

报表项目	P 公司	S 公司合并数	调整、抵销分录		合并数
			借方	贷方	
一、营业收入	12 000	13 000			25 000
减：营业成本	9 000	9 800			18 800
期间费用	1 720	1 670			3 390
加：投资收益	320	0	320		0
减：所得税费用	400	450			850
二、净利润	1 200	1 080			1 960
三、其他综合收益	0	0			0
四、综合收益总额	1 200	1 080			1 960
其中：归属于母公司股东的综合收益总额		920			1 616①
归属于少数股东的综合收益总额		160	184		344

注：①本项目数根据综合收益总额合并数减去其中归属于少数股东的综合权益总额计算确定，计算结果应直接过入合并所有者权益变动表未分配利润合计数列对应的本年增减变动项下的“综合收益总额”一栏。

表 3－10

P 公司合并所有者权益变动表工作底稿

20×7 年度

单位：万元

项　　目	实收资本					盈余公积				
	P 公司	S 公司	调整、抵销数		合并数	P 公司	S 公司	调整、抵销数		合并数
			借方	贷方				借方	贷方	
一、本年年初余额	5 000	2 000	2 000		5 000	1 600	1 184	1 036. 8		1 747. 2
二、本年增减变动数										
（一）综合收益总额										
（二）利润分配										
1. 提取盈余公积						120	104	20. 8		203. 2
2. 对所有者分配利润										
三、本年年末余额	5 000	2 000	2 000		5 000①	1 720	1 288	1 057. 6		1 950. 4②

续表

项目	未分配利润					少数股东权益				所有者权益合计合并数
	P公司	S公司合并数	调整、抵销数		合并数	S公司合并数	调整、抵销数		合并数	
			借方	贷方			借方	贷方		
一、本年年初余额	2 400	2 736	2 147.2		2 988.8	880	60	1 184	2 004	11 740
二、本年增减变动数										
（一）综合收益总额	1 200	920			1 616③	80		184	264	1 880
（二）利润分配										
1. 提取盈余公积	-120	-104		20.8	-203.2					0
2. 对所有者分配利润	-800	-400		400	-800		80		-80	-880
三、本年年末余额	2 680	3 152	2 147.2	420.8	3 601.6④	960	140	1 368	2 188⑤	12 740⑥

注：①本项目数直接过入合并资产负债表“股本”项目合并数。

②本项目数直接过入合并资产负债表“盈余公积”项目合并数。

③本项目数由合并利润表中“归属于母公司股东的综合收益总额”数中的净利润数转入。

④本项目数根据“未分配利润”项目合并数列纵向计算而得，不能根据母、子公司未分配利润期末数及调整、抵销数横向计算求得，本项目直接过入合并资产负债表“未分配利润”项目合并数。

⑤本项目数直接过入合并资产负债表“少数股东权益”项目合并数。

⑥本项目属中间指标，应根据所有者权益各项目期初合并数及本年增减变动合并数纵向计算求得，计算结果应当与所有者权益各项目期末合并数横向加总计算结果相同。该项目合并数应直接过入合并资产负债表所有者权益合计项目，以保持报表之间的勾稽关系。

表 3-11　　P 公司合并资产负债表工作底稿

20×7 年 12 月 31 日　　单位：万元

报表项目	P 公司	S 公司合并数	调整、抵销分录		合并数
			借方	贷方	
长期股权投资	4 500	0		4 500	0
商誉		300	500	60	740
其他资产	4 900	7 100			12 000
资产总计	9 400	7 400			12 740
所有者权益：					
股本	5 000	2 000			5 000①
盈余公积	1 720	1 288			1 950.4②
未分配利润	2 680	3 152			3 601.6③
少数股东权益		960			2 188④
所有者权益合计	9 400	7 400			12 740⑤

注：①本项目数由合并所有者权益变动表“股本”项目期末合并数直接过入。

②本项目数由合并所有者权益变动表“盈余公积”项目期末合并数直接过入。

③本项目数由合并所有者权益变动表“未分配利润”项目期末合并数直接过入。

④本项目数由合并所有者权益变动表“少数股东权益”项目期末合并数直接过入。

⑤本项目数由合并所有者权益变动表“所有者权益合计”项目期末合并数直接过入。

（二）直接合并法

本例中母公司 P 取得 S 公司控制权的日期为 20×5 年 7 月 1 日，持有 S 公司的股权比例为 80%，少数股东所有的份额为 20%；取得 SA 公司控制权的日期为 20×6 年 7 月 1 日，持有 SA 公司的股权比例为 48%（80%×60%），归少数股东所有的份额为 52%。采用直接合并法编制 P 公司的合并财务报表时，对子公司 S 及孙公司 SA 的综合收益、利润分配及其他所有者权益变动，应分别进行相应的调整、抵销。

1. 对 S 公司的调整、抵销分录包括：

（1）S 公司本年确认的综合收益总额 800 万元，抵销其自 SA 公司分得的现金股利 120 万元后的综合收益为 680 万元，归少数股东所有的份额为 136（680×20%）万元。调整分录为：

借：少数股东损益　　136

　　贷：少数股东权益　　136

（2）对S公司本期提取盈余公积中包含的少数股东份额16（80×20%）万元予以剔除。分录为：

借：盈余公积　　16
　　贷：利润分配——提取盈余公积　　16

（3）对S公司的利润分配400万元进行相应的调整、抵销。分录为：

借：投资收益　　320
　　少数股东权益　　80
　　贷：利润分配——应付现金股利　　400

（4）对S公司期初所有者权益5 800万元进行相应的调整、抵销。分录为：

借：股本　　2 000
　　盈余公积　　1 032
　　未分配利润　　2 128
　　商誉　　500
　　贷：长期股权投资　　4 500
　　　　少数股东权益　　1 160

其中，P公司购买S公司的商誉计算如下：

P公司支付的对价　　4 500
购买日S公司净资产公允价值的份额（5 000×80%）　　4 000
商誉　　500

对S公司期初所有者权益的其他调整、抵销分析计算如表3－12所示。

表3－12　　S公司期初所有者权益调整、抵销计算分析表　　单位：万元

项目	账面数①	调整计入少数股东权益数②=①×20%	抵销及并入合并报表数				调整、抵销数合计⑦=②+④
			购买日存在数		购买日至年初新增数		
			购买日存在数③	与S公司长期股权投资抵销数④=③×80%	购买日至年初新增数⑤=①－③	并入合并报表数⑥=⑤×80%	
实收资本	2 000	400	2 000	1 600	0	0	2 000
盈余公积	1 160	232	1 000	800	160	128	1 032
未分配利润	2 640	528	2 000	1 600	640	512	2 128
合计	5 800	1 160	5 000	4 000	800	640	5 160

2. 对 SA 公司的调整、抵销分录包括：

（1）SA 公司本年确认的综合收益总额 400 万元，其中归少数股东所有的份额为 208（400×52%）万元。调整分录为：

借：少数股东损益 208
　　贷：少数股东权益 208

（2）对 SA 公司本期提取盈余公积中包含的少数股东份额 52（40×52%）万元予以剔除。分录为：

借：盈余公积 20.8
　　贷：利润分配——提取盈余公积 20.8

（3）对 SA 公司本期的利润分配 200 万元进行相应的调整、抵销。分录为：

借：投资收益 120
　　少数股东权益 80
　　贷：利润分配——应付现金股利 200

（4）对 SA 公司期初所有者权益 2 200 万元进行相应的调整、抵销。分录为：

借：股本 1 000
　　盈余公积 420.8
　　未分配利润 683.2
　　商誉 240
　　少数股东权益（1 500×20%） 300
　　贷：长期股权投资 1 500
　　　　少数股东权益 1 144

其中，P 公司购买 SA 公司的商誉计算如下：

P 公司支付对价（1 500×80%） 1 200
购买日 SA 公司净资产公允价值的份额（2 000×48%） 960
商誉 240

对 SA 公司期初所有者权益的其他调整、抵销分析计算如表 3－13 所示。

表 3－13 　　SA 公司期初所有者权益调整、抵销计算分析表　　单位：万元

项目	账面数 ①	调整计入少数股东权益数 ②＝①×52%	抵销及并入合并报表数				调整、抵销数合计 ⑦＝②＋④
			购买日存在数		购买日至年初新增数		
			购买日存在数 ③	与 S 公司长期股权投资抵销数 ④＝③×48%	购买日至年初新增数 ⑤＝①－③	并入合并报表数 ⑥＝⑤×48%	
实收资本	1 000	520	1 000	480	0	0	1 000
盈余公积	440	228.8	400	192	40	19.2	420.8

续表

项目	账面数 ①	调整计入少数股东权益数 ②=①×52%	抵销及并入合并报表数				调整、抵销数合计 ⑦=②+④
			购买日存在数		购买日至年初新增数		
			购买日存在数 ③	与S公司长期股权投资抵销数 ④=③×48%	购买日至年初新增数 ⑤=①-③	并入合并报表数 ⑥=⑤×48%	
未分配利润	760	395.2	600	288	160	76.8	683.2
合计	2 200	1 144	2 000	960	200	96	2 104

将上述调整、抵销分录分别记入合并财务报表工作底稿，并对合并报表各项目进行加总，得出P公司合并财务报表各项目的合并结果，具体如表3－14、表3－15和表3－16合并数列所示。

表3－14　　P公司合并利润表工作底稿

20×7年度　　单位：万元

报表项目	P公司	S公司	SA公司	调整、抵销分录		合并数
				借方	贷方	
一、营业收入	12 000	8 000	5 000			25 000
减：营业成本	9 000	6 000	3 800			18 800
期间费用	1 720	1 020	650			3 390
加：投资收益	320	120	0	320 120		0
减：所得税费用	400	300	150			850
二、净利润	1 200	800	400			1 960
三、其他综合收益	0	0	0			0
四、综合收益总额	1 200	800	400			1 960
其中：归属于母公司股东的综合收益总额						1 616①
归属于少数股东的综合收益总额				136 208		344

注：①本项目数直接过入合并所有者权益变动表未分配利润项目列对应的本年增减变动项下的"综合收益总额"一栏。

表 3－15

P 公司合并所有者权益变动表工作底稿

20×7 年度

单位：万元

项目	实收资本						盈余公积					
	P 公司	S 公司	SA 公司	调整、抵销数		合并数	P 公司	S 公司	SA 公司	调整、抵销数		合并数
				借方	贷方					借方	贷方	
一、本年年初余额	5 000	2 000	1 000	2 000 1 000		5 000	1 600	1 160	440	1 032 420.8		1 747.2
二、本年增减变动数												
（一）综合收益总额												
（二）利润分配												
1. 提取盈余公积							120	80	40	16 20.8		203.2
2. 对所有者分配利润												
三、本年年末余额	5 000	2 000	1 000	3 000		5 000①	1 720	1 240	480	1 489.6		1 950.4②

续表

项　目	未分配利润						少数股东权益			所有者权益合计合并数
	P 公司	S 公司	SA 公司	调整、抵销数		合并数	调整、抵销数		合并数	
				借方	贷方		借方	贷方		
一、本年年初余额	2 400	2 640	760	2 128 683.2		2 988.8	300	1 160 1 144	2 004	11 740
二、本年增减变动数										
（一）综合收益总额	1 200	800	400			1 616③		136 208	344	1 960
（二）利润分配										
1. 提取盈余公积	-120	-80	-40		16 20.8	-203.2				0
2. 对所有者分配利润	-800	-400	-200		400 200	-800	80 80		-160	-960
三、本年年末余额	2 680	2 960	920	1 383.2	636.8	3 601.6④	460	2 648	2 188⑤	12 740⑥

注：①本项目数直接过入合并资产负债表“股本”项目合并数。

②本项目数直接过入合并资产负债表“盈余公积”项目合并数。

③本项目数由合并利润表中“归属于母公司股东的综合收益总额”中的净利润数转入。

④本项目数根据“未分配利润”项目合并数列纵向计算而得，不能根据母、子公司未分配利润期末数及调整、抵销数横向计算求得，本项目直接过入合并资产负债表“未分配利润”项目合并数。

⑤本项目数直接过入合并资产负债表“少数股东权益”项目合并数。

⑥本项目属中间指标，应根据所有者权益各项目期初合并数及本年增减变动合并数纵向计算求得，计算结果应当与所有者权益各项目期末合并数横向加总计算结果相同。该项目合并数应直接过入合并资产负债表所有者权益合计项目，以保持报表之间的勾稽关系。

表 3-16　　P 公司合并资产负债表工作底稿

20×7 年 12 月 31 日　　单位：万元

报表项目	P 公司	S 公司	SA 公司	调整、抵销分录		合并数
				借方	贷方	
长期股权投资	4 500	1 500			4 500 1 500	0
商誉				500 240		740
其他资产	4 900	4 700	2 400			12 000
资产总计	9 400	6 200	2 400			12 740
所有者权益：						
股本	5 000	2 000	1 000			5 000①
盈余公积	1 720	1 240	480			1 950.4②
未分配利润	2 680	2 960	920			3 601.6③
少数股东权益						2 188④
所有者权益合计	9 400	6 200	2 400			12 740⑤

注：①本项目数由合并所有者权益变动表“股本”项目期末合并数直接过入。
②本项目数由合并所有者权益变动表“盈余公积”项目期末合并数直接过入。
③本项目数由合并所有者权益变动表“未分配利润”项目期末合并数直接过入。
④本项目数由合并所有者权益变动表“少数股东权益”项目期末合并数直接过入。
⑤本项目数由合并所有者权益变动表“所有者权益合计”项目期末合并数直接过入。

第二节　混合控股情况下合并财务报表的编制

一、混合控股的含义

混合控股是指投资方通过直接加间接持有某一公司股权的方式来达到对其进行控制

的一种控股方式。其中的直接投资持股及间接投资持股均不能单独对被投资单位进行控制。

例如，甲公司持有乙公司 60% 的股权，能够对乙公司进行控制；乙公司持有丙公司 40% 的股权，同时甲公司持有丙公司 30% 的股权，这样甲公司通过乙公司对丙公司的持股及其本身的直接持股，就能对丙公司进行控制。

二、混合控股情况下母公司持有被控制方股权比例的确定

混合控股情况下，母公司持有被控制方的股权比例，应根据其直接持股比例与间接持股比例合并计算。如甲公司直接持有 A 公司 60% 的股权，持有 B 公司 30% 的股权；A 公司持有 B 公司 50% 的股权，则甲公司持有 B 公司的股权比例为 60% （30% + 60% ×50%），甲公司对 B 公司的控制权则为 80%，即通过 A 公司对 B 公司享有 50% 的控制权，通过直接持股享有 30% 的控制权，合计对 B 公司有 80% 的控制权。编制合并财务报表时，应按 60% 的持股比例计算其对 B 公司拥有的权益，另外 40% 则属于少数股东权益。

三、混合控股情况下控制权取得日的确定

混合控股情况下母公司取得对被投资单位控制权的日期，应根据母公司的直接股权投资日与间接股权取得日两者之中的较晚者进行确定。其中的间接股权取得日应按本章第一节垂直间接持有股权情况下股权取得日的判断方法进行确定。混合控股情况下控制权取得日的日期，可视为母公司对该被投资单位的企业合并日。

需要指出的是，在非同一控制下的混合控股情况下，如果直接股权取得日与间接股权取得日不同，则站在集团母公司的角度来看，实质上也属通过多次交易分步实现的企业合并（混合控股）。这种分步实现的混合控股合并中，如果能够确定控股权取得日以前持有股权在控制权取得日的公允价值，则应当将控制权取得日之前持股的账面价值调整为控制权取得日的公允价值，同时将二者的差额计入控制权取得当期的损益；合并财务报表中应确认的商誉（或当期损益）也应当以调整后的购买日合并成本为基础进行计算。

四、混合控股情况下合并财务报表的编制方法

混合控股情况下，母公司对被投资单位应采用直接合并法进行合并。

下面以实例说明混合控制情况下合并财务报表的编制方法。

【例 3 - 2】　沿用〖例 3 - 1〗资料，P 公司于 20×5 年 7 月 1 日以 4 500 万元取得 S 公司 80% 的股权，当日 S 公司净资产公允价值及账面价值均为 5 000 万元（其中股本 2 000 万元，盈余公积 1 000 万元，未分配利润 2 000 万元）；同日 P 公司以 600 万元取得 SA 公司 30% 的股权，当日 SA 公司净资产公允价值及账面价值均为 1 800 万元（其中股本 1 000 万元，盈余公积 300 万元，未分配利润 500 万元）；S 公司于 20×6 年 7 月 1 日以 1 000 万元取得 SA 公司 40% 的股权，当日 SA 公司净资产公允价值及账面价值均为 2 000 万元（其中股本 1 000 万元，盈余公积 400 万元，未分配利润 600 万元），当日 P 公司直接持有的 SA 公司 30% 股权的公允价值及账面价值均为 660 万元。假定 P 公司、S 公司、SA 公司在上述股权交易之前不存在其他关联关系，P 公司、S 公司、SA 公司 20×7 年度的财务报表如表 3 - 17、表 3 - 18 及表 3 - 19 所示。

表 3 - 17　　**利润表（简表）**

20×7 年度　　单位：万元

报表项目	P 公司	S 公司	SA 公司
一、营业收入	12 000	8 000	5 000
减：营业成本	9 000	6 000	3 800
期间费用	1 780	980	650
加：投资收益	380	80	0
减：所得税费用	400	300	150
二、净利润	1 200	800	400
三、其他综合收益	0	0	0
四、综合收益总额	1 200	800	400

表 3－18

所有者权益变动表（简表）

20×7 年度

单位：万元

项目	P 公司				S 公司				SA 公司			
	股本	盈余公积	未分配利润	所有者权益合计	股本	盈余公积	未分配利润	所有者权益合计	股本	盈余公积	未分配利润	所有者权益合计
一、本年年初余额	5 000	1 600	2 400	9 000	2 000	1 160	2 640	5 800	1 000	440	760	2 200
二、本年增减变动数												
（一）综合收益总额			1 200	1 200			800	800			400	400
（二）利润分配												
1. 提取盈余公积		120	－120	0		80	－80	0		40	－40	0
2. 对股东的分配			－800	－800			－400	－400			－200	－200
三、本年年末余额	5 000	1 720	2 680	9 400	2 000	1 240	2 960	6 200	1 000	480	920	2 400

表 3-19 **资产负债表（简表）**

20×7 年 12 月 31 日 单位：万元

报表项目	P 公司	S 公司	SA 公司
长期股权投资	5 160	1 000	0
其他资产	4 240	5 200	2 400
资产总计	9 400	6 200	2 400
所有者权益：			
股本	5 000	2 000	1 000
盈余公积	1 720	1 240	480
未分配利润	2 680	2 960	920
所有者权益合计	9 400	6 200	2 400

要求：编制 P 公司的合并财务报表。

根据题中资料可知，P 公司取得 S 公司控制权的日期为 20×5 年 7 月 1 日，持有 S 公司的股权比例为 80%，少数股东所有的份额为 20%；P 公司对 SA 公司的投资属于混合控股，其中直接持有股权比例为 30%，取得日期为 20×5 年 7 月 1 日；间接持有股权比例为 32%（80%×40%），取得日期为 20×6 年 7 月 1 日，故 P 公司取得 SA 公司控制权的日期为 20×6 年 7 月 1 日，混合持股比例为 62%（30+32%），归少数股东所有的份额为 38%。

采用直接合并法编制 P 公司的合并财务报表时，对 S 公司及 SA 公司的综合收益、利润分配及其他所有者权益变动，应分别进行相应的调整、抵销。

1. 对 S 公司的调整、抵销分录包括：

（1）S 公司本年确认的综合收益总额 800 万元，抵销其自 SA 公司分得的现金股利 80 万元后的综合收益为 720 万元，归少数股东所有的份额为 144(720×20%)万元。调整分录为：

借：少数股东损益 144

　　贷：少数股东权益 144

（2）对 S 公司本期提取盈余公积中包含的少数股东份额 16（80×20%）万元予以剔除。分录为：

借：盈余公积 16

　　贷：利润分配——提取盈余公积 16

（3）对 S 公司的利润分配 400 万元进行相应的调整、抵销。分录为：

借：投资收益 320

　　少数股东权益 80

　　贷：利润分配——应付现金股利 400

（4）对 S 公司期初所有者权益 5 800 万元进行相应的调整、抵销。分录为：

借：股本 2 000

　　盈余公积 1 032

未分配利润　　2 128
商誉　　500
贷：长期股权投资　　4 500
少数股东权益　　1 160

其中：P 公司购买 S 公司的商誉计算如下：

P 公司支付的对价　　4 500
购买日 S 公司净资产公允价值的份额（5 000 ×80%）　　4 000
商誉　　500

对 S 公司期初所有者权益的其他调整、抵销分析计算如表 3－12 所示。

2. 对 SA 公司个别财务报表的调整、抵销包括：

(1) SA 公司本年确认的综合收益总额 400 万元，其中归少数股东所有的份额为 152（400 ×38%）万元。调整分录为：

借：少数股东损益　　152
贷：少数股东权益　　152

(2) 对 SA 公司本期提取盈余公积中包含的少数股东份额 15.2（40 ×38%）万元予以剔除。分录为：

借：盈余公积　　15.2
贷：利润分配——提取盈余公积　　15.2

(3) 对 SA 公司本期的利润分配 200 万元进行相应的调整、抵销。分录为：

借：投资收益　　140
少数股东权益　　60
贷：利润分配——应付现金股利　　200

(4) 对 SA 公司期初所有者权 2 200 万元进行相应的调整、抵销。分录为：

借：股本　　1 000
盈余公积　　415.2
未分配利润　　660.8
商誉　　220
少数股东权益　　200
贷：长期股权投资（660 +1 000）　　1 660
少数股东权益　　836

其中，P 公司购买 SA 公司的商誉计算如下：

第一次交易：

即直接股权投资（30%）购买日的公允价值　　660

第二次交易：

即间接股权投资购买日公允价值：1 000×80%	800
混合控股合并成本	1 460
减：购买日 SA 公司净资产公允价值的份额（2 000×62%）	1 240
混合控股合并商誉	220

对 SA 公司期初所有者权益的其他调整、抵销分析计算见表 3－20。

表 3－20　　SA 公司期初所有者权益调整、抵销计算分析表　　单位：万元

项目	调整前数 ①	调整计入少数股东权益数 ②＝①×38%	抵销及并入合并报表数				调整、抵销数合计 ⑦＝②＋④
			购买日存在数		购买日至年初新增数		
			购买日存在数 ③	与 P 公司及 S 公司长期股权投资抵销数 ④＝③×62%	购买日至年初新增数 ⑤＝①－③	并入合并报表数 ⑥＝⑤×62%	
实收资本	1 000	380	1 000	620	0	0	1 000
盈余公积	440	167.2	400	248	40	24.8	415.2
未分配利润	760	288.8	600	372	160	99.2	660.8
合计	2 200	836	2 000	1 240	200	124	2 076

将上述调整、抵销分录分别记入合并财务报表工作底稿，并对合并报表各项目进行加总，得出 P 公司合并财务报表各项目的合并数，具体结果如表 3－21、表 3－22、表 3－23 合并数列所示。

表 3－21　　P 公司合并利润表工作底稿

20×7 年度　　单位：万元

报表项目	P 公司	S 公司	SA 公司	调整、抵销分录		合并数
				借方	贷方	
一、营业收入	12 000	8 000	5 000			25 000
减：营业成本	9 000	6 000	3 800			18 800
期间费用	1 780	980	650			3 410
加：投资收益	380	80	0	320 140		0
减：所得税费用	400	300	150			850
二、净利润	1 200	800	400			1 940
三、其他综合收益	0	0	0			0
四、综合收益总额	1 200	800	400			1 940
其中：归属于母公司股东的综合收益总额						1 644①
归属于少数股东的综合收益总额				144 152		296

注：①本项目数直接过入合并所有者权益变动表未分配利润合计数列对应的本年增减变动项下的“综合收益总额”一栏。

表 3－22

P公司合并所有者权益变动表工作底稿

20×7年度

单位：万元

项　　目	实收资本						盈余公积					
	P公司	S公司	SA公司	调整、抵销数		合并数	P公司	S公司	SA公司	调整、抵销数		合并数
				借方	贷方					借方	贷方	
一、本年年初余额	5 000	2 000	1 000	2 000 1 000		5 000	1 600	1 160	440	1 032 415.2		1 752.8
二、本年增减变动数												
（一）综合收益总额												
（二）利润分配												
1. 提取盈余公积							120	80	40	16 15.2		208.8
2. 对所有者分配利润												
三、本年年末余额	5 000	2 000	1 000	3 000		5 000①	1 720	1 240	480	1 478.4		1 961.6②

续表

项　　目	未分配利润						少数股东权益			所有者权益合计合并数
	P公司	S公司	SA公司	调整、抵销数		合并数	调整、抵销数		合并数	
				借方	贷方		借方	贷方		
一、本年年初余额	2 400	2 640	760	2 128 660.8		3 011.2	200	1 160 836	1 796	11 560
二、本年增减变动数										
（一）综合收益总额	1 200	800	400			1 644③		144 152	296	1 940
（二）利润分配										
1. 提取盈余公积	−120	−80	−40		16 15.2	−208.8				0
2. 对所有者分配利润	−800	−400	−200		400 200	−800	80 60		−140	−940
三、本年年末余额	2 680	2 960	920	1 383.2	636.8	3 646.4④	340	2 292	1 952⑤	12 560⑥

注：①本项目数直接过入合并资产负债表“股本”项目合并数。

②本项目数直接过入合并资产负债表“盈余公积”项目合并数。

③本项目数由合并利润表中“归属于母公司股东的综合收益总额”数中的净利润数转入。

④本项目数根据“未分配利润”项目合并数列纵向计算而得，不能根据母、子公司未分配利润期末数及调整、抵销数横向计算求得，本项目直接过入合并资产负债表“未分配利润”项目合并数。

⑤本项目数直接过入合并资产负债表“少数股东权益”项目合并数。

⑥本项目属中间指标，应根据所有者权益各项目期初合并数及本年增减变动合并数纵向计算求得，计算结果应当与所有者权益各项目期末合并数横向加总计算结果相同。该项目合并数应直接过入合并资产负债表所有者权益合计项目，以保持报表之间的勾稽关系。

表 3－23　　P 公司合并资产负债表工作底稿

20×7 年 12 月 31 日

单位：万元

报表项目	P 公司	S 公司	SA 公司	调整抵销分录		合并数
				借方	贷方	
长期股权投	5 160	1 000			4 500 1 660	0
商誉				500 220		720
其他资产	4 240	5 200	2 400			11 840
资产总计	9 400	6 200	2 400			12 560
所有者权益：						
股本	5 000	2 000	1 000			5 000①
盈余公积	1 720	1 240	480			1 961.6②
未分配利润	2 680	2 960	920			3 646.4③
少数股东权益						1 952④
所有者权益合计	9 400	6 200	2 400			12 560⑤

注：①本项目数由合并所有者权益变动表“股本”项目期末合并数直接过入。
②本项目数由合并所有者权益变动表“盈余公积”项目期末合并数直接过入。
③本项目数由合并所有者权益变动表“未分配利润”项目期末合并数直接过入。
④本项目数由合并所有者权益变动表“少数股东权益”项目期末合并数直接过入。
⑤本项目数由合并所有者权益变动表“所有者权益合计”项目期末合并数直接过入。

第三节　交叉持股情况下合并财务报表的编制

一、交叉持股概述

企业集团通常由母公司及其直接、间接及直接加间接控制的一个或多个被投资单位构成。不论直接、间接还是直接加间接控制被投资单位，都是以母公司对子公司（或孙公司、重孙公司等）的股权投资为纽带形成的。但在某些情况下，企业集团中的子公司（孙公司、重孙公司等）也会出于各种原因而持有集团母公司（或直接对其实施控制的上一级公司）的股票。实务中通过将这种被控制方企业持有其直接或间接控制方股权的行为称为交叉持股。交叉持股在我国企业集团中并不少见。

二、交叉持股的处理原则

对交叉持股的处理，应区别持股方个别财务报表及集团合并财务报表分别进行。

(一) 持股方个别财务报表的处理

对交叉持股中子公司持有母公司的股权投资，不论持股比例如何，都应当采用成本法进行核算。即在持股方个别财务报表中，按支付对价的账面价值记录长期股权投资；持股后如果收到母公司派发的现金股利，在个别报表先按投资收益处理。

(二) 合并财务报表中的处理

不管交叉持股是如何形成的，都可将其理解为是企业集团的子公司（孙公司、重孙公司等）通过支付一定的对价而取得集团母公司股权的行为，而不管集团子公司支付的对价是什么方式，都是由集团母公司控制的资源。由此不难理解，从整个企业集团的角度来看，可将交叉持股视为集团母公司用自己控制的资源来购买自己发行在外股票的行为，与股份公司自己购买自己发行的股票并无实质上的区别。

编制合并财务报表时，应将子公司持有母公司的股权，视为整个集团的库存股处理，即将子公司个别财务报表中的长期股权投资调整为库存股，在合并所有者权益中作为所有者权益的减项列报。

三、交叉持股情况下合并财务报表的编制

【例 3-3】　沿用〖例 3-1〗资料。假定 20×7 年 7 月 1 日，S 公司以 2 000 万元的现金购买了 P 公司 20% 的股权。P 公司的利润分配于年末进行。P 公司、S 公司、SA 公司 20×7 年度的财务报表如表 3-1、表 3-2 及表 3-3 所示，S 公司个别财务报表中尚未对上述交叉持股及 P 公司的利润分配作任何处理。

要求：编制 P 公司 20×7 年度的合并财务报表。

分析：S 公司为 P 公司的直接控股公司，SA 公司为 P 公司的间接控股公司。假定 P 公司采用直接合并法编制 P 公司的合并财务报表。编制合并财务报表过程中，对 S 公司及 SA 公司直接合并过程中所作的调整、抵销分录与〖例 3-1〗中采用直接合并法的 8 项调整、抵销分录相同。除上述 8 项调整、抵销分录外，还应进行下列调整、抵销：

(1) 对 S 公司个别财务报表中尚未记录的对 P 公司的股权投资（交叉持股）进行补记。分录为：

借：长期股权投资　　2 000

　　贷：其他资产　　2 000

（2）对S公司个别财务报表中尚未记录的P公司的利润分配进行补记。分录为：

借：其他资产（800×20%）　　160

　　贷：投资收益　　160

（3）将P公司利润分配中属于S公司的数额予以抵销。分录为：

借：投资收益　　160

　　贷：利润分配——对所有者的分配　　160

（4）将S公司持有P公司的股权调整为库存股。分录为：

借：库存股　　2 000

　　贷：长期股权投资　　2 000

将上述所有调整、抵销分录分别记入合并财务报表工作底稿，并对合并报表各项目进行加总，得出P公司合并财务报表各项目的合并结果，具体如表3－24、表3－25、表3－26合并数列所示。

表3－24　　P公司合并利润表工作底稿

20×7年度　　单位：万元

报表项目	P公司	S公司	SA公司	调整、抵销分录		合并数
				借方	贷方	
一、营业收入	12 000	8 000	5 000			25 000
减：营业成本	9 000	6 000	3 800			18 800
期间费用	1 720	1 020	650			3 390
加：投资收益	320	120	0	320 120 160	160	0
减：所得税费用	400	300	150			850
二、净利润	1 200	800	400			1 960
三、其他综合收益	0	0	0			0
四、综合收益总额	1 200	800	400			1 960
其中：归属于母公司股东的综合收益总额						1 616①
归属于少数股东的综合收益总额				136 208		344

注：①本项目数直接过入合并所有者权益变动表未分配利润项目列对应的本年增减变动项下的“综合收益总额”一栏。

表 3－25

P 公司合并所有者权益变动表工作底稿

20×7 年度

单位：万元

项目	实收资本						盈余公积					
	P 公司	S 公司	SA 公司	调整、抵销数		合并数	P 公司	S 公司	SA 公司	调整、抵销数		合并数
				借方	贷方					借方	贷方	
一、本年年初余额	5 000	2 000	1 000	2 000 1 000		5 000	1 600	1 160	440	1 032 420. 8		1 747. 2
二、本年增减变动数												
（一）综合总额收益												
（二）利润分配												
1. 提取盈余公积							120	80	40	16 20. 8		203. 2
2. 对所有者分配利润												
三、本年年末余额	5 000	2 000	1 000	3 000		5 000①	1 720	1 240	480	1 489. 6		1 950. 4②

续表

项　目	未分配利润						少数股东权益			所有者权益合计合并数
	P 公司	S 公司	SA 公司	调整、抵销数		合并数	调整、抵销数		合并数	
				借方	贷方		借方	贷方		
一、本年年初余额	2 400	2 640	760	2 128 683.2		2 988.8	300	1 160 1 144	2 004	11 740
二、本年增减变动数										
（一）综合收益总额	1 200	800	400			1 616③		136 208	344	1 960
（二）利润分配										
1. 提取盈余公积	-120	-80	-40		16 20.8	-203.2				0
2. 对所有者分配利润	-800	-400	-200		400 200 160	-640	80 80		-160	-800
三、本年年末余额	2 680	2 960	920	1 383.2	796.8	3 761.6④	460	2 648	2 188⑤	12 900⑥

注：①本项目数直接过入合并资产负债表“股本”项目合并数。

②本项目数直接过入合并资产负债表“盈余公积”项目合并数。

③本项目数由合并利润表中“归属于母公司股东的综合收益总额”数中的净利润数转入。

④本项目数根据“未分配利润”项目合并数列纵向计算而得，不能根据母、子公司未分配利润期末数及调整、抵销数横向计算求得。本项目直接过入合并资产负债表“未分配利润”项目合并数。

⑤本项目数直接过入合并资产负债表合并少数股东权益项目合并数。

⑥本项目属中间指标，应根据所有者权益各项目期初合并数及本年增减变动合并数纵向计算求得，计算结果应当与所有者权益各项目期末合并数横向加总计算结果相同。该项目合并数应直接过入合并资产负债表所有者权益合计项目，以保持报表之间的勾稽关系。

表 3-26 P 公司合并资产负债表工作底稿

20×7 年 12 月 31 日 单位：万元

报表项目	P 公司	S 公司	SA 公司	调整、抵销分录		合并数
				借方	贷方	
长期股权投	4 500	1 500		2 000	4 500 1 500 2 000	0
商誉				500 240		740
其他资产	4 900	4 700	2 400	160	2 000	10 160
资产总计	9 400	6 200	2 400			10 900
所有者权益：						
股本	5 000	2 000	1 000			5 000①
减：库存股				2 000		-2 000
盈余公积	1 720	1 240	480			1 950.4②
未分配利润	2 680	2 960	920			3 761.6③
少数股东权益	9 400	6 200	2 400			2 188④
所有者权益合计	4 500	1 500				10 900⑤

注：①本项目数由合并所有者权益变动表"股本"项目期末合并数直接过入。

②本项目数由合并所有者权益变动表"盈余公积"项目期末合并数直接过入。

③本项目数由合并所有者权益变动表"未分配利润"项目期末合并数直接过入。

④本项目数由合并所有者权益变动表"少数股东权益"项目期末合并数直接过入。

⑤本项目数由合并所有者权益变动表"所有者权益合计"项目期末合并数直接过入。

第四节 购买子公司股权情况下合并财务报表的编制

一、购买子公司股权概述

企业购买子公司股权的行为，实质上是从子公司的少数股权所有者手中购买的股权，即购买的是子公司的少数股权，并不影响母公司对子公司的控制权，但会使得子公司净资产中归属于母公司股东所有的份额增加，归少数股东所有的份额减少。

购买子公司少数股权虽然从母公司的角度看也属购买股权，但与当期增加子公司的性质截然不同。购买子公司少数股权的前提条件是子公司已经存在，母公司已经能够对其进行控制，进一步购买子公司的少数股权只是子公司净资产中归母公司股东所有的份额与归少数股东所有的份额之间的转化，并不会改变整个集团的综合收益及所有者权益总数。

企业购买子公司少数股权比例的多少，一般要根据集团母公司的总体战略目标及管理需要而定，包括购买子公司的全部少数股权及购买子公司的部分少数股权两种情况。

1. 购买子公司少数股东持有的全部股权。在母公司购买子公司少数股东持有的全部股权情况下，子公司从原来的非全资子公司变成了集团的全资子公司。购买日之后子公司的综合收益及净资产全部归母公司所有，不存在少数股东权益。

2. 购买子公司少数股东持有的部分股权。在母公司购买子公司少数股东持有的部分股权情况下，购买日之后子公司的收益及净资产归母公司所有的份额相应增加，归少数股东所有的份额相应减少。

二、购买子公司股权的处理原则

对企业购买子公司股权的处理，应当区别个别财务报表及合并财务报表分别进行：

（一）在母公司个别财务报表中的处理

在母公司个别财务报表中，不论是以上哪种情况的购买，均应当按照《企业会计准则第 2 号——长期股权投资》的规定进行账务处理，这里不再重述。

（二）在合并财务报表中的处理

在合并财务报表中，子公司的资产、负债应按购买日（或合并日）开始持续计算的金额反映。母公司新取得的长期股权投资与按照新增持股比例计算应享有子公司自购买日（或合并日）开始持续计算的可辨认净资产份额之间的差额，应当调整合并财务报表中的资本公积（资本溢价或股本溢价），资本公积不足冲减的，冲减留存收益（盈余公积和未分配利润）。

三、购买子公司少数股权实例

编制合并利润表时，对购买当期子公司确认的综合收益总额，应区别购买少数股权之前确认数及购买少数股权之后确认数，分别计算归属于少数股东所有的份额；对子公司期初所有者权益中归少数股东所有的份额的计算调整，则不受报告当期购买子公司少数股权的影响；对购买子公司少数股权交易中母公司支付的对价与取得的子公司净资产相应份额（即购买的少数股东权益净额）应当进行调整，将二者的差额计入资本公积，资本公积不足冲减的情况下，冲减留存收益。

（一）购买子公司全部少数股权

【例3-4】 M集团于20×4年7月1日以120万元的价格取得Z公司80%的股权，当日Z公司净资产的公允价值及账面价值均为100万元（股本50万元，盈余公积30万元，未分配利润20万元）。20×7年6月30日，M集团又以150万元从Z公司其他股东手中取得Z公司另外20%的股权，实现了对Z公司100%的控股权。20×7年度M集团及Z公司的财务报表如表3-27、表3-28和表3-29所示。假定Z公司的利润在年内均衡实现，Z公司当期提取盈余公积及利润分配均发生在上述股权交易之后。M集团的合并报表不包括Z公司个别报表数据，Z公司的商誉未发生减值，不考虑所得税影响。

表3-27　　　　利润表（简表）

20×7年度

单位：万元

报表项目	M集团（合并数）	Z公司
一、营业收入	9 000	700
减：营业成本	4 400	400
期间费用	2 300	50
加：投资收益	100	0
减：所得税费用	600	50
二、净利润	1 800	200
三、其他综合收益	0	0
四、综合收益总额	1 800	200
其中：归属于母公司股东的综合收益总额	1 700	
归属于少数股东的综合收益总额	-100	

表 3－28 所有者权益变动表（简表）

20×7 年度 单位：万元

项目	M 集团（合并数）					Z 公司			
	股本	盈余公积	未分配利润	少数股东权益	所有者权益合计	股本	盈余公积	未分配利润	所有者权益合计
一、本年年初余额	2 000	1 240	760	300	4 300	50	280	170	500
二、本年增减变动数									
（一）综合收益总额			1 700	100	1 800			200	200
（二）利润分配									
1. 提取盈余公积		180	－180		0		20	－20	0
2. 对股东的分配			－1 200	－60	－1 260			－100	－100
三、本年年末余额	2 000	1 420	1 080	340	4 840	50	300	250	600

表 3－29 资产负债表（简表）

20×7 年 12 月 31 日 单位：万元

报表项目	M 集团（合并数）	Z 公司
长期股权投资	270	0
其他资产	4 370	600
商誉	200	
资产总计	4 840	600
所有者权益：		
股本	2 000	50
盈余公积	1 420	300
未分配利润	1 080	250
少数股东权益	340	
所有者权益合计	4 840	600

要求：编制 M 集团公司 20×7 年度的合并财务报表。

分析：本例中 M 集团购买 Z 公司 20% 少数股权后实现了对 Z 公司 100% 的控制，交易日后对Z公司的股权投资仍采用成本法核算。编制合并财务报表时，应进行如下调整、抵销：

（1）对Z公司当期综合收益中归少数股东所有的份额进行调整。

Z公司本年实现综合收益200万元。其中，交易日前实现100万元，归少数股东所有的份额为20（100×20%）万元；交易日后实现100万元全部归母公司所有，本年综合收益中归少数股东所有的份额合计为20万元。调整分录为：

借：少数股东损益　20

　　贷：少数股东权益　20

（2）Z公司本期提取盈余公积于交易日后发生，其中不含少数股东数，不需进行调整。

（3）Z公司本期的利润分配发生在交易日后，100万元全部计入母公司个别报表投资收益项目，应进行抵销。分录为：

借：投资收益　100

　　贷：利润分配——应付现金股利　100

（4）对Z公司期初所有者权益500万元进行相应的调整、抵销。分录为：

借：股本　50

　　盈余公积[30+(280−30)×20%]　80

　　未分配利润[20+(170−20)×20%]　50

　　商誉　40

　　贷：长期股权投资　120

　　　　少数股东权益（500×20%）　100

其中，M集团购买Z公司的商誉计算如下：

M集团支付对价　120

购买日S公司净资产公允价值的份额（100×80%）　80

商誉　40

（5）对M集团购买Z公司20%少数股权交易进行处理。

本例中M集团购买Z公司另外20%的股权交易，使得Z公司净资产中的少数股东权益减少了120[(500+100)×20%]万元，应当予以调整；母公司支付的对价计入其个别财务报表的长期股权投资项目，从集团角度看该交易属子公司股东之间的交易，不属集团对外投资，编制合并财务报表时应将母公司记录的长期股权投资予以消除；对于M集团购买少数股权交易支付的对价150万元与交易日Z公司净资产份额120[(500+100)×20%]万元的差额30（150−120）万元，应当冲减资本公积。本例中至交易日资本公积余额为0，故应当按比例［本例按M集团（不含Z公司数据）期初盈余公积及未分配利润比例］冲减盈余公积及未分配利润。综合上述分析，对母公司购买20%少数股权交易的调整、抵销分录为：

借：少数股东权益　　120

　　盈余公积[30×1 240/(1 240+760)]　　18.6

　　未分配利润[30×760/(1 240+760)]　　11.4

　　贷：长期股权投资　　150

将上述调整、抵销分录过入M集团合并财务报表工作底稿（如表3－30、表3－31及表3－32的调整、抵销列所示）后，经过对基本报表项目及中间指标的横向及纵向加计，即可编制正式的合并财务报表。各报表项目合并结果如表3－30、表3－31及表3－32的合并数列所示。

表3－30　　合并利润表工作底稿

20×7年度　　单位：万元

报表项目	M集团	Z公司	调整、抵销分录		合并数
			借方	贷方	
一、营业收入	9 000	700			10 300
减：营业成本	4 400	400			5 450
期间费用	2 300	50			2 350
加：投资收益	100	0	100		0
减：所得税费用	600	50			650
二、净利润	1 800	200			1 850
三、其他综合收益	0	0			0
四、综合收益总额	1 800	200			1 850
其中：归属于母公司股东的综合收益总额	1 700				1 780①
归属于少数股东的综合收益总额	－100		20		－120

注：①本项目数直接过入合并所有者权益变动表未分配利润合计数对应的本年增减变动项下的“综合收益总额”一栏。

表 3－31

合并所有者权益变动表工作底稿

20×7 年度

单位：万元

项目	股本					盈余公积				
	M 集团	Z 公司	调整、抵销数		合并数	M 集团	Z 公司	调整、抵销数		合并数
			借方	贷方				借方	贷方	
一、本年年初余额	2 000	50	50		2 000	1 240	280	80		1 440
二、本年增减变动数										
（一）综合收益总额										
（二）所有者投资和减少资本										
（三）其他								18.6		－18.6
（四）利润分配										
1. 提取盈余公积						180	20			200
2. 对所有者分配利润										
三、本年年末余额	2 000	50	50		2 000①	1 420	300	98.6		1 621.4②

续表

项目	未分配利润					少数股东权益				所有者权益合计合并数
	M集团	Z公司	调整、抵销数		合并数	M集团	调整、抵销数		合并数	
			借方	贷方			借方	贷方		
一、本年年初余额	760	170	50		880	300		100	400	4 720
二、本年增减变动数										
（一）综合收益总额	1 700	200			1 780③	100		20	120	1 900
（二）所有者投入和减少资本										
（三）其他			11.4		-11.4		120		-120	-150
（四）利润分配										
1. 提取盈余公积	-180	-20			-200					0
2. 对所有者分配利润	-1 200	-100		100	-1 200	-60			-60	-1 260
三、本年年末余额	1 080	250	61.38	100	1 248.6④	340	120	120	340⑤	5 210⑥

注：① 本项目数直接过入合并资产负债表“股本”项目合并数。

② 本项目数直接过入合并资产负债表“盈余公积”项目合并数。

③ 本项目数由合并利润表中“归属于母公司股东的综合收益总额”数中的净利润数转入。

④ 本项目数根据“未分配利润”项目合并数列纵向计算而得，不能根据母、子公司未分配利润期末数及调整、抵销数横向计算求得，本项目直接过入合并资产负债表“未分配利润”项目合并数。

⑤ 本项目数直接过入合并资产负债表“少数股东权益”项目合并数。

⑥ 本项目属中间指标，应根据所有者权益各项目期初合并数及本年增减变动合并数纵向计算求得，计算结果应当与所有者权益各项目期末合并数横向加总计算结果相同。该项目合并数应直接过入合并资产负债表所有者权益合计项目，以保持报表之间的勾稽关系。

表 3-32　　　　　　　　　　**合并资产负债表工作底稿**

20×7 年 12 月 31 日　　　　　　　　　　　　　　单位：万元

报表项目	M 集团	Z 公司	调整、抵销分录		合并数
			借方	贷方	
长期股权投资	270	0		120 150	0
商誉	200	0	40		240
其他资产	4 370	600			4 970
资产总计	4 840	600			5 210
所有者权益：					
股本	2 000	50			2 000①
盈余公积	1 420	300			1 621.4②
未分配利润	1 080	250			1 248.6③
少数股东权益	340				340④
所有者权益合计	4 840	600			5 210⑤

注：① 本项目数由合并所有者权益变动表“股本”项目期末合并数直接过入。

② 本项目数由合并所有者权益变动表“盈余公积”项目期末合并数直接过入。

③ 本项目数由合并所有者权益变动表“未分配利润”项目期末合并数直接过入。

④ 本项目数由合并所有者权益变动表“少数股东权益”项目期末合并数直接过入。

⑤ 本项目数由合并所有者权益变动表“所有者权益合计”项目期末合并数直接过入。

如果本例中 M 集团购买子公司另外 20% 股权支付的对价为 100 万元，则编制合并财务报表过程中除第（5）项抵销分录不同外，其他调整抵销分均与〖例 3-4〗相同。此种情况下的第（5）笔抵销分录为：

借：少数股东权益　　　　　　　　　　　　　　　　120

　　贷：长期股权投资　　　　　　　　　　　　　　　　100

　　　　资本公积　　　　　　　　　　　　　　　　　　20

如果本例中 M 集团购买子公司另外 20% 股权支付的对价为 120 万元，则编制合并财务报表过程中除第（5）项抵销分录不同外，其他调整抵销分均与〖例 3-4〗相同。此种情况下的第（5）笔抵销分录为：

借：少数股东权益　　　　　　　　　　　　　　　　120

　　贷：长期股权投资　　　　　　　　　　　　　　　　120

（二）购买子公司的部分少数股权

【例 3-5】　沿用〖例 3-4〗资料，假定 20×7 年 6 月 30 日，M 集团以 50 万元价格从其他股东手中取得 Z 公司 10% 的股权，至此 M 集团共持有 Z 公司 90% 的股权，之后仍用成本法核算对Z公司的长期股权投资。20×7年度M集团及Z公司的财务报表资料如表3－33、表3－34及表3－35中M集团合并数列及Z公司列所示。假定Z公司的利润在年内均衡实现，Z公司当期提取盈余公积及利润分配均发生在上述股权交易之后。M集团的合并报表不包括Z公司个别报表数据，Z公司的商誉未发生减值，不考虑所得税影响。

要求：编制M集团公司20×7年度的合并财务报表。

分析：本例中M集团购买Z公司10%少数股权，至此共持有Z公司90%的股权，仍对Z公司进行控制，交易日后对Z公司股权仍采用成本法核算。编制合并财务报表时，应进行如下调整、抵销。

（1）对Z公司当期综合收益中归少数股东所有的份额进行调整。

Z公司本年实现综合收益200万元。其中交易日前实现100万元，归少数股东所有的份额为20（100×20%）万元；交易日后实现100万元，归少数股东所有的份额为10（100×10%）万元，本年综合收益中归少数股东所有的份额合计为30万元。调整分录为：

借：少数股东损益	30	
贷：少数股东权益		30

（2）Z公司本期提取盈余公积20万元，应将其中属于少数股东份额2（20×10%）万元予以剔除。分录为：

借：盈余公积	2	
贷：利润分配——提取盈余公积		2

（3）Z公司本期的利润分配发生在交易日后，其中90%应与M集团报表中的投资收益相抵销，10%应当冲减少数股东权益。分录为：

借：投资收益	90	
少数股东权益	10	
贷：利润分配——应付现金股利		100

（4）对Z公司期初所有者权益500万元进行相应的调整、抵销。分录为：

借：股本	50	
盈余公积[30＋(280－30)×20%]	80	
未分配利润[20＋(170－20)×20%]	50	
商誉	40	
贷：长期股权投资		120
少数股东权益（500×20%）		100

其中，M集团购买Z公司的商誉计算如下：

M集团支付对价	120

购买日Z公司净资产公允价值的份额（100×80%） 80

商誉 40

（5）对M集团购买Z公司10%少数股权交易进行处理。

M集团购买子公司10%少数股权交易，使得Z公司净资产中的少数股东权益减少了60[（500+100）×10%]万元，应当予以调整；母公司支付的对价计入个别财务报表的长期股权投资项目，从集团角度来看该交易属Z公司股东之间的交易，不属集团对外投资，编制合并报表时应将母公司记录的长期股权投资予以消除；交易日Z公司净资产的份额（10%）与母公司支付对价之间的差额10（60－50）万元，应当计入资本公积。综合上述分析，对母公司购买10%少数股权交易的调整、抵销分录为：

借：少数股东权益 60

　　贷：长期股权投资 50

　　　　资本公积 10

将上述调整、抵销分录过入M集团合并财务报表工作底稿（如表3－33、表3－34及表3－35的调整、抵销列所示）后，经过对基本报表项目及中间指标的横向及纵向加计，即可编制正式的合并财务报表。各报表项目合并结果如表3－33、表3－34及表3－35的合并数列所示。

表3－33 **合并利润表工作底稿**

20×7年度 单位：万元

报表项目	M集团	Z公司	调整、抵销分录		合并数
			借方	贷方	
一、营业收入	9 000	700			9 700
减：营业成本	4 400	400			4 800
期间费用	2 300	50			2 350
加：投资收益	90	0	90		0
减：所得税费用	600	50			650
二、净利润	1 790	200			1 900
三、其他综合收益	0	0			0
四、综合收益总额	1 790	200			1 900
其中：归属于母公司股东的综合收益总额	1 690				1 770①
归属于少数股东的综合收益总额	－100		30		－130

注：①本项目数直接过入合并所有者权益变动表未分配利润合计数列对应的本年增减变动项下的“综合收益总额”一栏。

表 3－34

合并所有者权益变动表工作底稿

20×7 年度

单位：万元

项目	股本					资本公积			盈余公积				
	M 集团	Z 公司	调整、抵销数		合并数	调整、抵销数		合并数	M 集团	Z 公司	调整、抵销数		合并数
			借方	贷方		借方	贷方				借方	贷方	
一、本年年初余额	2 000	50	50		2 000				1 240	280	80		1 440
二、本年增减变动数													
（一）综合收益总额													
（二）所有者投资和减少资本													
（三）其他							10	10					
（四）利润分配													
1. 提取盈余公积									180	20	2		198
2. 对所有者分配利润													
三、本年年末余额	2 000	50	50		2 000①		10	10②	1 420	300	82		1 638③

续表

项　目	未分配利润					少数股东权益				所有者权益合计合并数
	M集团	Z公司	调整、抵销数		合并数	M集团	调整、抵销数		合并数	
			借方	贷方			借方	贷方		
一、本年年初余额	760	170	50		880	300		100	400	4 720
二、本年增减变动数										
（一）综合收益总额	1 690	200			1 770④	100		30	130	1 900
（二）所有者投入和减少资本										
（三）其他							60		-60	-50
（四）利润分配										
1. 提取盈余公积	-180	-20		2	-198					0
2. 对所有者分配利润	-1 200	-100		100	-1 200	-60	10		-70	-1 270
三、本年年末余额	1 070	250	50	102	1 252⑤	340	70	130	400⑥	5 300⑦

注：① 本项目数直接过入合并资产负债表“股本”项目合并数。

② 本项目数直接过入合并资产负债表“资本公积”项目合并数。

③ 本项目数直接过入合并资产负债表“盈余公积”项目合并数。

④ 本项目数由合并利润表中“归属于母公司股东的综合收益总额”数中的净利润数转入。

⑤ 本项目数根据“未分配利润”项目合并数列纵向计算而得，不能根据母、子公司未分配利润期末数及调整、抵销数横向计算求得，本项目直接过入合并资产负债表“未分配利润”项目合并数。

⑥ 本项目数直接过入合并资产负债表“少数股东权益”项目合并数。

⑦ 本项目属中间指标，应根据所有者权益各项目期初合并数及本年增减变动合并数纵向计算求得，计算结果应当与所有者权益各项目期末合并数横向加总计算结果相同。该项目合并数应直接过入合并资产负债表所有者权益合计项目，以保持报表之间的勾稽关系。

表 3－35 合并资产负债表工作底稿

20×7 年 12 月 31 日 单位：万元

报表项目	M 集团	Z 公司	调整、抵销分录		合并数
			借方	贷方	
长期股权投资	170	0		120 50	0
商誉	200	0	40		240
其他资产	4 460	600			5 060
资产总计	4 830	600			5 300
所有者权益：					
股本	2 000	50			2 000①
资本公积					10②
盈余公积	1 420	300			1 638③
未分配利润	1 070	250			1 252④
少数股东权益	340				400⑤
所有者权益合计	4 830	600	40		5 300⑥

注：① 本项目数由合并所有者权益变动表“股本”项目期末合并数直接过入。

② 本项目数由合并所有者权益变动表“资本公积”项目期末合并数直接过入。

③ 本项目数由合并所有者权益变动表“盈余公积”项目期末合并数直接过入。

④ 本项目数由合并所有者权益变动表“未分配利润”项目期末合并数直接过入。

⑤ 本项目数由合并所有者权益变动表“少数股东权益”项目期末合并数直接过入。

⑥ 本项目数由合并所有者权益变动表“所有者权益合计”项目期末合并数直接过入。

如果本例中 M 集团购买子公司另外 10% 股权支付的对价为 90 万元，则编制合并财务报表过程中除第（5）项抵销分录不同外，其他调整抵销分录均与〖例 3－4〗相同。此种情况下的第（5）笔抵销分录为：

借：少数股东权益　　60

　　盈余公积[30×1 240/(1 240＋760)]　　18.6

　　未分配利润[30×760/(1 240＋760)]　　11.4

　　贷：长期股权投资　　90

如果本例中 M 集团购买子公司另外 10% 股权支付的对价为 60 万元，则编制合并财务报表过程中除第（5）项抵销分录不同外，其他调整抵销分均与〖例 3－4〗相同。此种情况下的第（5）笔抵销分录为：

借：少数股东权益　　60

　　贷：长期股权投资　　60

第五节　处置子公司股权情况下合并财务报表的编制

一、处置子公司股权概述

处置子公司股权是指报告期内母公司将其持有的子公司的股权进行出售、转让、资产置换或以其他方式进行处置的交易或事项。

企业当期处置子公司股权对合并财务报表的影响，应视处置股权的程度而定。实务中企业处置子公司股权可能有以下几种情况：

1. 处置部分股权，剩余股权仍能对被投资单位进行控制；
2. 处置部分股权，剩余股权能够对被投资单位进行共同控制；
3. 处置部分股权，剩余股权能够对被投资单位施加重大影响；
4. 处置部分股权，剩余股权既不能对被投资单位进行控制、共同控制，也不能施加重大影响；
5. 处置子公司全部股权。

二、处置子公司股权的账务处理原则

企业当期处置子公司股权的处理，应当区别个别财务报表及合并财务报表分别进行。

（一）在母公司个别财务报表中的处理

在母公司个别财务报表中，不论是以上哪种情况的处置，对于处置的股权均应当按照《企业会计准则第2号——长期股权投资》的规定进行账务处理，即将处置收到的对价与处置股权账面价值之间的差额确认为投资收益；对于剩余股权则应当按照处置后对被投资单位的影响程度及企业的目的，将剩余股权按账面价值确认为长期股权投资或其他相关金融资产。处置后的剩余股权能够对原有子公司实施共同控制或重大影响的，按有关成本法转为权益法的相关规定进行会计处理。

（二）在合并财务报表中的处理

在合并财务报表中的处理，应视处置股权后是否丧失对子公司的控制权而定。

1. 处置股权后丧失对子公司的控制权，是指除上述第1种股权处置之外的其他所有股权处置，包括处置部分股权但剩余股权能够对被投资单位施加重大影响、处置部分股权后剩余股权能够对被投资单位进行共同控制、处置部分股权后剩余股权既不能对被投资单位进行控制、共同控制，也不能施加重大影响及处置子公司全部股权等情况。

在处置股权后丧失了对子公司控制权的情况下，合并财务报表中应当终止确认子公司的相关资产、负债、原确认的商誉及少数股东权益。

在合并利润表中，应确认对于集团而言的处置损益，该损益应按处置股权收到的对价与剩余股权公允价值之和，减去按原持股比例计算应享有子公司自购买日开始持续计算的净资产的份额以及尚未减值的商誉之和后的差额确定；与原有子公司股权投资相关的其他综合收益、其他所有者权益变动，应当在丧失控制权时转为当期投资收益，但由于被投资方重新计量设定受益计划净负债或净资产变动而产生的其他综合收益除外；原子公司自期初至处置日的利润及其他综合收益部分应逐行并入处置当期的合并利润表中。

在合并资产负债表中，对于剩余股权，应当按照其在丧失控制权日的公允价值进行重新计量。

企业应当在附注中披露处置后的剩余股权在丧失控制权日的公允价值，以及按照公允价值重新计量产生的相关利得或损失的金额。

2. 如果处置子公司部分股权后仍能对子公司进行控制，则应将处置部分股权的行为视为股东之间的交易，子公司的个别财务报表仍要纳入合并财务报表的合并范围，合并财务报表中并不确认处置损益，子公司的资产、负债、合并商誉及少数股东权益都应在合并报表中反映。所不同的是，处置之后合并财务报表中的少数股东权益增加了。

三、处置子公司股权账务处理实例

（一）处置股权后丧失对子公司控制权实例

前已述及，在母公司处置股权后丧失对原子公司控制权的情况下，合并财务报表中应当反映的是站在整个集团角度的处置损益，而母公司个别财务报表中反映的则是站在其自身角度而言的处置损益，编制合并报表时应将二者的差异予以消除。

实务工作中，对二者之间的差异可通过在合并报表工作底稿中编制相应的调整、抵销分录予以消除。具体处理时，可区别处置后的剩余股权部分及已处置股权部分进行相应的调整、抵销。

1. 对剩余股权进行调整。如果母公司处置的是其持有子公司的部分股权，则剩余股权仍保留在母公司的个别财务报表之中。编制合并报表时，应将处置日母公司按相关准则规定计量的剩余股权的账面价值调整为公允价值。调整分录为：

借：长期股权投资（或其他金融资产）

　　贷：投资收益

处置日之后，如果母公司持有的剩余股权能够对原子公司实施共同控制或产生重大影响，则应以处置日剩余股权的公允价值为基础按权益法核算剩余股权；如果母公司持有的剩余股权不能对原子公司实施共同控制或重大影响，则应以处置日剩余股权的公允价值为基础将该剩余股权作为金融资产核算。

2. 对已处置股权进行调整。对已经处置的子公司股权部分，在合并财务报表中，应将子公司至处置日的所有者权益及其增减变动并入合并报表，并对处置股权交易本身对合并财务报表的影响进行相应的调整、抵销。

编制合并财务报表时，对已经处置并丧失控制权的原子公司的合并处理方法有两种：一种是以母公司及原子公司至处置日的个别财务报表数据为基础，将母公司及原子公司个别财务报表的数据均过入合并工作底稿，在此基础上进行相应的调整、抵销及合并处理；另一种是采用简化的处理方法，只将母公司个别财务报表数据过入合并工作底稿，对已处置原子公司的个别财务报表数据不过入工作底稿，而是通过编制调整、抵销分录的方式将原子公司至处置日的所有者权益及其增减变动并入到合并财务报表之中。本节对处置子公司股权并丧失控制权情况下的合并财务报表均采用上述第二种简化方法进行处理。具体的合并处理程序包括：

（1）对处置当期子公司损益的处理。对处置当期子公司实现的损益，应当区分处置前及处置后实现数分别进行处理。其中自处置当期期初至处置日子公司实现的净利润及确认的其他综合收益，应逐行并入合并当期的合并利润表中，而不是将其作为处置损益处理；但在母公司个别报表中，则将其包含在当期的处置收益（投资收益）之中了，编制合并报表时，应将母公司确认的投资收益予以抵销，将不属于集团的份额予以调整。对于处置日之后子公司实现的损益，则不能并入合并财务报表之中。对处置期初至处置日子公司损益的调整分录为：

借：投资收益

　　少数股东损益（归属于少数股东所有的综合收益总额）

　　贷：利润表各项目（自期初至处置日数）

（2）对处置期初子公司权益的处理。对处置当期期初子公司的所有者权益，应当区别归少数股东所有的份额及归母公司所有的份额分别进行处理。

其中归少数股东所有的份额，应当调整计入期初少数股东权益项下。归母公司所有的份额中，属于购买日存在数，本应与母公司的长期股权投资相抵销，差额计入商誉，但因子公司已经处置，母公司的长期股权投资在其个别财务报表中已经转销，故在编制合并财务报表时对该部分权益不需进行处理，也不再计算确认购买日的商誉；属于购买日至报告期期初新增加的部分，就集团而言，该部分权益也是其处置股权之前已实现的权益，而不是处置当期的损益，但在母公司个别报表中则将该部分权益作为投资收益了。编制合并报表时应在母公司报表基础上将该部分不属于集团处置损益的数额予以调整，分录为：

借：投资收益

　　贷：盈余公积

　　　　未分配利润

另外，对期初子公司所有者权益中归少数股东所有的份额，也应当予以体现，以反映期初整个集团合并所有者权益全貌；但在处置日后该部分权益不再在合并报表中体现，故应当在处置日将其予以消除。具体的调整分录为：

借：少数股东权益（本期变动数）

　　贷：少数股东权益（期初数）

下面以实例说明处置股权后丧失对原子公司控制权情况下合并财务报表的编制方法。

【例3－6】 沿用〖例3－4〗资料，假定20×7年6月30日，M集团将其持有的Z公司80%的股权全部出售，获得价款600万元。20×7年度M集团及Z公司的财务报表如表3－36、表3－37及表3－38所示。假定Z公司的利润在年内均衡实现，M集团的合并报表不包括Z公司数，Z公司的商誉未发生减值，不考虑所得税影响。

表3－36　　利润表（简表）

20×7年度　　单位：万元

报表项目	M集团（合并数）	Z公司
一、营业收入	9 000	700
减：营业成本	4 400	400
期间费用	2 300	50
加：投资收益	480	0
减：所得税费用	600	50
二、净利润	2 180	200
三、其他综合收益	0	0
四、综合收益总额	2 180	200
其中：归属于母公司股东的综合收益总额	2 080	
归属于少数股东的综合收益总额	－100	

表 3－37

所有者权益变动表（简表）

20×7 年度　　　　单位：万元

项　　目	M 集团（合并数）					Z 公司			
	股本	盈余公积	未分配利润	少数股东权益	所有者权益合计	股本	盈余公积	未分配利润	所有者权益合计
一、本年年初余额	2 000	1 240	760	300	4 300	50	280	170	500
二、本年增减变动数									
（一）综合收益总额			2 080	100	2 180			200	200
（二）利润分配									
1. 提取盈余公积		240	－240		0		20	－20	0
2. 对股东的分配			－1 200	－60	－1 260			－100	－100
三、本年年末余额	2 000	1 480	1 400	340	5 220	50	300	250	600

表 3－38

资产负债表（简表）

20×7 年 12 月 31 日　　　　单位：万元

报表项目	M 集团（合并数）	Z 公司
长期股权投资	0	0
其他资产	5 020	600
商誉	200	
资产总计	5 220	600
所有者权益：		
股本	2 000	50
盈余公积	1 480	300
未分配利润	1 400	250
少数股东权益	340	
所有者权益合计	5 220	600

要求：编制 M 集团公司 20×7 年度的合并财务报表。

分析：本例中 M 集团报告期处置了其持有的 Z 公司全部股权，处置后失去对 Z 公司的控制权。M 集团的处置损益为：

处置收到的价款		600
减：自购买日持续计算的 Z 公司净资产份额		
（500 +200 ×6/12）×80%	480	
尚未减值的商誉（120 －100 ×80%）	40	520
处置损益		80

母公司个别报表中确认的处置损益（投资收益）为：

处置收到的价款	600
减：投资成本	120
处置损益	480

对二者的差异 400（480 －80）万元应作如下调整分录：

（1）自期初至股权处置日 Z 公司综合收益（本例假定 1 ~6 月数为 100 万元）逐行计入合并综合收益表中，将其中不归母公司所有的份额剔除，将母公司计入其个别报表投资收益的相应数额转销，分录为：

借：投资收益　　80

　　少数股东损益　　20

　　贷：利润表各项目（1 月 1 日 ~6 月 30 日按比例计算）　　100

（2）将购买日至报告期期初 Z 公司新增所有者权益中归母公司所有的份额计入合并所有者权益变动表期初数，同时将母公司计入其个别报表投资收益数额转销，分录为：

借：投资收益　　320

　　贷：盈余公积（280 －30）×80%　　200

　　　　未分配利润（170 －20）×80%　　120

（3）将 Z 公司期初所有者权益中归少数股东所有的份额予以恢复，视同其在处置日转销。分录为：

借：少数股东权益（本期）(500 ×20%）　　100

　　贷：少数股东权益（期初数）(500 ×20%）　　100

（4）将 Z 公司期初至处置日实现损益中归少数股东所有的份额调整计入少数股东权益项目，视同其在处置日转销。分录为：

借：少数股东权益（本期）　　20

　　贷：少数股东权益（本期）　　20

将上述调整过入 M 集团合并财务报表工作底稿（见表 3 －39、表 3 －40 及表 3 －41 的调整、抵销分录列）后，经过对基本报表项目及中间指标的横向及纵向加计，即可编制合并财务报表。各报表项目合并数见表 3 －39、表 3 －40 及表 3 －41 的合并数列所示。

表 3－39　　**M 集团合并利润表工作底稿**

20×7 年度　　单位：万元

报表项目	M 集团（合并数）	调整、抵销数			合并数
		Z 公司（1~6 月）	借方	贷方	
一、营业收入	9 000	350			9 350
减：营业成本	4 400	200			4 600
期间费用	2 300	25			2 325
加：投资收益	480	0	80 320		80
减：所得税费用	600	25			625
二、净利润	2 180	100			1 880
三、其他综合收益	0	0			0
四、综合收益总额	2 180	100			1 880
其中：归属于母公司股东的综合收益总额	2 080				1 760①
归属于少数股东的综合收益总额	－100		20		120②

注：① 本项目数直接过入合并所有者权益变动表未分配利润合计数列对应的本年增减变动项下的“综合收益总额”一栏。

② 本项目数只为计算本期归属于母公司所有者的综合权益总额之用，不需过入当期合并所有者权益变动表“少数股东权益”项目对应的本期增加变动数一栏，因当期处置股权后母公司已丧失了对原子公司的控制权，原子公司的相关资产、负债及少数股东权益已不在合并财务报表中列报。

表 3-40

M集团合并所有者权益变动表工作底稿

20×7 年度

单位：万元

项目	实收资本				盈余公积				未分配利润				少数股东权益				所有者权益合计合并数
	M集团	调整、抵销数		合并数	M集团	调整、抵销数		合并数	M集团	调整、抵销数		合并数	M集团	调整、抵销数		合并数	
		借方	贷方			借方	贷方			借方	贷方			借方	贷方		
一、本年年初余额	2 000			2 000	1 240		200	1 440	760		120	880	300		100	400	4 720
二、本年增减变动数																	
（一）综合收益总额									2 080			1 760①	100		20	120	1 880
（二）利润分配																	
1. 提取盈余公积					240			240	-240			-240					0
2. 对所有者分配利润									-1 200			-1 200	-60			-60	-1 260
（三）其他														100 20		-120	-120
三、本年年末余额	2 000			2 000	1 480		200	1 680②	1 400			1 200③	340	120	120	340	5 220④

注：① 本项目数由合并利润表中“归属于母公司股东的综合收益总额”数中的净利润数转入。

② 本项目数直接过入合并资产负债表“盈余公积”项目合并数。

③ 本项目数根据“未分配利润”项目合并数列纵向计算而得，不能根据母、子公司未分配利润期末数及调整、抵销数横向计算求得，本项目直接过入合并资产负债表“未分配利润”项目合并数。

④ 本项目数直接过入合并资产负债表“所有者权益合计”项目合并数。

表 3-41　　M 集团合并资产负债表工作底稿

20×7 年 12 月 31 日　　单位：万元

报表项目	M 集团	调整、抵销分录		合并数
		借方	贷方	
长期股权投资	0			0
商誉	200			200
其他资产	5 020			5 020
资产总计	5 220			5 220
所有者权益：				
股本	2 000			2 000
盈余公积	1 480			1 680
未分配利润	1 400			1 200
少数股东权益	340			340
所有者权益合计	5 220			5 220

【例 3-7】　沿用〖例 3-4〗资料，假定 M 集团 20×7 年 6 月 30 日出售 Z 公司 40% 的股权，获得价款 400 万元，出售后 M 集团仍持有 Z 公司 40% 的股权，能够对 Z 公司施加重大影响，当日 Z 公司剩余 40% 股权的公允价值为 400 万元。20×7年度 Z 公司个别财务报表资料如表 3-36、表 3-37 及表 3-38 中 Z 公司列所示；M 集团合并数据（尚未对处置 Z 公司进行处理，但母公司个别财务报表中已对上述股权投资及其处置进行了相应处理）如表 3-42、表 3-43 及表 3-44 中的 M 集团列所示。

要求：编制上述 M 集团 20×7 年度的合并财务报表（将当期处置 Z 公司的交易在合并财务报表中予以反映）。

分析：本例中 M 集团处置了 Z 公司 40% 的股权，处置后失去对 Z 公司的控制权，但能对 Z 公司施加重大影响，处置日之后应以处置日剩余股权的公允价值为基础采用权益法核算剩余股权投资。

1. 合并财务报表中应确认的处置损益包括：

（1）股权处置收益：

处置收到的价款	400	
加：剩余股权的公允价值	400	800
减：自购买日持续计算的 Z 公司净资产份额		

（500+200×6/12）×80%	480	
尚未减值的商誉（120－100×80%）	40	520
处置损益		280
（2）处置后按权益法核算应确定的收益：		
（100×40%=40）		40
处置当期合并综合收益表应确认的收益总额		320

2. 母公司个别报表中确认的收益包括：

（1）处置股权收益（400－60）	340
（2）剩余股权收益：	
由成本法向权益法转换确认的收益[（500－100）×40%]	160
处置后按权益法核算确认的收益（100×40%）	40
母公司个别报表确认的收益总额	540

3. 对母公司个别财务报表确认的收益与集团合并报表应确认的收益之差220（540－320）万元应进行如下调整：

（1）将母公司个别报表中剩余股权的账面价值调整为处置日的公允价值。调整分录为：

借：长期股权投资　　180

　　贷：投资收益　　180

（2）将Z公司自期初至股权处置日确认的综合收益（本例假定1～6月数为100万元）逐行计入合并利润表中，同时将其中不归母公司所有的份额剔除，将母公司计入其个别财务报表投资收益中的相应数额转销。分录为：

借：投资收益　　80

　　少数股东损益　　20

　　贷：利润表各项目（1月1日～6月30日数）　　100

（3）将购买日至期初Z公司新增所有者权益中归母公司所有的份额计入合并所有者权益变动表期初数，同时将母公司计入其个别报表投资收益项目的相应数额转销。分录为：

借：投资收益　　320

　　贷：盈余公积[（280－30）×80%]　　200

　　　　未分配利润[（170－20）×80%]　　120

（4）将Z公司期初所有者权益中归少数股东所有的份额予以恢复，视同其在处置日转销。分录为：

借：少数股东权益（本期）（500×20%）　　100

　　贷：少数股东权益（期初数）（500×20%）　　100

（5）将Z公司期初至处置日实现损益中归少数股东所有的份额调整计入少数股东权益项目，视同其在处置日转销。分录为：

借：少数股东权益（本期）　　20

　　贷：少数股东权益（本期）　　20

将上述调整分录过入M集团合并财务报表工作底稿（见表3－42、表3－43及表3－44的调整、抵销列）后，经过对基本报表项目及中间指标的横向及纵向加计，即可编制合并财务报表。各报表合并数如表3－42、表3－43及表3－44的合并数列所示。

表3－42　　M集团合并利润表工作底稿

20×7年度　　单位：万元

报表项目	M集团（合并数）	调整、抵销数			合并数
		Z公司（1～6月）	借方	贷方	
一、营业收入	9 180	350			9 530
减：营业成本	4 400	200			4 600
期间费用	2 300	25			2 325
加：投资收益	540	0	80 320	180	320
减：所得税费用	600	25			625
二、净利润	2 420	100			2 300
三、其他综合收益	0	0			0
四、综合收益总额	2 420	100	400	180	2 300
其中：归属于母公司股东的综合收益总额	2 320	100	420	180	2 180①
归属于少数股东的综合收益总额	100		20		120②

注：① 本项目数直接过入合并所有者权益变动表未分配利润合计数列对应的本年增减变动项下的“综合收益总额”一栏。

② 本项目数只为计算本期归属于母公司所有者的综合权益总额之用，不需过入当期合并所有者权益变动表“少数股东权益”项目对应的本期增加变动数一栏，因当期处置股权后母公司已丧失了对原子公司的控制权，原子公司的相关资产、负债及少数股东权益已不在合并财务报表中列报。

表 3－43

M 集团合并所有者权益变动表工作底稿

20×7 年度

单位：万元

项目	实收资本				盈余公积				未分配利润				少数股东权益				所有者权益合计合并数
	M 集团	调整、抵销数		合并数	M 集团	调整、抵销数		合并数	M 集团	调整、抵销数		合并数	M 集团	调整、抵销数		合并数	
		借方	贷方			借方	贷方			借方	贷方			借方	贷方		
一、本年年初余额	2 000			2 000	1 240		200	1 440	760		120	880	300		100	400	4 720
二、本年增减变动数																	
（一）综合收益总额									2 320	420	180	2 180①	100		20	120	2 300
（二）利润分配																	
1. 提取盈余公积					240			240	－240			－240					0
2. 对所有者分配利润									－1 200			－1 200	－60			－60	－1 260
（三）其他														100 20			
三、本年年末余额	2 000			2 000	1 480		200	1 680②	1 640	420	180	1 620③	340			340	5 540④

注：① 本项目数由合并利润表中“归属于母公司股东的综合收益总额”数中的净利润数转入。

② 本项目数直接过入合并资产负债表“盈余公积”项目合并数。

③ 本项目数根据“未分配利润”项目合并数列纵向计算而得，不能根据母、子公司未分配利润期末数及调整、抵销数横向计算求得，本项目直接过入合并资产负债表“未分配利润”项目合并数。

④ 本项目数直接过入合并资产负债表“所有者权益合计”项目合并数。

表 3-44　　**M 集团合并资产负债表工作底稿**

20×7 年 12 月 31 日　　单位：万元

报表项目	M 集团	调整、抵销分录		合并数
		借方	贷方	
长期股权投资	260	180		620
商誉	200			200
其他资产	5 000			4 820
资产总计	5 460	180		5 640
所有者权益：				
股本	2 000			2 000
盈余公积	1 680			1 680
未分配利润	1 440			1 620
少数股东权益	340			340
所有者权益合计	5 460			5 640

【例 3-8】　沿用〖例 3-6〗资料，假定 M 集团 20×7 年 6 月 30 日出售 Z 公司 72% 的股权，获得价款 765 万元，出售后 M 集团仍持有 Z 公司 8% 的股权，丧失了对 Z 公司控制权，也不能对 Z 公司实施共同控制或重大影响。当日 Z 公司剩余股权的公允价值为 85 万元（假定年末公允价值未发生变化）。20×7 年度 Z 公司个别财务报表资料如表 3-36、表 3-37 及表 3-38 所示；M 集团合并报表数据（尚未对处置 Z 公司股权进行处理，但母公司个别报表中已对上述股权及其处置按规定进行了处理）如表 3-45、表 3-46 及表 3-47 中的 M 集团列所示。

要求：编制上述 M 集团 20×7 年度的合并财务报表（将当期处置 Z 公司的交易在合并财务报表中予以反映）。

分析：本例中 M 集团处置了 Z 公司 72% 的股权，处置后失去对 Z 公司的控制权，也不能对 Z 公司实施共同控制或重大影响，处置日之后应以处置日剩余股权的公允价值为基础按照金融资产进行核算。

1. 合并财务报表中应确认的综合收益包括：

（1）股权处置收益：

处置收到的价款	765		
加：剩余股权的公允价值	85		850
减：自购买日持续计算的Z公司净资产份额			
（500+200×6/12）×80%		480	
尚未减值的商誉（120-100×80%）		40	520
处置损益			330

（2）处置后M公司按金融资产核算对Z公司投资：

收到的现金股利（100×8%）确认的投资收益	8
处置当期合并综合收益表应确认的收益总额	338

2. 母公司个别报表中确认的收益包括：

（1）处置收益（765-120×72/80）	657
（2）剩余股权按金融资产核算确认的收益（100×8%）	8
母公司个别报表确认的收益总额	665

3. 对母公司个别报表确认的收益与集团合并报表应确认的收益之差327（665-338）万元应进行如下调整：

（1）将母公司个别报表剩余股权的账面价值调整为处置日的公允价值。调整分录为：

借：长期股权投资（85-120×8/80）　　73

　　贷：投资收益　　73

（2）将Z公司自期初至股权处置日确认的综合收益（本例假定1~6月数为100万元）逐行计入合并利润表中，同时将其中不归母公司所有的份额剔除，并将母公司计入其个别报表投资收益的相应数额转销，分录为：

借：投资收益　　80

　　少数股东损益　　20

　　贷：利润表各项目（1月1日~6月30日数）　　100

（3）将购买日至报告期期初Z公司新增所有者权益中归母公司所有的份额计入合并所有者权益变动表期初数，同时将母公司计入其个别报表投资收益项目的相应数额转销，分录为：

借：投资收益　　320

　　贷：盈余公积[（280-30）×80%]　　200

　　　　未分配利润[（170-20）×80%]　　120

（4）将Z公司期初所有者权益中归少数股东所有的份额予以恢复，视同其在处置日转销。分录为：

借：少数股东权益（本期）（500×20%） 100

贷：少数股东权益（期初数）（500×20%） 100

（5）将Z公司期初至处置日实现损益中归少数股东所有的份额调整计入少数股东权益项目，视同其在处置日转销。分录为：

借：少数股东权益（本期） 20

贷：少数股东权益（本期） 20

将上述调整分录过入M集团合并财务报表工作底稿（见表3－45、表3－46及表3－47的调整、抵销列）后，经过对基本报表项目及中间指标的横向及纵向加计，即可编制合并财务报表。各报表合并数见表3－45、表3－46及表3－47的合并数列所示。

表3－45 **M集团合并利润表工作底稿**

20×7年度 单位：万元

报表项目	M集团（合并数）	调整、抵销数			合并数
		Z公司（1~6月）	借方	贷方	
一、营业收入	9 000	350			9 350
减：营业成本	4 400	200			4 600
期间费用	2 300	25			2 325
加：投资收益	665	0	80 320	73	338
减：所得税费用	600	25			625
二、净利润	2 365	100			2 038
三、其他综合收益	0	0			0
四、综合收益总额	2 365	100			2 038
其中：归属于母公司股东的综合收益总额	2 265				1 918①
归属于少数股东的综合收益总额	100		20		120②

注：①本项目数直接过入合并所有者权益变动表未分配利润合计数列对应的本年增减变动项下的“综合收益总额”一栏。

②本项目数只为计算本期归属于母公司所有者的综合权益总额之用，不需过入当期合并所有者权益变动表“少数股东权益”项目对应的本期增加变动数一栏，因当期处置股权后母公司已丧失了对原子公司的控制权，原子公司的相关资产、负债及少数股东权益已不在合并财务报表中列报。

表 3－46 **M 集团合并所有者权益变动表工作底稿**

20×7 年度

单位：万元

项目	实收资本				盈余公积				未分配利润				少数股东权益				所有者权益合计合并数
	M 集团	调整、抵销数		合并数	M 集团	调整、抵销数		合并数	M 集团	调整、抵销数		合并数	M 集团	调整、抵销数		合并数	
		借方	贷方			借方	贷方			借方	贷方			借方	贷方		
一、本年年初余额	2 000			2 000	1 240		200	1 440	760		120	880	300		100	400	4 720
二、本年增减变动数																	
（一）综合收益总额									2 265			1 918①	100		20	120	2 038
（二）利润分配																	
1. 提取盈余公积					245			245	－245			－245					0
2. 对所有者分配利润									－1 200			－1 200	－60			－60	－1 260
（三）其他														100 20		－120	－120
三、本年年末余额	2 000			2 000	1 485		200	1 685②	1 580		120	1 353③	340	120	120	340	5 378④

注：① 本项目数由合并利润表中“归属于母公司股东的综合收益总额”数中的净利润数转入。

② 本项目数直接过入合并资产负债表“盈余公积”项目合并数。

③ 本项目数根据“未分配利润”项目合并数列纵向计算而得，不能根据母、子公司未分配利润期末数及调整、抵销数横向计算求得，本项目直接过入合并资产负债表“未分配利润”项目合并数。

④ 本项目数直接过入合并资产负债表“所有者权益合计”项目合并数。

表 3－47　　M 集团合并资产负债表工作底稿

20×7 年 12 月 31 日　　单位：万元

报表项目	M 集团	调整、抵销分录		合并数
		借方	贷方	
长期股权投资	12	73		85
商誉	200			200
其他资产	5 193			5 193
资产总计	5 405			5 378
所有者权益：				
股本	2 000			2 000
盈余公积	1 485			1 685
未分配利润	1 580			1 353
少数股东权益	340			340
所有者权益合计	5 405			5 378

（二）处置子公司股权后保留控制权实例

在处置股权后仍保留对原子公司控制权的情况下，可将母公司处置股权的交易视为子公司股东之间的权益交易。对整个集团而言，股东之间的交易并不能增加集团的合并收益，交易的结果是使子公司净资产中归少数股东所有的份额增加，而归母公司所有者的份额减少。编制合并财务报表时，应对交易增加的少数股东权益予以确认；对交易价格超过以购买日公允价值为基础持续计算的子公司净资产份额的差额，应当调整资本公积；同时将母公司个别报表中确认但合并报表中不应确认的投资收益予以消除；将母公司个别报表中终止确认，但从整个集团角度只是投资人发生变动，不应终止确认的长期股权投资予以恢复。

【例 3－9】　沿用〖例 3－6〗资料，假定 M 集团 20×7 年 6 月 30 日出售 Z 公司 16% 的股权，获得价款 180 万元，出售后 M 集团仍持有 Z 公司 64% 的股权，仍保留对 Z 公司的控制权。20×7 年度 Z 公司个别财务报表及 M 集团合并报表数据（尚未对 Z 公司进行合并，但母公司个别报表中已对处置 Z 公司股权进行了相应处理）如表 3－48、表 3－49 及表 3－50 中的 M 集团及 Z 公司列所示。假定 Z 公司当年提取盈余公积及分配利润均发生在处置日之后。

要求：编制上述资料编制 M 集团 20×7 年度的合并财务报表。

分析：本例中 M 集团处置了 Z 公司 16% 的股权，处置后仍保留对 Z 公司的控制权，仍要合并 Z 公司的财务报表。其中归属于少数股东所有的份额增加了 16%（至 36%），而归属于母公司股东所有的份额则减少了 16%（至 64%）。处置日后 M 集团对 Z 公司的剩余股权仍采用成本法核算。编制合并财务报表时，应进行如下调整、抵销。

（1）对 Z 公司当期综合收益中归少数股东所有的份额进行调整。

Z 公司本年实现的综合收益 200 万元。其中处置日前实现 100 万元，归少数股东所有的份额为 20（100×20%）万元；处置日后实现 100 万元，归少数股东所有的份额为 36（100×36%）万元，本年综合收益中归少数股东所有的份额合计为 56（20+36）万元。调整分录为：

借：少数股东损益　　56
　　贷：少数股东权益　　56

（2）对 Z 公司本期提取盈余公积中归少数股东所有的份额 7.2（20×36%）万元予以剔除。分录为：

借：盈余公积　　7.2
　　贷：利润分配——提取盈余公积　　7.2

（3）对 Z 公司本期的利润分配 100 万元进行相应的调整、抵销。分录为：

借：投资收益　　64
　　少数股东权益　　36
　　贷：利润分配——应付现金股利　　100

（4）对 Z 公司期初所有者权益 500 万元进行相应的调整、抵销。分录为：

借：股本　　50
　　盈余公积[30+(280-30)×20%]　　80
　　未分配利润[20+(170-20)×20%]　　50
　　商誉　　40
　　贷：长期股权投资　　120
　　　　少数股东权益（500×20%）　　100

其中，M 集团购买 Z 公司的商誉计算如下：

M 集团支付对价	120
购买日 S 公司净资产公允价值的份额（100×80%）	80
商誉	40

（5）对 M 集团处置 16% 股权交易进行处理。

本例中 16% 的股权交易，使得 Z 公司净资产中的少数股东权益增加了 96[(500+100)×16%]万元，应当予以确认；交易对价高于交易日 Z 公司净资产份额差额 84（180-96）万元，应视为少数股东购买股权多支付的对价，计入资本公积；对母公司个别报表确认的投资收益156（180－120×16/80）万元予以消除；将母公司终止确认、但在上一步中多抵销的已处置的投资成本24（120×16/80）万元予以恢复。综合上述分析，对母公司出售16%股权交易的调整、抵销分录为：

借：长期股权投资 24
　　投资收益 156
　　贷：少数股东权益（600×16%） 96
　　　　资本公积（180－96） 84

将上述调整、抵销分录过入M集团合并财务报表工作底稿（如表3－48、表3－49及表3－50的调整、抵销分录列所示）后，经过对基本报表项目及中间指标的横向及纵向加计，即可编制正式的合并财务报表。各报表项目合并结果如表3－48、表3－49及表3－50的合并数列所示。

表3－48 **合并利润表工作底稿**

20×7年度 单位：万元

报表项目	M集团	Z公司	调整、抵销分录		合并数
			借方	贷方	
一、营业收入	9 000	700			9 700
减：营业成本	4 400	400			4 800
期间费用	2 300	50			2 350
加：投资收益	220	0	64 156		0
减：所得税费用	600	50			650
二、净利润	1 920	200			1 900
三、其他综合收益	0	0			0
四、综合收益总额	1 920	200			1 900
其中：归属于母公司股东的综合收益总额	1 820				1 744①
归属于少数股东的综合收益总额	－100		56		156

注：①本项目数直接过入合并所有者权益变动表未分配利润合计数列对应的本年增减变动项下的“综合收益总额”一栏。

表 3－49

合并所有者权益变动表工作底稿

20×7 年度

单位：万元

项目	股本					资本公积			盈余公积				
	M 集团	Z 公司	调整、抵销数		合并数	调整、抵销数		合并数	M 集团	Z 公司	调整、抵销数		合并数
			借方	贷方		借方	贷方				借方	贷方	
一、本年年初余额	2 000	50	50		2 000			0	1 240	280	80		1 440
二、本年增减变动数													
（一）综合收益总额													
（二）所有者投资和减少资本													
（三）其他							84	84					
（四）利润分配													
1. 提取盈余公积									200	20	7.2		212.8
2. 对所有者分配利润													
三、本年年末余额	2 000	50	50		2 000①		84	84②	1 440	300	87.2		1 652.8③

续表

项　目	未分配利润					少数股东权益				所有者权益合计合并数
	M集团	Z公司	调整、抵销数		合并数	M集团	调整、抵销数		合并数	
			借方	贷方			借方	贷方		
一、本年年初余额	760	170	50		880	300		100	400	4 720
二、本年增减变动数										
（一）综合收益总额	1 820	200			1 744④	100		56	156	1 900
（二）所有者投入和减少资本										
（三）其他								96	96	180
（四）利润分配										
1. 提取盈余公积	-200	-20		7.2	-212.8					0
2. 对所有者分配利润	-1 200	-100		100	-1 200	-60	36		-96	-1 296
三、本年年末余额	1 180	250	50	107.2	1 211.2⑤	340	36	252	556⑥	5 504⑦

注：① 本项目数直接过入合并资产负债表“股本”项目合并数。

② 本项目数直接过入合并资产负债表“资本公积”项目合并数。

③ 本项目数直接过入合并资产负债表“盈余公积”项目合并数。

④ 本项目数由合并利润表中“归属于母公司股东的综合收益总额”数中的净利润数转入。

⑤ 本项目数根据“未分配利润”项目合并数列纵向计算而得，不能根据母、子公司未分配利润期末数及调整、抵销数横向计算求得，本项目直接过入合并资产负债表“未分配利润”项目合并数。

⑥ 本项目数直接过入合并资产负债表“少数股东权益”项目合并数。

⑦ 本项目属中间指标，应根据所有者权益各项目期初合并数及本年增减变动合并数纵向计算求得，计算结果应当与所有者权益各项目期末合并数横向加总计算结果相同。该项目合并数应直接过入合并资产负债表所有者权益合计项目，以保持报表之间的勾稽关系。

表 3 – 50　　合并资产负债表工作底稿

20×7 年 12 月 31 日　　单位：万元

报表项目	M 集团	Z 公司	调整抵销分录		合并数
			借方	贷方	
长期股权投	96	0	24	120	0
商誉	200	0	40		240
其他资产	4 664	600			5 264
资产总计	4 960	600			5 504
所有者权益：					
股本	2 000	50			2 000①
资本公积					84②
盈余公积	1 440	300			1 652.8③
未分配利润	1 180	250			1 211.2④
少数股东权益	340				556⑤
所有者权益合计	4 960	600			5 504⑥

注：① 本项目数由合并所有者权益变动表“股本”项目期末合并数直接过入。
② 本项目数由合并所有者权益变动表“资本公积”项目期末合并数直接过入。
③ 本项目数由合并所有者权益变动表“盈余公积”项目期末合并数直接过入。
④ 本项目数由合并所有者权益变动表“未分配利润”项目期末合并数直接过入。
⑤ 本项目数由合并所有者权益变动表“少数股东权益”项目期末合并数直接过入。
⑥ 本项目数由合并所有者权益变动表“所有者权益合计”项目期末合并数直接过入。

【关键词】

垂直间接控制（股）	vertical indirect control
混合控制（股）	mixed control
逐级合并法	step-by-step consolidation
直接合并法	direct consolidation
处置子公司股权	disposal shareholding in subsidiary
复杂股权结构	complex group structures
孙公司	sub-subsidiary
集团重组	group reorganisation

思考题与练习题

一、思考题

1. 采用逐级合并法合并间接控股公司时应注意哪些问题？
2. 采用直接合并法合并间接控股公司时应注意哪些问题？

3. 在合并工作底稿上，子公司的资产和负债是如何进行合并的？

4. 采用逐级合并法合并间接控股公司时，对逐级合并产生的商誉为什么还要进行调整？

5. 交叉持股的实质是什么？

6. 在合并财务报表中对交叉持股中子公司持有母公司的股权应如何列报？

7. 混合控制情况下如何确定母公司对被投资方控制权的取得日？

8. 企业购买子公司全部少数股权后编制的合并报表与未购买子公司少数股权情况下的合并报表都有哪些区别？

9. 母公司购买子公司少数股权支付的对价与按购买日持续计算的子公司净资产份额之间的差额在合并报表是如何处理的？

10. 企业处置其持有的子公司股权后可能有哪几种结果出现？

11. 在部分股权处置后仍保留对子公司控制权情况下，如何计算 Z 公司当期实现的利润中归少数股东所有的份额？

12. 如何计算部分股权处置后仍保留对子公司控制权情况下至处置日应增加的少数股东权益数？

13. 在部分股权处置后仍保留对子公司控制权情况下，在编制合并报表时，对交易对价超过按购买日持续计算的子公司净资产处置份额的差额应如何处理？

二、练习题

1. 直接合并法与逐级合并法。

P 公司于 20×4 年 1 月 1 日以 3 600 万元取得 S 公司 80% 的股权，当日 S 公司净资产公允价值与其账面价值均为 5 000 万元（其中股本3 000 万元，盈余公积 800 万元，未分配利润 1 200 万元）；S 公司于 20×5 年 7 月 1 日以 1 500 万元取得 SA 公司 60% 的股权，当日 SA 公司净资产公允价值与其账面价值均为2 000 万元（其中股本 1 000 万元，盈余公积 200 万元，未分配利润 800 万元）。假定 P 公司、S 公司、SA 公司在上述股权交易之前不存在其他关联关系，P 公司、S 公司、SA 公司 20×7 年度的个别财务报表如表 1、表 2 及表 3 所示。

表 1　　**利润表（简表）**

20×7 年度　　单位：万元

报表项目	P 公司	S 公司	SA 公司
一、营业收入	75 800	12 000	5 800
减：营业成本	56 000	8 000	3 600
期间费用	14 600	2 040	1 400
加：投资收益	400	120	0
减：所得税费用	2 600	1 080	400
二、净利润	3 000	1 000	400
三、其他综合收益	0	0	0
四、综合收益总额	3 000	1 000	400

表 2

所有者权益变动表（简表）

20×7 年度

单位：万元

项目	P公司				S公司				SA公司			
	股本	盈余公积	未分配利润	所有者权益合计	股本	盈余公积	未分配利润	所有者权益合计	股本	盈余公积	未分配利润	所有者权益合计
一、本年年初余额	8 000	5 000	2 000	15 000	3 000	1 100	1 900	6 000	1 000	300	1 100	2 400
二、本年增减变动数												
（一）综合收益总额			3 000	3 000			1 000	1 000			400	400
（二）利润分配												
1. 提取盈余公积		300	-300	0		100	-100	0		40	-40	0
2. 对股东的分配			-2 000	-2 000			-500	-500			-200	-200
三、本年年末余额	8 000	5 300	2 700	16 000	3 000	1 200	2 300	6 500	1 000	340	1 260	2 600

表 3　　资产负债表（简表）

20×7 年 12 月 31 日　　单位：万元

报表项目	P 公司	S 公司	SA 公司
长期股权投资	3 600	1 500	—
其他资产	12 400	5 000	2 600
资产总计	16 000	6 500	2 600
所有者权益：			
股本	8 000	3 000	1 000
盈余公积	5 300	1 200	340
未分配利润	2 700	2 300	1 260
所有者权益合计	16 000	6 500	2 600

要求：

（1）采用逐级合并法编制 P 公司 20×7 年度的合并财务报表。

（2）采用直接合并法编制 P 公司 20×7 年度的合并财务报表。

2. 直接合并法。

沿用练习题 1 资料，P 公司于 20×4 年 1 月 1 日以 3 600 万元取得 S 公司 80% 的股权，当日 S 公司净资产公允价值与其账面价值均为 5 000 万元（其中股本 3 000 万元，盈余公积 800 万元，未分配利润 1 200 万元）；同日 P 公司以 500 万元取得 SA 公司 30% 的股权，当日 SA 公司净资产公允价值及账面价值均为 1 500 万元（其中股本 1 000 万元，盈余公积 100 万元，未分配利润 400 万元）；S 公司于 20×5 年 7 月 1 日以 800 万元取得 SA 公司 30% 的股权，当日 SA 公司净资产公允价值与其账面价值为2 000 万元（其中股本 1 000 万元，盈余公积 200 万元，未分配利润 800 万元）；当日 P 公司直接持有的 SA 公司 30% 股权的公允价值为 800 万元，账面价值为 650 万元。假定 P 公司、S 公司、SA 公司在上述股权交易之前不存在其他关联关系，P 公司、S 公司、SA 公司 20×7 年度的财务报表如表 4、表 5 及表 6 所示。

表 4　　利润表（简表）

20×7 年度　　单位：万元

报表项目	P 公司	S 公司	SA 公司
一、营业收入	75 800	12 000	5 800
减：营业成本	56 000	8 000	3 600
期间费用	14 660	1 980	1 400
加：投资收益	460	60	0
减：所得税费用	2 600	1 080	400
二、净利润	3 000	1 000	400
三、其他综合收益	0	0	0
四、综合收益总额	3 000	1 000	400

表 5

所有者权益变动表（简表）

20×7 年度

单位：万元

项目	P公司				S公司				SA公司			
	股本	盈余公积	未分配利润	所有者权益合计	股本	盈余公积	未分配利润	所有者权益合计	股本	盈余公积	未分配利润	所有者权益合计
一、本年年初余额	8 000	5 015	2 135	15 150	3 000	1 100	1 900	6 000	1 000	300	1 100	2 400
二、本年增减变动数												
（一）综合收益总额			3 000	3 000			1 000	1 000			400	400
（二）利润分配												
1. 提取盈余公积		300	−300	0		100	−100	0		40	−40	0
2. 对股东的分配			−2 000	−2 000			−500	−500			−200	−200
三、本年年末余额	8 000	5 315	2 835	16 150	3 000	1 200	2 300	6 500	1 000	340	1 260	2 600

表 6　　资产负债表（简表）

20×7 年 12 月 31 日　　单位：万元

报表项目	P 公司	S 公司	SA 公司
长期股权投资	4 250	800	—
其他资产	11 900	5 700	2 600
资产总计	16 150	6 500	2 600
所有者权益：			
股本	8 000	3 000	1 000
盈余公积	5 315	1 200	340
未分配利润	2 835	2 300	1 260
所有者权益合计	16 150	6 500	2 600

要求：采用直接合并法编制 P 公司 20×7 年度的合并财务报表。

3. 购买少数股权。

沿用练习题 1 中 S 公司及 SA 公司资料，S 公司于 20×5 年 7 月 1 日以 1 500 万元取得 SA 公司 60% 的股权，当日 SA 公司净资产公允价值与其账面价值均为 2 000 万元（其中股本 1 000 万元，盈余公积 200 万元，未分配利润 800 万元）。假定 20×7 年 6 月 30 日，S 公司又以 2 500 万元从 SA 公司其他股东手中取得 SA 公司另外 40% 的股权，实现了对 SA 公司 100% 控制。S 公司对上述购买 SA 公司少数股权交易尚未进行相应的账务处理；S 公司及 SA 公司的个别财务报表数据如表 1、表 2 及表 3 中的 S 公司及 SA 公司列所示。

假定 SA 公司的利润在年内均衡实现，当期提取盈余公积及利润分配均发生在上述股权交易之后，SA 公司的商誉未发生减值，不考虑所得税影响。

要求：

（1）对 S 公司上述购买少数股权业务进行的账务处理，并据此调整 S 公司的个别财务报表；

（2）编制 S 公司 20×7 年度的合并财务报表。

4. 购买少数股权。

沿用练习题 3 资料，假定 20×7 年 6 月 30 日，S 公司以 1 300 万元从 SA 公司其他股东手中取得 SA 公司另外 20% 的股权，至此 S 公司共持有 SA 公司 80% 的股权，其他资料与练习题 3 相同。

要求：

（1）对 S 公司上述购买少数股权业务进行的账务处理，并据此调整 S 公司的个别财务报表；

（2）编制S公司20×7年度的合并财务报表。

5. 出售全部子公司股权。

沿用练习题3资料，假定20×7年6月30日，S公司将其持有的SA公司60%的股权全部出售，获得价款1 800万元。20×7年度S公司及SA公司的个别财务报表如表1、表2及表3中的S公司及SA公司列所示，S公司的个别财务报表中尚未对其出售SA公司股权的交易进行处理。假定SA公司的利润在年内均衡实现，其商誉未发生减值，不考虑相关纳税影响。

要求：

（1）对S公司上述出售子公司股权业务进行相应的账务处理，并据此调整S公司的个别财务报表；

（2）编制S公司20×7年度的合并财务报表。

6. 出售部分子公司股权。

沿用练习题3资料，假定20×7年6月30日，S公司将其持有的SA公司30%的股权出售，获得价款900万元。出售后S公司仍持有SA公司30%的股权，能够对SA公司施加重大影响，当日SA公司剩余30%股权的公允价值为900万元。20×7年度S公司及SA公司的个别财务报表如表1、表2及表3中的S公司及SA公司列所示，S公司的个别财务报表中尚未对其出售SA公司股权的交易进行处理。假定SA公司的利润在年内均衡实现，其商誉未发生减值，不考虑相关纳税影响。

要求：

（1）对S公司上述出售子公司股权业务进行相应的账务处理，并据此调整S公司的个别财务报表；

（2）编制S公司20×7年度的合并财务报表。

7. 出售部分子公司股权。

沿用练习题3资料，假定20×7年6月30日，S公司将其持有的SA公司55%的股权出售，获得价款1 650万元。出售后S公司仍持有SA公司15%的股权，丧失了对SA公司控制权，也不能对SA公司实施共同控制或重大影响。当日SA公司剩余15%股权的公允价值为450万元（假定年末公允价值未发生变动）。20×7年度S公司及SA公司的个别财务报表如表1、表2及表3中的S公司及SA公司列所示，S公司的个别财务报表中尚未对其出售SA公司股权的交易进行处理。假定SA公司的利润在年内均衡实现，其商誉未发生减值，不考虑相关纳税影响。

要求：

（1）对S公司上述出售子公司股权业务进行相应的账务处理，并据此调整S公司的个别财务报表；

（2）编制S公司20×7年度的合并财务报表。

8. 出售部分子公司股权。

沿用练习题3资料，假定20×7年6月30日，S公司将其持有的SA公司8%的股权出售，获得价款240万元。出售后S公司仍持有SA公司52%的股权，仍保留对SA公司控制权。20×7年度S公司及SA公司的个别财务报表如表1、表2及表3中的S公司及SA公司列所示，S公司的个别财务报表中尚未对其出售SA公司股权的交易进行处理。假定SA公司的利润在年内均衡实现，当年提取盈余公积及分配利润均发生在处置日之后，其商誉未发生减值，不考虑相关纳税影响。

要求：

（1）对S公司上述出售子公司股权业务进行相应的账务处理，并据此调整S公司的个别财务报表；

（2）编制S公司20×7年度的合并财务报表。

第四章

合并财务报表——企业集团内部交易的抵销

【本章学习目的和要求】

通过本章的学习，了解企业集团内部交易的含义及其种类；熟悉内部交易抵销处理的基本程序、集团内部存货交易的抵销原则；掌握集团内部存货交易的抵销处理、内部固定资产交易的抵销处理、内部债权债务交易的抵销处理。

第一节　企业集团内部交易概述

一、企业交易概述

合并财务报表的目的在于反映母、子公司组成的企业集团作为一个经济实体的财务状况、经营成果及现金流量情况。站在集团的角度来看，企业的交易可以分为以下三种情况：集团外部经济业务事项、企业内部经济业务事项和集团内部经济业务事项。

1. 集团外部经济业务事项，是指企业集团内部企业与集团外部企业之间发生的经济业务事项。它的发生不仅影响集团内相应的企业，而且会导致整个集团的资产、负债、所有者权益（或股东权益，下同）、收入、费用、利润发生增减变动。

2. 企业内部经济业务事项，是指个别企业内部发生的各种经济业务事项，如原材料的领用等。企业内部经济业务事项只涉及本企业，与集团内其他企业和集团外其他企业没有直接关系。

3. 集团内部经济业务事项涉及集团内部各企业，它的发生只会导致集团内部各企业资产、负债、所有者权益、收入、费用、利润发生变动，但对整个集团则没有影响。

合并财务报表的编制基础是母、子公司的个别财务报表。上述企业内部经济业务事项和集团外部经济业务事项不仅影响集团内部相应企业，而且对整个企业集团也会产生影响，因此在编制合并财务报表时可以直接予以合并。但是，集团内部经济业务事项只影响集团内各企业，对企业集团整体没有影响，故编制合并财务报表时直接合并就无法正确反映企业集团的整体状况。

当发生企业集团内部交易事项（以下简称“集团内部交易”）时，因为母、子公司均为独立法人并进行独立核算，集团内部交易会在各自的账簿和个别财务报表中加以反映。因此，在编制合并报表时，应当通过调整、抵销的方法来消除集团内部交易对个别报表造成的影响，从而真实地反映整个集团的财务状况、经营成果及现金流量情况。

二、集团内部交易及其种类

（一）集团内部交易的含义

集团内部交易，是指企业集团内部母公司与其子公司之间，以及集团内各子公司之间发生的各类交易事项。

（二）集团内部交易的分类

集团内部交易按照不同的标准有不同的分类，常见的分类包括：

1. 按集团内部交易涉及的范围分类。按集团内部交易涉及的范围区分，可将集团内部交易分为狭义的集团内部交易和广义的集团内部交易两类。

（1）狭义的集团内部交易，是指集团成员企业之间发生的、除母公司与子公司之间的股权投资及利润分配之外的所有交易或事项，如集团内母、子公司之间以及各子公司之间发生的销售货物、提供劳务、租赁、款项往来等各种交易事项，属于集团成员企业之间的关联交易。

（2）广义的集团内部交易，是指集团内母、子公司之间以及各子公司之间发生的各类交易，除包括上述狭义的集团内部交易外，还包括子公司与其股东之间发生的交易，如子公司向股东（母公司及少数股东）的利润分配及母公司对子公司的长期股权投资等。

2. 按照集团内部交易是否涉及损益分类。按照集团内部交易是否涉及损益区分，可将集团内部交易分为不涉及损益的集团内部交易、涉及已实现损益的集团内部交易和涉及未实现损益的集团内部交易三类。

（1）不涉及损益的集团内部交易。是指不会导致参与交易的一方或多方产生损益的集团内部交易。包括：①只涉及资产负债表的集团内部交易，如集团内部的无息贷款交易、内部债权债务交易等；②只涉及利润表的内部往来业务，如集团内部按成本价进行的现销业务；③既涉及资产负债表又涉及利润表的集团内部交易，如集团内部按成本价进行的赊销业务等。这类集团内部交易虽不涉及损益，但会导致集团相关资产、负债、收入、费用的重复记录，所以编制合并财务报表时，应当予以抵销。

（2）涉及已实现损益的集团内部交易，是指集团成员企业之间以高于或低于成本的价格进行购销交易后，购买方于当期又将全部货物向集团外销售的集团内部购销业务。站在集团的角度来看，虽然该内部交易的损益已经实现，但是相关的收入及成本则进行了重复记录，所以编制合并财务报表时应按内部交易价格对相关收入及成本予以抵销。

（3）涉及未实现损益的集团内部交易，是指集团成员企业之间以高于或低于成本的价格进行购销交易后，购买方并没有将购入的货物实现向集团外部销售的内部购销业务。站在集团的角度来看，该内部交易的损益并未实现，所以编制合并财务报表时应将重复记录的收入、成本及未实现的内部交易损益予以抵销。

3. 按集团内部交易的方向分类。按集团内部交易的方向，可将集团内部交易分为顺流交易、逆流交易和水平交易三类。

（1）顺流交易（顺销），是指母公司对子公司的销售。顺流交易中，涉及的未实现内部交易损益在母公司的个别财务报表中体现，编制合并财务报表时不涉及少数股东权益问题。

（2）逆流交易（逆销），是指子公司对母公司的销售。逆流交易中，涉及的未实现内部交易损益在子公司的个别财务报表中体现，在子公司为非全资子公司的情况下，编制合并财务报表时应将其全额抵销，即将未实现内部交易损益中归少数股东所有的份额，相应冲减少数股权。

（3）水平交易，是指集团内部的一家子公司对另一家子公司的销售。在水平交易中，涉及的未实现内部交易损益在销售方子公司的个别财务报表中体现。在该子公司为非全资子公司的情况下，编制合并财务报表时应将其全额抵销，其中归少数股东所有的份额，相应冲减少数股权。

4. 按集团内部交易发生的时间分类。按集团内部交易发生的时间，可将集团内部交易分为以前期间发生的内部交易和本期发生的内部交易两类。

（1）以前期间发生的内部交易，是指以前期间发生的、涉及未实现损益的存货或非流动资产交易。因其涉及的未实现损益仍反映在交易双方个别财务报表的期初数中，故编制合并财务报表时应当予以抵销。

（2）本期发生的内部交易，是指本会计期间发生的集团内部交易，该类交易只影响相关交易方当期的个别财务报表数据的发生额及期末余额，不影响财务报表的期初数。

5. 按集团内部交易的内容分类。按集团内部交易的具体内容可将集团内部交易分为内部存货交易、内部债权债务交易、内部固定资产交易、内部无形资产交易、内部劳务交易、内部收益分配交易、内部投资交易及其他内部交易等。

三、集团内部交易的抵销程序

前已述及，集团内部交易抵销是编制合并财务报表的一个必要程序，实际工作中对集团内部交易的抵销通常按下列程序进行。

（一）狭义的集团内部交易抵销

狭义的集团内部交易主要包括集团成员企业之间的债权债务交易、存货交易及非流动资产交易等，属集团内企业之间的关联交易。

对上述狭义的集团内部交易进行抵销时，如果是当期新发生的内部交易，通常只涉及对个别利润表及个别资产负债表项目的抵销，而不涉及对所有者权益变动表的抵销；如果是以前期间发生的内部交易，通常只涉及对个别资产负债表项目及个别所有者权益变动表期初数的抵销，而不涉及对个别利润表项目的抵销；如果当期发生的交易是对以前期间发生交易的延续，则通常涉及对个别利润表及个别所有者权益变动表期初数的抵销。

1. 狭义内部交易抵销的内容。在合并财务报表编制过程中，为了能够正确反映整个集团的资产、负债、所有者权益、收入、费用等的情况，内部交易的抵销主要包括对重复确认的项目、当期交易未实现损益及以前期间交易未实现损益的抵销等内容。

（1）重复确认项目的抵销。因为内部交易会产生对应账户，导致重复记账，所以不论在什么情况下，这些重复确认的项目都必须抵销，从而抵销内部交易本身。

（2）当期交易未实现损益的抵销。当期交易未实现损益，是指报告期内集团内部企业之间发生的资产交易中包含的利润由于没有对外售出，仍保留在购买方相关资产项目中而形成的未实现内部交易损益。

因购买方在编制个别财务报表时仍持有该项内部交易的资产，其资产负债表中列示的资产价值仍包含内部交易的利润。在内部交易的资产没有对集团外部企业出售之前，内部交易所带来的未实现内部损益必须予以抵销，否则就会虚增集团的资产和利润。

（3）以前期间交易未实现损益的抵销。在连续编制合并报表的情况下，本期合并报表的编制是以母、子公司个别财务报表为基础进行编制的。因为上期在合并时已经抵销或者调整的项目，仍包含在本期个别报表中，所以以个别财务报表为基础合并得到的“年初未分配利润”与上年合并所有者权益变动表中期末的“未分配利润”就会不一致。为了使合并所有者权益变动表中本期合并期初未分配利润与上期合并报表中期末未分配利润的数额一致，需要将所有上期已经抵销的，但对本期期初未分配利润产生影响的项目再次予以抵销，调整本期期初未分配利润的数额。

2. 狭义内部交易抵销的性质。在进行内部交易抵销时，通常采用的方法是编制抵销分录，并将其过入合并财务报表的工作底稿中去。需要指出的是，抵销分录仅过入合并财务报表工作底稿，并不记入个别企业的账户及个别财务报表。抵销分录的方向应与发生该业务时有关主体的会计记录方向相反，抵销分录应借或应贷的项目是相关企业个别财务报表项目，而不是相关主体记账时的会计科目，抵销的金额可能是余额，也可能是发生额，关键看该内部交易的影响所处的状态——是存量还是流量。如果是存量，则应该为余额；如果是流量，则应该是本期发生额。简言之，抵销分录的借贷方均是基本报表项目，而不是会计科目（账户）。

（二）子公司当期综合收益及收益分配的抵销

编制合并财务报表时，除了将上述狭义的集团内部交易进行抵销外，还应将子公司当期实现的收益中归少数股东所有的份额调整到少数股东权益中，同时将利润分配中包含的少数股东份额进行抵销。

因合并财务报表的合并所有者权益部分，对归属于母公司股东所有的份额及归属于少数股东所有的份额是分别列示的。其中归母公司股东所有的权益份额应区别股本、资本公积、盈余公积、未分配利润等具体权益项目列示；而归属于少数股东所有的份额，在合并财务报表中不再区分股本、资本公积、盈余公积、未分配利润等具体的权益项目，而是全部记入“少数股东权益”一个项目下列示。

（三）对子公司期初所有者权益的调整、抵销

经过上述（一）、（二）两个程序的调整、抵销后，已经将集团成员之间狭义的内部交易及集团当期确认的综合收益及其分配（包括所有者权益的增减变动）对合并财务报表的影响进行了相应的调整、抵销，但对经过上述调整后子公司的期初所有者权益中归少数股东所有的部分及属于母公司投资取得的部分还没有进行相应的调整或抵销。

编制合并财务报表时，应将其中归属于少数股东所有的份额，调整记入“少数股东权益”项下，将其中属于母公司通过投资取得的部分与母公司的长期股权投资抵销。该项调整既涉及资产负债表项目，又涉及所有者权益变动表项目。编制调整、抵销分录时应视子公司的不同取得方式而定。

第二节　企业集团内部存货交易的抵销

集团内部存货交易，是指集团内部母、子公司之间及子公司之间发生的存货购销业务。

由于交易发生后，销售存货的企业会在其个别利润表中确认相关的销售收入并结转销售成本，将差额计入当期损益；购买企业则按照内部交易价格确认存货的价值，并将

其列示在其资产负债表中。站在企业集团的角度上，内部存货交易可以被看作存货在集团内部的转移（移库），在该存货项目被出售给集团以外的企业之前，既不应确认收入、结转成本，也不应确认存货价值的增加。

编制合并财务报表时，除了需要对当期发生的内部存货交易以及涉及未实现损益的前期存货交易进行抵销外，对与前期未实现内部交易损益有关的当期对外交易，也需进行相应的调整、抵销。

一、报告当期发生的内部存货交易的抵销

对报告当期发生的集团内部存货交易，应视其是否涉及损益，分别进行相应的抵销处理。

（一）不涉及损益的内部存货交易

不涉及损益的集团内部存货交易，是指集团成员企业之间按照成本价进行的存货购销业务。站在整个集团的角度来看，不管购买方是否将其购入的存货实现对集团外出售，都不会影响集团当期的利润，编制合并报表时，只需按内部交易价格将出售方个别报表中确认的营业收入及营业成本抵销即可。

（二）涉及已实现损益的内部存货交易

涉及已实现损益的内部存货交易，是指集团成员企业之间以高于或低于成本的价格进行存货交易后，购买方于当期将全部存货实现向集团外销售的内部存货购销业务。站在集团的角度来看，虽然该内部交易的损益已经实现，但是相关的收入及成本则进行了重复记录，所以编制合并财务报表时应按内部交易价格对重复确认的收入及成本予以抵销。

【例4－1】 20×5年1月1日，甲公司获得乙公司的控制权，假设甲公司20×5年度个别利润表中的营业收入中有50 000元是向乙公司销售产品取得的销售收入，该产品的销售成本为30 000元。乙公司在20×5年度将该产品全部对集团外售出，其销售收入为55 000元，销售成本为50 000元，并在其个别利润表中列示。抵销分录如下：

借：营业收入	50 000	
贷：营业成本		50 000

（三）涉及未实现损益的内部存货交易

涉及未实现损益的内部存货交易，是指集团成员企业之间以高于或低于成本的价格进行购销交易后，购买方并没有将购入的存货实现向集团外部销售的内部存货购销业

务。站在企业集团的角度来看，这笔存货并没有实现对外销售，只是存货的存放地点发生了转移，不应该确认销售收入和销售成本，不能确认销售损益，也不应使存货的价值发生变化。因此，编制合并财务报表时，除抵销重复记录的销售收入、销售成本外，还应同时抵销存货价值中存在的未实现内部损益。

【例4-2】 20×5年1月1日，甲公司获得乙公司的控制权，甲公司20×5年度个别利润表中的营业收入中有50 000元是向乙公司销售产品取得的收入，该产品的成本为30 000元。上述存货仍包含在乙公司20×5年期末存货中。抵销分录如下：

借：营业收入	50 000	
贷：营业成本		50 000
借：营业成本	20 000	
贷：存货		20 000

或者将上述分录合并：

借：营业收入	50 000	
贷：营业成本		30 000
存货		20 000

（四）涉及部分未实现损益的内部存货交易

涉及部分未实现损益的内部存货交易，是指集团内部企业之间当期发生的存货交易中有部分实现对集团外出售出，其余部分仍包含在购入方企业期末存货中的内部存货购销业务。编制合并财务报表时，可将该内部存货交易分成两部分，一部分按照涉及已实现损益的内部存货交易进行处理，另一部分按照涉及未实现损益的内部存货交易进行处理。

【例4-3】 20×5年1月1日甲公司获得乙公司控制权，甲公司20×5年度个别利润表中的营业收入中有50 000元系向乙公司销售商品实现的收入，该批商品成本为45 000元，销售毛利为10%。乙公司20×5年度对外销售其中的80%，售价为48 000元，其余的20%形成期末存货，其价值为10 000元。抵销分录如下：

（1）对于已对外销售部分：

借：营业收入	40 000	
贷：营业成本		40 000

（2）对于未对外销售部分：

借：营业收入	10 000	
贷：营业成本		9 000
存货		1 000

二、以前期间发生的内部存货交易的抵销

前已述及，内部存货交易中除涉及未实现损益的内部存货交易外，其他内部存货交易不涉及对损益的调整。也就是说，对以前期间发生的内部存货交易，只有在涉及损益的情况下，才会影响本期期初合并财务报表项目。在编制合并财务报表时，对以前期间发生的涉及损益的内部存货交易的抵销方法，应视该内部交易涉及的存货在本期是否实现了对集团外销售而定。

（1）如果以前期间内部交易的存货在报告期末仍未对集团外销售，则编制合并报表时的抵销分录为借记“未分配利润——年初”科目，贷记“存货”科目。

（2）如果以前期间内部交易的存货在报告期内已实现对集团外销售，则编制合并报表时的抵销分录为借记“未分配利润——年初”科目，贷记“营业成本”科目。

（3）如果以前期间内部交易的存货在报告期部分实现对外销售，则应将以前期间内部交易的存货分成两部分，一部分按照上述（1）的规定进行抵销，另一部分按照上述（2）的规定进行抵销。

三、对内部存货交易涉及的存货跌价准备的抵销

存货跌价准备的计提和转回的依据是按照期末存货的成本与可变现净值孰低。某一存货的可变现净值，无论对于企业集团来说还是对持有存货的企业来说，都是一致的。但是内部交易取得的存货成本却不一致，对集团来说是从集团外部购进存货时的成本，对持有存货的企业来说是内部交易的购买价格（其中包含未实现内部损益）。站在整个企业集团角度来看，个别企业会多计提或者少计提存货跌价准备。在编制合并报表时，应对个别企业多计提或者少计提的存货跌价准备予以抵销。

（一）对当期计提（转回）的存货跌价准备的抵销

对于当期计提的与内部存货交易相关的存货（包括当期内部交易的存货及以前期间内部交易的存货）跌价准备的处理，先站在个别公司角度认定应计提数额，然后站在集团的角度再认定计提的数额，两者相比较，差额应当补提或抵销（冲回）。

【例 4-4】　甲公司于 20×5 年 1 月 1 日取得对乙公司的控制权，甲公司 20×5 年度向乙公司销售商品 50 000 元，其销售成本为 40 000 元，销售毛利率为 20%；乙企业购进的该批商品当年全部未实现对外销售而形成存货。乙公司年末对存货进行检查时，发现该批存货已经部分陈旧，其可变现净值降至 45 000 元，为此乙公司年末对该存货计提了存货跌价准备 5 000 元。

（1）该批存货全部未对外销售，编制合并报表时应抵销内部交易中重复确认的内部销售收入、销售成本，同时抵销内部交易涉及的未实现利润。抵销分录如下：

借：营业收入　　50 000

　　贷：营业成本　　40 000

　　　　存货　　10 000

（2）乙企业对期末存货计提了5 000元的存货跌价准备，但是站在企业集团的角度，可变现净值45 000元高于存货成本40 000元，不应计提存货跌价准备，因此应抵销多计提的存货跌价准备5 000元，抵销分录如下：

借：存货——存货跌价准备　　5 000

　　贷：资产减值损失　　5 000

（二）对以前期间计提（转回）的存货跌价准备的抵销

这里所说的以前期间计提（转回）的存货跌价准备，指的是至本期期初为止内部交易购买方对存货多计提（少计提）的存货跌价准备。编制合并财务报表时，对以前期间计提的存货跌价准备的抵销方法，应视与之相关的存货在本期是否对集团外出售而定。

1. 以前期间的内部交易存货在本期全部售出。在以前期间的内部交易存货在本期全部售出的情况下：

（1）如果上期个别财务报表中的存货跌价准备计提多了，则编制合并报表时应当予以冲回，借记“营业成本”科目，贷记“未分配利润——年初”科目。

（2）如果上期个别财务报表中的存货跌价准备计提少了，则编制合并报表时应当予以补充，借记“未分配利润——年初”科目，贷记“营业成本”科目。

2. 以前期间的内部交易存货在本期全部未售出。在以前期间的内部交易存货在本期全部未售出的情况下：

（1）如果上期个别财务报表中的存货跌价准备计提多了，则编制合并报表时应当予以冲回，借记“存货”科目，贷记“未分配利润——年初”科目。

（2）如果上期个别财务报表中的存货跌价准备计提少了，则编制合并报表时应当予以补充，借记“未分配利润——年初”科目，贷记“存货”科目。

3. 以前期间的内部交易存货在本期部分售出。如果以前期间内部交易相关的存货在本期部分实现对集团外销售，那么应将以前期间计提的存货跌价准备分成两部分：其中在本期实现对外销售的部分，应在抵销“期初未分配利润”的同时，抵销利润表中的“营业成本“项目；对在本期末仍未实现对外销售的部分，在抵销“期初未分配利润”的同时，抵销资产负债表的“存货——存货跌价准备”项目。

【例4－5】　承〖例4－4〗。假定乙公司20×5年从甲公司购入的存货已于20×6

年全部售出。甲公司 20×6 年度向乙公司销售商品 100 000 元，其销售成本为 90 000 元，销售毛利率为 10%；乙企业购进的该批商品有 60% 在本期实现对外出售，另 40% 仍包含在乙公司的期末存货中。乙公司年末对存货进行检查时，发现该批存货已经部分陈旧，其可变现净值降至 37 000 元，应计提存货跌价准备 3 000 元，为此乙公司年末冲减了存货跌价准备 2 000 元。

（1）由于乙公司 20×5 年末存货价值中包含 10 000 元的未实现内部销售利润，并多计提了 5 000 元的存货跌价准备，该项包含未实现损益的存货已于 20×6 年实现了对外销售，所以编制 20×6 年合并财务报表时，应将以前期间内部存货交易未实现损益及以前期间多计提的存货跌价准备予以抵销。抵销分录如下：

借：未分配利润——年初　　10 000

　　贷：营业成本　　10 000

借：营业成本　　5 000

　　贷：未分配利润——年初　　5 000

（2）对于本期产生的内部交易，编制合并报表时，除应抵销重复确认的营业收入 100 000 元、营业成本 96 000 元外，还应抵销内部交易未实现利润 4 000 元。抵销分录为：

借：营业收入　　100 000

　　贷：营业成本　　96 000

　　　　存货　　4 000

（3）乙企业 20×6 年度个别财务报表中，存货跌价准备的余额为 3 000 元，但是站在企业集团的角度来看，可变现净值 37 000 元高于存货成本 36 000（90 000×40%）元，不应计提存货跌价准备。因此应抵销多计提的存货跌价准备 3 000 元，抵销分录如下：

借：存货——存货跌价准备　　3 000

　　贷：资产减值损失　　3 000

第三节　企业集团内部固定资产交易的抵销

一、企业集团内部固定资产交易的类型

企业集团内部固定资产交易，是指集团成员企业之间发生的与固定资产有关的购销业务。对于集团内部固定资产交易，根据销售企业销售的是普通商品还是自身所用的固定资产，可以将其划分成三种类型：

（一）一方将自身的固定资产转让给另一方作为固定资产使用

发生这种类型的交易之后，作为固定资产的销售方来说，其资产负债表中固定资产原价和累计折旧项目已按减少后的数额列示；处理固定资产的净收益或者净损失，作为资产处置收益在利润表中列报（假设不考虑清理费用等）。作为固定资产的购买方，按照购入的价格作为固定资产的原值列示在其资产负债表中。但是站在企业集团的角度，这项业务属于集团内部调拨，只改变了固定资产的使用地点，既没有实现损益，也不会使固定资产的净值发生变化。因此应该将内部固定资产交易的未实现内部销售损益和固定资产净值的增加金额相抵销。抵销分录为借记“资产处置收益”项目，贷记“固定资产”项目。

这种类型的固定资产交易，在企业集团内部一般很少发生，即使发生其数额也不会很大。因此，根据重要性原则，如果这类固定资产内部交易数额很小，在编制合并财务报表时一般不进行抵销处理。

【例4-6】 甲公司于20×5年取得对乙公司的控制权，20×5年甲公司向乙公司转让一台设备，该设备账面价值为100万元，转让价格为120万元，乙公司将该设备作为固定资产使用。抵销分录如下：

借：资产处置收益　　200 000

　　贷：固定资产　　200 000

（二）一方将自身的存货销售给另一方作为固定资产使用

发生这种类型的交易之后，作为销售方企业，将销售产品的收入和成本记入利润表，并在其利润表中确认了损益。购买固定资产的企业，将固定资产按照购买价格作为原值在其资产负债表中列示。但是，站在整个集团的角度来看，这种交易相当于将自己建造的固定资产交付使用，即不能确认相关的销售收入、销售成本，不能计算内部损益。因此，在编制合并财务报表时，应将内部销售收入、内部销售成本和未实现内部销售利润相互抵销，借记“营业收入”项目（按照销售企业的内部销售收入），贷记“营业成本”项目（按照销售企业的内部销售成本）、“固定资产”项目（按照未实现内部销售利润）。

【例4-7】 甲公司于20×5年取得对乙公司的控制权，20×5年甲公司向乙公司出售自产小轿车一批，该批汽车的销售成本为90万元，销售价格为80万元。乙公司将该批汽车作为固定资产使用。抵销分录如下：

借：营业收入　　800 000

　　固定资产——原价　　100 000

　　贷：营业成本　　900 000

(三) 一方将自身的固定资产转让给另一方作为存货管理

这种类型的固定资产交易在企业集团中很少发生，因而这里不作详细讨论。

虽然上述三种与固定资产相关的集团内部交易各有特点，但是站在企业集团的立场，不论是哪种类型，都不应确认由此产生的收益，固定资产的入账价值也都不应该包含未实现内部交易损益，因此编制合并财务报表时应当编制抵销分录。在实际工作中，基于企业集团的整体利益和战略布局，下面以最常见的第二类交易为例说明集团内部固定资产交易的抵销处理。

二、企业集团内部固定资产交易的抵销处理

对集团内部固定资产交易的购买方而言，购买后如果作为固定资产使用，通常涉及多个会计期间，最后才进行对集团外出售或清理。使用期间购买方通常要计提固定资产折旧或计提固定资产减值准备等处理。所以在编制合并财务报表时，不仅需要在交易发生的当期对未实现内部交易损益进行抵销，还应对持有期间的累计折旧、固定资产减值准备以及最后清理处置等对合并财务报表的影响予以抵销。

下面分别说明集团内部固定资产交易当期未实现损益、持用期间、清理处置期以及固定资产计提减值准备的抵销处理。

(一) 内部固定资产交易发生当期的抵销处理

首先应冲销内部交易的销售收入和销售成本，抵销期末固定资产价值中包含的未实现内部损益。抵销分录为借记“营业收入”项目（按照销售企业的内部销售收入），贷记“营业成本”项目（按照销售企业的内部销售成本）、“固定资产——原价”项目（按照未实现内部损益）。

如果当期交易的固定资产当期需要计提折旧，还需要将固定资产在当期多计提的折旧费用和累计折旧予以抵销。这是因为购买固定资产的企业在计提折旧时，对固定资产价值中包含的未实现内部销售利润部分也计提了折旧，所以计提的折旧额应该大于按照建造成本计提的折旧额。抵销分录为借记“固定资产——累计折旧”项目，贷记“管理费用”项目（假设该固定资产为管理用固定资产）。

【例4-8】 甲公司为乙公司的母公司。甲公司于20×5年6月将成本为100万元的产品以80万元的价格出售给乙公司，乙公司购入后作为固定资产交付管理部门使用，预计使用年限为5年，预计净残值为0，按照平均年限法计提折旧。抵销分录如下：

首先，抵销内部销售损益和固定资产中包含的未实现利润（-20万元）。

借：营业收入　　　　　　　　　　　　　　　　　　　　800 000

固定资产——原价　　200 000

贷：营业成本　　1 000 000

然后，对于当年内部交易损益少计提的折旧费用 2（20 × 0.2 × 6 ÷ 12）万元予以抵销。

借：管理费用　　20 000

贷：固定资产——累计折旧　　20 000

(二) 内部交易固定资产持有（以后）期间的抵销处理

编制固定资产持有期间的合并财务报表时，通常包括对交易发生当期未实现损益进行抵销，对以前期间多（少）计提的累计折旧进行抵销，以及对报告当期多（少）计提的折旧进行抵销处理。

1. 抵销交易当期未实现损益对期初未分配利润的影响。在固定资产持有期间，交易当期未实现损益的影响会一直存在。在编制交易以后各期合并财务报表时，需要抵销交易当期的未实现损益对以后各期期初未分配利润及对期初固定资产的影响。抵销分录为借记“未分配利润——年初”项目，贷记“固定资产——原价”项目（未实现内销利润总额）。

2. 对以前期间多计提的累计折旧进行抵销。企业通过内部交易取得的固定资产，投入使用后就开始计提折旧。在编制交易以后各期合并财务报表时，需要抵销报告期之前各期多计提的累计折旧对期初未分配利润及对期初固定资产累计折旧的影响。抵销分录为借记“固定资产——累计折旧”项目，贷记“未分配利润——年初”项目。

3. 将本期多计提的折旧费用予以抵销。抵销分录为借记“固定资产——累计折旧”项目，贷记“管理费用”项目。

【例 4－9】　甲公司于 20 ×5 年 1 月 1 日取得乙公司的控制权。20 ×5 年 6 月 15 日，甲公司将其生产的汽车卖给乙公司，乙公司将其作为固定资产使用。甲公司的汽车的售价为 30 万元，成本为 15 万元。汽车的预计使用年限为 5 年，预计净残值为 0，乙公司采用平均年限法计提折旧。

20 ×5 年对交易发生当期未实现内部交易损益的抵销分录为：

借：营业收入　　300 000

贷：营业成本　　150 000

固定资产——原价　　150 000

20 ×5 年对交易发生当期多计提折旧的抵销分录为：

借：固定资产——累计折旧（150 000/5 ×6 ÷12）　　15 000

贷：管理费用　　15 000

20 ×6 年对交易当期未实现损益的抵销分录为：

借：未分配利润——年初 150 000
　　贷：固定资产——原价 150 000

20×6 年对以前各期累计多提折旧抵销分录为：

借：固定资产——累计折旧 15 000
　　贷：未分配利润——年初 15 000

20×6 年对本期多计提折旧的抵销分录为：

借：固定资产——累计折旧（150 000/5） 30 000
　　贷：管理费用 30 000

20×7 年对交易发生当期未实现损益的抵销分录为：

借：未分配利润——年初 150 000
　　贷：固定资产——原价 150 000

20×7 年对以前各期累计多提折旧抵销分录为：

借：固定资产——累计折旧 45 000
　　贷：未分配利润——年初 45 000

20×7 年对本期多计提折旧的抵销分录为：

借：固定资产——累计折旧（150 000/5） 30 000
　　贷：管理费用 30 000

（三）报废或者处置期间的抵销处理

内部固定资产交易对合并报表的影响将持续至清理期间。对于销售企业来说，因该内部固定资产交易实现的利润，总是作为未分配利润的一部分结转到以后会计期间。对于购买企业来说，因内部交易形成的固定资产及其相应的累计折旧直到固定资产清理后，才会在其个别财务报表中转销。同理，计提折旧对企业利润的影响也是作为未分配利润的一部分结转到以后的会计期间。另外，购买企业在清理时，将固定资产清理收入减去该固定资产净额以及相关清理费用后的余额，以营业外收入列示在其个别利润表中。

1. 在清理当期，购买企业的固定资产实体已不复存在，不存在固定资产净值中含有未实现内部销售损益的抵销问题。对于整个企业集团来说，随着固定资产的报废或者出售，其包含的未实现内部销售损益已经转化为已实现损益。由于销售企业因该内部销售固定资产所实现的利润，作为年初未分配利润的一部分已结转到购买企业对该固定资产进行清理的会计期间，为此应调整年初未分配利润。分录为借记“年初未分配利润”项目（未实现内部销售利润总额），贷记“营业外收入”项目。

2. 对以前期间多（少）计提折旧对年初未分配利润的影响，应当调整年初未分配利润的数额。分录为借记“营业外收入”项目，贷记“年初未分配利润”项目（以前会计期间多计提折旧的累计额）。

3. 在固定资产进行清理的会计期间，如继续使用则需计提折旧，本期计提折旧中仍然包含多计提的折旧，因此需要将多计提的折旧费用予以抵销。分录为借记“营业外收入”项目，贷记“管理费用”项目（清理期当期的多计提的折旧费用）。

【例4－10】 承〖例4－9〗，假设乙公司于20×8年年末对固定资产进行清理报废，该固定资产的清理净收入为80 000元。抵销分录如下：

（1）借：未分配利润——年初	150 000	
贷：资产处置收益		150 000
借：资产处置收益	75 000	
贷：未分配利润——年初		75 000
（2）借：资产处置收益	30 000	
贷：管理费用		30 000

（四）内部固定资产交易计提的减值准备的抵销处理

1. 对以前期间多计提的固定资产减值准备进行反冲。按照以前年度内销业务形成的期初固定资产余额所提减值准备，借记“固定资产——固定资产减值准备”项目，贷记“未分配利润——年初”项目。

2. 对于本期多计提的固定资产减值准备的处理。先站在个别公司角度认定应提或者应冲的数额，然后站在集团的角度再认定应提或者应冲的数额，两者相比较，补差即可。抵销分录为借记“固定资产——固定资产减值准备”项目，贷记“资产减值损失”项目，或者借记“资产减值损失”项目，贷记“固定资产——固定资产减值准备”项目。

第四节　企业集团内部债权债务项目的抵销

一、内部债权债务项目涉及的内容

企业集团内部债权债务项目通常包括以下项目：（1）应收账款和应付账款；（2）其他应收款和其他应付款；（3）预收账款和预付账款；（4）债权投资和应付债券；（5）应收票据和应付票据。

二、内部应收账款、应付账款和坏账准备的抵销

为便于学习，以下的说明将按我国20×2年企业会计准则要求进行。母子公司之

间、子公司相互之间，内部债权，债务及其所提坏账准备的抵销。

（一）对于初次编制合并报表情况下的抵销

【例 4－11】 A 公司向 C 公司购货未付款：买价 100 万元、成本 90 万元、增值税税率为 17%，坏账准备计提比率为年末应收账款的 10%，则相关会计分录为：

A 公司的会计分录为：

借：材料采购（或原材料）　1 000 000
　　应交税费——应交增值税（进项税额）　170 000
　　贷：应付账款　1 170 000

C 公司的会计分录为：

借：应收账款　1 170 000
　　贷：营业收入　1 000 000
　　　　应交税费——应交增值税（销项税额）　170 000
借：资产减值损失　117 000
　　贷：应收账款——坏账准备　117 000

则年末合并抵销分录为：

借：应付账款　1 170 000
　　贷：应收账款　1 170 000

同时：

借：应收账款——坏账准备　117 000
　　贷：资产减值损失　117 000

（二）连续编制合并财务报表时的抵销处理

在连续编制合并报表的情况下，上期合并所有者权益变动表中的“未分配利润”就是本期合并所有者权益变动表中“年初未分配利润”。但本期合并报表的编制是以本期母公司和子公司个别报表为基础的，上年已在合并时抵销或调整的项目，仍会包含在本期个别报表中。因而，以此为基础合并出来的“年初未分配利润”与上年合并所有者权益变动表中期末“未分配利润”就会不一致。为了使合并财务报表中本期期初未分配利润与上期期末未分配利润的数额一致，需要将所有上期已经抵销的但对本期期初未分配利润产生影响的项目再次予以抵销，调整本期期初未分配利润的数额。

具体可分三步走：（1）按年末内部应收账款余额，借记“应付账款”，贷记“应收账款”。（2）按年初内部应收账款所提坏账准备调整未分配利润——年初。抵销分录为：借记“应收账款——坏账准备”，贷记“未分配利润——年初”。（3）将本期内部应收账款补提或冲回的坏账准备数额抵销。抵销分录为：借记“应收账款——坏账准备”，贷记“资产减值损失”，或者借记“资产减值损失”，贷记“应收账款——坏账准备”。

【例 4－12】 某母公司 20×7 年个别财务报表中应收账款 50 000 元全部为内部应收账款，对应计提的坏账准备金为 250 元，子公司个别财务报表中应付账款 50 000 元全部为对母公司的应付账款。

在编制合并财务报表时，应做如下抵销会计分录：

（1）应将内部应收账款与应付账款相抵销：

借：应付账款　　50 000

　　贷：应收账款　　50 000

（2）将内部应收账款计提的坏账准备予以抵销：

借：应收账款——坏账准备　　250

　　贷：资产减值损失　　250

【例 4－13】 承〖例 4－12〗，母公司 20×8 年个别财务报表中内部应收账款仍为 50 000 元，则在期末编制抵销分录为：

（1）应将内部应收账款与应付账款相抵销：

借：应付账款　　50 000

　　贷：应收账款　　50 000

（2）将上期内部应收账款计提的坏账准备抵销：

借：应收账款——坏账准备　　250

　　贷：未分配利润——年初　　250

【例 4－14】 假设母公司 20×8 年个别财务报表中内部应收账款为 66 000 元，坏账准备的数额为 330 元。本期对子公司内部应收账款净增加 16 000 元，本期内部应收账款补提坏账准备为 80 元，则在期末编制抵销分录为：

（1）应将内部应收账款与应付账款相抵销：

借：应付账款　　66 000

　　贷：应收账款　　66 000

（2）将上期内部应收账款计提的坏账准备抵销：

借：应收账款——坏账准备　　250

　　贷：未分配利润——年初　　250

（3）将本期对子公司内部应收账款净减少的 16 000 元冲减的坏账准备 80 元予以抵销：

借：应收账款——坏账准备　　80

　　贷：资产减值损失　　80

【例 4 – 15】　假设母公司 20 × 8 年个别财务报表中内部应收账款为 32 000 元，坏账准备的数额为 160 元。本期对子公司内部应收账款净减少 18 000 元，本期冲减内部应收账款计提的坏账准备为 90 元，则在期末编制抵销分录为：

（1）应将内部应收账款与应付账款相抵销：

借：应付账款　32 000

　　贷：应收账款　32 000

（2）将上期内部应收账款计提的坏账准备抵销：

借：应收账款——坏账准备　250

　　贷：未分配利润——年初　250

（3）将本期对子公司内部应收账款净减少的 16 000 元冲减的坏账准备 90 元予以抵销：

借：资产减值损失　90

　　贷：应收账款——坏账准备　90

【例 4 – 16】　假设 20 × 7 年母公司个别资产负债表中应收账款为 50 000 元，全部为对子公司的内部应收账款，计提坏账准备 2 500 元。

编制内部抵销分录为：

借：应付账款　50 000

　　贷：应收账款　50 000

借：应收账款——坏账准备　2 500

　　贷：资产减值损失　2 500

（1）假定母公司 20 × 8 年个别资产负债表中对子公司内部应收账款余额仍为 50 000 元，坏账准备余额为 2 500 元，当期未计提坏账准备。

编制内部抵销分录为：

借：应付账款　50 000

　　贷：应收账款　50 000

借：应收账款——坏账准备　2 500

　　贷：未分配利润——年初　2 500

（2）假设母公司 20 × 8 年个别资产负债表中对子公司内部应收账款为 66 000 元，当期对子公司内部应收账款净增加 16 000 元，增加坏账准备 800 元。

编制内部抵销分录为：

借：应付账款　66 000

　　贷：应收账款　66 000

借：应收账款——坏账准备　2 500

　　贷：未分配利润——年初　2 500

借：应收账款——坏账准备　　800

　　贷：资产减值损失　　800

（3）假设母公司20×8年个别资产负债表中对子公司内部应收账款为32 000元，内部应收账款比上期净减少18 000元，减少坏账准备900元。

编制内部抵销分录为：

借：应付账款　　32 000

　　贷：应收账款　　32 000

借：应收账款——坏账准备　　2 500

　　贷：未分配利润——年初　　2 500

借：资产减值损失　　900

　　贷：应收账款——坏账准备　　900

三、企业集团内部债券业务的抵销

企业集团公司间相互购售、持有债券，属于内部债权债务业务，在编制合并财务报表时，不仅应将债券的购售价格相互抵销，而且还应当将由此产生的投资收益与利息支出加以抵销。例如，母公司购买子公司的债券，从母公司的角度看是对外投资的增加，从子公司的角度看是负债的增加，但从整个企业集团的角度看，只不过是资金在企业集团内部的转移。因此在编制合并财务报表时，应将它们予以抵销。

【例4－17】 假如上述债券为某母公司于20×7年1月2日按面值50 000元购入某子公司发行的债券，年利率10%、期限3年、每半年计息一次，到期还本付息，则20×7年年末合并抵销分录为：

抵销债券的购售价格：

借：应付债券——面值　　50 000

　　贷：债权投资——成本　　50 000

抵销债券的应计利息：

借：投资收益　　5 000

　　贷：财务费用　　5 000

借：应付债券——应计利息　　5 000

　　贷：债权投资——应计利息　　5 000

下面以实例说明合并财务报表中对内部交易的抵销方法。

【例4－18】 假设某母公司A拥有子公司B的80%股份，20×8年年底母公司和子公司个别资产负债表及利润表数据如表4－1、表4－2所示。

表 4－1　　　　　　　　　　　资产负债表（简表）　　　　　　　　　　　单位：万元

资产	母公司	子公司	负债和所有者权益	母公司	子公司
流动资产：			流动负债：		
货币资金	10 725	7 820	短期借款	10 000	5 000
交易性金融资产	5 000	2 000	交易性金融负债		
应收票据	8 000	3 000	应付票据	10 000	3 000
应收账款	4 975	3 980	应付账款	20 000	5 000
预付账款	2 000	1 800	预收账款	7 000	2 000
应收利息			应付职工薪酬	13 000	2 600
应收股利			应交税费		
其他应收款			应付利息		
存货	31 000	20 000	应付股利		
一年内到期的非流动资产			其他应付款		
其他流动资产			一年内到期的非流动负债		
流动资产合计	61 700	38 600	其他流动负债		
非流动资产：			流动负债合计	60 000	17 600
			非流动负债：		
债权投资	17 000	0	长期借款	4 000	3 000
投资性房地产			应付债券	20 000	4 000
长期股权投资	30 000	0	长期应付款	2 000	0
长期应收款			专项应付款		
固定资产	21 000	16 000	预计负债		
在建工程	20 000	5 000	递延所得税负债		
工程物资			其他非流动负债		
固定资产清理			非流动负债合计	26 000	7 000
生产性生物资产			负债合计	86 000	24 600
油气资产			所有者权益（或股东权益）：		
无形资产	6 300	0	实收资本（或股本）	40 000	20 000

续表

资产	母公司	子公司	负债和所有者权益	母公司	子公司
开发支出			资本公积	8 000	8 000
商誉			盈余公积	10 000	1 000
长期待摊费用			未分配利润	12 000	6 000
递延所得税资产			减：库存股		
其他非流动资产			所有者权益（或股东权益）合计	70 000	35 000
非流动资产合计	47 300	21 000			
资产总计	156 000	59 600	负债和所有者（或股东权益）合计	156 000	59 600

表 4－2　　利润表（简表）　　单位：万元

	母公司	子公司
一、营业收入	111 600	80 900
减：营业成本	83 000	61 200
税金及附加	1 600	1 100
销售费用	5 000	3 000
管理费用	5 985	4 200
财务费用	1 000	600
资产减值损失	15	0
加：公允价值变动收益（损失以“－”号填列）		
投资收益（损失以“－”号填列）	8 000	200
其中：对联营企业和合营企业的投资收益		
二、营业利润（亏损以“－”号填列）		
加：营业外收入	1 000	2 500
减：营业外支出	2 000	1 500
其中：非流动资产处置损失		
三、利润总额（亏损总额以“－”号填列）	22 000	12 000
减：所得税费用	6 000	4 000
四、净利润（净亏损以“－”号填列）	16 000	8 000

母公司年初未分配利润为 8 000 万元，本年提取盈余公积 2 000 万元，本年利润分配 10 000 万元，年末未分配利润为 12 000 万元；子公司年初未分配利润为 3 000 万元，

本年提取盈余公积 1 000 万元，本年对外分配利润 4 000 万元，年末未分配利润为 6 000 万元。

期末编制合并报表工作底稿，将抵销分录过入工作底稿。假定内部往来事项如下：

1. 母公司对子公司的长期股权投资与母公司在子公司所有者权益中所享有的份额抵销。

长期股权投资的抵销可以按照调整后的子公司期初所有者权益抵销，也可以采用直接抵销子公司期末所有者权益的方法。本例采用将母公司对子公司的长期股权投资在合并会计报表工作底稿中由成本法调整为权益法然后进行抵销的做法。相关原理的阐述参见第二章第三节。

假定 20×8 年 1 月 1 日，A 公司以银行存款 30 000 万元取得了 B 公司 80% 的股权，双方为非同一控制下的企业合并，合并日 B 公司的账面资产价值与公允价值相同。其他资料为：

（1）合并日，B 公司所有者权益总额为 31 000 万元，其中实收资本为 20 000 万元，资本公积为 8 000 万元，未分配利润为 3 000 万元。

（2）20×8 年，B 公司实现净利润 8 000 万元，本年未对外分配利润 4 000 万元。

（3）20×8 年年末，B 公司所有者权益总额为 35 000 万元，其中实收资本为 20 000 万元，资本公积为 8 000 万元，盈余公积为 1 000 万元，未分配利润为 6 000 万元。

A 公司在编制合并会计报表之前，需要首先将成本法核算的长期股权投资调整为期末权益法下的长期股权投资，应编制的抵销分录为：

借：长期股权投资（8 000 万 ×80%）	64 000 000	
贷：投资收益		64 000 000

同时将子公司分派 4 000 万元股利由成本法调整为权益法：

借：投资收益（4 000 万 ×80%）	32 000 000	
贷：长期股权投资		32 000 000

期末 A 公司的长期股权投资在权益法调整后的数额为 33 200 万元，由于在合并日，A 公司以 30 000 万元取得了 B 公司 31 000 万元所有者权益中的 80%，所以，购买日出现了 5 200（30 000 - 31 000 ×80%）万元的商誉，应编制的抵销分录为：

借：股本	200 000 000	
资本公积	80 000 000	
盈余公积	10 000 000	
未分配利润	60 000 000	
商誉	52 000 000	
贷：长期股权投资		332 000 000
少数股东权益		70 000 000

少数股东权益为期末子公司所有者权益的 20%，子公司当期提取盈余公积全额抵销。

2. 母公司与子公司之间的债权与债务项目应当相互抵销。假定母公司个别资产负债表中应收账款为5 000万元（减值准备为25万元），其中3 000万元为子公司应付账款，假定本期母公司对子公司应收账款计提减值15万元；预收账款2 000万元中有子公司1 000万元预付账款；子公司4 000万元应付债券中属于母公司债权投资2 000万元。应编制的抵销分录为：

借：预收账款　　10 000 000
　　贷：预付账款　　10 000 000
借：应付债券　　20 000 000
　　贷：债权投资　　20 000 000
借：应付账款　　30 000 000
　　贷：应收账款　　30 000 000

抵销内部往来增加的减值：

借：应收账款　　150 000
　　贷：资产减值损失　　150 000

3. 母公司与子公司之间销售商品（或提供劳务，下同）形成的存货、固定资产等包含的未实现内部销售损益抵销。假定子公司个别报表中存货项目有20 000万元为本期从母公司购进的存货。母公司本期销售该商品的收入为20 000万元（不考虑相关税费），销售成本为14 000万元。应编制的抵销分录为：

借：营业收入　　200 000 000
　　贷：营业成本　　140 000 000
　　　　存货　　60 000 000

假定本年12月份子公司从母公司购进一项产品作为固定资产，买价5 000万元，本年未提折旧。母公司销售该产品结转成本4 000万元。应编制的抵销分录为：

借：营业收入　　50 000 000
　　贷：营业成本　　40 000 000
　　　　固定资产　　10 000 000

如果本年度对此类固定资产计提折旧或减值，应将折旧全额抵销，减值要视具体情况进行相应抵销。

4. 母公司投资收益与子公司利润分配项目的抵销。本期子公司盈利8 000万元，计提盈余公积1 000万元，对外分配4 000万元，未分配利润6 000万元，期初留存收益为3 000万元。应编制的抵销分录为：

借：投资收益（8 000万×80%）　　64 000 000
　　少数股东损益（8 000万×20%）　　16 000 000
　　未分配利润——年初　　30 000 000

贷：提取盈余公积　10 000 000

　　应付股利　40 000 000

　　未分配利润——年末　60 000 000

该笔抵销分录中，提取盈余公积和未分配利润项目将记入合并所有者权益变动表中。

其他债权债务等内部往来的抵销与本章内容相同。

根据上述抵销分录编制合并会计报表的工作底稿（本题以资产负债表和利润表为例），见表4-3。

表4-3　　合并会计报表工作底稿　　单位：万元

资　　产	母公司	子公司	合计数	抵销分录		合并数
				借方	贷方	
（综合收益表项目）						
营业收入	111 600	80 900	192 500	20 000 5 000		167 500
减：营业成本	83 000	61 200	144 200		14 000 4 000	126 200
税金及附加	1 600	1 100	2 700			2 700
销售费用	5 000	3 000	8 000			8 000
管理费用	5 985	4 200	10 185			10 185
财务费用	1 000	600	1 600			1 600
资产减值损失	15	0	15		15	0
加：公允价值变动收益（损失以“-”号填列）						
投资收益（损失以“-”号填列）	8 000	200	8 200	6 400	3 200	5 000
其中：对联营企业和合营企业的投资收益						
营业利润（亏损以“-”号填列）	23 000	11 000	34 000	31 400	21 215	23 815
加：营业外收入	1 000	2 500	3 500			3 500
减：营业外支出	2 000	1 500	3 500			3 500
其中：非流动资产处置损失						
利润总额（亏损总额以“-”号填列）	22 000	12 000	34 000	31 400	21 215	23 815
减：所得税费用	6 000	4 000	10 000			10 000
净利润（净亏损以“-”号填列）	16 000	8 000	24 000	31 400	21 215	13 815
少数股东损益				1 600		1 600
归属于母公司股东的净利润						12 215
（所有者权益变动表）						
未分配利润——年初	8 000	3 000	8 000	3 000		8 000

续表

资　产	母公司	子公司	合计数	抵销分录		合并数
				借方	贷方	
提取盈余公积	2 000	1 000	3 000		1 000	2 000
应付利润	10 000	4 000	10 000		4 000	10 000
未分配利润——年末	12 000	6 000	18 000	6 000 20 000 5 000 6 400 1 600 3 000 42 000	3 200 15 14 000 4 000 6 000 1 000 4 000 32 215	8 215
（资产负债表项目）						
流动资产：						
货币资金	10 725	7 820	18 545			18 545
交易性金融资产	5 000	2 000	7 000			7 000
应收票据	8 000	3 000	11 000			11 000
应收账款	4 975	3 980	8 955	15	3 000	5 970
预付账款	2 000	1 800	3 800		1 000	2 800
应收利息						
应收股利						
其他应收款						
存货	31 000	20 000	51 000		6 000	45 000
一年内到期的非流动资产						
其他流动资产						
流动资产合计	61 700	38 600	100 300	15	10 000	90 315
非流动资产：						
债权投资	17 000	0	17 000		2 000	15 000
投资性房地产						
长期股权投资	30 000	0	30 000	3 200	33 200	0
长期应收款						
固定资产	21 000	16 000	37 000		1 000	36 000
在建工程	20 000	5 000	25 000			25 000
工程物资						
固定资产清理						

续表

资　　产	母公司	子公司	合计数	抵销分录		合并数
				借方	贷方	
生产性生物资产						
油气资产						
无形资产	6 300	0	6 300			6 300
开发支出						
商誉				5 200		5 200
长期待摊费用						
递延所得税资产						
其他非流动资产						
非流动资产合计	94 300	21 000	115 300	13 200	38 600	87 500
资产总计	156 000	59 600	215 600	13 215	48 600	177 815
流动负债：						
短期借款	10 000	5 000	15 000			15 000
交易性金融负债						
应付票据	10 000	3 000	13 000			13 000
应付账款	20 000	5 000	25 000	3 000		22 000
预收账款	7 000	2 000	9 000	1 000		8 000
应付职工薪酬	13 000	2 600	15 600			15 600
应交税费						
应付利息						
应付股利						
其他应付款						
一年内到期的非流动负债						
其他流动负债						
流动负债合计	60 000	17 600	77 600	4 000		73 600
非流动负债：						
长期借款	4 000	3 000	7 000			7 000
应付债券	20 000	4 000	24 000	2 000		22 000
长期应付款	2 000	0	2 000			2 000
专项应付款						
预计负债						

续表

资　　产	母公司	子公司	合计数	抵销分录		合并数
				借方	贷方	
递延所得税负债						
其他非流动负债						
非流动负债合计	26 000	7 000	33 000	2 000		31 000
负债合计	86 000	24 600	110 600	6 000		104 600
所有者权益(或股东权益)：						
实收资本(或股本)	40 000	20 000	60 000	20 000		40 000
资本公积	8 000	8 000	16 000	8 000		8 000
盈余公积	10 000	1 000	11 000	1 000		10 000
未分配利润	12 000	6 000	18 000	42 000	32 215	8 215
减:库存股						
少数股东权益					7 000	7 000
所有者权益(或股东权益)合计	70 000	35 000	105 000			73 215
负债和所有者(或股东权益)合计	156 000	59 600	215 600			177 815

注：合并工作底稿中资产负债表所有者权益项下“未分配利润”与所有者权益变动表中的“未分配利润——年末”项目相同。

根据合并工作底稿编制合并资产负债表与利润表如表 4－4、表 4－5 所示。

表 4－4　　合并资产负债表（简表）

编制单位：A 公司　　20×8 年 12 月 31 日　　单位：万元

资产	期末余额	年初余额	负债和所有者权益	期末余额	年初余额
流动资产：			流动负债：		
货币资金	18 545	（略）	短期借款	15 000	（略）
交易性金融资产	7 000		交易性金融负债		
应收票据	11 000		应付票据	13 000	
应收账款	5 970		应付账款	22 000	
预付账款	2 800		预收账款	8 000	
应收利息			应付职工薪酬	15 600	

续表

资产	期末余额	年初余额	负债和所有者权益	期末余额	年初余额
应收股利			应交税费		
其他应收款			应付利息		
存货	45 000		应付股利		
一年内到期的非流动资产			其他应付款		
其他流动资产			一年内到期的非流动负债		
流动资产合计	90 315		其他流动负债		
非流动资产：			流动负债合计	73 600	
			非流动负债：		
债权投资	15 000		长期借款	7 000	
投资性房地产			应付债券	22 000	
长期股权投资	0		长期应付款	2 000	
长期应收款			专项应付款		
固定资产	36 000		预计负债		
在建工程	25 000		递延所得税负债		
工程物资			其他非流动负债		
固定资产清理			非流动负债合计	31 000	
生产性生物资产			负债合计	104 600	
油气资产			所有者权益（或股东权益）：		
无形资产	6 300		实收资本（或股本）	40 000	
开发支出			资本公积	8 000	
商誉	5 200		盈余公积	10 000	
长期待摊费用			未分配利润	8 215	
递延所得税资产			减：库存股		
其他非流动资产			归属于母公司股东权益	66 215	
非流动资产合计	87 500		少数股东权益	7 000	
			所有者权益（或股东权益）合计	73 215	
资产总计	177 815		负债和所有者（或股东权益）合计	177 815	

表 4－5　　合并利润表（简表）

编制单位：A 公司　　20×8 年度　　单位：万元

	本年金额	上年金额
一、营业收入	167 500	（略）
减：营业成本	126 200	
税金及附加	2 700	
销售费用	8 000	
管理费用	10 185	
财务费用	1 600	
资产减值损失	0	
加：公允价值变动收益（损失以“－”号填列）		
投资收益（损失以“－”号填列）	5 000	
其中：对联营企业和合营企业的投资收益		
二、营业利润（亏损以“－”号填列）	23 815	
加：营业外收入	3 500	
减：营业外支出	3 500	
其中：非流动资产处置损失		
三、利润总额（亏损总额以“－”号填列）	23 815	
减：所得税费用	10 000	
四、净利润（净亏损以“－”号填列）	13 815	
归属于母公司股东的净利润	12 215	
少数股东损益	1 600	
五、每股收益：		
（一）基本每股收益		
（二）稀释每股收益		

思考题与练习题

一、思考题

1. 什么是企业集团内部交易？其具体影响有哪些？为何要对其加以抵销？

2. 企业集团内部交易包括哪几类？

3. 顺销与逆销的含义是什么？企业集团内部存货交易的顺销与逆销如何区分？二者对企业集团合并报表的编制有何不同的影响？如何消除其影响？

4. 根据我国企业会计准则的规定，企业集团内部的资产交易是否应区分为顺销与逆销？如何抵销？

5. 企业集团内部固定资产交易应区分为哪几类？应当如何进行抵销？

6. 企业集团内部债权债务应区分为哪几类？如何进行抵销处理？

7. 企业集团内部资产交易产生的资产减值准备如何抵销？

二、练习题

1. 内部债权交易的抵销。P公司是S公司的母公司，P公司20×7年个别资产负债表中应收账款项目475万元为20×7年向S公司销售商品发生的应收销货款的账面价值，P公司对该笔应收账款计提的坏账准备为25万元。S公司20×7年个别资产负债表中应付账款500万元，系20×7年向P公司购进商品发生的应付购货款。

要求：编制20×7年度合并财务报表时对上述内部交易的抵销分录。

2. 内部商品销售的抵销。S公司20×7年向其母公司P公司销售商品1 200万元，该批商品的生产成本为800万元；20×8年度S公司向P公司销售商品2 000万元，生产成本为1 500万元。假定：

（1）P公司20×7年购进的商品当年全部未实现对外销售，但20×8年则将20×7年购进的商品全部对外出售；另外20×8年购进的存货于当年对外销售了50%，其余形成存货。

（2）P公司20×7年购进的商品当年对外销售了60%；其余40%及20×8年购进的存货至20×8年年末均未对外售出。

要求：分别编制（1）、（2）两种情况下20×7年及20×8年编制合并财务报表时的抵销分录。

3. 内部商品销售转为固定资产的抵销。S公司以500万元的价格将其生产的产品销售给P公司，该产品生产成本为400万元。P公司购买该产品作为管理用固定资产使用，按500万元入账。假设P公司对该固定资产按5年的使用寿命采用平均年限法计提折旧，预计净残值为0。该固定资产交易时间为20×6年1月1日，为简化抵销处理，假定P公司该内部交易形成的固定资产按12个月计提折旧。

要求：编制相关年度合并财务报表时的抵销分录。

第五章

外币交易会计与外币报表折算

【本章学习目的与要求】

通过本章的学习，了解外币交易业务和外币报表折算的基本概念、外币交易处理过程中的单一交易观和两项交易观；熟悉汇兑损益的核算原则、外币报表折算的方法以及不同折算方法之间的区别与联系；掌握外币交易的会计处理。

第一节　外币业务概述

自20世纪30年代，西方发达国家针对外币会计业务的不断增加，就开始了有关外币业务会计准则的制定。例如，美国从1939年开始，由美国注册会计师协会（AICPA）所属的会计程序委员会（APB）发布了外币折算相关准则文告，几经修订，于1982年由美国财务会计准则委员会（FASB）正式发布《财务会计准则公告第52号——外币折算》。英国原会计准则委员会于1983年发布了《标准会计实务公告第20号——外币折算》。也是在1983年，国际会计准则委员会（IASC）发布了《国际会计准则第21号——外汇汇率变动影响的会计处理》，1993年，《国际会计准则第21号——外汇汇率变动影响的会计处理》重新修订更名为《国际会计准则第21号——外汇汇率变动的影响》。

在我国，1992年颁布的《外商投资企业会计制度》中对外币折算做了一般性说明。其后，财政部于1994年发布的《关于外汇管理体制改革后企业外币业务会计处理的规定》对企业的外币交易业务的会计处理进行了规定。于1995年颁布实施的《合并会计报表暂行规定》第八条则对外币报表的折算方法做了明确规定。2001年实施的《企业会计制度》中对外币业务仅做了概念性的规定。财政部于1996年7月颁布《企业会计准则——外币折算》（征求意见稿），历经11年之久，进行了多方的征求意见的修改，于2006年2月正式颁布《企业会计准则第19号——外币折算》，标志着我国会计准则体系更加完善，也体现了国际化发展的需要。

一、外币和外币业务

外币是指企业记账本位币以外的货币。通常，外币有狭义和广义之分：狭义的外币是指本国货币以外的其他国家和地区的货币，包括各种纸币和铸币等；广义的外币是指所有以外国货币表示的，能够用于国际结算的支付手段，除了国外的纸币和铸币外，还包括企业所拥有的外国的有价证券、外币支付凭证、其他货币资金（如各种外币汇款、进出口贸易的外币性货款等）。从会计角度而言，外币就是指记账本位币以外的货币计量单位。记账本位币是指记账和编制财务报表所用的货币。按照我国现行制度的规定，企业一般以人民币作为记账本位币。如果企业的业务收支以外国货币为主，也可以选用某一种外国货币作为记账本位币。总之，在会计中，记账本位币以外的货币均为外币。

企业的外币业务是指以记账本位币以外的货币进行款项收付、往来结算以及计价等的业务。外币业务主要内容包括：

1. 外币与记账本位币、外币与外币之间的兑换业务；
2. 企业收到投资者的外币投资；
3. 企业提供经外币计价的保险和再保险业务；
4. 企业接受外币再保险业务；
5. 支付或收取外币手续费；
6. 企业取得或处置以外币计价的资产；
7. 承担或清偿以外币计价的债务，等等。

外币交易（foreign currency transaction），是企业以外币计价或结算的交易。包括：（1）买卖以外币计价的商品或劳务；（2）借入或借出外币资金及其偿付；（3）其他。

二、外汇和汇率

（一）外汇

外汇是以外币表示的可以用作国际清偿的支付手段和资产，它是“国外汇兑”和“国际汇兑”的简称。它有动态和静态两个方面的含义。动态含义是指一种支付行为，即指把一个国家的货币兑换成另一国家的货币，借以清偿国际债权债务关系的一种经济行为；静态含义是指外币或以外币表示的能用于国际结算的支付手段。会计中的外汇概念一般取其静态的含义，而从动态上讲，它实际上是一种以外币计量的业务。

国际货币基金组织（IMF）曾将外汇一词解释为：货币当局（中央银行、货币管理机构、外汇平准基金组织及财政部）以银行存款、国库券、长短期政府债券等形式保有的，在国际收支逆差时，可以使用的债权。

外汇概念和外币概念是有区别的。作为外汇必须是：（1）以外币表示的资产；（2）在国外能得到偿付的债权；（3）可以兑换成其他支付手段的外币资产。不能自由兑换成其他国货币的外币不能称为外汇。但在会计上识别外币的标志是看其是否是记账本位币以外的货币。另外，外汇对企业来说，一般都表示成外币资金的来源，但外币除了表示外汇资金来源外，还可以作为一种计量单位，在企业并无实际发生外币收付业务时，也可能以外币计价和反映，这是外币业务会计的一个重要特点。

根据我国的外汇管理条例规定，外汇的具体内容包括：（1）外国货币，含纸币和铸币；（2）外币有价证券，包括政府公债、国库券、公司债券、股票、息票等；（3）外币支付凭证，包括票据（支票、汇票、期票）、银行存款凭证、邮政储蓄凭证等；（4）其他外汇资金。黄金可以用作国际支付和结算的手段，执行世界货币的职能，所以，在许多国家也将其列入外汇范畴。

外币是指记账本位币以外的货币，它可以是本国货币。例如，我国国内某企业采用非人民币作为记账本位币，对于该企业来说，该货币就是一种外币，人民币业务则是它的外币业务。外汇永远是指人民币以外的其他国家货币表示的当企业因业务的需要，从事进出口贸易、设立国外分支机构或子公司时，在交易记录、损益确认及财务报表的列报上，均会因衡量单位涉及外币而较为复杂。

目前，我国企业外币业务会计一般是以国家公布的买入汇率和卖出汇率所计算的中间汇率作为入账依据。

（二）汇率

汇率的全称是外汇汇率，又称为汇价。它是指一个国家的货币兑换为另一个国家货币的比率，是两种不同货币之间的比价。汇率是指一国货币表示的另一国货币的价格，也即以一单位的某国货币折算成另一国货币的比率。外汇是一种特殊的商品，它可以进行买卖，汇率就表现为外汇买卖时的价格，因此汇率有时也称为汇价。汇率有直接标价法和间接标价法两种表示方法。

1. 直接标价法又称直接汇率（应付标价法），是以一定数量的外国货币来表示可兑换多少本国货币的金额作为计价标准的汇率，如 1 美元可兑换 6. 98 元人民币。

2. 间接标价法又称间接汇率（收进标价法），是以一定数量的本国货币来表示可兑换多少外国货币的金额作为计价标准的汇率，如 1 元人民币可兑换 0. 14 美元。

应当指出的是，世界各国的外汇汇率标价方法均不一致，目前大多数国家包括我国在内，均采用直接标价法。用直接标价法时，外汇汇率的升降与本国货币币值的升降成反比例变化；用间接标价法时，外汇汇率的升降与本国货币币值的升降成正比例变化。

自 2005 年 7 月 21 日起，我国开始实行以市场供求为基础、参考一揽子货币进行调节、有管理的浮动汇率制度。

我国人民币汇率中间价的公布办法

1. 2005年7月21日之前公布人民币汇率基准价。7月21日人民币汇率形成机制改革后，中国人民银行于每个工作日闭市后公布当日银行间外汇市场美元等交易货币对人民币汇率的收盘价，作为下一个工作日该货币对人民币交易的中间价。自2006年1月4日起，中国人民银行授权中国外汇交易中心于每个工作日上午9时15分对外公布当日人民币兑美元、欧元、日元和港元汇率中间价，作为当日银行间即期外汇市场（含OTC方式和撮合方式）以及银行柜台交易汇率的中间价。

2. 自2002年4月2日起，公布人民币兑欧元汇率价格。

3. 自2006年8月1日起，公布人民币兑英镑汇率价格。

4. 自2010年8月19日起，公布人民币兑林吉特汇率中间价。

5. 自2010年11月22日起，公布人民币兑卢布汇率中间价。

6. 自2011年11月28日起，公布人民币兑澳元、加元汇率中间价。

7. 人民币兑林吉特、卢布汇率中间价采取间接标价法，即100元人民币折合多少林吉特、卢布。人民币兑其他9种货币汇率中间价仍采取直接标价法，即100外币折合多少人民币。

2016年4月6日汇价	
100美元	647.54元人民币
100欧元	736.7元人民币
100日元	5.8655元人民币
100港元	83.488元人民币
100英镑	916.44元人民币
100元人民币	59.846林吉特
100元人民币	1 059.4卢布
100澳元	488.6元人民币
100加元	493.1元人民币
100新西兰元	440.52元人民币
100新加坡元	477.91元人民币
100瑞士法郎	676.95元人民币

资料来源：http：//www.safe.gov.cn。

（三）汇率的分类

根据分类方式不同，汇率可以有各种不同的分类。

1. 按汇率的制定和使用方式可分为浮动汇率和法定汇率。浮动汇率也称市场汇率，指外汇市场上由交易双方供求关系形成的汇率，这种汇率经常随市场的行情变化而上下波动。法定汇率（官方汇率），是由各国政府根据政府发展经济的政策和交易性质而制定的汇率。

2. 按汇率记入账中的时间可分为现行汇率（记账汇率）、平均汇率和历史汇率（账面汇率）。现行汇率是指资产负债表编制日1单位本国货币兑换成外币金额（或1单位外国货币兑换成本国货币金额）的比率。历史汇率是指在具体事项和交易实际发生当天的即期汇率。平均汇率则是会计上为了处理的简便，而将现行汇率和历史汇率进行简单或者加权平均后的汇率。

显然，现行汇率和历史汇率一般是相对财务报表日期而言的，现行汇率是指财务报表日期的汇率，而历史汇率是指最初购得外币资产或承担外币债务时日的汇率。而平均汇率是现行汇率和历史汇率的简单或者加权平均数。

3. 按从事外汇经营的银行和经纪人买卖外汇的价格可分为买入汇率、卖出汇率和外汇中间价。买入汇率指外国客户以外币兑换本国货币时，银行按买进外币而使用的汇率；卖出汇率指外国客户以本国货币兑换外币时，银行按卖出外币而使用的汇率；而外汇中间价通常是指外汇买入价和卖出价的平均数。

一般而言，在直接标价法下，卖出价大于买入价；而在间接标价法下，买入价大于卖出价。应当指出的是，此处的买入和卖出是从经营外汇的银行和经纪人的角度来讲的。倘若一个客户将外币兑换成本国货币，银行是买进外币，故应按买入价兑换；倘若该客户以本国货币兑换外币时，银行是卖出外币，故应按卖出价兑换。在直接标价法下，卖出价高于买入价；而在间接标价法下，卖出价要低于买入价，其间的差额即为经营外汇的银行和经纪人的毛利。

4. 按外汇交易的交割期限可分为即期汇率和远期汇率。即期汇率指进行现汇交易使用的汇率。即期外汇交易通常隔两个营业日交割。根据支付凭证的不同，现汇又分为电汇、信汇和票汇三种，其汇率也有所不同。由于电汇交款迅速，国际上大额款项大多采用电汇方式。世界各国外汇市场公布的即期汇率指的就是电汇汇率。远期汇率指进行期汇交易使用的汇率。鉴于外汇市场有现汇市场和期汇市场两种，相应地，其交易也就称为现汇交易和期汇交易。与此相联系，汇率也有即期汇率和远期汇率之分。大部分外汇交易都发生在现汇市场，也就是即期交割的外汇市场。

期汇交易，也称远期外汇交易，指在外汇买卖成交后，先由买卖双方订立合同，规定外汇买卖的数量、交割期以及汇率等条款，到合同约定日再行办理交割的一种外汇交易。期汇交易的交割期限，大多为30天、60天、90天和180天，但也可以约定其他的到期日。

在期汇市场上从事期汇交易，无论汇率发生何种变化，都应按期汇合同约定的汇率，在约定的期限到期时进行交割。因此，期汇交易常被进出口商和外汇债权债务人用作规避外汇风险的一种手段。这种由经纪人和客户事先约定的将在未来一定时日据以交割的期汇交易所采用的汇率称为远期汇率。远期汇率也称期汇汇率。

远期汇率的表示方法有两种：一是直接标明远期外汇的实际汇率；二是用升水、贴水和平价间接标明的远期汇率。

在直接标价法下，远期汇率高于即期汇率的差额，称为升水；反之，称为贴水。升水时，远期汇率 = 即期汇率 + 升水数；贴水时，远期汇率 = 即期汇率 - 贴水数。而在间接标价法下，升水和贴水的计算与直接标价法正好相反，远期汇率低于即期汇率时为升水，而高于即期汇率时则为贴水。升水及贴水产生的原因比较复杂，主要原因是各国利率的差异。但对未来即期汇率的估计也是一个很重要的因素。此外，通货膨胀和国际贸易的顺差和逆差也是影响汇率的重要因素。

5. 按外汇汇率的形成方式可分为固定汇率、浮动汇率和多重汇率。固定汇率也称法定汇率和官方汇率，指政府为稳定外汇市场而规定的外汇汇率。在对外汇进行管制的国家，固定汇率通常表现为国家制定公布的外汇牌价。固定汇率是个相对的概念，它一般需根据市场汇率的变动幅度做出适当的调整。某些时候，政府会根据特定的情况分别不同的固定汇率。例如，对某些商品的进口采用较低的固定汇率，而对另外一些商品的进口则采用较高的固定汇率，这便是所谓的多重汇率。例如，阿根廷、乌拉圭等国家采用的就是多重汇率。

浮动汇率也称市场汇率，指随市场供求关系而变动的汇率。从理论上讲，货币的价值应是货币购买力的表现。例如，某一国家通货膨胀率的上升就是货币购买力的下降，相应地，该国货币对外币的汇率也应该下降。巨额贸易顺差会使该国的货币需求量大增，从而会使该国货币坚挺。相反，贸易逆差会使该国货币贬值。除通货膨胀和贸易量可影响汇率的浮动外，利率和投机因素也会导致汇率的浮动。

一般而言，即期汇率为市场术语，现行汇率、历史汇率和平均汇率为会计术语。

三、外币折算和外币兑换

外币折算（currency translation），是指经济业务中将实际使用的外币转换为其他种类货币的换算过程。即将在收支过程实际使用的外币折合为等值的编报货币，是对某类经济业务以不同货币的重新表述。在外币交易中，原始的计量单位是不同的外币，而会计计量需要有一个统一的计量尺度。这样，要想把交易、事项记录入账并编制财务报表，必须按照原来使用的外币计量和反映的同时，把不同货币单位表述的金额统一折算成记账本位币等值。

外币兑换（exchange of foreign money），是指根据需要在规定允许的情况下，将一种货币兑换为另一种货币的经济业务。外币兑换是不同货币之间的实际交换（实际的货币转换），它不同于外币折算。

显然，外币折算只是改变货币表述，即从一种货币计量单位重新表述为另一种货币计量单位，它与外币兑换有明显的不同。

四、外币记账方法

外币记账方法可以分为外币统账制和外币分账制。外币统账制是指企业在发生外币业务时，即折算为记账本位币入账。外币分账制是指企业在日常核算时按照外币原价记账，分别币种核算损益和编制会计报表，在资产负债表日将外币财务报表折算为记账本位币表示的财务报表，并与记账本位币财务报表进行汇总，编制企业整体业务的财务报表。

在外币统账制下，企业发生外币业务时，应当按外币原币登记外币账户，同时选用一定的汇率将外币金额折算为记账本位币金额。因汇率总是在不断地变化，从而导致同一外币数额在不同时点会对应不同的记账本位币数额，两者间相互折算时就会形成汇兑损益。我国财政部 2006 年发布的《企业会计准则第 19 号——外币折算》中没有规定分账制记账方法，只推出了外汇统账制方法，即是以本国货币作为记账本位币，将发生的其他货币的经济业务折合为本国货币反映，外币在账簿上只作辅助记录。但对于外币交易频繁、外币币种较多的金融企业，也可以采用分账制记账方法进行日常核算。资产负债表日，应当对相应的外币账户余额分别货币性项目和非货币性项目进行调整。采用分账制记账方法，其产生的汇兑差额的处理结果，应当与统账制一致。

在外币统账制下，企业的外币记账方法一般有成本法和标准汇率法两种。

1. 成本法。成本法也称逐日折算法，指按交易发生时的即期汇率将外币折算为本国货币金额入账的一种方法。对于外币业务，通常要求在记录折算金额的同时也记录外币的实际金额，即用复币记账方法记录外币业务。外币栏采用永续盘存制。

在复币记账方法下，要求在每期期末对外币性资产和负债进行调整，以使本国货币与外币现行价值相一致，差异调整数记入汇兑损益或其他项目。

2. 标准汇率法。标准汇率法也称为月终调整法，指外币在入账时均按标准汇率记录，外币业务发生时，除外币兑换业务外，借贷双方均采用月内同一的汇率记账，也无须分别注销原有外币账户的账面汇率，平时不确认汇兑损益，到期末（一般是月末）将所有外币存款户和所有外币债权、债务账户按期末现行汇率调整，一并倒轧确认其全月的汇兑损益。此方法主要适用于外币业务较多的企业。

标准汇率通常取有代表意义的平均汇率，我国多数企业通常取当月1日的汇率为标准汇率。

根据2006年我国《企业会计准则第19号——外币折算》的规定，外币交易应当在初始确认时，采用交易发生日的即期汇率将外币金额折算为记账本位币金额；也可以采用按照系统合理的方法确定的、与交易发生日即期汇率近似的汇率折算。不难看出，对企业发生的外币业务，既可以采用成本法，也可以采用标准汇率法。至于具体应选择哪种方法，则由企业自行确定，但必须保持折算方法的前后期的一致性。

五、结汇和购汇

1. 结汇，指企业或个人按照外汇牌价，向银行卖出外汇。银行按挂牌的买入价将人民币兑付给企业或个人。

2. 购汇，指企业或个人按照外汇牌价从银行买进外汇。银行按外汇卖出价向企业收取人民币。

结汇和购汇时，企业登记外汇账户使用的市场汇率与银行的挂牌汇率之差，作为企业本期的汇兑损益处理。

我国现行政策是，中国人民银行每日公布全国统一的市场汇价为企业外币的折合汇率，而实际的外汇买卖仍按各银行等的挂牌汇率。

第二节　外币交易及其会计处理

一、外币交易

外币交易是指以外币计价或者计算的交易。外币是企业记账本位币以外的货币。常见的外币交易有：(1) 企业购买或销售以外币计价的商品和劳务；(2) 企业借入或借出其应付或应收金额以外币计算的资金；(3) 企业为国外实体净投资进行套期保值；(4) 远期外汇合同。

外币交易的会计处理，重点是解决以下几个会计问题：(1) 交易发生时应该采用哪一种汇率进行记录；(2) 资产负债表编制日外币资产和负债余额应如何记录；(3) 外汇汇兑损益应如何处理；(4) 外币应收款和应付款在结算日应如何记录。

二、记账本位币的确定

记账本位币是指企业经营所处的主要经济环境中的货币。企业选定某种货币作为记账本位币，应当考虑下列因素：（1）该货币主要影响商品和劳务的销售价格，通常以该货币进行商品和劳务的计价和结算。其中，该货币主要影响商品和劳务的销售价格，是指企业在制定产品或者劳务的销售价格时，应当考虑其所处的经济环境中通行货币的购买力水平，以制定合适的能够为广大消费群体所接受的价格。也就是说，在我国经营的跨国公司的子公司，其产品主要在我国销售，则在制定价格时应慎重考虑人民币这种我国通行的货币的购买力水平，制定合适的能够为广大消费群体所接受的价格，而不应以美元的购买力水平为参考。（2）该货币主要影响商品和劳务所需人工、材料和其他费用，通常以该货币进行上述费用的计价和结算。其中，该货币主要影响商品和劳务所需人工、材料和其他费用，指企业为生产产品或提供劳务，雇用员工劳动的薪金、购货款等费用都是以该货币的现有购买力为基础，并以此进行计价和结算。（3）融资活动获得的货币以及保存从经营活动中收取款项所使用的货币。其中，融资活动获得的货币主要指初始投资获得的资本金、股票发行获得的认购款、银行存款、借款等融资方式获得的货币资金。保存从经营活动中收取的款项，指企业日常经营过程中收取的货款、劳务收入款项等。

企业选定境外经营的记账本位币，还应考虑下列因素：

第一，境外经营对其所从事的活动是否拥有很强的自主性。如果境外经营对其所从事的活动拥有很强的自主性，就可以根据自身所处的经济环境中主要使用的货币确定自己的记账本位币。否则，若境外经营活动对境内母公司或总公司有很强的依附性，属于总公司的有机组成部分，则应该选择与母公司或总公司相同的记账本位币。

第二，境外经营活动中与企业的交易是否在境外经营活动中占有较大比重。境外经营活动中与企业的交易在境外经营活动中占有较大比重，指境外经营的日常交易和业务中，有很大一部分是在母公司或总公司间发生的。这样，母公司或总公司的记账本位币就成为境外经营所处的经济环境中主要使用的货币，即它们使用相同的记账本位币。否则，若境外经营活动中与企业的交易在境外经营活动中只占有微小的比重，企业只是享有境外经营的权益的剩余索取权，境外经营就可以依照企业选择记账本位币的方法和程序选择自己的记账本位币。

第三，境外经营活动产生的现金流量是否直接影响企业的现金流量、是否可以随时汇回。如果境外经营活动产生的现金流量直接影响企业的现金流量，并可以随时汇回，就可以将境外经营的交易视为企业自身的交易，采用企业的记账本位币作为自己的记账本位币。否则，就可以依照企业选择记账本位币的方法和程序选择自己的记账本位币，并在合并财务报表时按外币报表折算处理。

第四，境外经营活动产生的现金流量是否足以偿还其现有债务和可预期的债务。如果境外经营活动产生的现金流量足以偿还其现有债务和可预期的债务，即境外经营活动所需要的资金主要依靠自身经营活动产生的现金流或在当地借款等方式筹措，而不是向企业筹措，这也可以说明境外经营企业有很强的自主性和独立性，因此应依照企业选择记账本位币的方法和程序选择自己的记账本位币。否则，应采用企业的记账本位币作为自己的记账本位币。

另外，企业记账本位币一经确定，不得随意变更，除非企业经营所处的主要经济环境发生重大变化。企业因经营所处的主要经济环境发生重大变化，确需变更记账本位币的，应当采用变更当日的即期汇率将所有项目折算为变更后的记账本位币。主要经营环境指企业主要产生和支出现金的环境。

企业通常应选择人民币作为记账本位币。业务收支以人民币以外的某种货币为主的企业，可以选定该种货币作为记账本位币。但是，编报的财务报表应当折算为人民币。换言之，企业的记账本位币只能是某一种货币。

三、外币交易的会计处理

(一)“单一交易”和“两项交易”的观点

在对外币交易进行会计处理时，由于外币交易事项的发生日、结算日和编报日的汇率不同，从而会产生相同的交易金额在不同的时点折合成记账本位币的金额不同。由此产生的差额就是汇兑损益。外币交易过程中所产生的汇兑损益应该如何处理，目前主要有两种观点，即单一交易观和两项交易观。

“单一交易”的主要内容：对以外币标价的购销交易，必须在实际结算后才算完成。即以外币的收到、支付为业务结束的标志，最终确认购销的依据是外币结算日的汇率，不会出现汇兑损益。

“两项交易”的主要内容：企业购销业务的发生与外币的实际支付应被视为两项对等的交易，在购销业务发生时应以当日的现行汇率确认取得的收入或支付的成本，期末编表以及以后结算的汇率变动与确认的收入和成本不再有直接关系，此期间因汇率变动形成的汇兑差额作为汇兑损益，并单设账户进行核算。此时，对于实际外币收付前的折算损益有不同处理方法：一是将外币收付前的折算损益作为已实现的汇兑损益，列入当期损益；二是将外币收付前的折算损益作为未实现的递延汇兑损益。

外币交易的购买成本和销售收入在转换为等值的记账本位币时，应以交易发生日的汇率计算。发生日至结算日之间发生的汇率波动，属于财务风险，应反映为企业的财务损益，并与外币兑换交易所产生的损益合在一起，反映在“汇兑损益”账户中，而不需调整购买成本或销售收入。采用这种会计处理方法，汇率波动的影响将以独立的项目反映在利润表中。如果外币交易的发生日和结算日跨越两个不同的会计期间，则“汇兑损益”也将分别属于两个会计期间。单一交易观和两项交易观的主要分歧就是汇率变动所产生的折算差额是调整原始的入账金额还是作为汇兑损益单独确认。单一交易观主张的是调整原始入账金额，这不符合国际公认的收入确认原则，也没有反映外币交易的汇率风险。两项交易观主张确认汇兑损益，并计入当期损益，体现了外币交易承担汇率变动风险的事实。因而，世界上绝大多数国家都主张采用两项交易观，而很少采用单一交易观。

美国财务会计准则委员会（FASB）早在 1975 年发布的第 8 号财务会计准则公告（FAS8）《外币交易会计和外币财务报表折算》中，就明确要求对外币交易的会计处理采用两项交易观。在 1981 年发布的用来替换 FAS8 的 SFAS52《外币折算》中，同样肯定了两项交易观。

国际会计准则委员会于 1983 年发布的《国际会计准则第 21 号——外汇汇率变动影响的会计处理》和在 1993 年修订后重新发布的《国际会计准则第 21 号——外汇汇率变动的影响》中，都要求采用两项交易观。根据我国《企业会计准则第 19 号——外币折算》，我国对外币交易的会计处理也采用两项交易观。

（二）外币交易发生时的处理

企业对于发生的外币交易，应将外币金额折算为记账本位币金额。

外币交易应在初始确认时，采用交易发生日的即期汇率将外币金额折算为记账本位币金额；也可采用系统合理的方法确定的、与交易发生日即期汇率近似的汇率折算。即期汇率一般指中国人民银行公布的人民币中间价；即期汇率近似汇率指当期平均汇率或加权平均汇率。不允许开立现汇账户的企业，可以设置外币现金和外币银行存款以外的其他外币账户。

企业发生的外币兑换业务或涉及外币兑换的交易事项，应当以交易实际采用的汇率，即银行买入价或卖出价折算。即期汇率的近似汇率是按照系统合理的方法确定的，与交易发生日即期汇率近似的汇率，通常是指当期平均汇率或加权平均汇率等。通常情况下，企业应当采用即期汇率进行折算。汇率波动不大的，也可以采用按照系统合理的方法确定的，与交易发生日即期汇率近似的汇率折算，但前后各期应当采用相同的方法确定当期的近似汇率。

1. 外币兑换业务。外币兑换业务是指企业从银行等金融机构购入外币或向银行等金融机构售出货币。企业卖出货币时，一方面将企业实际收取的记账本位币（按照外币买入价折算的记账本位币金额）登记入账；另一方面按照当日的即期汇率将卖出的外币实际收入的记账本位币金额，与付出的外币按当日即期汇率折算为记账本位币金额之间的差额，作为汇兑差额，计入当期损益。

【例 5-1】　甲公司外币交易采用业务发生时的即期汇率折算。本期将 100 000 美元兑换为人民币，银行当日的美元买入价为 1 美元 =6.27 元人民币，当日即期汇率为 1 美元 =6.35 元人民币。则甲公司应当在银行存款美元账户记录美元的减少，同时按照当日的即期汇率将售出的美元折算为人民币，在银行存款美元账户对应的人民币账户记录美元减少；按实际收到的人民币金额，在银行存款人民币账户记录人民币的增加，两者之间的差额作为当期的财务费用。其会计处理如下：

借：银行存款（人民币户）（100 000 ×6.27）	627 000	
财务费用	8 000	
贷：银行存款（美元户）（100 000 ×6.35）		635 000

企业买入外币时，要按照外币卖出价折算应向银行支付的记账本位币，并记录所支付的金额；另外按照当日的即期汇率将买入的外币折算为记账本位币，并登记入账；同时按照买入的外币金额登记相应的外币账户。实际支付的记账本位币金额与收取的外币按照当日汇率折算为记账本位币金额之间的差额，作为汇兑差额，计入当期损益。

2. 外币购销业务。企业从国外或境外购进原材料、商品或引进设备，按照当日的即期汇率将支付的外币或应支付的外币折算为人民币记账，以确定购入原材料等货物及债务的入账价值，同时按照外币的金额登记有关外币账户，如外币银行存款账户等。

【例 5-2】　甲公司外币交易采用业务发生时的即期汇率折算。本期从境外购入不需要安装的设备一台，设备价款为 460 000 美元，购入该设备时即期汇率为 1 美元 = 6.29 元人民币，款项尚未支付。其会计处理如下：

借：固定资产——机器设备（460 000 ×6.29）	2 893 400	
贷：应付账款——美元户		2 893 400

企业出口商品或产品时，按照当日的即期汇率将外币销售收入折算为人民币入账；对于出口销售取得的款项或发生的债权，按照折算为人民币的金额入账，同时按照外币金额登记有关外币账户，如外币银行存款账户和外币应收账款账户等。

3. 外币借款业务。企业借入外币时，按照借入外币时的即期汇率折算为记账本位币入账，同时按照借入外币的金额登记相关的外币账户。

4. 接受外币资本投资。外商投资企业接受外币投资时，采用收到外币款项时的即期汇率将外币折算为记账本位币入账。企业收到投资者以外币投入的资本，应当采用交易发生日即期汇率折算，不得采用合同约定汇率和即期汇率的近似汇率折算，外币投入资本与相应的货币性项目的记账本位币金额之间不产生外币资本折算差额。

【例5－3】 甲公司收到外方投资100 000美元，收到外币款项时的即期汇率为1美元＝6.30元人民币。投资合同中规定的汇率为1美元＝6.25元人民币，则其会计处理如下：

借：银行存款——美元户（100 000×6.30） 630 000
　　贷：股本（100 000×6.30） 630 000

如果合同中没有约定汇率，则会计处理也同此：

借：银行存款——美元户（100 000×6.30） 630 000
　　贷：股本（100 000×6.30） 630 000

（三）期末汇兑损益处理

汇兑损益（汇兑差额），指将同一项目的外币资产和负债折合为编报货币时，由于汇率不同而形成的差异额。汇兑损益是外汇兑换损失和利得的简称。汇兑损益源于汇率的变动。在实务中，汇兑损益是由交易损益和报表折算损益两部分构成，其中交易损益可能来自实际外币兑换，也可能来自储存外币及记录外币交易事项所形成的折算差异；报表折算损益来自会计报表项目的折算，兑换损益不同于折算损益，但我国会计上对其并不加以区分，而是将其全部反映在“汇兑损益”账户。

汇兑损益可分为“已实现汇兑损益”和“未实现汇兑损益”。所谓“已实现汇兑损益”是指产生汇兑损益的外币业务在本期内已经全部完成，如应收的债权已经收回，应付的债务已经偿付。所谓“未实现汇兑损益”是指产生汇兑损益的外币业务尚未完成，如应收的债权尚未收回，应付的债务尚未偿付。对于已实现的汇兑损益计入当期损益，这在两项交易观下毫无争议，但是否将未实现的汇兑损益确认为当期损益，在会计界仍存在一定的争论，主要体现为当期确认法和递延法之争。

1. 当期确认法。当期确认法，即将“未实现的汇兑损益”计入当期损益。采用该方法的理论支持是：按照权责发生制原则，在持续经营条件下，企业必须分期确定损益。如果某笔外币交易发生日和结算日分别属于两个不同的会计期间，则在报表编制日和结算日的汇率变动对该外币交易形成的外币账户的影响将分别属于前后两个会计期间。因而，为了如实反映汇率变动对两个会计期间的影响，企业应该在每期期末按期末汇率将外币账户的外币金额调整为记账本位币金额，并在当期确认汇兑损益；交易结算日，再确认由上一个期间末至结算日之间的汇率变动形成的汇兑损益。这样就反映了汇率变动分别影响两个会计期间的事实。

2. 递延法。递延法，即将“未实现的汇兑损益”记入“递延汇兑损益”账户，递延到以后各期，待外币交易结算时，再将递延汇兑损益转入当期。主张采用递延法的理由是：汇率的波动有升有降，不可能永远是单向变动。在汇率发生逆向变动时，上期确认和计量的“未实现汇兑损益”在本期就不会实现。

从以上的分析可以看出，在“未实现汇兑损益”数额不大、时间跨度也不大的情况下，当期确认法和递延法所产生的差异不大。当期确认法比较简单，也比较符合会计原则，并使当期的会计报表能够及时反映汇率变动对企业财务状况的影响。但在汇率发生较大幅度的变动时，会导致企业当期收益既包括巨额未实现汇兑损益又包括正常的经营损益，从而使企业的会计报表不能正确地反映当期的经营成果。由于汇率的大幅度波动并不是一个经常发生的事项，且当期确认法操作相对比较简单，美国财务会计准则委员会和国际会计准则委员会都要求采用当期确认法，我国也主张采用该方法。

关于“未实现汇兑损益”是否递延的问题，还有人主张：基于稳健（谨慎性）原则，对未实现的汇兑损失不予递延，而对未实现的汇兑收益采用递延法。由于这种主张缺乏合乎逻辑的理论支持，而未得到会计学界的广泛支持。

我国外币交易对未实现汇兑损益的处理主要采用当期确认法，基本符合国际会计惯例。企业在资产负债表日，应当按照下列规定对外币货币性项目和外币非货币性项目进行处理：(1) 外币货币性项目。货币性项目，指企业持有的货币资金和将以固定或可确定的金额收取的资产或者偿付的负债。货币性项目分为货币性资产和货币性负债。货币性资产包括库存现金、银行存款、应收账款、其他应收款、长期应收款等；货币性负债包括短期借款、应付账款、其他应付款、长期借款、应付债券、长期应付款等。外币货币性项目，采用资产负债表日即期汇率折算。因资产负债表日即期汇率与初始确认时或者前一资产负债表日即期汇率不同而产生的汇兑差额，计入当期损益，同时调增或调减外币货币性项目的记账本位币金额。(2) 外币非货币性项目。非货币性项目，是指货币性项目以外的项目，包括存货、长期股权投资、固定资产、无形资产等。以历史成本计量的外币非货币性项目，由于已在交易发生日按当日即期汇率折算，资产负债表日不应改变其原记账本位币金额，不产生汇兑差额；以公允价值计量的外币非货币性项目，如交易性金融资产（股票、基金等），采用公允价值确定日的即期汇率折算，折算后的记账本位币金额与原记账本位币金额的差额，作为公允价值变动（含汇率变动）处理，计入当期损益。

【例 5-4】 国内 A 公司的记账本位币为人民币。20×7 年 12 月 2 日以 60 000 港元购入 B 公司 H 股 10 000 股作为短期投资，当日汇率为 1 港元 =0.8 元人民币，款项已付。20×7 年 12 月 31 日，由于市价变动，当月购入的 B 公司 H 股变为 70 000 港元，当日 1 港元 =0.71 元人民币。20×7 年 12 月 2 日，该公司应对上述交易作以下处理：

借：交易性金融资产（60 000×0.8）　　48 000

　　贷：银行存款（60 000×0.8）　　48 000

由于该项短期股票投资是从境外市场购入、以外币计价，在资产负债表日，不仅应考虑其港币市价的变动，还应一并考虑汇率变动的影响，上述交易性金融资产以资产负债表日的人民币 49 000 元（70 000 × 0.7）入账，与原账面价值 48 000 元（60 000 × 0.8）的差额为 1 000 元人民币，计入公允价值变动损益。相应的会计分录如下：

借：交易性金融资产　　　　　　　　　　　　　　　　　1 000

　　贷：公允价值变动损益　　　　　　　　　　　　　　　　1 000

1 000 元人民币包含 A 公司所购 H 股公允价值变动 8 000［（70 000 − 60 000）× 0.8］元以及人民币与港币之间汇率变动 −7 000［70 000 ×（0.7 − 0.8）］元的双重影响。

【例 5 − 5】某公司采用交易发生日的即期汇率对外币交易业务进行核算，并按月计算汇兑损益。该公司 20 × 8 年 3 月期初的美元兑人民币的市场汇率为 1∶8.28，期初外币账户的余额如表 5 − 1 所示。

表 5 − 1　　外币账户期初余额

项目	外币金额（美元）	汇率	人民币金额（元）
银行存款	50 000	8.28	414 000
应收账款	80 000	8.28	662 400
应付账款	60 000	8.28	496 800
短期借款	0	8.28	0

该公司 20 × 8 年 3 月发生的有关经济业务如下：

（1）用银行存款归还应付账款 30 000 美元，当日的美元兑人民币的市场汇率为1∶8.31。

（2）用人民币购买 10 000 美元，当日的市场汇率为 1∶8.30，经营外汇银行的买入价为 1∶8.28，卖出价为 1∶8.32。

（3）用美元买入原材料一批，价款为 10 000 美元，当日美元兑人民币的市场汇率为 1∶8.29，价款尚未支付。

（4）收回应收账款 50 000 美元，当日的美元兑人民币的市场汇率为 1∶8.30。

（5）用美元兑换人民币，支付 20 000 美元，当日的美元兑人民币的市场汇率为 1∶8.29，经营外汇银行的买入价为 1∶8.27，卖出价为 1∶8.31。

（6）取得 50 000 美元的短期借款，取得日的美元兑人民币的市场汇率为 1∶8.29。20 × 8 年 3 月末的美元兑人民币的市场汇率为 1∶8.30。

根据上述资料编制外币交易业务的会计分录如下：

（1）用银行存款归还应付账款 30 000 美元，当日的美元兑人民币的市场汇率为1∶8.31：

借：应付账款——美元户（US $ 30 000 × 8.31）　　　　　　249 300

贷：银行存款——美元户（US＄30 000 × 8. 31）　　249 300

（2）用人民币购买10 000美元，当日的市场汇率为1∶8. 30，经营外汇银行的买入价为1∶8. 28，卖出价为1∶8. 32：

借：银行存款——美元户（US＄10 000 × 8. 3）　　83 000

财务费用——汇兑损益［10 000 ×（8. 32 − 8. 3）］　　200

贷：银行存款——人民币户（10 000 × 8. 32）　　83 200

（3）用美元买入原材料一批，价款为10 000美元，当日美元兑人民币的市场汇率为1∶8. 29，价款尚未支付：

借：原材料　　82 900

贷：应付账款——美元户（US＄10 000 × 8. 29）　　82 900

（4）收回应收账款50 000美元，当日的美元兑人民币的市场汇率为1∶8. 30：

借：银行存款——美元户（US＄50 000 × 8. 30）　　415 000

贷：应收账款——美元户（US＄50 000 × 8. 30）　　415 000

（5）用美元兑换人民币，支付20 000美元，当日的美元兑人民币的市场汇率为1∶8. 29，经营外汇银行的买入价为1∶8. 27，卖出价为1∶8. 31：

借：银行存款——人民币户（20 000 × 8. 27）　　165 400

财务费用——汇兑损益［20 000 ×（8. 29 − 8. 27）］　　400

贷：银行存款——美元户（US＄20 000 × 8. 29）　　165 800

（6）取得50 000美元的短期借款，取得日的美元兑人民币的市场汇率为1∶8. 29。期末的美元对人民币的市场汇率为1∶8. 30：

借：银行存款——美元户（US＄50 000 × 8. 29）　　414 500

贷：短期借款——美元户（US＄50 000 × 8. 29）　　414 500

（7）期末调整。编制外币账户期末余额调整计算表见表5 − 2。

表5 − 2　　外币账户期末余额调整计算表

项目	外币金额(美元)	调整前人民币金额(元)	期末汇率	调整后人民币金额(元)	应调整数额(元)
银行存款	110 000	911 400	8. 30	913 000	1 600
应收账款	30 000	247 400	8. 30	249 000	1 600
应付账款	40 000	330 400	8. 30	332 000	1 600
短期借款	50 000	414 500	8. 30	415 000	500

借：银行存款——美元户　　1 600

应收账款——美元户　　1 600

贷：应付账款——美元户　　1 600

短期借款——美元户 500

财务费用——汇兑损益 1 100

银行存款：

美元户 =50 000 - 30 000 + 10 000 + 50 000 - 20 000 + 50 000 = 110 000（元）

调整前 =414 000 - 249 300 + 83 000 + 415 000 - 165 800 + 414 500 = 911 400（元）

应收账款：

美元户 =80 000 - 50 000 = 30 000（元）

调整前 =662 400 - 415 000 = 247 400（元）

应付账款：

美元户 =60 000 - 30 000 + 10 000 = 40 000（元）

调整前 =496 800 - 249 300 + 82 900 = 330 400（元）

短期借款：

美元户 =50 000（元）

调整前 =414 500（元）

我国企业会计准则与国际会计准则的比较

《企业会计准则第19号——外币折算》与《国际会计准则第21号——汇率变动的影响》内容相对应，我国准则与国际会计准则的主要差异如下：

（1）我国准则只明确了采用记账本位币记账时，境外经营处于恶性通货膨胀时的记账原则，即企业在并入处于恶性通货膨胀经济中的境外经营的财务报表时，应对其予以重述；在境外经营不再处于恶性通货膨胀经济中时，停止重述；按照停止之日的价格水平对重述的财务报表进行折算等。但没有表述境内经营企业在通货膨胀情况下如何处理，我国至今也没有发布相应通货膨胀经济下的会计准则，而通货膨胀又是经济生活中几乎不可避免的经济现象。

而国际会计准则在第14条明确规定："如果功能货币是恶性通货膨胀经济下的货币，则主体财务报表应按照《国际会计准则第29号——恶性通货膨胀经济中的财务报告》进行重述。"

（2）外币折算准则明确规定企业通常应选择人民币作为记账本位币，业务收支以人民币以外的货币为主的企业，也可以选定以该种货币作为记账本位币记账，但是编报的财务报表应当折算为人民币。这就是说，会计核算可以选定人民币以外的货币作为记账本位币，而列报货币只能是人民币。

国际会计准则第38条中提出"主体财务报表可以按任意一种（或几种）货币列报。如果列报货币不同于主体的功能货币，其经营成果和财务状况需要折算成列报货币。"

（3）我国企业会计准则对主体对境外经营的带有投资性质的长期应收、长期应付款净额，期末的汇率调整没有专门说明，国际会计准则第 15 条及第 32 条、33 条、48 条规定："在同时包括国外经营和报表主体的财务报表中，这些汇兑差额初始确认时，应单独列作权益项目，并且在对该净额进行处置时转入处置当期损益。"

（4）我国企业会计准则没有提及境外经营财务报表日期与企业报告日期应该一致的要求，及不一致时应该怎样处理。而国际会计准则明确规定："国外实体通常采用与报告企业一致的编制日期。"如果这样做不切实际，《国际会计准则第 27 号——合并财务报表和对附属公司投资的会计》规定，允许采用报告日期相差不超过 3 个月的财务报表。在这种情况下，国外实体的资产和负债应以其资产负债表日的汇率计算。如果国外实体的资产负债表日汇率波动较大，应作相应的调整。

（5）我国企业会计准则在选择境外经营记账本位币时，没有明确区分境外经营实体和作为企业有机组成部分的境外经营，只是对其记账本位币的选择提供了一些应考虑的因素。而国际会计准则明确地将境外经营分为境外经营实体和作为企业有机组成部分的境外经营，并分别规定了其记账本位币的选择。

第三节　外币报表折算

一、外币报表折算的概念

所谓外币报表折算（conversion of foreign currency financial statements），是指将以外币表示的会计报表折算为以记账本位币或规定货币表示的会计报表。外币报表折算通常出现在以下两种情形：一是母公司必须将境外子公司的外币报表纳入合并报表，或者投资公司必须采用权益法核算对境外联营企业、合并企业的投资。二是企业出于某种原因需要采用其他货币来列报财务报表。

进行外币报表折算主要目的包括：第一，提供特殊财务报表，以满足国外有关方面和人士的特殊要求，特别是为了使习惯持不同货币观念的报表使用者更便于理解，而将一种货币单位表述的财务报表，折算成其要求的另一种货币单位表述的财务报表。第二，为了编制合并报表而进行的外币报表换算，这主要适用于跨国经营的控股公司与其在国外附属公司财务报表折算后合并的需要，也是编制跨国公司合并报表的先决条件。

二、外币报表折算的方法

外币报表折算主要涉及两大会计问题：一是选用何种汇率对外币会计报表项目折算；二是对由于外币会计报表中各项目采用不同的折算汇率而产生的外币会计报表折算差额如何处理。选用不同的汇率以及对外币折算差额采用不同的处理方式就形成了不同的折算方法。目前国际上常用的折算方法包括现行汇率法（current rate method）、流动性与非流动性项目法（current-noncurrent method）、货币性与非货币性项目法（monetary-nonmonetary method）和时态法（temporal method）。

（一）现行汇率法

在现行汇率法下，除实收资本、资本公积等所有者权益项目以历史汇率进行折算外，外币会计报表中资产、负债、收入、费用各项目均以现行汇率进行折算。现行汇率也称为期末汇率法，在现行汇率法下，收入、费用项目也可以采用会计期间的平均汇率（简单平均汇率或加权平均汇率）进行折算。外币会计报表折算中产生的差额，计入当期损益。或者在所有者权益项下单列“外币会计报表折算差额”项目反映，并逐年积累下去。

1. 报表项目折算汇率选择。

（1）资产负债表项目：资产、负债项目采用现行汇率（期末汇率）折算；资本项目按照历史汇率折算；留存收益项目为轧算的平衡数。

（2）利润表项目：收入和费用项目按照编表期内的平均汇率（简单平均汇率或加权平均汇率）进行折算。

（3）折算差额在资产负债表中所有者权益项目下单独列示，并逐年累积下去；或者计入当期损益。

2. 优缺点及适用范围。

现行汇率法的优点：（1）现行汇率法简单易行，资产、负债项目乘上一个常数；（2）折算后资产负债表的各个项目之间仍能保持原有的外币报表中各项目之间的比例关系；（3）折算过程中，不体现会计政策，不改变报表性质，仅仅改变表述形式。

现行汇率法的缺点：（1）该方法假定附属公司以所在国货币表示的外币资产和负债项目都要承受汇率变动的风险，这显然是不合理的。（2）在历史成本模式下，以现行汇率折算一项以历史成本计价的项目，折算后的金额既不是以母公司所在国货币表示的历史成本，也不是外币的历史成本；既不是现行市价，也不是可变现净值。因此，在理论上缺乏依据，并导致外币报表的某些项目的实际价值受到歪曲，从而影响合并会计报表的真实性。

现行汇率法意味着被折算的外币会计报表各项目都承受着汇率风险，但实际上企业资产、负债各项目所承受的汇率风险是不一样的，像固定资产、存货等以实物形态存在的资产不一定承受汇率风险。另外，以现行汇率进行折算与目前普遍采用的历史成本原则不相符合。理解现行汇率法的要点在于，现行汇率法是以子公司净资产为基础来衡量汇率变动风险的。现行汇率法和时态法在会计实务中被广泛采用。

适用范围：一般适用于国外独立经营的经营实体及国内以某种外币作为记账本位币的企业外币会计报表的折算。这类企业一般不是母公司经营的有机组成部分，其汇率变动不会直接影响到母公司的现金流量，报表折算的目的主要是便于报表使用者的理解，因此，要求折算后的会计报表应尽可能地保持国外子公司外币报表所反映的比例关系。用现行汇率法对外币会计报表进行折算，实际上是将外币会计报表的所有项目都乘以一个常数，只是改变外币会计报表的表现形式，并没有改变会计报表中各项目的比例关系。现行汇率法能够保持外币会计报表的内部结构和各项目之间的经济联系。

（二）流动性与非流动性项目法

1. 报表项目折算汇率选择。

（1）资产负债表项目：流动资产和流动负债按照现行汇率折算；非流动的资产和负债按照历史汇率折算；资本项目按照历史汇率折算；留存收益项目为轧算的平衡数。

（2）利润表项目：固定资产折旧和摊销费用按取得资产时的历史汇率折算，其他项目按照平均汇率进行折算。

（3）报表折算损益：外币折算差额属于折算净损失，计入当期损益；属于折算净收益则予以递延，列入资产负债表，用以抵销未来会计年度可能发生的折算损失。

2. 优缺点及适用范围。

流动性与非流动性项目法的优点在于：对流动资产和流动负债项目均采用现行汇率折算，有利于对子公司的营运资金进行分析。

流动性与非流动性项目法的主要缺陷是：划分流动性项目和非流动性项目并使其分别采用现行汇率和历史汇率进行折算缺乏足够的理论支持。按历史汇率折算属于非流动负债的长期借款、应付债券、长期应付款掩盖了它们所承受的汇率变动的影响，同时，对流动资产按期末汇率进行折算，意味着应收账款、存货等都应承受汇率变动的风险，这对以历史成本计价的存货是不恰当的。因为存货与固定资产一样，在按取得日的历史成本和历史汇率折算后，就与以后的汇率变动没有关系了。对存货和其他流动资产一视同仁，忽略了不同流动资产承担不同汇率风险的现实。对长期应收款、长期应付款、长期银行借款和应付债券等项目采用历史汇率进行折算，没有反映这些项目承受的汇率风险的事实。因此，流动性与非流动性项目法可能会在一定程度上歪曲企业的经营业绩。这种方法已基本上被淘汰，只有少数的国家还采用这种方法。

（三）货币性与非货币性项目法

1. 报表项目折算汇率选择。

（1）资产负债表项目：货币性项目按照现行汇率折算，例如应收票据、应收账款、应付账款、应付票据、应付债券等。非货币性项目按照历史汇率折算；实收资本（股本）、资本公积按照历史汇率折算。未分配利润为轧平的平衡数。

（2）利润表及所有者权益变动表项目：与流动与非流动法相同。

（3）外币报表折算损益：直接计入当期损益。

2. 优缺点及适用范围。

货币性与非货币性项目法的优点是：能够反映汇率变动对不同资产、负债项目的影响，如对非货币性项目的存货按历史汇率折算，可以避免存货价值在折算后产生的不合理情况，对于货币性项目的长期负债按现行汇率折算，能够及时在本期反映汇率变动对企业负债额的影响。

货币性与非货币性项目法的缺点在于：在确定各项目的折算汇率时所依据的仍是对报表项目的分类，而没有充分的依据说明这种分类与不同折算汇率的选择之间的直接关系。外币报表的折算涉及的主要是会计计量问题，而不是分类，因此，货币性与非货币性项目法没有解决外币报表折算的实质问题。这种方法较少采用。

（四）时态法——按其计量所属日期的汇率进行折算

时态法不是对货币性与非货币性项目法的否定，而是对它的进一步发展。时态法是指要求现金、应收、应付项目（包括流动与非流动的）按资产负债表编制日的现行汇率换算，其他资产和负债则依其特性分别按现行汇率和历史汇率折算。时态法也称时间度量法，它的理论依据是：外币会计报表的折算不应当改变会计报表所反映的经济事实，因此在选择汇率时，只能改变计量单位，而不应当改变原有的计量属性。即在外币报表中的现金、应收账款和应付账款，都要按现行汇率折算。非货币性资产按历史成本表述的要按历史汇率折算。按现行成本表述的要按现行汇率折算，收入和费用要按交易发生日的实际汇率折算。

1. 报表项目折算汇率选择。

（1）资产负债表项目：现金、应收和应付款项按照现行汇率折算；其他资产和负债项目，采用历史成本计量的按历史汇率折算，采用现行价值计量的按照现行汇率折算；实收资本、资本公积按照历史汇率折算；未分配利润为轧算的平衡数。

（2）利润表及所有者权益变动表项目：收入和费用项目采用交易发生时的实际汇

率折算，交易经常且大量发生时，也可采用当期简单或加权平均汇率折算；折旧费和摊销费用采用历史汇率折算。

2. 时态法的一般折算程序。

（1）对外币资产负债表中的现金、应收或应付（包括流动与非流动）项目的外币金额，按编制资产负债表日的现行汇率折算为母公司的编报货币。

（2）对外币资产负债表中按历史成本表示的非货币性资产和负债项目要按历史汇率折算，按现行成本表示的非货币性资产和负债项目要按现行汇率折算。

（3）对外币资产负债表中的实收资本、资本公积等项目按形成时的历史汇率折算；未分配利润为轧算的平衡数字。

对外币利润表及所有者权益变动表项目，收入和费用项目要按交易发生日的实际汇率折算。但因为导致收入和费用的交易是经常且大量地发生的，可以应用平均汇率（加权平均或简单平均）折算。对固定资产折旧费和无形资产摊销费，则要按取得有关资产日的历史汇率或现行汇率折算。

3. 时态法的缺陷或不足主要包括：

（1）把折算差额包括在当期收益中，一旦汇率发生了变动，可能导致收益的波动，甚至可能使得原外币报表的利润折算后变为亏损，或亏损折算后变为利润。

（2）对存在较高负债比率的企业，汇率较大幅度波动时，会导致折算损益发生重大波动，不利于企业利润的平稳。

（3）此种方法改变了原外币报表中各项目之间的比例关系，据此计算的财务比率不符合实际情况。

时态法多适用于作为母公司经营的有机组成部分的国外子公司，这类公司的经营活动是母公司在国外经营的延伸，它要求折算后的财务报表应尽可能保持国外子公司的外币项目的计量属性，因此采用时态法可以满足这一要求。

外币会计报表折算方法比较见表5－3。

表5－3　　外币会计报表折算方法比较

项　目		现行汇率法	流动与非流动项目法	货币性与非货币性项目法	时态法
现金（货币资金）		现行汇率	现行汇率	现行汇率	现行汇率
应收账款		现行汇率	现行汇率	现行汇率	现行汇率
存货	按成本	现行汇率	现行汇率	历史汇率	历史汇率
	按市价	现行汇率	现行汇率	历史汇率	现行汇率

续表

项目		现行汇率法	流动与非流动项目法	货币性与非货币性项目法	时态法
金融资产与长期股权投资	按成本	现行汇率	历史汇率	历史汇率	历史汇率
	按市价	现行汇率	历史汇率	历史汇率	现行汇率
固定资产		现行汇率	历史汇率	历史汇率	历史汇率
无形资产		现行汇率	历史汇率	历史汇率	历史汇率
应付账款		现行汇率	现行汇率	现行汇率	现行汇率
长期负债		现行汇率	历史汇率	现行汇率	现行汇率
实收资本、资本公积		历史汇率	历史汇率	历史汇率	历史汇率
未分配利润		平衡轧算数	平衡轧算数	平衡轧算数	平衡轧算数

三、我国外币财务报表折算的相关规定

（一）合并境外经营的会计处理

我国《企业会计准则第 19 号——外币折算》第十二条规定：“企业对境外经营的财务报表进行折算时，应当遵循下列规定：（一）资产负债表中的资产和负债项目，采用资产负债表日的即期汇率折算，所有者权益项目除‘未分配利润’项目外，其他项目采用发生时的即期汇率折算。（二）利润表中的收入和费用项目，采用交易发生日的即期汇率折算；也可以采用按照系统合理的方法确定的、与交易发生日即期汇率近似的汇率折算。”

这里有关损益类项目的折算汇率的规定与旧准则有很大不同。新准则首推的方法是采用交易发生日的即期汇率折算，即以历史汇率进行折算。此外，也可以采用按照与交易发生日即期汇率近似的汇率折算，但这种汇率的确定方法应该是系统合理的，并且具有一贯性，不得随意变更。比如，当汇率波动不大时，可以采用年度平均汇率等作为交易日汇率的近似值。按照上述“（一）、（二）”折算产生的外币财务报表折算差额，在资产负债表中所有者权益项目下单独列示。比较财务报表的折算比照上述规定处理。

如果企业选定的记账本位币不是人民币的，应当按照上述规定将其财务报表折算为人民币财务报表。

总之，资产负债表中的资产和负债项目，采用资产负债表日的即期汇率折算，所有者权益除“未分配利润”外，其他项目采用业务发生时的即期汇率折算；利润表中的收入和费用项目，采用交易发生日的即期汇率折算，也可采用按照系统合理的方法确定的、与交易发生日即期汇率近似的汇率折算；外币财务报表折算差额，在资产负债表中所有者权益项目下其他综合收益单独列示。

（二）恶性通货膨胀下合并境外经营的会计处理

我国《企业会计准则第 19 号——外币折算》第十三条规定：“企业对处于恶性通货膨胀经济中的境外经营的财务报表，应当按照下列规定进行折算：

对资产负债表项目运用一般物价指数予以重述，对利润表项目运用一般物价指数变动予以重述，再按照最近资产负债表日的即期汇率进行折算。

在境外经营不再处于恶性通货膨胀经济中时，应当停止重述，按照停止之日的价格水平重述的财务报表进行折算。”

恶性通货膨胀经济通常按照以下特征进行判断：

（1）最近 3 年累计通货膨胀率接近或超过 100%；

（2）利率、工资和物价与物价指数挂钩；

（3）公众不是以当地货币，而是以相对稳定的外币为单位作为衡量货币金额的基础；

（4）公众倾向于以非货币性资产或相对稳定的外币来保存自己的财富，持有的当地货币立即用于投资以保持购买力；

（5）即使信用期限很短，赊销、赊购交易仍按补偿信用期预计购买力损失的价格成交。

恶性通货膨胀境外经营的报表折算：资产负债表项目需运用一般物价指数予以重述；利润表需运用一般物价指数变动予以重述，再按即期汇率折算；在境外经营不再处于恶性通货膨胀经济中时，应停止重述，按照停止之日的价格水平重述的财务报表进行折算。

企业选定的记账本位币不是人民币的，也应将其折算为人民币财务报表。

（三）企业处置境外经营的会计处理

我国《企业会计准则第 19 号——外币折算》第十四条规定：“企业在处置境外经营时，应当将资产负债表中所有者权益项目下列示的、与该境外经营相关的外币财务报表折算差额，自所有者权益项目转入处置当期损益；部分处置境外经营的，应当按处置的比例计算处置部分的外币财务报表折算差额，转入处置当期损益。”

对于实质上构成对境外经营净投资的外币货币性项目，企业编制合并财务报表涉及境外经营的，如有实质上构成对境外经营净投资的外币货币性项目，因汇率变动而产生的汇兑差额，应列入所有者权益“其他综合收益”项目；处置境外经营时，计入处置当期损益。企业在处置境外经营时，应将资产负债表中所有者权益项目下列示的、与该境外经营相关的外币财务报表折算差额，自所有者权益项目转入处置当期损益；部分处置境外经营的，应当按处置的比例计算处置部分的外币财务报表折算差额，转入当期损益。

《企业会计准则第19号——外币折算》涉及的主要会计科目，包括汇兑损益、少数股东权益、投资收益、其他综合收益等。外币折算所涉及的科目如表5－4所示。

表5－4　　外币折算涉及的科目

<table>
<tr><th>会计科目</th><th>计算方法</th><th>说　明</th></tr>
<tr><td>少数股东权益</td><td>按少数股东占股比例乘以外币报表折算差额</td><td rowspan="2">将属于少数股东权益的外币报表折算差额并入少数股东权益科目</td></tr>
<tr><td>其他综合收益</td><td>按投资主体占股比例乘以外币报表折算差额</td></tr>
<tr><td>少数股东权益</td><td>将合并报表中股本、盈余公积、资本公积、未分配利润按少数股东所占比例列入少数股东权益</td><td>将所有少数股东权益归集在一起反映，除该项目外，合并会计报表中的其他权益项目均属于投资主体的权益</td></tr>
<tr><td>投资收益</td><td>按照所处置的境外经营的比例乘以外币报表折算差额，计算结果计入当期损益</td><td>只有处置境外资产时才进行计算调整，且为报表调整，不调账</td></tr>
</table>

【例5－6】 甲控股公司以人民币为记账本位币，甲公司拥有一海外子公司，该子公司的编报货币为美元，20×7年初美元兑换人民币的汇率为1∶7.4；至年末资产负债表日的即期汇率为1∶7.2。假定该子公司年初盈余公积为50万美元，折合人民币370万元；年初未分配利润为100万美元，折合人民币738万元；本期计提盈余公积、向投资者分配利润分别为50万美元和250万美元，折合人民币分别为367.5万元和1 837.5万元；除未分配利润外，其他所有制权益项目发生时的即期汇率假定均为1∶7.35。则当期折算前及折算后的财务报表如表5－5、表5－6、表5－7所示。

表 5－5　　资产负债表（简表）

编制单位：子公司　　20×7 年 12 月 31 日　　单位：万元

资产	美元	折算汇率	人民币金额	负债和所有者权益	美元	折算汇率	人民币金额
货币资金	150	7.20	1 080	短期借款	450	7.20	3 240
交易性金融资产	100	7.20	720	应付账款	50	7.20	360
应收票据	50	7.20	360	长期借款等非流动负债	350	7.20	2 520
应收账款	250	7.20	1 800	实收资本	1 000	7.35	7 350
存货	300	7.20	2 160	盈余公积	100		737.5
长期股权投资	200	7.20	1 440	未分配利润	100		723①
固定资产	1 000	7.20	7 200	其他综合收益			(170.5)②
资产总计	2 050		14 760	负债和所有者权益总计	2 050		14 760

注：①按照所有者权益变动表折算后的年末未分配利润余额直接填列；

②为报表折算损失，按照资产负债表“折算后的资产总计”减去“负债与所有制权益合计折算数”所得的差额计算填列。

表 5－6　　利润表（简表）

编制单位：子公司　　20×7 年度　　单位：万元

项　　目	美元金额	折算汇率	折算后人民币金额
一、营业收入	4 000	7.30	29 200
减：营业成本、税金及附加	3 200	7.30	23 360
销售费用、管理费用、财务费用、资产减值损失	300	7.30	2 190
加：公允价值变动损益、投资净收益			
二、营业利润	500		3 650
加：营业外收入			
减：营业外支出	50	7.30	365
三、利润总额	450		3 285
减：所得税费用	150	7.30	1 095
四、净利润	300		2 190
五、每股收益			

表 5-7

所有者权益变动表（简表）

编制单位：子公司　　　　20×7 年度　　　　单位：万元

项目	实收资本			资本公积			盈余公积			未分配利润			其他综合收益	总计
	美元	折算汇率	人民币	美元	折算汇率	人民币	美元	折算汇率	人民币	美元	折算汇率	人民币		人民币
一、本年年初所有者权益余额	1 000	7.35	7 350				50		370	100		738		8 458
二、本年所有者权益增减变动金额														
（一）综合收益总额										300		2 190		2 190
（二）直接计入所有者权益的利得和损失项目														
其中：外币报表折算差额													(170.5)	(170.5)
（三）本期确认的收益和费用总额														
（四）会计调整的累积影响														
（五）利润分配														
1. 提取盈余公积							50	7.35	367.5	(50)		(367.5)		0
2. 向所有者分配利润										250	7.35	1 837.5		(1 837.5)
三、本年年末所有者权益余额	1 000		7 350				100		737.5	100		723	(170.5)	8 640

【例5-7】 A公司于20×7年1月1日与B公司合资在美国投资C公司，C公司注册资金为1 000万美元，其中A公司出资800万美元，占80%；B公司出资200万美元，占20%。A公司本部20×7年实现净利2 000万元人民币，C公司20×7年实现净利200万美元。20×8年1月1日，A公司将其持有的C公司20%股份转让，转让收益为2 000万元人民币。

假定A公司实收资本为16 000万元，A公司和C公司净分配利润按10%提取盈余公积金。若不考虑相关税费，对A公司及C公司20×7年初、年末的权益变化进行计算并做出相应会计分录。同时对A公司转让20%股份做相应会计处理。

20×7年1月1日美元兑人民币汇率为8.27；20×7年12月31日美元兑人民币的汇率为8.07；20×7年平均汇率为：(8.27+8.07)/2=8.17。

(1) 对少数股东权益在合并报表中作为权益列示。

A公司20×7年年末在合并资产负债表工作底稿中，所有者权益部分如表5-8所示。

表5-8 A公司20×7年年末合并资产负债表工作底稿（权益部分） 单位：万元

项目	A公司	C公司	合计	抵销	合并
实收资本	16 000	8 270	24 270	-6 616	17 654
A公司		6 616	6 616	-6 616	0
B公司		1 654	1 654		1 654
盈余公积	200	163.4	363.4	-130.72	232.68
未分配利润	2 107.2	1 470.6	3 577.8	-1 176.48	2 401.32
外币报表折算差额		-220	-220		-220
所有者权益	18 307.2	9 904	28 211.2	-7 923.2	21 722

① 归集少数股东权益。

将外币报表折算差额中属于少数股东权益部分计入少数股东权益：-220×20% = -44（万元）。

计算其他权益项目中属于少数股东权益部分。

盈余公积：163.40×0.2=32.68（万元）

未分配利润：1 470.60×0.2=294.12（万元）

股本——B公司：1 654（万元）

将上述项目调入少数股东权益。

借：股本——B 公司　　16 540 000

　　盈余公积　　326 800

　　未分配利润　　2 941 200

　　其他综合收益　　-440 000

　　贷：少数股东权益　　19 368 000

② 按准则要求将少数股东权益作为权益项目在报表中列示（见表 5-9）。

表 5-9　　**A 公司 20×7 年年末合并资产负债表（权益部分）**　　单位：万元

项　目	金　额
实收资本	17 654
盈余公积	200
未分配利润	2 107.2
其他综合收益	-176
少数股东权益	1 936.80
所有者权益合计	21 722

（2）A 公司对 C 公司部分股权进行处置时的相关处理。20×8 年 1 月 1 日，A 公司将其所持有的 C 公司 20% 股份转让，转让价格为 2 000 万元。按准则要求将列入权益的相关外币报表折算差额转入当期损益：-220×20% = -44（万元），对合并报表进行下列调整。

借：其他综合收益　　440 000

　　贷：投资收益　　440 000

从上述计算可以看出，考虑相应外币报表折算差额后，投资收益由原来的 19.20 万元变为 63.20（19.20+44）万元，更客观地反映了投资收益。

（四）关于外币折算的披露

企业应当在附注中披露与外币折算有关的下列信息：

1. 企业及其境外经营选定的记账本位币及选定的原因，记账本位币发生变更的，说明变更理由。
2. 采用近似汇率的，近似汇率的确定方法。
3. 计入当期损益的汇兑差额。
4. 处置境外经营对外币财务报表折算差额的影响。

【关键词】

记账本位币	the unit of accounting
现行汇率法	current rate method
外币兑换	exchange of foreign money
外币交易	foreign currency transaction
外币折算	currency translation
外币业务	foreign currency operations
汇兑损益	exchange gains and losses
时态法	temporal method
外币报表折算	conversion of foreign currency financial statements
流动与非流动项目法	current - noncurrent method
货币与非货币项目法	monetary - non - monetary method

思考题与练习题

一、思考题

1. 什么是外币交易？外汇包括哪些内容？

2. 何谓记账本位币？企业在选定记账本位币时，应着重考虑哪些因素？

3. 企业的外币交易常见的有哪几种？

4. 外币会计核算的方法有哪些？我国会计准则对此有何特殊规定？

5. 何谓外币统账制和外币分账制？我国会计准则对此有何特殊规定？

6. 如何进行外币业务的会计核算？中外会计界对汇兑损益的处理方法有哪些不同的认识？我国会计准则对此有何特殊规定？

7. 外币交易、外币折算和外币兑换有何区别？你认为外币报表折算的根本目的何在？外币报表折算的常见方法有哪些？你认为哪一种方法最好？

8. 为何人们日益认同外币折算是现代企业会计的三大难题之一？

9. 我国会计准则对外币报表折算有何特殊规定？如何进行具体的外币财务报表折算？

二、练习题

1. 外币交易业务。B 公司采用月初市场汇率作为即期近似汇率对外币业务进行核算，期初有关外币账户的余额情况如下：

账户名称	原　币	汇　率	人民币
银行存款——美元户	10 000 美元	8. 20	82 000 元
应收账款——甲企业	32 000 美元	8. 20	262 400 元
应付账款——乙企业	15 000 美元	8. 20	123 000 元

20×1 年 12 月发生了如下业务：

（1）5 日，向甲企业出口商品一批计 40 000 美元，已办理出口交单手续。

（2）5 日，收回甲企业货款 10 000 美元。

（3）10 日，归还乙企业货款 5 000 美元。

（4）13 日，向乙企业进口一批商品计 10 000 美元，商品验收入库，款未付。

12 月末市场汇率为 1 美元 = 8. 80 元人民币。

要求：编制上述业务及年末调整汇兑损益的会计分录。

2. 外币交易业务。甲股份有限公司的记账本位币为人民币，对外币交易采用交易日的即期汇率折算并进行账务处理。

（1）根据其与外商投资者签订的合同，外商分两次投入外币资本，合同约定的汇率为 1 美元 = 7. 80 元人民币。20×8 年 1 月 2 日，甲公司第一次收到外商投入资本 500 000 美元，当日的即期汇率为 1 美元 = 7. 60 元人民币。

（2）20×8 年 4 月 1 日，第二次收到外商投入资本 300 000 美元，当日的即期汇率为 1 美元 = 7. 50 元人民币。

（3）20×8 年 4 月 15 日，从中国工商银行借入 100 000 港元，期限为 1 年，借入的钱存入银行。借入当日的即期汇率为 1 港元 = 1. 10 元人民币。

要求：编制甲股份有限公司上述业务的会计分录。

3. 外币报表折算。甲公司 100% 控股一家在美国子公司——乙公司，甲公司的记账本位币为人民币，乙公司的记账本位币是美元。20×5 年，甲公司要将乙公司的资产负债表折算为甲公司的记账本位币，相关汇率资料如下（现行汇率法）：

20×5 年 12 月 31 日	1 美元 = 8. 30 元人民币
20×4 年 12 月 31 日	1 美元 = 8. 20 元人民币
20×5 年的平均汇率	1 美元 = 8. 25 元人民币
20×5 年股利支付日汇率	1 美元 = 8. 28 元人民币
股票发行日汇率	1 美元 = 8. 50 元人民币
长期借款借入日汇率	1 美元 = 8. 35 元人民币

固定资产取得日汇率	1 美元 =8.40 元人民币
期初留存收益	42 000 元人民币/5 000 美元
期初存货	61 430 元人民币/7 500 美元
累计折算调整额	8 500 元人民币

要求：在利润表（见表 1）和资产负债表（见表 2）中的相应表格中填入适当的数字并对外币报表进行折算。

表 1　　乙公司折算利润表（20×5 年）

项　目	当地货币（美元）	折算汇率	人民币
营业收入	45 000		
减：成本和费用			
营业成本	22 500		
折旧费用	7 500		
其他营业费用	5 250		
合计	35 250		
利润总额	9 750		
所得税费用	1 462.5		
净利润	8 287.5		
留存收益（2004－12－31）	5 000		
合计	13 287.5		
支付股利	3 287.5		
留存收益（2005－12－31）	10 000		

表 2　　乙公司折算资产负债表

项　目	美元	折算汇率	人民币
流动资产：			
现金	10 000		
应收账款	7 500		
存货	11 250		
合计	28 750		

续表

项　　目	美元	折算汇率	人民币
固定资产（净值）	27 500		
资产总计	56 250		
负债：			
短期借款	13 750		
长期借款	7 500		
合计	21 250		
股东权益：			
股本	25 000		
留存收益	10 000		
累计折算调整额			
合计	35 000		
负债和股东权益合计	56 250		

第六章

物价变动会计

【本章学习目的与要求】

通过本章的学习，了解原始成本会计的局限性，熟悉物价变动会计的模式，掌握一般购买力会计和现行成本会计的基本原理、程序及其优缺点。

第一节　物价变动会计的演进

一、物价变动会计产生的社会背景

会计是对特定时期经济与社会现象的反映，物价变动会计的产生源于20世纪通货膨胀的发生。通货膨胀引发了货币计量属性的变化，传统会计中币值不变的假设被突破，物价变动会计由此产生。

19世纪末20世纪初，伴随着金本位制度的瓦解，纸币开始成为不可兑现货币。金币退出流通领域，不兑现的银行券进入流通领域，为通货膨胀的发生埋下根源。第二次世界大战以后，西方资本主义国家无不大量发行纸币以弥补巨额经费开支，通货膨胀一时弥漫在整个西方世界。1931~1945年，美国货币流通量扩大了2.5倍，意大利扩大了16.5倍，日本扩大了近13倍。到1950年年底，美元的购买力降到战前水平的75%，英镑降到60%，法郎降到27%；物价水平相应上涨，法国涨了400%，日本涨了260%，意大利涨了2 000%以上。

进入20世纪60年代，在各国采取了一系列刺激经济发展的政策后，西方国家的经济得到恢复，国民生产总值回升、通货膨胀速度放缓。然而，跨入70年代后，资本主义国家再一次陷入严重通货膨胀的境地。由于长期推行凯恩斯经济刺激政策，加之此间发生的能源危机，50~60年代本已趋缓的通货膨胀重又冲出牢笼，英、法、美、德、意、日六国物价平均增长率为5%~12%，比50~60年代提高2~3倍。80年代后，在国家干预政策的引导下，各国经济增长加速，通货膨胀得到缓解。

通胀困扰世界经济

巴西8日公布数据显示，衡量通货膨胀水平的消费者价格指数（CPI）1月增长5.99%，超过巴西中央银行4.5%的调控目标。

来自巴西的数据不仅表明这个南美洲最大经济体经济过热，也加重了全球通胀形势恶化的预期。全球经济已经全面步入“后危机”时代，对通胀的担忧成为当前困扰世界经济复苏的主要因素。

在印度，中央银行——印度储备银行在1月下旬小幅加息，但仍难遏制通胀高涨之势。去年以来，印度通胀水平一直停留在8.5%～10.5%的高位不下。食品涨价领跑印度消费者价格指数上涨，不仅加重印度普通百姓生活负担，甚至威胁印度宏观经济发展前景。

即使在经济复苏乏力的发达国家，通胀也有抬头之势。最新公布的数据显示，今年1月欧元区通胀水平增长至2.4%，超出欧洲中央银行2%的目标水平。在英国，去年一年内，消费者价格指数已经攀升至3.7%。

在全球消费者价格指数集体“发烧”之际，美国通胀水平近来也有所回升，在去年年底增长至1.5%。

资料来源：新华网，www.news.cn，2011年2月。

二、通货膨胀对历史成本会计的挑战

物价大幅波动使以历史成本表示的会计信息逐渐丧失其决策相关性。因为在通货膨胀的情况下，以历史成本计量的资产和收益，无法真实地反映实际的财务状况和经营成果。

（一）在通货膨胀下历史成本无法真实反映资产和负债的价值

在历史成本会计下，企业的各项资产和负债是基于取得时的历史成本为基础加以计量。尽管现行会计中也存在减值、公允价值等现行价值替代历史成本的情况，但这种局部的改革毕竟无法从根本上改变历史成本的计量现状。

会计信息说到底是为了满足报表使用人的决策需求。采用历史成本或是其他的计量方法，关键要看产生信息的相关性。历史成本具有相对真实、可衡量的特征，在未发生通货膨胀的情况下，这种方法产生的信息可以大致满足报表使用人的需求，并且核算成本相对较低。无论从相关性还是成本效益原则上看，这种方法不失为一种理想选择。

但在通货膨胀情况下，历史成本的缺陷暴露无遗，以至于对报表使用人的决策来说丧失了相关性，这时候再不寻求改革，会计就失去了存在的意义。比如，年初以10 000

元购入的存货，按照历史成本计量，如果本期没有使用，年末账面价值依然为 10 000 元。但由于本年发生了通货膨胀，同等数量和品质的该批产品，价值可能达到了 20 000 元。显然，以历史成本计价的该批产品价值与实际成本相去甚远。

与此类似的是，在通货膨胀情况下，债权人因货币贬值遭受损失，债务人则相反获得利得。例如，期初企业发生应付账款 80 万元，期末物价指数比期初增加了 40%，则如果要维持期初 80 万元的货币购买力，债权人需要得到 112（80 × 140 ÷ 100）万元，但由于债务人只需要按照账面 80 万元偿债，因此通货膨胀使得债务人获利 32 万元。

（二）在通货膨胀下历史成本无法真实体现企业的收益

现行会计中，企业当期收益是通过收入与费用的配比计算出来的。配比原则的应用反映了人们对收益的认识，即必须是在补偿了原始投入以后，额外的增值才是收益。

历史成本法下，与企业当期收入相配比的是历史成本表示的费用，在通货膨胀的情况下，这样的费用实际上无法实现成本补偿的作用。例如：价值 50 万元的存货，物价上涨为 70 万元。其销售时，会计上出现了 20 万元的利润，但事实上，如果将 20 万元作为利润并分配，企业无法维持简单再生产。

为提高财务报表信息的有用性，如何反映资产、负债、利得与损失就成为人们关注的话题。

三、通货膨胀下会计的应对措施

物价变动会计的处理可以追溯到 20 世纪初期。第一次世界大战以后，德国出现了通货膨胀，马克贬值，物价上涨。在这种情况下，德国商人开始采用重置成本或物价调整方法制作补充资料作为信息决策的参考。30 年代初期，会计学家佩顿建议固定资产按照重置成本入账，并计提折旧。1936 年，斯威纳（H. W. Sweeney）出版了《稳定币值会计》，建议用报告期末的货币购买力作为稳定基础。概括物价会计的发展历程，可以分为如下阶段：

（一）初期——坚持历史成本

这一阶段，尽管出现了物价变动，但还没有达到严重的通货膨胀，因此理论与实务界仍然主张以历史成本和货币计量假设为基础，为反映物价波动的影响，可以采用某些更加稳健的会计处理方法，比如会计处理中运用后进先出法、加速折旧等。

（二）发展——引入不变币值计量

该阶段放弃了货币计量的假设，不再认为币值稳定不变了，因此会计报表中的数值，按照一般物价指数加以调整，但不改变历史成本基础。美国喜欢称这种方法为一般物价会计或不变美元会计，英国人则称其为现行购买力或不变购买力会计。1974 年美国会计准则委员会曾发布建设性公告《一般购买力美元会计报表》，要求大型企业在公布正式会计报表的同时，还应根据一般物价指数调整本年和最近 5 年的某些会计数据，作为会计报表的补充资料。

一般物价水平会计采用一般物价指数，而非个别物价指数对会计报表的数值进行调整，因此它并不改变报表的内部结构，与历史成本反映的信息没有本质差别。

（三）成熟——引入现行成本概念

该阶段采用现行成本替代历史成本，具体讲就是用个别物价指数替代了一般物价指数，从而在根本上改变了财务报表的数据结构。这就解决了在一般物价指数下，不同购置年代的固定资产被按照相同的物价指数加以调整的不合理情况。1975 年，英国政府发布《通货膨胀会计委员会报告》，建议公司采用现行成本会计；美国随后跟上，1976 年证券交易管理委员会发布的第 190 号《会计公告》，规定大型企业必须提供现行成本会计补充资料；1979 年，美国财务会计准则委员会发布第 33 号财务会计准则公告《财务报告与物价变动》，规定企业基本报表仍以历史成本为基础，但需要提供两方面的补充资料：按一般购买力货币单位折算的补充数据和按现行成本为计量基础的补充数据。

国际会计准则委员会 1977 年发布了第 6 号会计准则《对物价变动的会计反映》，1981 年又以第 15 号准则《反映价格变动影响的资料》取代了第 6 号会计准则。1989 年，为了规范较严重的通货膨胀，国际会计准则委员会又发布了第 29 号准则《恶性通货膨胀经济中的财务报告》。

通货膨胀会计的历史发展

美国早在 20 世纪 30 年代就开始提出并研究通货膨胀会计，因而美国对通货膨胀会计的研究居于领先地位。但在 70 年代以前，由于美国经济上的稳定和繁荣，使它的会计实务相当稳定和保守，直到 70 年代中期美国的通货膨胀率迅速上升后，才加强了对通货膨胀会计的研究与实践。

英国对通货膨胀会计的研究起步也较早，但受到重视已是在英国的物价上涨率迅速上升的 60 年代以后。1971 ~ 1974 年，英国会计准则委员会发布了一些有关物价变动的文告，但因文告本身不成熟或政府干预而未能实施。1975 年桑地兰兹委员会发表了著名的桑地兰兹报告《通货膨胀会计》，建议所有公司尽可能采用现行成本会计体系。

加拿大、澳大利亚和新西兰亦追随美国和英国，陆续公布了现行成本会计补充报表的试行办法。其中，加拿大特许会计师协会在1982年公布了正式的通货膨胀会计准则，澳大利亚政府设立的有关委员会也于1982年公布了有关现时成本会计的《建议准则》。

欧洲大陆通货膨胀会计发展更为迟缓，荷兰自20世纪20年代就开始使用现时重置成本会计制度，但至今尚无有关通货膨胀会计体系的完整立法。德国政府禁止在正式资产负债表中重估资产的价值，所以1975年注册会计师协会公布的一项通货膨胀会计公报《资本维护和收益计量的会计》也只能建议企业自愿编制现时成本会计补充报表。法国在持续通货膨胀情况下，政府不得不采取措施，于1977年由政府指定的委员会建议在证券交易所公开发行股票的公司报送一般购买力补充报表，但此建议未被政府接受。此后不久，议会通过了允许企业对资产进行重估的财政法案。此法案仅对公开发行股票的公司有约束力，其他公司则是自愿选择执行。

巴西从20世纪50年代起，历史成本计价就已失去作用。1964年政府税法允许企业采用通货膨胀会计，在此基础上，公司法还于1976年对通货膨胀调整中的各项技术处理措施作了详细的补充说明。

四、物价变动会计的基本理论分析

（一）会计计量属性

物价变动会计要解决企业资产、负债和利润的计量。理论上，计量可以分为计量属性和计量单位。计量属性可以分为历史成本（historical cost）和现行成本（current cost），计量单位可以分为名义货币（nominal purchasing power）和不变币值（constant purchasing power）。由此，将不同的计量属性和计量单位组合起来，形成不同的计量模式：历史成本/名义货币，历史成本/不变币值，现行成本/名义货币，现行成本/不变币值。

1. 历史成本/名义货币模式。历史成本是指资产取得时的价值，名义货币是对应特定时点、不考虑购买力变化的货币单位。例如：年初2 000元的资产，年末账面上依然保持2 000元的价值。这种模式是以货币购买力不发生变化为假设前提的，如果货币购买力发生了变化，这种模式所表示的资产价值就存在不实的问题了。

2. 历史成本/不变币值模式。这种模式是以历史成本为基础，但采用不变购买力的货币来计量会计要素。例如：年初2 000元的资产，年末账面上依然保持2 000元的价值。但从年初到年末，货币购买力发生了变化，年初的1元只相当于现在的40%购买力，则按照不变币值表示，年末资产的价值应为2 000×(1+40%)，即按照2 800元反映该资产价值才具有真实的意义。

货币购买力通常采用物价变动指数加以反映。物价指数是一个与某一特定日期一定组合的商品或劳务有关的价格计量，通常将基期的物价指数定于100，当该商品与劳务组合的价格发生了变化，其价格指数也随之变化。物价指数还可以分为一般物价指数和个别物价指数。一般物价指数，是根据广泛组合的商品或劳务的价格平均值计算得到的物价指数。比如，国民生产总值、消费品价格指数、批发价格指数。美国财务会计准则委员会第89号公告中，推荐选用美国劳工部定期发布的“所有城市消费者的消费品物价指数”。个别物价指数，是根据某一种或某一组特定商品或劳务的价格平均值计算得到的数值。比如，某类蔬菜的基期价格为5.15元，报告期的价格为5.64元，则价格指数为1.095，也就是说，本期价格较基期上涨了9.5%。

利用物价指数可以将名义金额表示的财务状况转换成不变购买力的金额。例如，20×7年购置的一台设备原始成本为10 000元，当时的一般物价指数为127，20×8年编制财务报告期末，物价指数为159，则按照“历史成本/不变币值”表示的资产价值为：10 000×159÷127=12 520（元）。

一般来说，运用个别物价指数调整个别资产的不变币值，要比按照一般物价指数更准确。

3. 现行成本/名义货币模式。现行成本是对应历史成本的概念，一般指资产负债表日资产或负债的价值，通常采用重置成本或再生产成本表示。现行成本/名义货币模式下，只需要将会计要素的价值调整为期末的现行成本，而无须考虑货币购买力是否发生变化。

这种方法实际上假设货币购买力是不变的。一般来说，某资产现在的价值，应该既包含着资产正常供求变化带来的价值变动，也包括货币购买力本身发生的变动。但在现行成本/名义货币模式中，我们假设货币的购买力是不变的，因此不考虑购买力变化带来的损益。

现行成本得到的资产价值，与按照货币不变购买力计算的资产价值相比，前者反映的是个别资产价值变化，后者代表一般物价指数的变化。这就是说，在通货膨胀普遍变化的情况下，平均物价指数的变化并不能代表特定行业、特定产品的变化趋势。

4. 现行成本/不变币值模式。这种模式既要考虑按照现行成本计价，也要考虑货币购买力变化的影响。例如：年初资产价值2 000元，年末该资产的现行成本为2 500元，如果假设货币购买力不变，则500元为该资产价值的市场变化，应用的是现行成本/名义货币模式；如果认为货币购买力发生了变化，需要将500元分为资产价值变化和货币购买力变化两种情况，在物价变动会计的报表中反映是不一样的。

（二）资本保全理论

以上四种计量模式的提出，针对着不同的资本保全理论。所谓资本保全理论，是指企业必须在资本得到保全的前提下才能确认收益，资本保全包括财务资本保全和实物资本保全。

1. 财务资本保全。在这种观念下，资本被等同于投入时的货币量，或者该货币所代表的购买力。财务资本保全，就是在补偿了投入资本的名义货币或实际购买力之后，企业可以确认当期的损益。如果补偿的是名义货币量，只需要按照投资的账面价值计量就可以了；如果补偿的是实际购买力，需要进一步按照一般物价指数将原始投资调整为当前的物价标准。

例如，某企业期初投入资本 20 000 元，期末净资产的价值为 30 000 元。假设需要保持的实物资本生产量价值为 25 000 元，此间物价指数上涨了 10%。名义货币资本保全观利润：30 000 - 20 000 = 10 000（元）；不变购买力货币资本保全观利润：30 000 - 20 000 × 110% = 8 000（元）。

财务资本保全源于会计收益概念，这里的收益被定义为本期实现收入与本期历史成本之间的差额。科勒、利特尔顿这些会计学家都支持这种收益观点，认为基于历史成本基础上的收益实现制度，经过若干年的时间考验生存下来，具有合理性，能客观地反映受托责任。

会计收益的缺点是显而易见的，它不确认当期未实现的资产增值收益，而以历史成本计量费用，也会和现行市价的收入不配比。

2. 实物资本保全。这种观点强调，企业所有者投入资本应以投资所代表的生产能力表示，只有在原始投资所具有的营运能力得到补偿后，企业才可以确认损益。因此，期末需要按照资本的重置成本或现行成本测量其当前价值。

实物资本保全源自亚当·斯密的“财富增长”理论，资本不仅是资产减去负债的财务数值，还表明某种物理性能或他们生产商品、提供劳务的综合能力。只有当期期末实物生产能力或经营能力超出期初实物生产能力或经营能力，在扣除了业主投资后，才能计为收益。

第二节　历史成本/不变币值会计

一、历史成本/不变币值会计的主要内容

历史成本/不变币值会计也称为一般购买力会计报告模式。在财务资本保全观点下，

资本被等同于投入时的货币量，或者该货币所代表的购买力。如果补偿的是名义货币量，只需要按照投资的账面价值计量就可以了；如果补偿的是购买力，需要进一步按照一般物价指数将原始投资调整为当前的物价标准。

在一般购买力会计方法下，日常经济业务的处理依然保持传统历史成本的处理原则，期末时按照一般物价水平对财务报表进行调整，同时计算货币性项目的持有损益。

1. 货币性项目，是指货币资金、应收项目、应付项目等按照固定货币量表示的资产或负债，这类项目的特点是无论通货膨胀是否发生，该类资产和负债都按照既定的价值反映。因此，在物价上涨情况下，持有货币性资产会遭受购买力损失，而持有货币性负债则可以得到持有利得。

2. 非货币性项目。货币性以外的项目都是非货币性项目，比如存货、固定资产、无形资产、股票投资、发行在外的普通股股票等。这类项目的价值会随着通货膨胀的发生而变化，其带来的货币量是变化的。在物价发生变化的情况下，非货币性项目不受物价变动的影响，因而无须计算购买力损益，只需要按照物价变动水平调整报表中的非货币项目数值。

企业常见的货币性项目与非货币性项目的分类如表6－1所示。

表6－1　　货币性项目与非货币性项目分类

资产	货币性	非货币性	负债与权益项目	货币性	非货币性
货币资金	√		应付账款	√	
应收款项	√		应付票据	√	
股票投资		√	应付股利	√	
债券投资	√		预收账款	√	√
预付账款	√	√	长期负债	√	
存货：			业主权益：		
按合同生产	√		普通股本		
其他存货		√	未规定兑回价格		√
固定资产		√	已规定兑回价格	√	

预付账款（或者预收账款）在不同条件下可能表现为不同的属性，如果未来对应着货币资金，则属于货币性项目；如果未来对应着货币资金以外的存货、固定资产等，则属于非货币性项目。

二、历史成本/不变币值会计的处理方法

（一）划分货币性与非货币性项目

划分货币性与非货币性项目，有助于反映物价变动的影响。

一般来说，货币性项目无须按照不变币值进行重新调整，比如应收或应付款，按照不变币值调整后，并不能代表实际中将要收取或偿还的数额。所以，货币性项目不调整账面价值，但可以计算物价指数变动带来的购买力损益，比如应付账款由于通货膨胀会发生贬值，从而产生利得。

非货币性项目则不然，由于其创造现金的能力随着物价指数而波动，所以可以按照不变币值重新表述其账面价值，而这种重述对应的是该项目当前的实际价值。比如存货项目，历史成本为1 000元，现在物价指数上涨了10%，则该存货当前价格为1 100元，按照物价指数重新表述存货的账面价值，应调整为1 100元。

（二）将非货币性项目金额按照一般物价指数进行调整

对非货币性项目的调整，采用期末报表上的数值额乘以物价调整比率。

$$\text{调整后的非货币性项目金额} = \text{期末报表上的名义货币数} \times \frac{\text{当期一般物价指数}}{\text{基期一般物价指数}}$$

一般来说，物价指数的选择有基期数、平均数和期末数几种形式。具体采用什么样的指数，视非货币性项目的实际情况而定，但最常用的是期末物价指数，因为报表使用人更关注的是财务报表报出时的真实财务状况。例如：固定资产的物价调整比率，分母采用该固定资产取得时的物价指数，分子采用期末物价指数。

（三）计算货币性项目的购买力损益

货币性项目的持有损益，可以分别计算货币性资产项目的损失和负债项目上的利得（假设物价上升），然后相加（减）得到损益数。或者简化计算，直接算出货币性资产或负债的余额，然后测算持有损益。比如：

某公司20×5年年初和年末资料及购买力损益计算如表6－2所示（年初、年中、年末的物价指数分别为100、160、200）。

表 6－2　　购买力损益计算表　　单位：元

项目	20×5 年 1 月 1 日	调整比率	不变购买力价值	20×5 年 12 月 31 日
货币性资产	400 000	200/100	800 000	460 000
货币性负债	500 000	200/100	1 000 000	340 000
货币性项目净额	（100 000）		（200 000）	120 000
变动额	［120 000 －（－100 000）］×200/160＝275 000			
购买力利得	120 000 －［（－200 000）＋275 000］＝45 000			

（四）重新编制一般物价水平财务报表

由于这种物价变动会计模式仍是以历史成本会计的报表为基础，将调整后的报表作为附注形式反映。所以，上述非货币性资产项目的调整实际上只是对报表的直接调整，并不涉及会计科目的调整问题。

【例 6－1】 某公司 20×6 年经济业务为：

本年赊销销售收入为 144 000 元。

本年赊购 85 000 元。

设备年折旧率 4%，无残值，该设备 20×1 年 1 月 1 日购入。

20×2 年 3 月 31 日购买黄山公司股票 25 000 元，至 20×6 年 12 月 31 日，该批股票的一半出售所得现金 15 000 元（成本 12 500 元）。

20×6 年发生的期间费用 20 000 元。

20×6 年收回应收款项 135 000 元。

20×6 年支付应付款项 80 000 元。

20×6 年度中期宣告发放现金股利 10 000 元，1 个月后支付。

20×6 年 1 月 1 日签发 12%、50 000 元面值、按季付息的应付票据一张购置停车场；停车场年折旧率 4%，无残值。

20×1 年 1 月 1 日首次发行普通股股票 100 000 股；20×6 年 9 月 30 日发行普通股股票 60 000 股；每股 1 元。

20×6 年应付所得税 10 000 元，假定于次年支付。

20×6 年 12 月 31 日存货为 25 000 元，采用先进先出法核算。

20×6 年 12 月 31 日的比较资产负债表见表 6－3。

表 6－3　　比较资产负债表（简表）　　单位：元

项　　目	20×6 年 12 月 31 日	20×5 年 12 月 31 日
资产：		
货币资金	136 000	36 000
应收账款	33 000	24 000
存货	25 000	20 000
长期股权投资	12 500	25 000
固定资产	100 000	100 000
累计折旧	(24 000)	(20 000)
停车场	50 000	—
累计折旧	(2 000)	—
负债：		
应付账款	45 000	40 000
应交所得税	10 000	—
应付票据	50 000	—
所有者权益：		
股本	160 000	100 000
留存收益	65 500	45 000

20×6 年简化利润表见表 6－4。

表 6－4　　利润表（简表）　　单位：元

项　　目	金　　额
营业收入	144 000
出售长期投资收益	2 500
销售成本	80 000
期间费用	20 000
折旧费用——设备	4 000
折旧费用——停车场	2 000
所得税	10 000
净利润	30 500

（1）划分货币性项目与非货币性项目见表6－5。

表6－5　货币性项目与非货币性项目分类

项目	货币性	非货币性
资产：		
货币资金	√	
应收账款	√	
存货		√
长期股权投资		√
固定资产		√
累计折旧		√
停车场		√
累计折旧		√
负债：		
应付账款	√	
应交所得税	√	
应付票据	√	
所有者权益：		
股本		√
留存收益		√

（2）按照一般物价指数调整会计报表。假设物价指数见表6－6。

表6－6　物价指数　单位：元

日　期	一般物价指数
20×1年1月1日	127
20×2年3月31日	138
20×5年12月31日	147
20×6年3月31日	149
20×6年6月30日	151
20×6年9月30日	154
20×6年12月31日	159
20×5年第四季度平均指数	146
20×6年第四季度平均指数	157
20×6年全年平均指数	152

调整后的简化会计报表如表 6-7、表 6-8 所示。

表 6-7　　**资产负债表（简表）**

20×6 年 12 月 31 日　　单位：元

项目	历史成本	调整比率	调整后的价值
资产：			
货币资金	136 000	—	136 000
应收账款	33 000	—	33 000
存货	25 000	159/157	25 325
长期股权投资	12 500	159/138	14 400
固定资产	100 000	159/127	125 200
累计折旧	(24 000)	159/127	(30 048)
停车场	50 000	159/147	54 100
累计折旧	(2 000)	159/147	(2 164)
负债：			
应付账款	45 000	—	45 000
应交所得税	10 000	—	10 000
应付票据	50 000	—	50 000
所有者权益：			
股本	160 000		187 120
留存收益	65 500		63 693

注：存货采用先进先出法核算。

普通股股本调整后价值：

首次发行普通股：100 000×159/127 = 125 200（元）

再次发行普通股：60 000×159/154 = 61 920（元）

合计：　　　　　　　　　　187 120（元）

留存收益调整后数值为资产减去负债、普通股股票价值后的差额。

表 6-8　　**利润表（简表）**　　单位：元

项目	历史成本	调整比率	调整后数额
营业收入	144 000	159/152	150 624
出售长期投资收益	2 500		600
销售成本	80 000		85 365
期间费用	20 000	159/152	20 920
折旧费用——设备	4 000	159/127	5 008

续表

项目	历史成本	调整比率	调整后数额
折旧费用——停车场	2 000	159/147	2 164
所得税	10 000	159/152	10 460
净利润	30 500		27 307
货币购买力损益			(264)
期初留存收益	45 000		47 180
分配股利	10 000	159/151	10 530
期末留存收益	65 500		63 693

注：出售长期投资收益调整后数额 = 调整后现金 - 调整后长期股票投资 = 15 000 - 14 400 = 600（元）。

销售成本（元）：

期初存货	20 000	159/146	21 780
本期购货	85 000	159/152	88 910
期末存货	25 000	159/157	25 325
销售成本	80 000		85 365

货币购买力损益参见本例第三步。

期末留存收益来自资产负债表中留存收益，而期初留存收益为倒轧数额。

（3）计算购买力损益（见表6-9）。

表6-9　购买力损益计算表　单位：元

项　目	历史成本	调整比率	调整后数额
期初货币性净资产	20 000	159/147	21 640
本期货币性净资产增加额：			
营业收入	144 000	159/152	150 624
出售长期投资	15 000	159/159	15 000
发行普通股	60 000	159/154	61 920
本期货币性净资产减少额：			
购货	85 000	159/152	88 910
期间费用	20 000	159/152	20 920
所得税	10 000	159/152	10 460
宣告分配现金股利	10 000	159/151	10 530
购置停车场	50 000	159/147	54 100
期末货币性净资产	64 000		64 264
货币性项目购买力损益	264（损失）		

注：期初货币性净资产 = 货币资金 + 应收账款 - 应付账款 = 36 000 + 24 000 - 400 000 = 20 000（元）。

期末货币性净资产数值来源于资产负债表中，例如：

货币资金 + 应收账款 - 应付账款 - 应交所得税 - 应付票据 = 136 000 + 33 000 - 45 000 - 10 000 - 50 000 = 64 000（元）

事实上，一般购买力会计从改变会计要素的计量单位为切入点，以资产负债表日为基准日，将期初到期末的所有业务的金额统一折算为期末点的货币金额，就好似将不同时点的货币转换为同一个计量单位。转换过程中，对于累计形成的资产、负债、收入、费用等项目，均应按照各个构成部分的发生时点，以物价指数为手段，将各个时点的金额转换为期末物价指数代表的金额。

由于货币性项目的特殊性，其账面价值需要维持历史成本，因此所有涉及货币性项目的金额调整，不改变其历史成本但应记入"购买力损益"项目，以维持报表平衡。所以，一般购买力会计方法下，通过调整"购买力损益"等利润表项目得到的期末"未分配利润"金额，一定等于资产负债表中的"未分配利润"金额，不会存在差额。

三、对历史成本/不变币值会计的评价

这种模式保留了历史成本计量属性，用一般物价指数对资产负债项目进行调整，在计算方法上相对简单。并且，由于采用统一的物价调整指数，不改变报表内部结构，增强了报表的可比性，有助于报表使用者理解历史成本下的财务状况。同时，购买力损益的计算，体现出经济意义上的持产损益。

这种方法的不足在于，以统一的一般物价指数对财务报表进行调整，忽视了个别资产项目的价格变动实际情况。毕竟，一般物价指数很难与个别物价指数完全一致，所以该方法调整后的数值容易偏离实际。另外，购买力损益仅仅体现着一种企业在物价变动情况下受到的影响，并不代表真实的收益，它不能产生向股东分配的股利，也无法成为扩大再生产的资金来源。

中国《企业会计准则（2006年）》并未单独制定有关通货膨胀的会计准则，但《企业会计第19号——外币折算》第十三条规定："企业对处于恶性通货膨胀经济中的境外经营的财务报表，应当按照下列规定进行折算：对资产负债表项目运用一般物价指数予以重述，对利润表项目运用一般物价指数变动予以重述，再按照最近资产负债表日的即期汇率进行折算。在境外经营不再处于恶性通货膨胀经济中时，应当停止重述，按照停止之日的价格水平重述的财务报表进行折算。"

《企业会计准则第19号——外币折算》应用指南规定，当一个国家经济环境显示出（但不局限于）以下特征时，应当判定该国处于恶性通货膨胀经济中：

1. 最近三年累计通货膨胀率接近或超过100%；

2. 利率、工资和物价与物价指数挂钩；

3. 公众不是以当地货币而是以相对稳定的外币为单位作为衡量货币金额的基础；

4. 公众倾向于以非货币性资产或相对稳定的外币来保存自己的财富，持有的当地货币立即用于投资以保持购买力；

5. 即使信用期限很短，赊销、赊购交易仍按补偿信用期预计购买力损失的价格成交。

第三节　现行成本/名义货币会计

一、现行成本/名义货币会计的主要内容

企业采用一般物价水平会计只能保证消耗的资本按照原来的货币量得到补充，但货币量的补充并不意味着生产能力的恢复。因此，经济学家强调运用现行成本或重置成本作为会计计量基础，这就是现行成本/名义货币会计。

这种方法也被称为现行成本会计，是以现行成本替代历史成本，但同时又保持名义货币计量的方法。由于现行成本采用更能体现特定企业所受到的物价变动影响，所以该方法较历史成本/不变币值会计更为流行。

现行成本会计的特点主要有：

1. 采用现行成本计量属性。现行成本替代历史成本，这从根本上改变了会计要素的计量属性。按照现行成本的计量原理，会计要素应当采用发生时的现实成本而不是历史成本计量。例如，发出的存货，就以发出存货的现实成本计量；期末，以资产负债表日所有资产负债的现实价值计列账面数。

显然，现行成本计量会不断产生现行成本与账面价值之间的差额，这个差额在历史成本会计下是不确认的；但在现行成本下，需要将该差额认定为资产的持有损益，并且记入到财务报表中。当然，究竟如何在报表中列示这部分差额还需要进一步讨论。

2. 在实物资本保全基础上确认企业收入。现行成本会计处理对应着实物资本保全的理论。因为以现行成本对资产计价，在结转成本费用时体现的是当前该资产的价值，由此补偿的实际上是该资产最近期间的可能价值，比照历史成本下的资本保全（包括按

照不变币值的调整模式），这种方法更能体现资产的个别价值，反映的是特定资产的物价变动“个性”而非整体物价变动的“共性”。

二、现行成本/名义货币会计的处理程序

（一）确定各项资产的现行成本

资产的现行成本常常采用重置成本加以反映，但两者在理论上仍有所区别。

重置成本是指在当前市场经济条件下，按现行价格购置与现有资产相同或相类似资产所需要支付的现金及其等价物。当所重估的资产是可以从外部购得时，可以直接应用市场公允价格；当该估价对象是专用设备或自制产品与建筑物时，就无法直接从外部得到购买该资产的买价。这时，就需要用现行再生产成本替代买价，以当前情况下生产该资产所需要的材料、人工和制造费用的价格，估计出该资产的价值。

现行成本不是从资产的采购角度而是从使用角度来定义的，是对现有资产价值的重新估定。具体来说，现行成本的价值确定需要经过两个步骤：一是比较可变现净值与未来现金流量现值孰高；二是以较高者与重置成本相比选择较低者。

出于简单处理的考虑，本章内容中的现行成本与重置成本相互替代。

资产负债表中的非货币性资产期末现行成本不同于历史成本，需要进行调整；货币性项目的期末账面价值也即现行成本，所以无须调整。利润表项目中的收入、管理费用、营业费用、所得税费用等，通常其发生时确认的费用金额就可以视同于现行成本，因此不必再做调整。营业成本和折旧费用由于对应着资产的历史成本，所以按照现行成本计量原则，需要对这两个项目进行必要的调整。

营业成本可以采用现行单位售价与销售数量相乘得出。例如，当期销售产品 100 件，每件的现行成本为 150 元，则销售成本的现行价值为 15 000 元。折旧费用的现行成本通常采用将该资产的年初现行成本与年末现行成本相加，简单平均后作为本年的平均现行成本，然后除以资产的使用年限作为现行折旧费用。例如，某固定资产的年初现行成本为 40 000 元，年末现行成本为 60 000 元，则平均现行成本为 50 000 元，假定该资产使用年限为 10 年，采用直线法折旧并假定净残值为零，则当年现行成本的折旧费用为 5 000 元。

（二）确定企业非货币性资产的持有损益

现行成本/名义货币会计是在现有历史成本会计基础上进行调整，在将历史成本调整为现行成本的过程中，非货币性资产现行成本和历史成本之间往往出现差额，这个变动差额通常被称为持有损益，包括已实现持有损益和未实现持有损益。

1. 已实现持有损益。已实现持有损益是指已经销售或转换了的资产的持有损益，包括已售存货、当期已计提折旧等项目包含的持有损益。

存货的已实现持有损益＝现行成本表示的本期销售成本－历史成本表示的销售成本

固定资产的已实现持有损益＝现行成本基础的折旧费－历史成本表示的折旧费

2. 未实现持有损益。

存货的未实现持有损益＝现行成本表示的期末存货价值－历史成本表示的期末存货账面价值

$$\text{固定资产的未实现持有损益}=\frac{\text{现行成本表示的期末}}{\text{固定资产账面价值}}-\frac{\text{历史成本表示的期末}}{\text{固定资产账面价值}}$$

固定资产的账面价值等于固定资产原值减去累计折旧后的净额。

【例6－2】 某企业期初有商品100件，单位成本100元，本期将其中的60件对外出售，售价180元。该60件商品销售时的重置成本为150元，期末每件存货的重置成本为160元。

现行成本利润：60×(180－150)＝1 800（元）

未实现持有损益：40×(160－100)＝2 400（元）

已实现持有损益：60×(150－100)＝3 000（元）

持有损益的会计处理：

借：应收账款	10 800	
贷：主营业务收入		10 800
借：主营业务成本	9 000	
贷：存货		9 000

计算持有损益：

借：存货	5 400	
贷：未实现持有损益		2 400
已实现持有损益		3 000

在财务资本保全观下，持有损益进入利润表，作为经营利润外的项目；在实物资本保全观下，直接列入资产负债表的所有者权益项下。

由于采用现行成本作为计量属性，货币性项目通常账面价值即为其现行成本，因此不做调整。

（三）编制现行成本会计报表

资产负债表中，非货币性项目用现行重置成本计价，货币性项目不需进行调整。利润表中，除销售成本、折旧费外，其他收支项目的金额已经代表了该期间的现行成本，也不需要进行调整，直接取自历史成本核算的金额。

【例6－3】 某企业简化资产负债表和简化利润表（包括利润分配）资料如

表 6－10、表 6－11 所示。

表 6－10　　**资产负债表**　　单位：元

项　目	年初数	年末数
货币性资产	540 000	630 000
存货	1 170 000	1 353 000
固定资产原价	1 290 000	1 290 000
减：累计折旧	—	258 000
资产合计	3 000 000	3 015 000
流动负债	750 000	667 500
长期负债	450 000	450 000
实收资本	1 500 000	1 500 000
盈余公积	240 000	300 000
未分配利润	60 000	97 500
负债及权益合计	3 000 000	3 015 000

表 6－11　　**利润表**　　单位：元

项　目	年末数
营业收入	3 307 500
减：营业成本	1 962 000
营业费用	210 000
折旧费用	258 000
利润总额	877 500
减：所得税费用	270 000
净利润	607 500
加：前期未分配利润	60 000
减：提取盈余公积	60 000
利润分配	510 000
不包括持有损益的利润	97 500

（1）利润表项目的调整。假设如下为已知条件：

① 期末存货价值：1 722 000 元；

② 期末厂房和设备价值：1 548 000 元；

③ 营业成本的平均现行成本：2 646 000 元；

④ 折旧费用的现行成本：309 600 元。

按照现行成本法对该企业的报表进行调整，应编制的调整分录为：

借：存货（1 722 000 – 1 353 000）　　369 000

　　贷：未实现持有损益　　369 000

借：固定资产（1 548 000 – 1 290 000）　　258 000

　　贷：未实现持有损益　　206 400

　　　　已实现持有损益（309 600 – 258 000）　　51 600

借：营业成本（2 646 000 – 1 962 000）　　684 000

　　贷：已实现持有损益　　684 000

（2）持有损益的确定。

已实现持有损益：684 000 + 51 600 = 735 600（元）

未实现持有损益：369 000 + 206 400 = 575 400（元）

对利润表项目进行调整，得到调整后的利润表如表 6 – 12 所示（假设将持有损益计入本期利润）。

表 6 – 12　　利润表　　单位：元

项　目	年末数
营业收入	3 307 500
减：营业成本	2 646 000
营业费用	210 000
折旧费用	309 600
利润总额	141 900
减：所得税费用	270 000
净利润	（128 100）
加：前期未分配利润	60 000
减：提取盈余公积	60 000
利润分配	510 000
不包括持有损益的利润	（638 100）
加：已实现的持有损益	735 600
未实现的持有损益	575 400
未分配利润	672 900

（3）资产负债表的调整。对非货币性项目进行调整，可得调整后的资产负债表如表 6 – 13 所示。

表 6-13　　资产负债表　　单位：元

项　目	年初数	年末数
货币性资产	540 000	630 000
存货	1 170 000	1 722 000
固定资产原价	1 290 000	1 548 000
减：累计折旧	—	309 600
资产合计	3 000 000	3 590 400
流动负债	750 000	667 500
长期负债	450 000	450 000
实收资本	1 500 000	1 500 000
盈余公积	240 000	300 000
未分配利润	60 000	672 900
负债及权益合计	3 000 000	3 590 400

三、对现行成本/名义货币会计的评价

在现行成本法下，由于采用现行成本替代了历史成本，从而使得资产和费用的计量更容易体现实物资本保全，毕竟以名义货币表示的资产价值无法真正反映资产的个性。并且，改变计量属性后，资产负债表上各类资产负债的价值更加可比，利润表上的收入和费用也在配比基础上统一为现行成本。同时，这种方法保持了名义货币计量，易于为广大实务界接受。

该方法的难点在于各类资产的现行成本不易取得，尤其是多数的非货币性资产现行成本需要依赖主观判断，对这类资产的现行成本选择和审计都存在着一定的难度。并且，这种方法的会计处理相对复杂、难度大。

第四节　现行成本/不变币值会计

一、现行成本/不变币值会计的主要内容

现行成本/不变币值会计以现行成本为计量基础，同时以不变币值作为计量单位。在这种模式下，期末通常对历史成本为基础的会计报表调整为现行成本，计算持有的非货币性资产损益，同时对转换后的现行成本会计报表再按照不变币值加以重述，以反映

货币性项目的购买力损益。

这种模式试图对通货膨胀的影响进行更为全面的反映。历史成本/不变币值会计只反映了货币购买力变动的影响，而现行成本/名义币值又只反映了现行成本变动的影响。实际上，在恶性通货膨胀情况下，非货币性项目现行成本中既包括购买力变动的影响，也包含着个别资产市场供求关系变化带来的影响。例如，期初资产1 000 元，期末现行价值为 1 800 元，在假定货币购买力未发生变化前提下，这 800 元可以理解为该资产价值的“市场”波动，属于持有损益；但如果同时考虑了通货膨胀引发的货币购买力变化影响，800 元差额中就应该同时包含货币购买力的损益。

所以，对于非货币性项目而言，尽管现行成本/不变币值下的价值与现行成本/名义币值下的金额相同，但从现行成本/不变币值的角度看，这时的期末价值里包含有更多的因素，需要将期末资产的持有损益中进一步分离出购买力变动损益。

二、现行成本/不变币值会计的程序

现行成本/不变币值会计程序包括：

1. 划分货币性和非货币性项目。采用与历史成本/名义币值会计处理相同的方法，将资产负债表项目分为货币与非货币性项目。

2. 计算货币性项目的购买力损益。对货币性项目，按照一般物价指数计算购买力变动损益。

3. 以现行成本/不变币值替代历史成本，编制调整后的资产负债表。对非货币性项目，采用现行成本/名义货币的方法，计算持有损益。

4. 确定持有损益中应剔除的一般物价水平变动影响。对非货币性项目，将现行成本的变动额区分为一般通货膨胀引起的非货币性项目现行成本变动额和剔除一般通货膨胀因素引起的非货币性项目现行成本变动额。

三、对现行成本/不变币值会计的评价

这种方法同时具备了一般购买力会计和现行成本会计的优点，既能提供按照一般物价水平计算的购买力损益，又能反映非货币资产的持有损益，在稳定会计计量单位的基础上提供更可比的信息，较为全面地揭示了通货膨胀对企业的影响。

然而，该种方法提供会计信息的成本是巨大的，现行成本的取得不容易，剔除非货币性资产中的通货膨胀影响就更复杂了。并且，这种方式产生的会计信息究竟能否为报表使用人理解还有待检验。从物价变动会计的实践来看，这种方法由于编制的成本高，多存在于理论上的探讨，只有较少数的国家（如美国和加拿大）曾经使用过这种方法。

附录

国际会计准则第29号“在恶性通货膨胀经济中的财务报告”

这一版包括2005年12月31日新发布和重新修订的内容。

下面的解释公告与国际会计准则第29号有关：

国际财务报告解释公告第7号——IAS29“在恶性通货膨胀经济中的财务报告”发生的情况下适用重述方法。

国际会计准则第29号“在恶性通货膨胀经济中的财务报告”包括以下1～41段。每一部分内容具有同等的效力，但保留了国际会计准则委员会的标准格式。我们应该在了解国际财务报告标准序言和编制财务报告框架的前提下阅读IAS29。IAS8“框架政策、会计估计和会计差错的变更”提供了在缺乏明确指导下选择和运用会计政策的基础。

范围

1. 本号准则适用于以恶性通货膨胀经济中的货币进行报告的企业的主要财务报表，包括合并财务报表。

2. 在恶性通货膨胀经济中，以当地货币报告经营成果和财务状况而不作重新表述是没有用处的。货币丧失购买力的速度，使得对在不同时间（甚至在同一会计期间）发生的交易和其他事项进行金额上的比较，也会使人产生误解。

3. 本号准则并不确定判断是否发生恶性通货膨胀的绝对通货膨胀率。什么时候需要按照本号准则的规定重新表述财务报表，是一个运用判断力的问题。恶性通货膨胀由一个国家经济环境的特点所显示，这些特点包括但不局限于以下内容：

（1）一般公众倾向于以非货币性资产或某种相对稳定的外币来保存自己的财富。持有的当地货币将立即用于投资以保持购买力。

（2）一般公众以相对稳定的外币而不是以当地货币来考虑货币金额。报价时，可能以该种外币为单位。

（3）赊销赊购的发生须在价格上补偿赊账期间预计的购买力损失，即使赊账的期间很短。

（4）利率、工资及价格与物价指数挂钩。

（5）3年累计通货膨胀率接近或超过100%。

4. 较好的办法是按照同一恶性通货膨胀经济货币报告的所有企业，自同一日期开始采用本号准则。但是，对于任何一个企业，如果从其报告期间的一开始就发现其报告所用的货币所属的国家存在着恶性通货膨胀，那么本号准则也适用于这种企业的财务报表。

财务报表的重新表述

5. 作为各种特定或一般政治、经济和社会力量的结果，物价随时间发生变动。特定的力量，诸如供求变化和技术上的变化，可能引起个别物价各自独立的重大增减。此外，一般的力量可能引起一般物价水平的变动，从而导致货币一般购买力的变动。

6. 在大多数国家，主要财务报表都是以历史成本的会计基础加以编制的，除了对不动产、厂房和设备以及投资可能进行价值重估外，既不考虑一般物价水平的变动，也不考虑所持有资产特定价格的上涨。但是，也有一些企业，以反映所持有资产特定价格变动的现行成本法为基础，呈报主要的财务报表。

7. 在恶性通货膨胀经济中，财务报表不论是以历史成本法还是以现行成本法为基础加以编制，只有当它们用资产负债表日的计量单位来表示时，它们才有用处。因此，本号准则适用于以恶性通货膨胀经济的货币进行报告的企业主要财务报表。本号准则所要求提供的资料，不允许作为未进行重新表述的财务报表的补充资料。此外，也不鼓励在重新表述之前单独呈报财务报表。

8. 以恶性通货膨胀经济的货币进行报告的企业财务报表，不论是以历史成本法还是以现行成本法为基础加以编制的，均应以资产负债表日的计量单位来列示。国际会计准则第 1 号“会计报表应揭示的信息”所要求的相似数据以及更早时期的任何资料，也应以资产负债表日的计量单位来列示。为了实现用不同的货币单位计量比较金额，可以运用国际会计准则第 21 号“外汇汇率变动的影响”（2003 年经过修订）的第 42（2）段和第 43 段。

9. 货币资金净额上的利得或损失，应计入净收益中并单独予以反映。

10. 根据本号准则重新表述财务报表，不仅需要运用某些程序，而且需要进行判断。与经过重新表述的财务报表中所包括金额的精确性相比，在各个会计期间一致地应用这些程序和判断更为重要。

按历史成本编制的财务报表

资产负债表

11. 尚未以资产负债表日的计量单位表示的资产负债表的金额，应采用一般价格指数进行重新表述。

12. 货币性项目不需进行重新表述，因为它们已以资产负债表日的计量单位来表示。货币性项目是指持有的货币以及需要以货币收付的项目。

13. 按照协议与物价变动挂钩的资产和负债，例如与指数挂钩的债券和贷款，应按协议做出调整，以便确定在资产负债表日的未结算金额。这些项目应按调整后的金额在重新表述的资产负债表上列示。

14. 其他所有的资产与负债均属非货币性的。某些非货币性项目已按资产负债表日的金额列示，例如可变现净值和市场价值，因此不需进行重新表述。其他所有非货币性资产和负债均应进行重新表述。

15. 大多数非货币性项目均是按照成本或者成本减去折旧列示的。因此，它们是以购买日的金额表示的。为了确定各个项目经重新表述的成本或者该成本减去折旧的金额，要用从购买日至资产负债表日的一般物价指数的变动来调整历史成本和累计折旧。因此，不动产、厂房和设备、投资、原材料和商品存货、商誉、专利权、商标以及类似资产均应自购买之日起重新表述。半成品和产成品的存货，则应自购买成本与加工成本发生之日起重新表述。

16. 不动产、厂房和设备项目的购置日期的详细资料可能无法获得或难以估计。在这些罕见的情况下，在首次采用本号准则的会计期间，可能有必要利用对这些项目价值的独立专业评估，作为重新表述的基础。

17. 在本号准则要求对不动产、厂房和设备进行重新表述期间，一般物价指数可能难以获得。在这些情况下，可能有必要做出估计，例如以报告货币和相对稳定的外币之间的汇率变动为基础做出估计。

18. 有些非货币性项目，既不按购置日的金额列示，也不按资产负债表日的金额列示，例如在早些日期经过价值重估的不动产、厂房和设备。在这些情况下，账面金额应从价值重估之日起重新表述。

19. 根据相应的国际会计准则，经过重新表述的非货币性项目的金额，当它超过了从该项目的未来使用（包括变卖或其他方式处理）中可以收回的金额时，就应当予以扣减。因此，在这种情况下，不动产、厂房和设备、商誉、专利权和商标经重新表述的金额应当减至可收回的金额，存货经重新表述的金额应当减至可变现净值，短期投资经重新表述的金额应当减至市场价值。

20. 按照权益法核算的被投资企业，可能以恶性通货膨胀经济的货币进行报告。这类被投资企业的资产负债表和损益表应根据本号准则进行重新表述，以便计算其净资产和经营成果中属于投资者的份额。当经过重新表述的被投资企业的财务报表以外币表示时，它们应以期末汇率进行换算。

21. 通货膨胀的影响通常应在借款费用中予以确认。既对借款筹资的资本支出进行重新表述，又将补偿同一期间通货膨胀的那一部分借款费用予以资本化，是不恰当的。这一部分借款费用应在这些费用发生的当期确认为费用。

22. 企业可以根据一种允许其延期付款又不发生明显的利息费用的协议购置资产。如果无法计算利息金额，这类资产应从付款日期而不是从购买日期开始加以重新表述。

23. 取消。

24. 在采用本号准则第一个报告期的期初，除了留存收益和价值重估盈余以外，所有者权益的组成部分，应从出资或以其他方式形成之日起，采用一般物价指数加以重新表述。以前各期发生的价值重估盈余应予以冲销。重新表述后的留存收益，应从重新表述的资产负债表中的其他金额中计算得出。

25. 在第一个报告期的期末以及随后的期间，所有者权益的所有组成部分，均应从该报告期的期初开始采用一般的物价指数进行重新表述。如果出资日期在期初之后，则应从出资日期开始进行重新表述。所有者权益在本期的变动，应当按照国际会计准则第1号“财务报表应揭示的信息”加以揭示。

利润表

26. 本号准则要求损益表中的所有项目均以资产负债表日的计量单位来表示。因此，所有的金额均应从收益和费用项目最初记录在财务报表中的日期开始，按照一般物价指数的变动进行重新表述。

货币性资金净额的利得或损失

27. 在通货膨胀期间，如果资产和负债没有与物价水平挂钩，那么拥有货币性资产超过货币性负债的企业将损失购买力，而拥有货币性负债超过货币性资产的企业将增加购买力。在这种货币性资金净额上的利得或损失，可以从非货币性资产、所有者权益和利润表项目的重新表述，以及与一般物价指数挂钩的资产和负债的调整所产生的差额中得出。这种利得或损失可以通过一般物价指数的变动，根据本期货币性资产和货币性负债之间差额的加权平均数做出估计。

28. 货币性资金净额的利得或损失应计入净收益中。按照协议与物价变动挂钩的资产和负债，如果已根据本号准则第13段的要求作了调整，这种调整数应当与货币性资金净额的利得或损失进行抵销。利润表中的其他项目，如利息收入和费用以及与投资资金或借入资金有关的外汇兑换差额，也应与货币性资金净额发生联系。尽管这些项目是分项揭示的，但是如果在利润表中将它们与货币性资金净额的利得或损失一同呈报，可能是有益的。

按现行成本编制的财务报表

资产负债表

29. 按现行成本列示的项目不需进行重新表述，因为它们已经以资产负债表日的计量单位来表示。资产负债表中的其他项目则应根据第11～25段的要求进行重新表述。

利润表

30. 按现行成本编制的利润表，在重新表述以前，一般应按照有关交易或事项发生时的现行成本进行报告。销售成本和折旧按照消耗时的现行成本入账；销售费用和其他费用按照它们发生时的货币金额入账。因此，所有的金额均需采用一般物价指数重新表述为资产负债表日的计量单位。

货币性资金净额的利得或损失

31. 货币性资金净额的利得或损失应根据第27段和第28段的要求进行核算。

税金

32. 根据本号准则对财务报表所作的重新表述，可能会引起资产负债表中资产和负债的记账金额和他们的计税基础之间的差异。这些差异应根据国际会计准则第12号“所得税会计”进行核算。

现金流量表

33. 本号准则要求现金流量表中的所有项目均以资产负债表日的计量单位来表示。

对应的数据

34. 上一报告期的对应数据，无论是根据历史成本法还是根据现行成本法编制的，均应采用一般物价指数加以重新表述，以便按照报告期末的计量单位呈报可比的财务报表。需要揭示的关于前期的资料，也应按照报告期末的计量单位来表示。为了实现用不同的货币单位计量比较金额，可以运用国际会计准则第21号“外汇汇率变动的影响”(2003年经过修订）的第42（2）段和第43段。

合并财务报表

35. 以恶性通货膨胀经济的货币进行报告的母公司，可能会有也是以恶性通货膨胀经济的货币进行报告的附属公司。这类附属公司的财务报表，在并入母公司提供的合并财务报表之前，应当根据报告采用的货币所属国家的一般物价指数进行重新表述。如果这类附属公司是国外附属公司，其经过重新表述的财务报表应按照期末汇率进行换算。附属公司的财务报表如不采用恶性通货膨胀经济的货币进行报告，则应根据国际会计准则第21号“外汇汇率变动的影响”进行处理。

36. 如果是不同报告日期的财务报表被合并，所有的项目，不论是货币性的还是非货币性的，均应以合并财务报表日期的计量单位加以重新表述。

一般物价指数的选择与使用

37. 根据本号准则对财务报表进行重新表述，要求采用反映一般购买力变动的一般物价指数。较好的办法是，以相同经济的货币报告的所有企业，采用相同的指数。

恶性通货膨胀消失的经济

38. 当经济中恶性通货膨胀消失，企业不再根据本号准则编制和呈报财务报表时，企业应以上一报告期末的计量单位表示的金额，作为随后的财务报表的账面金额的基础。

披露

39. 下列事项应予以披露：

（1）财务报表和以前各期的对应数据，已根据报告货币一般购买力的变动作了重新表述，因而已按资产负债表日的计量单位列示的事实；

（2）财务报表是以历史成本法还是以现行成本法为基础编制的；

（3）资产负债表日的物价指数的类别与水平，以及本期和上期物价指数的变动。

40. 本号准则所要求作出的披露，是为了说明在财务报表中处理通货膨胀影响的基础；同时也是为了提供理解这一基础和由此产生的金额所需要的其他资料。

生效日期

41. 本号国际会计准则，对从 1990 年 1 月 1 日或以后开始的会计期间的财务报表生效。

【关键词】

物价变动会计	accounting for changing price
一般物价水平	general price level
历史成本	historical cost
现行成本	current cost
名义币值	nominal purchasing power
不变币值	constant purchasing
财务资本保全	financial capital maintenance concept
实物资本保全	physical capital maintenance concept

思考题与练习题

一、思考题

1. 在物价变动情况下，原始成本会计有哪些局限性？
2. 说明计量单位和计量属性的含义及其与会计模式的关系。
3. 什么是货币性项目的购买力损益？
4. 一般购买力会计的处理程序如何？
5. 现行成本会计的理论依据是什么？
6. 何谓持有利得？其性质是什么？
7. 现行成本会计的处理程序如何？
8. 现行成本/不变币值会计处理的程序是什么？
9. 比较说明一般购买力会计、现行成本会计和现行成本/不变币值会计的优缺点。

二、练习题

一般物价水平会计。A 集团成立于 19×8 年，20×1 年度境外子公司 B 由于所在地发生恶性通货膨胀，A 在编制 B 公司的年末合并会计报表时，需要将 B 公司的报表按照不变币值折合为一般物价变动水平会计报表。

B 公司历史成本/名义币值的报表如表 1、表 2 所示。

表 1　　资产负债表　　单位：元

资产	年初数	年末数	负债和所有者权益	年初数	年末数
货币奖金	12 000	103 000	应付账款	15 000	60 000
应收款项	24 000	124 000	应交税费	2 500	3 000
存货	14 000	30 000	长期贷款	100 000	100 000
固定资产	500 000	500 000	实收资本	200 000	300 000
减：累积折旧	150 000	20 000	盈余公积	50 000	58 000
固定资产净值	350 000	300 000	未分配利润	32 500	36 000
总计	400 000	557 000		400 000	557 000

表 2　　利润表　　单位：元

项　目	金　额
营业收入	160 000
减：营业成本	80 000
销售费用	5 500
折旧费用	50 000
利润总额	24 500
减：所得税费用	3 000
利润净额	21 500
加：期初未分配利润	32 500
减：提取盈余公积	8 000
应付股利	10 000
期末未分配利润	36 000

已知相关年份的一般物价指数和其他资料如表 3 所示。

表 3　　一般物价指数

日　期	一般物价指数
19×8 年 1 月 1 日	100
20×1 年 1 月 1 日	120
20×1 年 6 月 30 日	128
20×1 年 12 月 31 日	160
20×0 年第四季度	140
20×1 年第四季度	150
20×1 年度	136

（1）公司全年购入96 000元的存货，于年内陆续购入，假设均为赊购，按先进先出法核算存货；

（2）销售收入于年内陆续发生，假设全部为赊销，年内陆续收回应收账款60 000元，支付应付账款51 000元；

（3）固定资产于19×8年1月开始计提折旧，年折旧率5%，无残值；

（4）各项费用于年内陆续发生，并以现金支付；

（5）公司于20×1年6月30日发行普通股，收到现金100 000元，其余200 000元为投资者创建时发生；

（6）公司6月30日宣布发放现金股利10 000元，1个月后发放。

要求：将B公司的报表按照一般物价变动水平进行会计处理。

第七章

所得税会计

【本章学习目的和要求】

通过本章的学习，了解所得税会计的发展历史，熟悉会计利润与应纳税所得额的关系及其调整方法，理解资产与负债的计税基础，掌握资产负债表观下企业所得税核算的内容及会计处理，通过所得税会计核算的特殊情况进一步体会资产负债表观的原理。

第一节　所得税会计的演进

一、应付税款法

利润表中列示的所得税费用项目，是所得税会计要研究的主要问题。究其根本，在于会计利润与应纳税所得额之间的差异。由于会计制度与税法各自遵循的原则、体现的要求不同，同一企业在同一会计期间按照会计制度计算的会计利润与按照税法计算的应纳税所得额不可避免地会存在差异。对于这种差异有两种解决方法：会计制度服从于税法，或者在尽可能协调的基础上二者适当分离。

企业利润表上的会计利润，来源于会计上确认的收入减去会计上确认的成本费用后的差额；税法角度的应税所得，等于税法上确认的收入减去税法上允许抵扣的成本费用。会计利润与应税所得之间的差异，还表现为会计收入与计税收入、会计成本费用与税法可抵扣成本费用之间的差异，这些差异又可以进一步分为永久性差异和时间性差异两类。

（一）永久性差异

永久性差异是指在某一会计期间，由于会计制度与税法计算收益和费用的口径不同，所产生的税前会计利润与应税所得之间的差异。这种差异在本期发生，不会在以后期间转回。具体可以分为：

1. 会计制度确认为收入（或费用）但税法上不确认该收入（或费用）。例如，企业购买国债获得的利息收入，会计上确认为收益，但税法上不对该利息收入征税，因此不作为应税收入。又如，企业对外发生的商业性赞助，或交纳的罚款，会计上作为本期费用，但税法不允许作为税前可抵扣费用。

2. 税法上确认为收入（或费用）但会计上不确认该收入（或费用）。例如，企业将自产产品用于工程建设，会计上将该存货价值直接转入工程成本，而税法上规定该业务为视同销售，必须按照该存货的公允价值计入应税所得额中。

（二）时间性差异

时间性差异是指税法与会计制度在确认收入、成本费用的时间上不同而产生的会计利润与应税所得之间的差额。该差额产生于某一会计期间，但在以后的某一期间或若干期间内能够转回。具体可以分为：

1. 会计制度确认为本期收入但税法规定以后期间确认该收入。例如，分期收款销售时，会计上一次性确认收入，而税法则按分期合同收款时认定收入并缴纳所得税。

2. 会计制度确认为本期费用但税法规定以后期间确认该费用。例如，企业将预计产品保修费用计入本期损益，但税法规定企业在未来实际发生该项支出时才能作为抵扣的费用。

3. 税法确认为本期收入但会计制度规定以后期间确认该收入。例如，由于不满足收入的确认条件，会计上将实际收到的某笔款项作为预收账款核算，但税法上规定必须作为本期应税收入。

4. 税法确认为本期费用但会计制度规定以后期间确认该费用。例如，对特定固定资产，税法上允许采用加速折旧法，但会计上采用直线法折旧，在折旧前期，就会产生会计上不确认的折旧费用、但税法上允许在应税所得中抵扣的费用。

企业当期的应纳税所得额本应按照应税收入减去可抵扣的费用计算。但实务工作中，企业通常不采用这种直接方法计算应纳税所得额，而是采用通过会计利润调整永久性和时间性差异的间接方法得到应纳税所得额。

在应付税款法下，企业当期计缴的应交所得税，以相同的金额确认为利润表中的所得税费用。在具体会计处理中，一般在会计利润的基础上加（减）永久性差异和时间性差异，得到应纳税所得额，乘以本期税率，得到本期应交所得税税额，则借记“所得税”科目，贷记“应交税金——应交所得税”科目。①

【例 7－1】 阳光公司 2004 年核定的全年计税工资为 150 万元，当年实际发放的工资为 160 万元。当年按会计核算原则计算的税前会计利润为 2 000 万元，所得税税率为

---

① “所得税”和“应交税金”科目属于《企业会计制度》中规定的科目，在 2006 年发布的《企业会计准则指南》中，这两个科目的名称分别变换为“所得税费用”和“应交税费”科目。因为《企业会计准则》中废止了应付税款法，所以这里举例时依然采用《企业会计制度》中规定的科目。

33%，假设该公司当年无其他纳税调整因素。有关的会计处理如下：

纳税调整数（即永久性差异）＝实发工资－计税工资

＝160－150＝10（万元）

应纳税所得额＝税前会计利润＋纳税调整数

＝2 000＋10＝2 010（万元）

应纳所得税额＝2 010×33%　＝ 663. 3（万元）

借：所得税	6 633 000	
贷：应交税金——应交所得税		6 633 000

实际上缴所得税时：

借：应交税金——应交所得税	6 633 000	
贷：银行存款		6 633 000

年末将“所得税”科目余额结转“本年利润”科目：

借：本年利润	6 633 000	
贷：所得税		6 633 000

从〖例 7－1〗上例可以看到，应付税款法下的会计处理相对简单，企业只要计算出本期的应交所得税，利润表中即以该金额作为所得税费用加以确认，这种方法更倾向于收付实现制的会计基础。

二、纳税影响会计法：递延法和债务法

纳税影响会计法是将本期由于时间性差异产生的所得税影响，递延和分配到以后各期。在这种方法下，企业的所得税费用被视为与本期收益相配比的一项费用，更加突出权责发生制会计基础的要求。

（一）应付税款法与纳税影响会计法的比较

为了说明纳税影响会计法与应付税款法之间的差别，现举例比较如下：

【例 7－2】　某公司每年税前利润总额为 1 000 万元，2004 年预计了 200 万元的产品保修费用，实际支付发生于2005 年，适用的所得税税率为 33%。对于该项保修费用，会计上于 2004 年计入损益，但税法上只允许在实际发生时税前扣除。

按照应付税款法：

2004 年：

利润总额	1 000
加：预计保修费用	200
应纳税所得额	1 200

应交所得税 =1 200 × 33% =396（万元）	
利润表上确认的所得税费用	（396）
净利润	604
2005 年：	
利润总额	1 000
减：预计保修费用	200
应纳税所得额	800
应交所得税 =800 × 33% =264（万元）	
利润表上确认的所得税费用	（264）
净利润	736

在纳税影响会计法下（以递延法为例），两年的所得税费用和净利润为：

2004 年：	
利润总额	1 000
加：预计保修费用	200
应纳税所得额	1 200
应交所得税 =1 200 × 33% =396（万元）	
确认的递延所得税借方金额为	200 × 33% =66
利润表上确认的所得税费用	396 − 66 =（330）
净利润	1 000 − 330 =670
2005 年：	
利润总额	1 000
减：预计保修费用	200
应纳税所得额	800
应交所得税 =800 × 33% =264（万元）	
确认的递延所得税贷方金额为	200 × 33% =66
利润表上确认的所得税费用	264 + 66 =（330）
净利润	1 000 − 330 =670

从以上比较可以看出，两种所得税会计处理方法都不影响本期应交所得税的计算和缴纳，即对国家所得税收入没有影响，差别则在于企业财务报表中的“所得税”费用项目不同。两者相比较，应付税款法确认的所得税费用是不准确的。因为，按照这种方法计算出来的所得税费用不是依据会计利润所应该负担的本期所得税费用；继而根据本期利润总额减去本期所得税费用而求得的净利润，也不是真正的可供分配的利润，其后果是最终导致利润分配的不准确。在应付税款法下，由于将时间性差异加以递延，从而将各期确认的所得税费用从收付实现制调整为权责发生制。

(二) 递延法和债务法的会计处理

纳税影响会计法又可以分为“递延法”和收益表观下的“债务法”两种。

1. 递延法，是把本期由于时间性差异而产生的影响纳税的金额，保留到这一差异发生相反变化的以后期间予以转销。当税率变更或开征新税，不需要调整由于税率的变更或新税的征收对“递延税款”余额的影响。发生在本期的时间性差异影响纳税的金额，用现行税率计算，以前各期发生的而在本期转销的各项时间性差异影响纳税的金额，按照原发生时的税率计算转销。

【例7-3】 环球股份有限公司某项设备按照税法的规定使用年限为10年，公司自己选定的折旧年限为5年，即从第6年起，该项固定资产不再提取折旧，该项固定资产的原价为100万元（不考虑净残值的因素）。假设该公司前5年每年实现利润1 000万元，后5年每年实现利润1 100万元。第1~4年公司所得税税率为33%，从第5年起，所得税税率改为30%。根据上述资料，公司应做以下会计处理：

第1年：

按税法规定的折旧年限（10年）计算每年应提折旧额=100÷10=10（万元）

按公司选定的折旧年限（5年）计算每年应提折旧额=100÷5=20（万元）

时间性差异=20-10=10（万元）

按照税前会计利润计算的应交所得税=1 000×33%=330（万元）

按照纳税所得计算的应交所得税=（1 000+10）×33%=333.3（万元）

时间性差异影响纳税的金额=333.3-330=3.3（万元）

会计分录为：

借：所得税　　3 300 000

　　递延税款　　33 000

　　贷：应交税金——应交所得税　　3 333 000

第2年、第3年、第4年的有关处理同上。

第5年：

按照税前会计利润计算的应交所得税=1 000×30%=300（万元）

按照纳税所得计算的应交所得税=（1 000+10）×30%=303（万元）

时间性差异影响纳税的金额=303-300=3（万元）

会计分录为：

借：所得税　　3 000 000

　　递延税款　　30 000

　　贷：应交税金——应交所得税　　3 030 000

第6年：

按照纳税所得计算的应交所得税 = （1 100 - 10）×30% =327 （万元）

在转销时间性差异时，仍然按 33% 的税率计算，即应转销的时间性差异为 10 × 33% =3.3 （万元）

会计分录为：

借：所得税　　3 303 000

　　贷：递延税款　　33 000

　　　　应交税金——应交所得税　　3 270 000

第 7 年、第 8 年、第 9 年的处理同上。

第 10 年：

按照纳税所得计算的应交所得税仍为 327 万元。但转销的时间性差异，要按原发生时的 30% 的所得税税率计算，即应转销的时间性差异为 10 ×30% =3 （万元）。

会计分录为：

借：所得税　　3 300 000

　　贷：递延税款　　30 000

　　　　应交税金——应交所得税　　3 270 000

2. 债务法，是把本期由于时间性差异而产生的影响纳税的金额，保留到这一差额发生相反变化时转销。在税率变更或开征新税时，递延税款的余额要按照税率的变动或新征税款进行调整。在债务法下，“递延税款”余额也可按预期今后税率的变更进行调整。

【例 7 -4】 接〖例 7 -3〗，在债务法下，应进行的处理是：

第 1 年、第 2 年、第 3 年、第 4 年的处理不变。

第 5 年的有关处理如下：

按照税前会计利润计算的应交所得税 =1 000 ×30% =300 （万元）

按照纳税所得计算的应交所得税 =（1 000 +10）×30% =303 （万元）

时间性差异影响纳税的金额 =303 -300 =3 （万元）

调整由于前 4 年按 33% 的所得税税率计算对纳税的影响

=40 ×33% -40 ×30%

=1.2 （万元）

会计分录如下：

借：所得税　　3 000 000

　　递延税款　　30 000

　　贷：应交税金——应交所得税　　3 030 000

同时，

借：所得税　　12 000

贷：递延税款　　12 000

第 6 年：

按税前会计利润计算的应交所得税 = 1 100 × 30% = 330（万元）

按纳税所得计算的应交所得税 =（1 100 − 10）× 30% = 327（万元）

时间性差异影响纳税的金额 = 330 − 327 = 3（万元）

会计分录为：

借：所得税　　3 300 000

贷：递延税款　　30 000

应交税金——应交所得税　　3 270 000

第 7 年、第 8 年、第 9 年、第 10 年的处理同上。

由于采用债务法，在税率变动或开征新税时，对递延税款科目的余额要进行相应的调整，因此在资产负债表上所列示的递延所得税资产或负债相应地也就比较符合实际，比较准确。但这种方法的缺点是它的运用要比递延法难，主要原因是因为每次税法或税率的变动都必须重新计算递延所得税资产或负债。

三、资产负债表观下的债务法

目前，国际会计准则和中国企业会计准则都规定企业所得税核算应采用资产负债表观下的债务法，应付税款法被禁止使用。这就意味着纳税影响会计法中的递延法也被废止，而基于收益表观下的债务法被基于资产负债表观下的债务法取代。

对于会计制度与税法在计算企业所得中存在的差异有两种解决方法：一是会计制度服从于税法；二是两者在尽可能协调的基础上适当分离。我国早期实行会计制度服从于税法的原则，1994 年财政部下发的《企业所得税会计处理的暂行规定》（以下简称《规定》）标志着会计核算与税法开始适度分离，2001 年实施的《企业会计制度》（以下简称《制度》）将分离原则继续发展。《企业会计准则》颁发前，企业在进行所得税会计处理时，可以选择应付税款法或纳税影响会计法，这两种所得税会计处理方法都不影响本期应交所得税的计算和缴纳，即对国家所得税收入没有影响，差别在于企业财务报表中的“所得税费用”项目不同。

很多企业在实务中采用应付税款法，即在按照税法规定计算应交所得税的同时，以相同的数额确认所得税费用。这实际上是会计服从于税法原则的体现，是企业为了避免复杂的纳税调整，按照税法的规定核算所得税费用的方法。但这样计算出来的所得税费用不是依据会计利润所应该负担的本期所得税费用，那么根据本期利润总额减去本期所得税费用而求得的净利润，也不是真正的可供分配的利润。

作为会计报表中的费用项目，应当根据会计准则，按照权责发生制和配比原则反映企业当期创造的收益中应负担的所得税费用。

所得税会计核算发展到资产负债表观下的债务法，是收益表观会计理念过渡到资产负债表观的必然产物。收益表观下的债务法注重时间性差异，可计算当期的影响，但不能直接反映对未来的影响，不能处理非时间性差异的暂时性差异。而以资产负债表为基础的债务法却注重暂时性差异，可直接得出递延所得税资产、递延所得税负债余额，能直接反映其对未来的影响，可以处理所有的暂时性差异。比如，其他债权投资的公允价值变动被计入其他综合收益，这种变动不会对收益表产生影响，所以从收益表观的角度看，不会产生任何递延所得税项目；但从资产负债表观的角度看，则会产生递延所得税。

资产负债表观下债务法的理论基础是依据业主权益理论，即认为对企业收益的计量就是对业主权益的计量，递延税款代表着未来应付或应收的所得税税款。资产负债表观下债务法用资产负债观定义企业收益，即全面收益，注重暂时性差异，从暂时性差异产生的原因出发，分析暂时性差异的内容及其对期末资产负债表的影响。因此，剖析暂时性差异是研究资产负债表观下债务法的切入点。

资产负债表观下债务法和收益表观下债务法在确定递延所得税项目的基础时虽然不同（具体表现为前者来源于暂时性差异，后者来源于时间性差异），但两者在税率变动时的会计处理原则相同，都需要根据新税率对以前年度累计的递延所得税项目进行调整。如果企业当期暂时性差异恰好就是时间性差异，那么尽管两种方法核算角度和方法略有不同，但结果完全相同，本期确认的所得税费用、递延所得税项目、应交所得税等科目都是相同的。

第二节　资产负债表观下债务法的核算

一、所得税费用的核算程序

在资产负债表观下债务法下，企业期末进行的有关所得税费用的核算程序通常包括：

第一，按照企业会计准则的规定，确定资产负债表中除递延所得税负债和递延所得税资产以外的其他资产和负债的账面价值。资产和负债的账面价值可以直接从企业当期期末资产负债表中得到，对于存在减值项目的资产，其账面价值应是扣除了减值和折旧后的净额。

例如，一项固定资产的账面价值就是“固定资产”科目的借方余额减去“固定资产累计折旧”科目的贷方余额，再减去“固定资产减值准备”科目的贷方余额后得到的差额。

第二，按照企业会计准则中对于资产和负债计税基础的确定方法，以适用的税收法规为基础，确定资产和负债各项目的计税基础。

第三，比较资产和负债项目账面价值与计税基础之间的差异，分别应纳税暂时性差异和可抵扣暂时性差异两类，根据适用的所得税税率确定本期末递延所得税负债和递延所得税资产的应有余额。将该应有余额与递延所得税负债和递延所得税资产的期初余额相比，倒挤出本期应予进一步确认的递延所得税负债和递延所得税资产金额。

第四，确定所得税费用。利润表中的所得税费用包括当期所得税和递延所得税两部分。其中，当期所得税是按照税法规定计算确定的当期应交所得税；递延所得税是按照上述方法倒挤出来的本期递延所得税资产或负债金额。

2007年，宁夏中银绒业国际集团公司通过重组式股改入主圣雪绒（000982），圣雪绒改名中银绒业，中银绒业对重组后的公司未来3年经营业绩作出承诺：如果重组后的公司出现以下触发条件所列三种情况之一时，中银绒业将对公司除中银绒业外的其他股东追送股份，追送仅限1次，追送股份总数为8 600 000股，每10股股份获付1股。

第一种情况：如果本次资产置换在2007年12月31日前完成，则公司：①在2007年未能扭转亏损；②2008年实现净利润低于3 100万元；③2009年实现净利润低于3 410万元。出现以上任一情形均视为触发追送股份条件。

第二种情况：本公司2007年度或2008年度或2009年度财务报告被出具非标准的无保留审计意见。

第三种情况：本公司未能按法定披露时间披露2007年或2008年或2009年年度报告。

2009年2月20日，中银绒业发布2008年报，2008年中银绒业实现归属于母公司净利润3 558万元，超过股改承诺的3 100万元目标。该公司年报显示，中银绒业2008年利润总额为2 564万元，所得税费用为－650万元、少数股东收益为－344万元，2008年利润总额与归属母公司的净利润倒挂994万元。

2009年6月25日，宁夏中银绒业股份有限公司董事会发布公告，针对投资者近期关心的本公司递延所得税资产计量等问题特作以下提示性说明：

鉴于2008年12月经税务部门核定，由于公司尚存在大额可弥补亏损，公司实现的利润可先进行税前弥补，2008年执行25%的税率（截至目前公司适用的所得税税率仍是25%）。公司在编制2008年报时，只能根据税务机关核定的所得税税率25%进行计量。因此，公司2008年报完全是按照税务机关核定的适用所得税税率执行，符合税收法律法规的相关规定。

在此情况下，公司根据《企业会计准则第 18 号——所得税》第十七条“资产负债表日，对于递延所得税资产和递延所得税负债，应当依据税法规定，按照预期收回该资产或清偿该负债期间的适用税率计量。适用税率发生变化的，应对已确认的递延所得税资产和递延所得税负债进行重新计量，除直接在权益中确认的交易或者事项产生的递延所得税资产和递延所得税负债以外，应当将其影响数计入变化当期的所得税费用”也符合企业会计准则的规定。

（一）暂时性差异

上述资产负债表观下债务法的会计核算，实务中通常采用工作底稿的方式完成（见表 7－1）。

表 7－1 工作底稿 单位：元

项目	账面价值	计税基础	暂时性差异		乘适用税率	
			应纳税暂时性差异	可抵扣暂时性差异	递延所得税负债	递延所得税资产
资产 ……						
负债 ……						

无论资产或是负债项目，账面价值减去计税基础得到的是“暂时性差异”，该差异又可以进一步分为应纳税暂时性差异和可抵扣暂时性差异两类。

1. 应纳税暂时性差异，是指在确定未来收回资产或清偿债务期间，将导致增加应纳税所得额的暂时性差异。也就是说，在未来计算应纳税额时，由于该暂时性差异的转回，将增加企业当期的应交所得税金额。

应纳税暂时性差异通常产生于以下两种情况：

（1）资产的账面价值大于其计税基础。一项资产的账面价值代表的是企业在持续使用及最终出售该资产时会取得的经济利益总额，计税基础则表示该资产在未来期间可予税前扣除的总金额。当资产的账面价值大于其计税基础时，意味着未来期间产生的经济利益不能全部在税前抵扣，两者间差额需要交纳税款。

（2）负债的账面价值小于其计税基础。负债的账面价值代表企业预计在未来期间清偿该项负债时的经济利益总流出，负债的计税基础是指负债的账面价值减去未来期间计算应纳税所得额时按照税法规定可予抵扣的金额。负债的账面价值减去计税基础的差额，实际上等于税法规定该项负债在未来期间可予税前抵扣的金额，当该差额为负数时，意味着将来会增加应交纳的所得税数额。

2. 可抵扣暂时性差异，是指在确定未来收回资产或清偿负债期间的应纳税所得额时，将导致产生可抵扣金额的暂时性差异。在未来计算应纳税额时，由于该暂时性差异的转回，将减少企业当期的应交所得税金额。

可抵扣暂时性差异通常产生于以下两种情况：

（1）资产的账面价值小于其计税基础。当资产的账面价值小于其计税基础时，意味着未来期间产生的经济利益不足以抵扣税法上允许的税前抵扣总额，企业可以在未来期间减少应纳税所得额并减少应交税金。

（2）负债的账面价值大于其计税基础。当负债的账面价值减去计税基础的差额为正数时，意味着存在未来可税前抵扣的数额，从而减少未来应交纳的所得税金额。

对于按照税法规定可以在以后用税前利润弥补的亏损，尽管不是由资产或负债的暂时性差异产生的，但由于其客观上具备抵减未来应交纳的所得税功能，本质上相当于可抵扣暂时性差异。所以，在会计处理上，符合条件的待弥补亏损应确认为递延所得税资产。

（二）递延所得税资产和递延所得税负债

以暂时性差异乘以该暂时性差异在未来转回时适用的税率，得到截至本期末止递延所得税资产和递延所得税负债的累计数。

1. 适用税率。应采用未来转回该暂时性差异时的税率，例如，本期税率为33%，但预计未来税率将调整为25%。也就是说，本期产生的暂时性差异未来转回时的税率为25%。则本期的递延所得税资产或递延所得税负债应该选择25%的税率计算。这样处理的原因在于，本期确认的递延资产或递延负债金额，代表着未来可抵扣或应交纳的所得税金额。

2. 递延所得税资产和递延所得税负债。暂时性差异的计算过程中，采用资产或负债的账面价值与计税基础之间的差。资产或负债的账面价值代表的是累计到本期末的数值，因此工作底稿中计算出来的递延资产或负债项目金额代表的是累计值含义，本期应确认的发生额等于期末数减去期初值。

资产是指企业过去的交易或者事项形成的、企业拥有或者控制的、预期会给企业带来经济利益的资源。从资产的定义出发，递延所得税资产源自可抵扣暂时性差异，意味着可以“抵扣”未来应纳税所得额并进而减少未来的应交税费。从这个意义上说，少缴税相当于增加未来的经济利益，因此递延所得税资产符合资产的定义。当然，按照权责发生制的要求，资产形成的未来经济利益流入源自过去的交易或事项付出的代价，这就体现了暂时性差异的特点：对本期应纳税所得额的影响与对未来应纳税所得额的影响，方向相反、金额相同，具有“暂时性”特点。

与资产相对应，负债是指企业过去的交易或者事项形成的、预期会导致经济利益流出企业的现时义务。递延所得税负债产生于应纳税暂时性差异，反映出某些事项减少了当期应纳税所得额，但一定会增加未来的应纳税所得额，从而必然增加未来的应交税费。

(三) 所得税费用

资产负债表观下债务法认为资产负债表是一种最可能提供有用的决策信息的报表。因此用"资产负债表观"定义收益，从而提出了"全面收益"的概念，用公式表示就是：期末净资产 - 期初净资产 = 本期业主投资和分派业主款。这就要求收益的定性与定量（包括所得税费用）都要服从于资产负债表中资产、负债等概念框架结构的要求，进而在确认财务报表项目时，资产负债表债务法与损益表中债务法的顺序完全相反。首先确定资产负债表期末递延所得税资产（或负债），然后倒挤出损益表当期所得税费用。其计算公式为：

当期所得税费用 = 当期应缴税款 +（期末递延所得税负债 - 期初递延所得税负债）
- （期末递延所得税资产 - 期初递延所得税资产）

用资产负债表观下的债务法核算时，企业需要设置"所得税费用"科目，核算企业确认的应从当期利润总额中扣除的所得税费用。

"所得税费用"科目包括"当期所得税费用"和"递延所得税费用"两个明细科目。在资产负债表日，企业按照税法计算确定的当期应交所得税金额，借记"所得税费用——当期所得税费用"科目，贷记"应交税费——应交所得税"科目；同时，根据"递延所得税资产"期末余额大于"递延所得税资产"期初余额的差额，借记"递延所得税资产"科目，贷记"所得税费用——递延所得税费用"科目，"递延所得税资产"期末余额小于"递延所得税资产"期初余额的差额，做相反的会计分录。

企业应予确认的递延所得税负债的变动，应当比照上述原则调整"递延所得税负债"科目及有关科目。期末，应将"所得税费用"科目的余额转入"本年利润"科目，结转后"所得税费用"科目应无余额。

从上述分析中可以看出，如果给定了资产或负债的计税基础，则本期递延所得税资产或负债的计算可以描述为一种数学等式。现举例说明资产负债表观下债务法的应用。

【例 7-5】 N 企业于 20×0 年 12 月购入一套生产设备，当月安装调试完毕，投入使用，原始价值 800 万元。该企业采用平均年限法分 4 年计提折旧，预计净残值率为 0。然而，按照现行税法的规定，该套设备的平均折旧年限应该为 8 年。假设 N 企业从 20×1 年至 20×8 年每年实现的会计利润都是 1 000 万元，现行所得税税率为 33%；又假设从 20×3 年年初开始企业所得税税率调整为 25%，所得税年末一次交纳。计算过程见表 7-2。

表 7－2　　所得税费用和递延所得税计算表　　单位：万元

项　目	20×1 年	20×2 年	20×3 年	20×4 年	20×5 年	20×6 年	20×7 年	20×8 年
累计会计折旧	200	400	600	800	—	—	—	—
累计税法折旧	100	200	300	400	500	600	700	800
账面价值	600	400	200	0	—	—	—	—
计税基础	700	600	500	400	300	200	100	0
累计暂时性差异	－100	－200	－300	－400	－300	－200	－100	0
适用税率	33%	33%	25%	25%	25%	25%	25%	25%
当期应交税金	363	363	275	275	225	225	225	225
期初递延所得税资产	0	33	66	75	100	75	50	25
期末递延所得税资产	33	66	75	100	75	50	25	0
当期所得税费用	330	330	266	250	200	200	200	200

20×1 年：

该固定资产的暂时性差异＝账面价值－计税基础

＝600－700

＝－100（万元）

资产的账面价值小于计税基础，形成可抵扣暂时性差异，以暂时性差异乘以适用税率，得到“递延所得税资产”应有余额为：

100×33%＝33（万元）

当期应交所得税＝(会计利润±纳税调整数)×适用税率

＝[1 000＋(200－100)]×33%

＝1 100×33%

＝363（万元）

第 1 年应进行的账务处理为：

借：所得税费用——当期所得税费用　　3 630 000

　　贷：应交税费——应交所得税　　3 630 000

借：递延所得税资产　　330 000

　　贷：所得税费用——递延所得税费用　　330 000

20×2 年：

该固定资产的累计暂时性差异＝账面价值－计税基础

＝400－600

＝－200（万元）

资产的账面价值小于计税基础，形成可抵扣暂时性差异，以暂时性差异乘以适用税率，得到“递延所得税资产”应有余额为：

$$200 \times 33\% = 66 \text{（万元）}$$

期末递延所得税资产的应有余额为 66 万元，“递延所得税资产”科目期初余额为 33 万元，应增加“递延所得税资产”科目 33 万元。

当期应交所得税 =（会计利润 ± 纳税调整数）× 适用税率

=（1 000 + 100）× 33%

= 363（万元）

第 2 年应进行的账务处理为：

借：所得税费用——当期所得税费用　　3 630 000

　　贷：应交税费——应交所得税　　3 630 000

借：递延所得税资产　　330 000

　　贷：所得税费用——递延所得税费用　　330 000

20 ×3 年：

该固定资产的累计暂时性差异 = 账面价值 − 计税基础

= 200 − 500

= −300（万元）

资产的账面价值小于计税基础，形成可抵扣暂时性差异，以暂时性差异乘以适用税率，得到“递延所得税资产”期末余额为：

$$300 \times 25\% = 75 \text{（万元）}$$

由于第 3 年的税率发生了变化，在债务法下，应以新税率（未来适用税率）25% 为基础。因为按照新税率计算出来的“递延所得税资产”期末余额才能真正代表企业在未来可以得到的纳税好处，符合资产的真实定义。

期末递延所得税资产的应有余额为 75 万元，“递延所得税资产”科目期初余额为 66 万元，应增加“递延所得税资产”科目 9 万元。

当期应交所得税 =（会计利润 ± 纳税调整数）× 适用税率

=（1 000 + 100）× 25%

= 275（万元）

第 3 年应进行的账务处理为：

借：所得税费用——当期所得税费用　　2 750 000

　　贷：应交税费——应交所得税　　2 750 000

借：递延所得税资产　　90 000

　　贷：所得税费用——递延所得税费用　　90 000

20 ×4 年：

该固定资产的累计暂时性差异 = 账面价值 - 计税基础

= 0 - 400

= - 400（万元）

资产的账面价值小于计税基础，形成可抵扣暂时性差异，以暂时性差异乘以适用税率，得到“递延所得税资产”应有余额为：

400 × 25% = 100（万元）

期末递延所得税资产的应有余额为 100 万元，“递延所得税资产”科目期初余额为 75 万元，应增加“递延所得税资产”科目 25 万元。

当期应交所得税 =（会计利润 ± 纳税调整数）× 适用税率

=（1000 + 100）× 25%

= 275（万元）

第 4 年应进行的账务处理为：

借：所得税费用——当期所得税费用　　2 750 000

　　贷：应交税费——应交所得税　　2 750 000

借：递延所得税资产　　250 000

　　贷：所得税费用——递延所得税费用　　250 000

20 × 5 年：

该固定资产的累计暂时性差异 = 账面价值 - 计税基础

= 0 - 300

= - 300（万元）

资产的账面价值小于计税基础，形成可抵扣暂时性差异，以暂时性差异乘以适用税率，得到“递延所得税资产”应有余额为：

300 × 25% = 75（万元）

本期递延所得税资产的期末余额为 75 万元，“递延所得税资产”科目期初余额为 100 万元，应减少“递延所得税资产”科目 25 万元。

当期应交所得税 =（会计利润 ± 纳税调整数）× 适用税率

=（1 000 - 100）× 25%

= 225（万元）

第 5 年应进行的账务处理为：

借：所得税费用——当期所得税费用　　2 250 000

　　贷：应交税费——应交所得税　　2 250 000

借：所得税费用——递延所得税费用　　250 000

　　贷：递延所得税资产　　250 000

第 6 年、第 7 年、第 8 年的会计处理与第 5 年相同。

二、资产的计税基础

计税基础并不是一个税法上的概念，这是由企业会计人员根据税法的相关规定，经过计算分析得到的税法角度应确认的资产或负债价值。计税基础具体分为资产的计税基础和负债的计税基础，两类要素的计税基础计算方法并不相同。

资产的计税基础是企业收回资产账面价值的过程中，计算应纳税所得额时按照税法可以自应税经济利益中抵扣的金额，即该项资产在未来使用或最终处置时，允许作为成本或费用于税前列支的金额。企业应当按照适用的税收法规的规定确定资产的计税基础。

【例7－6】 A企业的一项环保设备，原价为1 000万元，使用年限为10年，会计处理时按照直线法计提折旧，税收处理允许加速折旧，企业在计税时对该项资产按双倍余额递减法计提折旧，净残值为0。计提了2年的折旧后，会计期末企业对该项固定资产计提了80万元的固定资产减值准备。

会计与税法按照各自的标准认定该资产的价值：

该资产的账面价值＝1 000－100－100－80＝720（万元）

该资产的计税基础＝1 000－200－160＝640（万元）

【例7－7】 B企业的一项无形资产取得成本为160万元，因其使用寿命无法合理估计，会计上视为使用寿命不确定的无形资产，不予摊销，但税法规定按不短于10年的期限摊销。则取得该项无形资产1年后，会计上的账面价值为160万元。根据税法的标准：

计税基础＝160－160÷10＝144（万元）

【例7－8】 C企业支付800万元取得一项交易性金融资产，当期期末市价为860万元。会计上确认的该项交易性金融资产账面价值为860万元，而税法上只确认原始购入成本。

计税基础为800万元。

三、负债的计税基础

与资产的计税基础不同，负债的计税基础可以用公式表示为：

负债的计税基础＝负债的账面价值－税法可抵扣的金额

多数情况下，负债的计税基础与其账面价值是相等的，比如短期借款、应付账款等。但当某些负债的确认影响损益变化时，就可能存在计税基础与账面价值不同的情况。

【例 7 -9】 D 企业因销售商品提供售后服务等原因于当期确认了 100 万元的预计负债。税法规定，有关产品售后服务等与取得经营收入直接相关的费用于实际发生时允许税前列支。假定企业在确认预计负债的当期未发生售后服务费用，则根据会计准则确认的预计负债账面价值为 100 万元。

预计负债计税基础 = 账面价值 100 万元 - 可从未来经济利益中扣除的金额 100 万元 = 0

【例 7 -10】 假如企业因债务担保确认了预计负债 1 000 万元，但担保为发生在关联方之间单向担保，担保方并未就该项担保收取与相应责任相关的费用。

会计：按照或有事项准则规定，确认预计负债

税收：与该预计负债相关的费用不允许税前扣除

账面价值：1 000 万元

计税基础 = 账面价值 1 000 万元 - 可从未来经济利益中扣除的金额 0 = 1 000（万元）

【例 7 -11】 E 企业收到客户的一笔款项 80 万元，因不符合收入确认条件，会计上作为预收账款反映，但符合税法规定的收入确认条件，该笔款项已计入当期应纳税所得额。则会计上确认的负债账面价值为 80 万元。

计税基础 = 账面价值 80 万元 - 可从未来经济利益中扣除的金额 80 万元 = 0

【例 7 -12】 企业当期应交纳的违反有关规定的罚款和滞纳金为 10 万元。

会计：计入费用，同时确认其他应付款

税收：罚款和滞纳金等不允许税前扣除

账面价值：10 万元

计税基础 = 账面价值 10 万元 - 可从未来经济利益中扣除的金额 0 = 10（万元）

资产负债表日，企业需要判定存在账面价值与计税基础差异的资产与负债项目，分别计算累计的应纳税和可抵扣暂时性差异，进而得出本期应确认的递延所得税资产和递延所得税负债科目金额。

【例 7 -13】 甲企业 20 ×6 年 12 月 31 日资产负债表中部分项目情况如表 7 - 3 所示。

表 7 - 3　　资产负债表中部分项目情况　　单位：元

项目	账面价值	计税基础	暂时性差异	
			应纳税	可抵扣
交易性金融资产	2 600 000	2 000 000	600 000	
存货	20 000 000	22 000 000		2 000 000
预计负债	1 000 000	0		1 000 000
总计			600 000	3 000 000

假定该企业适用的所得税税率为25%，20×6 年按照税法规定确定的应纳税所得额为1 000 万元。预计该企业会持续盈利，能够获得足够的应纳税所得额。

应确认递延所得税资产 =300×25% =75（万元）

应确认递延所得税负债 =60×25% =15（万元）

应交所得税 =1 000×25% =250（万元）

20×6 年：

确认所得税费用的会计处理：

借：所得税费用　　1 900 000

　　递延所得税资产　　750 000

　　贷：应交税费——应交所得税　　2 500 000

　　　　递延所得税负债　　150 000

20×7 年资产负债表中部分项目情况如表7－4 所示。

表7－4　　资产负债表中部分项目情况　　单位：元

项目	账面价值	计税基础	暂时性差异	
			应纳税	可抵扣
交易性金融资产	2 800 000	3 800 000		1 000 000
存货	26 000 000	26 000 000		
预计负债	600 000	0		600 000
无形资产	2 000 000	0	2 000 000	
总计			2 000 000	1 600 000

（1）期末应纳税暂时性差异200 万元：

期末递延所得税负债（200×25%）　　50

期初递延所得税负债　　15

递延所得税负债增加　　35

（2）期末可抵扣暂时性差异160 万元：

期末递延所得税资产（160×25%）　　40

期初递延所得税资产　　75

递延所得税资产减少　　35

假定20×7 年该企业的应纳税所得额为2 000 万元，则：

应交所得税 =2 000×25% =500（万元）

确认利润表中的所得税费用时：

借：所得税费用　　5 700 000

贷：应交税费——应交所得税 5 000 000

递延所得税负债 350 000

递延所得税资产 350 000

第三节 所得税会计核算中的特殊问题

一、不确认递延所得税负债的特殊情况

1. 商誉初始确认的不可抵扣部分。按照会计准则的规定，商誉价值的确定是合并成本减去所取得被合并企业可辨认净资产公允价值的差额；而根据税法规定外购商誉的计税基础为0。会计准则要求不确认商誉所产生的递延所得税负债。

【例7－14】 A企业以600万元购入B企业100%的净资产，该项合并符合税法规定的免税改组条件，购买日各项可辨认资产、负债的公允价值及其计税基础如表7－5所示。

表7－5 公允价值及计税基础 单位：万元

项目	公允价值	计税基础	暂时性差异
固定资产	270	155	115
应收账款	210	210	—
存货	174	124	50
其他应付款	(30)	0	(30)
应付账款	(120)	(120)	0
不包括递延所得税的可辨认资产、负债的公允价值	504	369	135

假定B企业适用的所得税税率为25%，则该项交易中应确认递延所得税负债及商誉金额如下（万元）：

可辨认净资产公允价值 504

递延所得税负债（135×25%） －33.75

可辨认资产、负债的公允价值 470.25

商誉 129.75

企业合并成本 600

如果确认由商誉产生的递延所得税负债（129.75×25%），则会进一步增加商誉的价值324 375元，这显然是不合理的。

2. 除企业合并以外的其他交易中，如果交易发生时既不影响会计利润，也不影响应纳税所得额，则由资产、负债的初始确认所产生的递延所得税负债不予确认。

3. 与联营企业、合营企业的投资相关的应纳税暂时性差异产生的递延所得税负债，在满足以下两个条件时，不予确认：

（1）投资企业能够控制暂时性差异转回的时间；

（2）该暂时性差异在可预见的未来很可能不会转回。

【例 7－15】 甲公司持有乙公司 30% 的股权，对该项投资按照权益法核算。购入该项投资时，甲公司支付了 1 000 万元，取得投资当年年末，乙公司实现净利润 300 万元，甲公司按其持股比例计算应享有 90 万元。

按照权益法的核算原则，甲公司长期股权投资账面价值增加 90 万元，同时确认投资收益 90 万元。但税法规定长期投资的计税基础不变，从而产生应纳税暂时性差异。

如果甲公司适用的所得税税率为 25%，乙公司适用的所得税税率为 15%，则甲公司应按适用税率的差额确认相应的递延所得税负债 10.59（300/85% ×10% ×30%）万元。

二、不计入所得税费用的特殊情况

一般情况下，本期递延所得税资产或递延所得税负债项目的增加调整“所得税费用”科目。但在一些特殊情况下，由于产生暂时性差异的交易或事项本身不涉及损益，而是计入权益或商誉，所以由此产生的递延资产和负债也不影响损益，以保持与交易或事项的初衷相符。

1. 直接计入所有者权益的交易或事项形成的暂时性差异，应当确认递延所得税资产或所得税负债，记入“其他综合收益”科目。

【例 7－16】 企业持有的某项其他债权投资，成本为 200 万元，上一会计期末，按照公允价值 240 万元计量，产生的 40 万元应纳税暂时性差异与适用的所得税税率 25% 计算的结果 10 万元计入了所有者权益，本期末其公允价值为 220 万元。

在确认 40 万元的公允价值变动时：

借：其他债权投资	400 000	
贷：其他综合收益		400 000

确认应纳税暂时性差异的所得税影响时：

借：其他综合收益	100 000	
贷：递延所得税负债		100 000

本期公允价值变动：

借：其他综合收益	200 000	
贷：其他债权投资		200 000

借：递延所得税负债 50 000

贷：其他综合收益 50 000

2. 企业合并。非同一控制下企业合并中产生的暂时性差异，确认递延所得税资产或递延所得税负债，同时相关的递延所得税费用（或收益），通常调整合并商誉。

【例7-17】 接〖例7-14〗，企业合并过程中产生的33.75万元的递延所得税负债，并未记入“所得税费用”科目，而是记入“商誉”科目。显然，不存在递延负债的情况下，企业的商誉应为96（600-504）万元，加上递延所得税负债增加的商誉后，金额为129.75（33.75+96）万元。

三、待弥补亏损的会计处理

我国现行税法允许企业亏损向后递延弥补5年，会计处理规定中对可结转后期的尚可抵扣的亏损，在亏损弥补当期不确认所得税利益。

企业会计准则要求企业对能够结转后期的尚可抵扣的亏损，应当以可能获得用于抵扣尚可抵扣亏损的未来应税利润为限，确认递延所得税资产。一般称为当期确认法，即后转抵减所得税的利益在亏损当年确认。使用该方法，企业应当对5年内可抵扣暂时性差异是否能在以后经营期内的应税利润充分转回做出判断，如果不能，企业不应确认递延所得税资产。

【例7-18】 W企业在2×10年至2×14年间每年应税所得额分别为：-100万元、40万元、20万元、50万元，适用税率始终为25%，假设无其他暂时性差异。

除了仍然编制结转“本年利润”到“利润分配”科目中的亏损及以后的补亏分录以外，2×11年年末还要确认和计量未来可抵扣所得税利益：

借：所得税费用 250 000

贷：递延所得税资产 250 000

2×12年同样：

借：所得税费用 100 000

贷：递延所得税资产 100 000

2×13年同样：

借：所得税费用 50 000

贷：递延所得税资产 50 000

2×14年亏损弥补完毕，并有应纳税所得额，所以：

借：所得税费用 125 000

贷：递延所得税资产 100 000

应交税费——应交所得税 25 000

四、企业合并财务报表中的递延所得税

企业在编制合并财务报表时，因抵销未实现内部销售损益在合并财务报表中产生的暂时性差异是否应当确认递延所得税，《企业会计准则解释第 1 号》规定：企业在编制合并财务报表时，因抵销未实现内部销售损益导致合并资产负债表中资产、负债的账面价值与其在所属纳税主体的计税基础之间产生暂时性差异的，在合并资产负债表中应当确认递延所得税资产或递延所得税负债，同时调整合并利润表中的所得税费用，但与直接计入所有者权益的交易或事项及企业合并相关的递延所得税除外。

从理论上说，合并财务报表中由于内部交易产生抵销产生的合并资产（或负债）账面价值与计税基础间差异，是否确认递延所得税存在一定的争议。一种观点认为，递延所得税意味着未来应交税费的增减，但企业是以法人为单位缴纳所得税，合并财务报表中的递延所得税不具有真实的经济含义，因此不应确认合并财务报表的递延所得税资产（负债）；另一种观点认为，从会计信息质量的可比性角度出发，合并财务报表应与个别财务报表遵循相同的会计原则，所得税会计原理应适用于合并财务报表。中国采用了后一种观点。

（一）抵销内部应收款项坏账准备的所得税处理影响

企业个别财务报表中，应收款项由于计提坏账准备而形成的应纳税暂时性差异，需要确认递延所得税资产。在编制合并财务报表时，需将内部往来应收款项及其计提的坏账准备一并抵销，合并财务报表中无论是内部往来的应收款项还是计提的坏账准备都不再存在。由于合并财务报表时基于个别财务报表编制的，个别财务报表中确认的递延所得税项目会带入到合并财务报表，因此，需要将个别财务报表中的内部往来款项、计提的坏账准备及其确认的递延所得税都予以抵销。

【例 7 －19】 X 公司为 Y 公司的母公司。X 公司个别资产负债表应收账款中有 480 万元为应收 Y 公司账款，该应收账款账面余额为 500 万元，X 公司当年计提坏账准备 20 万元。Y 公司个别资产负债表中列示有应付甲公司账款 500 万元。X 公司和 Y 公司适用的所得税税率均为 25%。

X 公司在编制合并财务报表时，编制的抵销分录如下：

（1）抵销应收账款与应付账款项目：

借：应付账款　　　　5 000 000

　　贷：应收账款　　　　5 000 000

（2）抵销坏账准备与资产减值损失项目：

借：应收账款　　　　200 000

贷：资产减值损失　200 000

（3）抵销坏账准备确认的所得税影响。X公司在其个别财务报表中，对应收Y公司的账款计提坏账准备20万元，导致应收A公司账款的账面价值500万元与其计税基础480万元之间出现差额20万元、形成暂时性差异，确认递延所得税资产5（20×25%）万元。甲公司在其个别财务报表中确认递延所得税资产时，借记“递延所得税资产”科目5万元，贷记“所得税费用”科目5万元。在编制合并财务报表时，对该暂时性差异确认的递延所得税项目应予以抵销。

借：所得税费用　50 000

　贷：递延所得税资产　50 000

（二）抵销内部交易存货的所得税处理影响

1. 内部交易存货损益抵销产生的递延所得税。企业在编制合并财务报表时，应当将内部商品交易所形成的存货价值中包含的未实现内部销售损益予以抵销，合并财务报表中的存货账面价值不包含内部未实现损益。然而，所得税是以独立的法人实体为对象计征的，合并财务报表中存货的计税基础与个别财务报表的计税基础一致。这导致合并资产负债表所列示的存货的账面价值（不包含内部未实现损益）与持有该存货的企业计税基础（包含内部未实现损益）不一致，存在着暂时性差异，应当在合并财务报表中确认递延所得税资产或递延所得税负债。

需要注意的是，企业内部交易销售包括顺流交易和逆流交易，逆流交易形成的未实现损益需要在少数股东和母公司股东之间分配。对于逆流交易未实现损益确认递延所得税的抵销，其所得税费用的影响额也应在少数股东和母公司股东之间分配。

【例7-20】　X公司为Y公司的母公司，持有Y公司70%的股权。Y公司向X公司销售商品1200万元，商品销售成本为800万元，款项以银行存款支付。X公司购进该商品本期对外销售60%、剩余40%。年末，X公司对剩余商品进行检查，未发生存货减值。

（1）抵销存货中包含的未实现销售利润：

借：营业收入　12 000 000

　贷：营业成本　10 400 000

　　存货[（1 200－800）万×40%]　1 600 000

（2）将存货包含的未实现内部损益抵销分摊给少数股东：

借：少数股东权益（160万×30%）　480 000

　贷：少数股东损益　480 000

（3）抵销存货交易中的递延所得税：

借：递延所得税资产（160万×25%）　400 000

贷：所得税费用　　400 000

（4）抵销因逆流交易递延所得税抵销产生的少数股东权益影响：

借：少数股东损益（40 万 ×30%）　　120 000

　　贷：少数股东权益　　120 000

2. 内部交易存货计提资产减值准备产生递延所得税的抵销。企业在个别财务报表中对存货计提减值准备，会导致个别财务报表中存货的账面价值低于计税基础，会计处理上应借记递延所得税资产科目、贷记所得税费用科目。在编制合并财务报表时，个别报表中计提的存货减值准备会根据具体情况予以抵销，被抵销的减值准备应当冲减已经确认的递延所得税项目。

【例 7－21】 X 公司为 Y 公司的母公司，持有 Y 公司 70% 的股权。X 公司向 Y 公司销售商品 1 000 万元，商品销售成本为 700 万元，款项以银行存款支付。Y 公司购进该商品本期全部未实现对外销售。年末，Y 公司对该批商品进行检查，计提存货减值准备 20 万元。

（1）抵销存货中包含的未实现销售利润：

借：营业收入　　10 000 000

　　贷：营业成本　　7 000 000

　　　　存货　　3 000 000

（2）抵销存货计提的减值准备：

借：存货　　200 000

　　贷：资产减值损失　　200 000

（3）抵销存货交易中的递延所得税：

借：递延所得税资产[（300－20）万 ×25%]　　700 000

　　贷：所得税费用　　700 000

（三）抵销内部交易固定资产的所得税处理影响

企业在编制合并财务报表时，需要将内部交易形成的固定资产价值中包含的未实现内部销售利润予以抵销。内部交易所形成的固定资产价值包含的未实现内部销售损益抵销后，合并资产负债表中所反映的该固定资产价值与持有该固定资产的企业计税基础不一致，存在着暂时性差异。这一暂时性差异的金额就是编制合并财务报表时所抵销的未实现内部销售损益的数额，在编制合并财务报表时必须确认相应的递延所得税资产或递延所得税负债。

【例 7－22】 X 公司为 Y 公司的母公司。X 公司将自己生产的产品销售给 Y 公司作为固定资产使用，X 公司销售该产品的销售收入为 1 680 万元，销售成本为 1 200 万元。Y 公司购买的该固定资产用于公司的销售业务，不需要安装、当月投入使用，其折旧年限为4年，预计净残值为零。Y公司对该固定资产确定的折旧年限和预计净残值与税法规定一致。为简化合并处理，假定该内部交易固定资产在交易当年按12个月计提折旧。Y公司本年对该资产计提折旧为420万元、固定资产净值为1 260万元。两公司适用的所得税税率均为25%。

（1）抵销内部交易固定资产包含的未实现内部销售利润：

借：营业收入	16 800 000	
贷：营业成本		12 000 000
固定资产原价		4 800 000

（2）抵销当年计提的折旧中包含的未实现内部销售损益：

借：累计折旧	1 200 000	
贷：销售费用		1 200 000

（3）由于抵销内部交易固定资产未实现损益产生的递延所得税资产：

借：递延所得税资产[(480－120)万×25%]	900 000	
贷：所得税费用		900 000

如果企业在个别财务报表中对内部交易固定资产计提减值准备，在编制合并财务报表时需要对个别财务报表计提减值准备中包含的未实现销售利润予以抵销，由此产生对减值准备相关的递延所得税资产与递延所得税费用进行抵销的处理，其原理参照上文存货减值的递延所得税抵销，此处不再赘述。

上市公司利用递延所得税资产确认进行盈余管理吗

关于公司管理层是否利用递延所得税资产确认进行盈余管理问题，国外研究主要从考察递延所得税资产估值准备水平与盈余管理动机因素相关性的角度进行探讨，并已取得了一定进展。其中，早期研究结论倾向于认为公司递延所得税资产确认与盈余管理不具有相关性。例如，Miller和Skinner（1998）没有发现经理人利用递延所得税资产估值准备操纵会计盈余以降低财务杠杆或平滑利润的证据。Visvanathan（1998）研究也没有发现管理层利用递延所得税资产的确认来平滑收益或服务于薪酬契约和债务契约的证据。但近年来的研究比较多地支持递延所得税资产确认会被利用于各种目的的盈余管理的观点。例如，Phillips等（2003）研究发现，当采用总应计项目作为应计项目衡量指标时，递延所得税费用能够为检验避免亏损、利润下滑及满足分析师预期等目的的盈余管理提供增量作用。Gordon和Joos（2004）将影响未确认递延所得税因素划分为经营性因素和机会主义因素后研究证明，英国上市公司会采取机会主义行为操纵未确认递延所得税以管理公司财务杠杆。Chao等（2004）研究发现当盈余水平低于历史正常水平时，公司会利用递延所得税资产估值准备计提来“洗大澡”。Burgstahler 和 Dichev（1997）研究显示，在对未来应纳税所得额获取能力进行控制的情况下，微利公司比微亏公司更大比例地减少了递延所得税资产估值准备占递延所得税资产的比重，递延所得税资产估值准备被用作避免亏损的盈余管理工具。Schrand 和 Wong（2003）研究发现，对于资本充足率高的银行，由于其资本充足率足以承受计提估值准备对利润和净资产带来的负面影响，因此银行会通过在采用准则当年计提较高水平的估值准备，以期在未来年度运用对估值准备调整来平滑收益，其盈余管理程度由调整前盈余与预期或历史盈余的差异大小决定。Philips 等（2003）从递延税款角度考察了盈余管理与非应税项目损益的关系，发现递延税款指标可以有效地识别公司出于平滑盈余和避免亏损项目而进行的盈余管理行为。

本文研究结果表明，欧盟及中国上市公司均在一定程度上利用递延所得税资产确认进行避免利润下滑的盈余管理。其中，中国上市公司递延所得税资产确认具有可操纵应计利润外的增量作用，欧盟上市公司则具有线下项目可操纵性应计项目外的增量作用。同时，中国上市公司递延所得税资产确认的盈余管理与市场监管动机相关，与债务契约、管理层薪酬激励无关。

资料来源：曲晓辉、肖虹、丁芸洁：《上市公司利用递延所得税资产确认进行盈余管理吗》，《当代会计评论》2009 年第 2 期。

附录 A

收入项目的会计准则与税法比较

（一）收入范围界定的税法与会计准则比较

企业会计准则从信息有用性角度出发，按照业务的经常性将企业所有经济利益流入分为日常活动产生的和非日常活动产生的流入。其中，“日常活动中形成的、会导致所有者权益增加的、与所有者投入资本无关的经济利益的总流入”就是会计上的收入，包括商品销售收入、提供劳务收入和让渡资产使用权收入。与收入相对应的“非日常活动中形成的、会导致所有者权益增加的、与所有者投入资本无关的经济利益的总流入”会计上称为利得，一般通过“营业外收入”科目核算。“营业外收入”是中国会计对国际通行的“利得”项目的传统名称，它实质上并非收入。

税法从应纳税所得额的界定角度出发，但凡应作为本期应税所得的项目，都属于收入。包括：销售货物收入，提供劳务收入，转让财产收入，股息、红利等权益性投资收益，利息收入，租金收入，特许权使用费收入，接受捐赠收入和其他收入。此外，对于企业（事业）获得的非经营活动或非营利活动带来的经济利益流入，税法允许作为不征税收入从应纳税所得额中扣除，包括财政拨款、依法收取并纳入财政管理的行政事业性收费、政府性基金，国务院规定的其他不征税收入。

从范围界定角度分析，税法中的收入不但包括日常营业活动产生的经济利益流入，还包括非日常活动产生的利得。但这并不意味着税法中的收入可以简单地等同于会计上的收入和利得之合，会计与税法上在确认收入方面还存在若干具体差异。

（二）经常性收入项目的税法与会计准则比较

1. 商品销售收入的一般确认原则。会计准则依据实质重于形式的原则，强调只有在商品已经实质上转移给购买方并能同时取得经济利益流入的情况下，方能确认收入。具体来说，收入的确认需要同时满足：（1）企业已将商品所有权上的主要风险和报酬转移给购货方；（2）企业既没有保留通常与所有权相联系的继续管理权，也没有对已售出的商品实施控制；（3）收入的金额能够可靠地计量；（4）相关的经济利益很可能流入企业；（5）相关的成本能够可靠地计量。

税法依据权责发生制的原则确认收入，不采纳实质重于形式的原则。商品的风险是否转移、是否保留继续管理权对于确认销售方的应纳税所得来说，都不是必备的条件。企业会面临包括销售风险在内的许多经营风险，经营风险需要由企业的利润来弥补，而不能通过国家的免税补偿，否则会造成税赋不公平。另外，税法也不关注商品所有权究竟由谁来控制。因此，税法判断收入的原则包括：（1）企业获得已实现经济利益或潜在经济利益的控制权；（2）与交易相关的经济利益能够流入企业；（3）相关的收入和成本能够合理地计量。

为了防止企业避税，税法确认收入和成本的原则不是谨慎性，而是合理性。如果税务机关认为企业确认的收入和费用不合理，有权加以调整。

2. 确认商品销售收入时的特殊事项。

（1）现金折扣的确认。税法与会计准则都采用总额法处理，在销售方实际给予购货方折扣时列为销售方的财务费用。

（2）商业折扣。税法与会计准则处理相同，都按照扣除商业折扣后的金额确认销售收入。

（3）销售折让。对于企业因销售货物的质量原因而给予购货方价格上的折让，税法与会计准则处理相同，都在实际发生时冲减当期销售收入。

（4）销售退回。销售方已经售出商品被退回的，税法上允许企业直接冲减退回当期销售收入。会计准则方面与税法基本相同，但强调如果退回属于日后事项的，需要调整上年度的损益。

（5）视同销售业务。企业由于非货币性资产交换、债务重组、捐赠、赞助、职工福利、广告等原因而使用本单位存货的，由于存货所有权发生转移，因此要视同对外销售商品确认收入，这方面会计准则与税法规定相同。将存货用于本企业工程建设、内部或分公司使用的，由于从纳税主体角度讲，没有产生法人存货所有权的转移，因此不再视为对外销售。视同销售的处理，新所得税与增值税的规定不完全相同。

（6）分期收款销售。税法规定，企业采用分期收款方式销售商品的，按照合同约定的收款日期确认收入的实现；会计准则规定，分期收款销售具有融资性质的，应当按照应收的合同或协议价款的公允价值确定销售商品收入金额，应收的合同或协议的价款与公允价值的差额，应当采用实际利率法在合同或协议期内分摊计入损益。

3. 提供劳务收入的确认。税法上规定的劳务收入是指纳税主体的经营性收入，包括建筑安装、修理修配、交通运输、仓储租赁、金融保险、邮电通信、咨询经济、文化体育、科学研究、技术服务、教育培训、餐饮住宿、中介代理、卫生保健、社区服务、旅游、娱乐、加工等。企业在同时满足以下三点时，确认劳务收入：（1）收入的金额能够可靠地计量；（2）相关的经济利益能够流入企业；（3）发生的成本能够合理地计量。

企业受托加工制造大型机械设备、船舶、飞机等，或从事建筑安装、装配工程等业务，持续时间超过12个月的，可以按照完工进度或完成的工作量确认收入。测算完工进度的方法，包括已经发生的成本占估计总成本的比例、已提供劳务占应提供劳务总量的比例、已完工作量的测算。

上述规定与企业会计准则的规定基本一致。细微差别在于税法强调收入和成本的合理性，会计准则讲求可靠性。

无法采用完工百分比法核算的劳务收入，会计准则与税法规定略有不同。会计准则规定：已经发生的劳务成本预计能够得到补偿的，按照已经发生的劳务成本金额确认提供劳务收入，并按相同金额结转成本；已经发生的劳务成本预计不能够得到补偿的，应当将已经发生的劳务成本计入当期损益，不确认劳务收入。税法则规定：已经发生的劳务成本预计能够得到补偿的，按照已经发生的劳务成本金额确认提供劳务收入，并按相同金额结转成本；已经发生的劳务成本预计不能够得到补偿的，可暂不确认劳务收入，但也不将已经发生的劳务成本计入当期损益，待已经发生的劳务成本确定不能得到补偿时，再经主管税务机关核定作为损失扣除。

4. 让渡资产使用权收入。会计准则规定，让渡资产使用权收入包括利息收入和使用费收入。税法将其细化为股息、红利等权益性投资收益，利息收入，租金收入，特许权使用费收入等。此类收入的特点是不转移资产的所有权，仅让渡使用权。

会计准则按照权责发生制原则，在同时满足以下两点时确认让渡资产使用权收入：（1）相关的经济利益很可能流入企业；（2）收入的金额能够可靠地计量。

税法在让渡资产使用权收入的确认上与会计准则大体相同，以经济利益流入和收入金额可靠计量为标准，较为特殊的是投资收益的认定。

（1）利息收入，通常指企业将资金提供给他人使用但不构成权益性投资，或者因他人占用本企业资金取得的收入，包括存款利息、贷款利息、债券利息、欠款利息等。

会计准则和税法对利息收入的认定原则相同，都按照合同约定的债务人支付利息日确认收入，无论是否实际收到款项；同时，利息收入的金额采用合同约定利率或实际利率计算均可。

（2）租金收入，通常是指企业提供固定资产、包装物或者其他有形资产的使用权而获得的收入。会计准则和税法对租金收入的确认原则相同，按照合同约定的租金支付日确认收入。

（3）特许权使用费收入，通常指企业将拥有的专利权、非专利技术、商标权、著作权、特许加盟权等允许他人使用而获得的收益。会计准则和税法对特许权使用费收入的认定原则相同，按照合同约定的特许权人应付特许权使用费、时间和方法确认收入。

（4）股息、红利等权益性投资收益。权益性投资也即股权投资，股息（红利）是指投资企业从被投资企业获得的经营性收益①。会计准则在投资收益的确认方面有成本法和权益法两种，成本法是指当被投资企业宣告分配股利时，投资企业按照持股比例确认投资收益；权益法是指投资企业按照被投资企业当期实现的净利润，以持股比例确认投资收益，无论被投资企业是否发放股利。

会计准则与税法在投资性收益的确认上存在差异，税法在权益性投资收益的认定上偏向于收付实现制。企业应按照从被投资企业分配的股息、红利确认收益，权益法确认的投资收益不作为应纳税所得额。这样的规定，保护了投资企业的现金流量，以防止按照权益法确认收益但未分得股利的情况下，投资企业垫支现金缴纳所得税。

（三）转让财产收入与捐赠收入的税法与会计准则比较

税法规定的转让财产收入、捐赠收入等，在会计上通常以营业外收入的形式实现。

1. 转让财产收入。税法规定，转让财产是指企业转让固定资产、生物资产、无形资产、股权、债券等非存货资产的所有权而获得的经济利益流入，包括出售、非货币性资产交换、债务重组、发放职工福利等。企业应当按照从财产受让方已收或应收的合同或协议价款确定转让财产收入金额。

会计准则的处理与税法基本相同，均确认转让资产而获得的收入，略有差别的项目是非货币性资产交换。会计准则按照交换是否具有商业实质分为两种情况：具有商业实质并且具有公允价值的确认交换损益；不具有商业实质或没有公允价值的不确认交换损益。

2. 捐助收入。税法规定，接受捐赠收入，是指企业接受的来自其他企业、组织或者个人无偿给予的货币性资产、非货币性资产。接受捐赠收入，按照实际收到捐赠资产

① 经营性收益区别于处置性收益，一般来说，投资企业将被投资企业的股权转让给其他人，由此获得的款项通常被视为处置收益。

的日期确认收入的实现。

税法采用实际收到捐赠资产为收入实现日，主要考虑到合同法允许捐赠人在赠与财产转移前可以撤销赠与，因此以收到日为准更符合合同成立的原则。会计准则与税法在此处规定一致。

（四）其他收入项目的税法与会计准则比较

税法中所规定的其他收入，包括企业资产的溢余收入、逾期未退包装物押金收入、确实无法支付的应付款项、已作坏账损失处理后又收回的应收款项、债务重组收入、补贴收入、违约金收入、汇兑损益。

会计准则与税法对此类项目的处理基本相同，略有差异的是资产溢余收入和补贴收入。

（1）企业按照国务院财政、税务主管部门有关文件规定，实际收到具有专门用途的先征后返所得税税款，按照会计准则规定应计入取得当期的利润总额，暂不计入取得当期的应纳税所得额；

（2）企业以公允价值计量的金融资产、金融负债以及投资性房地产等，持有期间公允价值的变动不计入应纳税所得额，在实际处置或结算时，处置取得的价款扣除其历史成本后的差额应计入处置或结算期间的应纳税所得额。①

附录 B

成本费用项目的会计准则与税法比较

（一）成本费用内涵的比较

《税法》第八条规定：“企业实际发生的与取得收入有关的、合理的支出，包括成本、费用、税金、损失和其他支出，准予在计算应纳税所得额时扣除。”这里的成本、费用界定，税法与会计准则不尽相同。

《中华人民共和国企业所得税法实施条例》（以下简称《实施条例》）中解释，认为成本包括销售成本、销货成本、业务支出以及其他耗费，费用包括销售费用、管理费用和财务费用。② 会计上认为费用是一个独立的会计要素，而成本仅是对象化了的费用，费用包括成本。例如，《企业会计准则——基本准则》第三十三条规定：“费用是指企

---

① 财政部、国家税务总局：《关于执行〈企业会计准则〉有关企业所得税政策问题的通知》（财税［2007］80号），2007年7月7日。

② 参见《中华人民共和国企业所得税法实施条例》第二十九条和第三十条。需要解释的是，税法中规定的成本是指与生产经营活动有关的支出，制造企业称为“销售成本”，商品流通企业叫作“销货成本”，服务类企业则冠以“业务支出”。名称不同，但表达的意义是相同的。

业在日常活动中发生的、会导致所有者权益减少的、与向所有者分配利润无关的经济利益的总流出。”

由此可见，税法上界定的成本、费用是并列的概念，费用被理解为狭义上的“期间费用”①；会计准则中界定的费用是广义上的费用，费用包括成本。当然，这只是学理上的一种分类，并不影响企业应纳税所得额的计算，本文以下所进行的各类支出比较，并不明确区分为成本或是费用。

（二）职工薪酬的比较

会计准则规定，职工薪酬是指企业为获得职工提供服务而给予各种形式的报酬及其他相关支出。职工薪酬包括：工资、奖金、津贴、补贴，职工福利费、医疗保险费、养老保险费、失业保险费、工伤保险费和生育保险费等社会保险费，住房公积金、工会经费和职工教育经费、非货币性福利、因解除与职工的劳动关系给予的补偿（也称“辞退福利”），其他与获得职工提供的服务相关的报酬。

1. 工资。1989 年国家统计局 1 号令《关于职工工资总额组成的规定》中，将企业工资总额分为 6 个部分：基本工资、奖金、津贴和补贴、加班加点工资，其他类似工资的支出。随着经济发展，企业出现了许多新的工资项目，诸如年终加薪等。

为了适应新的形势，会计准则与税法事实上都突破了原 1 号令中规定的工资总额。无论货币或非货币形式，也无论其叫作什么名目，只要是企业因接受职工劳动而给予职工的报酬，均确认为工资。对国有企（事）业单位而言，由于《企业财务通则》② 中要求工资总额的增长幅度不超过企业经济效益增长幅度、职工实际平均工资增长幅度不超过本企业劳动生产率增长幅度，据此确定的工资与税法要求的“合理性”吻合，不存在会计准则与税法之间的差异。

如果企业不能表明其工资是“合理的”，会出现会计准则与税法之间的差异。会计准则允许企业在职工为其提供服务的会计期间，将所有职工薪酬（包括货币性薪酬和非货币性福利）计入相关资产成本或期间费用。税法对职工工资原则上按照“合理性”原则抵扣，所谓合理性，强调工资是为了取得收入而必须发生的。合理性的判断标准原则上应参照市场工资，具体说可以比较本企业职工工资水平与其他企业职工工资水平，看是否存在明显差异。税法之所以如此规定，也是基于当前企业征信制度不完备的现状，防止企业人为调节利润和变相进行利润分配。

2. 职工福利费。税法规定，企业发生的职工福利费支出，不超过工资薪金 14% 的部分，准许抵扣。这里的工资薪金，在范围上已经超越了 1 号令中的工资总额概念，因此，尽管 14% 的比例不变，但由于税法扩大了福利费抵扣基数，因此允许企业抵扣的

① 期间费用是一个会计上的概念，一般包括管理费用、财务费用和销售费用。

② 与《企业会计准则》同时执行的还有《企业财务通则》，通则中的某些规定也对企业会计核算产生间接影响。因此，本文也涉及通则的规定。

福利费实际上增加了。

会计准则取消了职工福利费计提比例的限制，允许企业据实列支福利费，由此产生了会计准则确认的福利费与税法中允许抵扣的福利费产生差异。

3. 社会保险费与住房公积金。企业为职工缴纳的社会保险包括基本医疗保险费、基本养老保险费、失业保险费、工伤保险费和生育保险费，补充医疗保险费和补充养老保险费。①

税法与会计准则对社会保险费和住房公积金的规定相同，均要求企业依照国务院有关主管部门或者省级人民政府规定的范围和标准为职工缴纳社会保险与住房公积金，准予在税前抵扣。

企业为职工购买的商业保险，除特殊工种人身安全保险费和国务院、税务部门规定可以扣除的项目外，一般不得抵扣。这一规定与会计处理也是相同的，《企业财务通则》规定，企业为职工购买的商业保险（高危作业职工劳动保险除外）属于个人性支出，不得由企业承担。

4. 工会经费和职工教育经费。会计准则依据相关法规②要求企业按照工资总额的2%提取工会经费，按照工资总额2.5%提取职工教育经费。税法对此规定与会计准则相同，对不超过工资薪金2%的工会经费准予抵扣；对不超过工资薪金总额2.5%的职工教育经费准予抵扣，超过部分，准予在以后纳税年度结转扣除。

（三）借款费用的比较

借款费用是指企业因借款而发生的利息及其他相关成本，包括借款利息、折价或溢价摊销、辅助费用以及外币借款发生的汇兑差额。

1. 长期资产购建有关的借款费用。对于因购置、建造固定资产、无形资产和经过12个月以上的建造才能达到预定可销售状态的存货发生的借款费用，会计准则与税法的处理基本相同，允许将合理的借款费用作为本期的资本化支出，分期计入损益并准予抵扣；合理的、不需要资本化的借款费用，准予当期抵扣。

从细节上比较，会计准则对存货有关的借款费用资本化前提是“经过相当长的时间生产”，税法将这一前提细化为12个月。另外，为保证纳税公平，税法强调准予抵扣的借款费用符合“合理性”原则。

2. 生产经营活动中的利息支出。经营活动中的利息费用，会计准则中通常作为当期的财务费用处理。税法从准予抵扣的角度，强调财务费用的合理性。

（1）非金融机构向金融机构借款的利息支出，由于金融机构的监管比较规范和透

---

① 关于社会保险费、住房公积金等详细内容，请参见《国务院关于建立统一的企业职工基本养老保险制度的决定》《国务院关于完善企业职工基本养老保险制度的决定》《国务院关于建立城镇职工基本医疗保险制度的决定》《住房公积金管理条例》等。

② 参见《工会法》和《关于企业职工教育经费提取与使用管理的意见》。

明，所以此类利息支出准予全额扣除；

（2）金融企业的各项存款利息支出和同业拆借利息支出，准予全额扣除；

（3）企业经主管部门批准发行的债券，由于监管严密，其利息费用准予全额扣除；

（4）非金融企业间借款利息费用，在不超过同期同类金融机构贷款利率的数额内，准予扣除。

（四）期间费用的比较

期间费用是会计上的术语，是指企业发生的管理费用、财务费用和销售费用的统称，此类费用种类多、数量大，不易管理。准予抵扣的期间费用，必须是已经发生的真实支出，同时，还应与经营活动直接相关，符合正常性、合理性的要求。企业根据会计准则确认的期间费用，一般都可以在税前列支，以下是税法中规范的几个特殊项目：

1. 业务招待费。企业发生的业务招待费，会计准则中作为管理费用列支。税法从真实性、必要性角度出发，要求准予抵扣的费用必须是正常管理所需要的，而且与经营活动直接相关。但业务招待费往往不容易区分究竟属于企业经营需要还是个人消费，并且即使属于企业经营需要，但究竟需要多少才算合理的也不容易界定。所以，为了具有可操作性，税法规定对企业发生的业务招待费，按照发生额的60%扣除，但最多不超过当年销售或者营业收入的5‰。

可见，业务招待费的会计与税法处理是不同的。

2. 广告费和宣传费。企业发生的广告费和业务宣传费，会计准则中作为当期销售费用处理。税法与会计准则规定不同，对本期发生的广告费与宣传费用，以不超过本期销售收入的15%作为准予抵扣项目；超过部分，准予在以后纳税年度扣除。

与职工教育经费的结转扣除原则类似，超出本期准予扣除的支出，事实上具有在多期受益的特点，因此属于资本化性质，应该在几个经营年度内摊销更为客观。

3. 企业之间支付的管理费用。企业集团内部常有管理费用的分摊和相互承担现象。这种管理费用的分配可能发生在总公司和分公司之间，也可能发生在母公司和子公司之间。从法人实体角度看，如果是分、总公司间的管理费用分摊，在总公司作为纳税主体情况下这类费用已经抵销；但如果是母、子公司间，由于各自法人主体纳税，此类管理费用会留在被分摊公司的账上。

税法强调母、子公司间应以公允价值进行结算，因此管理费用的因素已经在产品价格中得以体现，所以不能再以管理费用的形式重复抵扣。因此，税法规定，企业之间支付的管理费用，不得抵扣。与此规定相同的，还包括企业内营机构之间支付的租金和特许权使用费，以及非银行企业内营业机构之间支付的利息，都不得在税前抵扣。

（五）资产折旧（摊销）的比较

固定资产、无形资产、生物资产、油气资产等的价值需要在使用期间内按照一定的方法摊销，由于税法与会计准则的目标各有侧重，因此对折旧或摊销的处理并不相同。

1. 固定资产折旧。税法与会计准则对固定资产的定义是相同的，均强调为了生产或经营管理目的持有、使用时间超过12个月。但会计准则将固定资产折旧方法、折旧年限、残值率的确定权利留给了企业，由企业根据固定资产的实际情况加以选择。

税法规定企业只能按照直线法计算折旧；企业可以根据实际情况确定资产的残值率，但一经确定不能随意变更；企业可以自行决定固定资产的折旧年限，但最低折旧年限不得少于以下规定：

（1）房屋、建筑物，20年；

（2）飞机、火车、轮船、机器、机械和其他生产设备，10年；

（3）与生产经营活动有关的器具、工具、家具，5年；

（4）飞机、火车、轮船以外的运输工具，4年；

（5）电子设备，3年。

2. 无形资产摊销。税法与会计准则对无形资产的定义基本相同的，企业为生产或管理目的持有的、没有实物形态、非货币性资产，如专利权、专有技术、商标权、著作权、土地使用权等。唯一不同的是，税法将商誉也看作是无形资产。

会计准则将无形资产的摊销政策赋予企业自行决定。税法则规定只能采用直线法进行摊销，并且规定了摊销年限：

（1）一般不得少于10年；

（2）作为投资者或受让的无形资产，有关法律规定或者合同约定了使用年限的，可以按照规定或约定年限进行摊销；

（3）外购商誉的支出，在企业整体转让或者清算时，准予扣除。

3. 长期待摊费用。税法与会计准则的规定相同，对已提足折旧的固定资产改建支出、租入固定资产的改建支出和固定资产的大修理支出，均可以作为长期待摊费用、按照资产尚可使用的年限摊销。

两者不同之处在于，会计准则对大修理的资本化规定与固定资产的初始确认原则相同：一是与该固定资产有关的经济利益很可能流入；二是该固定资产的成本能够可靠地计量。税法对大修理资本化前提判断标准更为具体：一是修理支出达到固定资产的计税基础50%以上；二是修理后固定资产的使用年限延长2年以上。

对开办费形成的长期待摊费用摊销，税法与会计准则规定不同。税法规定除固定资产改建支出、租入固定资产的改建支出和固定资产的大修理支出以外的其他长期待摊费用，自支出发生月份的次月起分期摊销，摊销最低年限不得低于3年；而会计准则规定，开办费在开办日一次性摊销。

（六）资产减值损失的比较

会计准则规定，应收款项、存货、固定资产、长期股权投资、无形资产等，如果其现金流量的现值低于其账面价值，应计提资产减值损失，并作为当期损益。

税法对于企业计提的减值准备金，除财政部、税务主管部门统一规定的外，[1] 不得在提取年度扣除，在损失实际发生年度再予以抵扣。这样规定，主要考虑企业减值准备金通常由企业财务人员职业判断得出，无法保证金额的合理性。另外，准备金是假设未来可能发生，也不符合税法抵扣真实发生原则。所以，此类风险属于企业经营风险的一部分，应由企业利润而不是国家承担。

【关键词】

所得税	income taxes
会计利润	accounting profit
应纳税所得额	taxable profit
计税基础	tax base
暂时性差异	temporary differences
应纳税暂时性差异	taxable temporary differences
可抵扣暂时性差异	deductible temporary differences
递延所得税资产	deferred tax assets
递延所得税负债	deferred tax liabilities
所得税费用	tax expense

思考题与练习题

一、思考题

1. 应付税款法与资产负债表观下的债务法相比，有什么样的缺点？
2. 利润表观下的债务法与资产负债表观下的债务法有哪些区别？
3. 资产负债表观下债务法的会计处理程序是什么？
4. 何谓资产、负债的计税基础？与账面价值比有什么区别？
5. 暂时性差异与时间性差异的区别在哪里？
6. 在资产负债表观债务法下，企业所得税费用等于利润总额乘以本期税率吗？
7. 企业发生亏损就可以确认递延所得税资产，这种说法正确吗？为什么？

二、练习题

1. 所得税费用。甲企业 20×6 年 12 月 31 日资产负债表中部分项目情况如表 1 所示。

---

① 国家允许扣除的准备金，目前只限于金融企业对债权和股权投资计提的损失准备。

表1　　资产负债表中部分项目情况　　单位：元

项　目	账面价值	计税基础
交易性金融资产	2 600 000	2 000 000
存货	20 000 000	22 000 000
预计负债	1 000 000	

20×7 年资产负债表中部分项目情况如表2所示。

表2　　资产负债表中部分项目情况　　单位：元

项　目	账面价值	计税基础
交易性金融资产	2 800 000	3 800 000
存货	26 000 000	26 000 000
预计负债	600 000	0
无形资产	2 000 000	0

假定该企业适用的所得税税率为25%，20×6 年按照税法规定确定的应纳税所得额为1 000 万元，假定20×7 年该企业的应纳税所得额为2 000 万元。预计该企业会持续盈利，能够获得足够的应纳税所得额。

要求：

（1）计算20×6 年应确认的递延所得税资产（负债）的金额；

（2）编制20×6 年所得税费用的会计分录；

（3）计算20×7 年应确认的递延所得税资产（负债）的金额；

（4）编制20×7 年所得税费用的会计分录。

2. 应纳税所得额与所得税费用。A 公司20×8 年利润表中的利润总额为2 400 万元，该公司适用的所得税税率为25%。递延所得税资产与递延所得税负债不存在期初余额。与所得税核算有关的情况如下：

（1）20×8 年1 月开始计提折旧的一项固定资产，成本为1 200 万元，使用年限为10 年，净残值为0，会计处理按照双倍余额递减法计提折旧，税收处理按照直线法计提折旧，假定税法规定的使用年限及净残值与会计规定相同。

（2）向关联企业捐赠现金400 万元，假定税法规定，企业向关联企业的捐赠不允许税前扣除。

（3）当年度发生研究开发支出1 000 万元，其中600 万元资本化计入无形资产成本。税法规定企业发生的研究开发支出可以按照实际发生额的150%加计扣除。假定所开发的无形资产于期末达到预定使用状态。

（4）违反环保规定应支付的罚款 200 万元。

（5）期末对持有的存货计提了 60 万元的存货跌价准备。

要求：

（1）计算 20×8 年应交的所得税；

（2）计算 20×8 年应确认的递延所得税资产或递延所得税负债金额；

（3）计算利润表中应确认的所得税费用。

3. 所得税费用。接上题（5），假定 A 公司 20×9 年当期的应交所得税为 924 万元，资产负债表中的有关资产、负债账面价值与计税基础相关的资料如表 3 所示，除所列项目外，不存在其他资产、负债项目的会计与税法之间的差异。

表 3　　账面价值及计税基础　　单位：元

项　　目	账面价值	计税基础
存货	32 000 000	33 600 000
固定资产：		
固定资产原价	12 000 000	12 000 000
减：固定资产折旧	4 320 000	2 400 000
固定资产减值准备	400 000	0
固定资产账面价值	7 280 000	9 600 000
无形资产	5 400 000	0
预计负债	2 000 000	0

要求：

（1）计算当期应确认的递延所得税资产和递延所得税负债的金额；

（2）计算本期所得税费用。

4. 合并财务报表中的递延所得税。甲公司拥有乙公司 80% 有表决权股份，能够控制乙公司的生产经营决策。20×9 年 9 月甲公司以 800 万元将自产产品一批销售给乙公司，该批产品在甲公司的生产成本为 500 万元。至 20×9 年 12 月 31 日，乙公司尚未对外销售该批商品。假定涉及商品未发生减值。甲、乙公司适用的所得税税率均为 25%，且在未来期间预计不会发生变化。税法规定，企业的存货以历史成本作为计税基础。

要求：

（1）编制内部交易抵销分录；

（2）处理由于内部交易影响产生的合并财务报表中的递延所得税问题。

第八章

衍生金融工具会计

【本章学习目的与要求】

通过本章的学习，了解衍生金融工具的分类、衍生金融交易的基本流程；掌握金融远期合约、金融期货合约、金融期权、货币互换、利率互换、套期保值等基本概念；重点掌握金融远期合约、金融期货合约、金融期权、货币互换、利率互换、套期保值的会计处理。

第一节　金融工具概述

20 世纪 70 年代以来，随着布雷顿森林体系的崩溃、金融市场管制的放松及国际商品价格的波动，世界经济进入了一个动荡的时代，利率、汇率、商品价格的急剧变化威胁着企业的生存与发展。为了应对市场因素变化带来的风险，国际金融市场不断创新出各种衍生工具，为企业的风险管理活动提供手段。然而，由于其低成本、高杠杆且价值变化迅速的特性，衍生工具在有利于企业进行风险管理的同时，也成为巨额风险的来源。40 余年来，国际金融市场上因风险管理不善及衍生工具交易失败而导致的重大损失事件不胜枚举，对全球经济的稳定发展造成了严重的冲击。这些都对企业的风险管理、衍生交易和金融工具会计确认、计量和披露工作提出了挑战。

一、金融工具

美国财务会计准则委员会（FASB）从 1986 年起开始着手研究制定金融工具会计准则。1990 年，FASB 发布了 SFAS105《具有表外风险和集中信用风险的金融工具的披露》，对金融工具的概念进行了界定：“金融工具是指现金、对某实体的权益凭证或同时具备以下两个条件的合约：（1）对一个实体形成合约义务：①支付现金或金融工具给另一个实体，或②在潜在不利的条件下与另一实体交换金融工具。（2）赋予另一个实体合约权利：①从前一实体取得现金或另一金融工具，或②在潜在有利条件下与前一实体交换金融工具。”

FASB 在 1998 年发布的 SFAS133《衍生工具和套期活动的会计处理》虽取代了 SFAS105，但对金融工具的定义却未做改变。

国际会计准则委员会（IASC）在 1995 年发布的 IAS32《金融工具：披露和列报》中对金融工具做了如下定义："金融工具是指同时增加一个企业的金融资产和另一个企业的金融负债或权益工具的合约。"

金融资产是指下列资产：(1) 现金；(2) 从另一个企业收取现金或另一项金融资产的合同权利；(3) 在潜在有利条件下，与另一个企业交换金融工具的合同权利；(4) 另一个企业的权益工具。

金融负债是指具有下列合同义务的负债：(1) 向另一个企业交付现金或另一项金融资产；(2) 在潜在不利条件下，与另一个企业交换金融工具。

权益工具是指表明拥有一个企业的资产减除所有负债后剩余权益的合同。

IASB 与 FASB 的金融工具定义虽然在形式上有所不同，但都围绕权利与义务为中心对金融资产和金融负债进行定义，因而两种定义在本质上是相同的。

我国《企业会计准则第 22 号——金融工具确认和计量》（2017 年修订）将金融工具定义为"形成一方的金融资产并形成其他方的金融负债或权益工具的合同"，其中：

金融资产，是指企业持有的现金、其他方的权益工具以及符合下列条件之一的资产：(1) 从其他方收取现金或其他金融资产的合同权利。(2) 在潜在有利条件下，与其他方交换金融资产或金融负债的合同权利。(3) 将来须用或可用企业自身权益工具进行结算的非衍生工具合同，且企业根据该合同将收到可变数量的自身权益工具。(4) 将来须用或可用企业自身权益工具进行结算的衍生工具合同，但以固定数量的自身权益工具交换固定金额的现金或其他金融资产的衍生工具合同除外。其中，企业自身权益工具不包括应当按照《企业会计准则第 37 号——金融工具列报》分类为权益工具的可回售工具或发行方仅在清算时才有义务向另一方按比例交付其净资产的金融工具，也不包括本身就要求在未来收取或交付企业自身权益工具的合同。

金融负债，是指企业符合下列条件之一的负债：(1) 向其他方交付现金或其他金融资产的合同义务。(2) 在潜在不利条件下，与其他方交换金融资产或金融负债的合同义务。(3) 将来须用或可用企业自身权益工具进行结算的非衍生工具合同，且企业根据该合同将交付可变数量的自身权益工具。(4) 将来须用或可用企业自身权益工具进行结算的衍生工具合同，但以固定数量的自身权益工具交换固定金额的现金或其他金融资产的衍生工具合同除外。企业对全部现有同类别非衍生自身权益工具的持有方同比例发行配股权、期权或认股权证，使之有权按比例以固定金额的任何货币换取固定数量的该企业自身权益工具的，该类配股权、期权或认股权证应当分类为权益工具。其中，企业自身权益工具不包括应当按照《企业会计准则第 37 号——金融工具列报》分类为权益工具的可回售工具或发行方仅在清算时才有义务向另一方按比例交付其净资产的金融工具，也不包括本身就要求在未来收取或交付企业自身权益工具的合同。

从会计学的角度看，金融工具是指形成一个企业的金融资产，并形成其他单位金融负债或权益工具的合同。比如，A 企业发行的股票被 B 企业所购买，则该股票对于 B 企业来说是一项金融资产投资，而对于 A 企业则是本企业发行的一项权益证券。C 企业签发并承兑了一张商业汇票，用于向 D 企业购买货物，则该商业汇票对于 D 企业来说是一项应收票据形式的金融资产，而对 C 企业则是一项应付票据形式的金融负债。

二、衍生金融工具

衍生金融工具是在传统金融工具基础上衍生出的新型金融工具，既属于金融工具的范围，又不同于传统的金融工具。从价值决定的角度看，衍生工具是“一种证券，其价值依赖于其他更基本的标的变量”。一般来说，衍生工具是一种基于未来的双边合约或付款交换协议，其价值取自或派生自相关的基本标的。这些标的物包括但不限于股票、债券、货币、利率、汇率、指数等。因此可以认为，衍生工具是指价值派生于某些标的物价格的合约。

法国兴业银行衍生金融工具损失案例

进入 2008 年，世界金融市场接连传来坏消息。由美国次级贷款危机所引发的全球性股灾余波未了，法国兴业银行又爆出丑闻：因其精通电脑的一位名叫盖维耶尔(Jerome Kerviel）的交易员冲破银行内部层层监控进行非法交易，致该银行出现 71 亿美元巨亏。成为迄今为止史上由单个交易员所为的最大一桩案子。法兴银行此次亏损金额超过了美国商品期货对冲基金 Amaranth Advisors LLC 在 2006 年亏损的 66 亿美元，同时也是巴林银行 1995 年 14 亿美元亏损的 5 倍多。

法国兴业银行是世界上最大的银行集团之一，是法国第二大银行，市值仅次于法国巴黎银行。其总部设在巴黎，上市企业分别在巴黎、东京、纽约证券市场挂牌，2000 年 12 月 31 日它在巴黎股票交易所的市值已达 300 亿欧元，2000 年 12 月的长期债务评级为“Aa3”（穆迪公司）和“AA -”（标准普尔公司）。在全世界拥有 500 万私人和企业客户，在全世界 80 个国家拥有 500 家分支机构，大约有 50% 的股东和 40% 的业务来自海外。

自 2007 年年初开始法兴银行的交易员盖维耶尔（Jerome Kerviel）在股指期货操作中对欧洲股市未来的走向投下巨注，“悄然”建立起预计高达 500 亿 ~700 亿欧元的多头仓位。盖维耶尔开始在欧洲股票指数上使用期货，豪赌欧洲市场将出现持续上升。直到 2007 年年末，盖维耶尔的交易还处于盈利水平。但在 2007 年圣诞节及 2008 年新年假期后，市场开始走向了他的对立面。他所交易的巴黎 CAC -40 指数开始大幅下挫。这意味着他所持的头寸出现了较大损失。

2008年1月18日，德国DAX指数下跌超过600点时，盖维耶尔可能已经损失了20亿欧元。法兴银行在此方面的损失曾受到了德国方面的警示。同天，法兴银行的一位法务官员发现一笔超过该行风险限制的交易。法兴银行立刻打电话给这笔交易的交易对手进行核实，而接到电话的一方声称他们从来没有进行过这笔交易。

2008年1月21日，法兴银行开始动手平仓。其平仓举动引发市场猜测，该行低价贱卖这些仓位也许就是导致全球股市本周一大幅下跌的原因。当天，法国、德国和英国的股市全线下跌5%以上。

2008年1月24日，位于中国香港的法兴亚太总部向国内媒体公告，由于该行的盖维耶尔交易员在股指期货操作上的欺诈行为，该行产生了49亿欧元（约合71.4亿美元）的损失。随后法兴银行通过对盖维耶尔负责仓位的审查和对他所在部门负责的全部持仓进行彻底分析，确认该欺诈交易事件为独立事件。

（一）FASB的定义

FASB在1994年发布的SFAS119《衍生金融工具披露及金融工具公允价值》中将衍生工具定义为“期货、期权、互换和远期，以及具有类似特征的金融工具”。但由于衍生工具创新的飞速发展，这一列举法的定义已经不能满足现实的需要。在1998年发布的SFAS133《衍生工具及套期活动会计》中，FASB根据衍生工具的特征给出了衍生工具新的定义：

“衍生工具是具有以下三个特征的金融工具或其他合约：（1）有一种或多种标的物（underlying），且有一个或多个名义金额（notional amounts）或支付条款（payment provisions），或同时有名义金额和支付条款。这些因素决定了结算金额，并在某些情况下决定是否需要进行结算；（2）不要求初始净投资，或与对市场因素变动具有类似反应的其他类型合约相比，要求较少的净投资；（3）要求或允许净额结算，易于通过合约外的手段进行净额结算。”

（二）IASC的定义

巧合的是，1998年IASC在其发布的IAS39《金融工具：确认和计量》中给出了与SFAS133非常相似的衍生工具定义：

“衍生工具是指具有以下特征的金融工具：（1）其价值随特定利率、证券价格、商品价格、汇率、价格或利率指数、信用等级或信用指数或类似变量的变动而变动；（2）不要求初始投资，或与对市场条件变动具有类似反应的其他类型合同相比，要求较少的净投资；（3）在未来日期结算。”

（三）我国会计准则的定义

我国《企业会计准则第22号——金融工具确认和计量》（2017年修订）规定衍生工具是指同时具备下列特征的金融工具或其他合同：（1）其价值随特定利率、金融工具价格、商品价格、汇率、价格指数、费率指数、信用等级、信用指数或其他变量的变动而变动，变量为非金融变量的，该变量不应与合同的任何一方存在特定关系。（2）不要求初始净投资，或者与对市场因素变化预期有类似反应的其他合同相比，要求较少的初始净投资。（3）在未来某一日期结算。常见的衍生工具包括远期合同、期货合同、互换合同和期权合同等。

从上述定义来看，FASB与IASC都是通过列举特征来对衍生工具进行定义的，二者的差异主要在于是否允许净额结算和是否在未来日期结算上，其他方面没有本质上的区别。我国会计准则对衍生工具的定义与国际会计准则的定义实现了高度的趋同，但在定义中对实物衍生工具做了限定。下面对衍生工具定义中的各个特征要素做进一步的分析：

1. 标的物、名义金额或支付条款。“该合约有一个或多个标的，且有一个或多个名义金额或支付条款，或同时有名义金额和支付条款。这些因素决定了结算金额，并在某些情况下决定是否需要进行结算。”这是美国会计准则提出的特征要求。

（1）标的物。根据SFAS133的举例，标的物通常是指以下8种变量：证券价格或证券价格指数、商品价格或商品价格指数、利率或利率指数、信用度或信用度指数、汇率或汇率指数、保险指数或灾难损失指数、气候或地理条件（如温度、地震级别、雨量）、其他物理变量或相关指数。常见的衍生工具所依赖的变量多为金融变量。但衍生证券可以依赖于几乎任何变量，从生猪价格到某个滑雪胜地的降雪量。标的物可以是任何可观察到的变量，包括实物变量或金融变量。

衍生工具标的物的广泛性为企业利用衍生工具对各项资产、负债或交易进行风险套期提供了可能。需要注意的是，根据SFAS133关于标的物的定义，股票期权的标的物是股票的价格，而不是股票本身；股票指数的标的物是股票指数，也不是股票本身。

（2）名义金额。名义金额是衍生工具合约签订时所确定的金额，名义金额与标的物价值变化决定了衍生工具的结算金额。

国际会计准则认为名义金额是指“货币金额、股份数量、重量或体积单位数量，或在合约中规定的其他单位的数量”。它是对衍生工具结算的“象征性”金额，而非实际结算金额。

（3）支付条款。有些衍生工具不含有名义金额，只包含支付条款。支付条款是指衍生工具合约规定的在标的物按特定方式变化的情况下进行结算的条款。比如合约规定，伦敦银行同业拆放利率上升100个基本点，合约一方向另一方支付1 000美元。因而，衍生工具的结算金额也可以由支付条款所决定。

2. 初始净投资。“不要求初始净投资，或与对市场因素变动具有类似反应的其他类型合约相比，要求较少的净投资。”这是美国会计准则和国际会计准则均明确提出的衍生工具特征要求。

初始净投资是指，签订衍生工具合约时所要求的净现金流出。即使需要，相对于类似结果的其他合约来说，衍生工具的初始净投资也较少。衍生工具不要求初始投资额等于合约的名义金额，这是区别衍生工具和非衍生工具的一个重要特征。

不要求初始净投资，但与其他类型合约一样对市场因素变动具有类似的反应，这大大降低了企业进行风险套期的成本，极大地促进了企业的套期行为。例如，某石油炼制企业为防止石油涨价造成生产成本上升，其可以购进石油现货，也可以购买石油远期合约。前者需要投入全额资金，同时还要支付仓储费用；后者则不需要初始投资，而日后石油价格的变化所产生的影响是相同的。因而两种风险管理行为在成本上有显著的差异。

有些衍生工具，如期权合约则需要少量的初始净投资。期权之所以要求初始净投资，一方面是补偿期权承约方的期权时间价值；另一方面是期权合约签订时，期权处于实值状态，期权的执行价格有利于购买方而不利于承约方，即期权具有内涵价值。而购买方拥有执行或不执行期权的权利，而承约方只负有执行期权的义务。这种权利与义务的不对等必然要求购买方付出一定的投资。因而期权的初始净投资购买的是期权的时间价值和内涵价值。互换合约也可能要求初始净投资，这是为了弥补互换资产的公允价值差额。因而严格地说，这些并不是对衍生工具的初始投资。

3. 净额结算。“该合约的条款要求或允许净额结算；能容易地借助于合同之外的方式进行净额结算；或要求交付一项资产，其使资产的收受者看来，本质上无异于以净额结算。”这是美国会计准则提出的特征要素。

净额结算有两层含义：一是指衍生工具的交易目的不是为了实物的交割，而是按衍生合约公允价值的变动进行现金结算；二是衍生工具的结算不是按名义金额或合约总价值进行结算，而是按公允价值的变动进行的净额结算。例如，一项金属期货合约到期时，并不一定需要买卖双方进行金属商品实物与现金的交割，而是可以按金属期货合约公允价值的变动以现金结清。又如，固定利率与浮动利率的互换协议到期时，不需要双方相互支付两笔利息现金流，而只需将两笔利息现金流的差额结清即可。

按SFAS133的规定，如果一项金融工具满足以下三种情况之一，就称该金融工具符合净额结算条件：（1）合约任何一方都不要求交付金额等于名义额、本金额、面值、股票数量等的资产，合约条款暗含或明确要求或允许净额结算，或对不履行合约的惩罚金额由合约项目的价格变化确定，这也就是允许金融工具进行净额结算。比如，大多数利率互换并不要求双方交付金额为合约名义金额的附息资产。（2）虽然合约一方要求交付全额资产，但存在一个市场机制便于进行净额结算，允许该资产进行净额结算。例如，交易所就是一种能提供合约净额结算的市场机制。（3）虽然合约中一方要求交付全额资产，但交付的资产易于转化为现金或该资产本身就是衍生工具。例如，要求交付在证券交易所上市的股票的远期合约即为前面一种情况，虽然被交付的股票数量等于合约的名义数量且股票的价格是标的物，但在证券交易所上市的股票易于转为现金。另一个例子是互换期权，即一种要求交付互换的选择权，也是一种衍生工具。在活跃市场中交易的证券或商品，或易于转化为企业功能货币的外币均是易于转化为现金的例子；在不活跃但属于公开的市场上交易的证券，如果成交量相对于每天的成交量不大的话，这种证券也属于转化为现金的例子。

4. 价值随标的变量变化而变化。“价值随特定利率、证券价格、商品价格、汇率、价格或利率指数、信用等级或信用指数或类似变量的变动而变动”是国际会计准则提出的特征要素，即衍生工具价值随有关基础工具价格或相关变量变动而变动。这一特征与美国会计准则中“有一种或多种标的物，且有一个或多个名义金额或支付条款，或同时有名义金额和支付条款。这些因素决定了结算金额，并在某些情况下决定是否需要进行结算”的特征有相通之处。

国际会计准则的特征要素指出了影响衍生工具价值的因素，美国会计准则的特征要素指出了决定衍生工具结算金额的因素，而且美国准则要求衍生工具按净额结算，结算金额基于公允价值变动。因此，衍生工具结算金额的决定因素与价值影响因素在本质上是相同的。

5. 在未来日期结算。“在未来日期结算”是国际会计准则提出的特征要素，即指衍生工具的签约日与结算日不同，结算是在签约日后的某一时点或某一时期进行。如远期、期货、期权、互换都是在合约签订后的未来时点或时期内进行结算。

通过上述特征的分析可以看出，美国会计准则与国际会计准则对衍生工具的定义差别主要在“净额结算”和“未来日期结算”上。美国会计准则要求衍生工具必须进行净额结算，而国际会计准则则要求衍生工具在未来日期结算。由于净额结算免去了实物交割和保管的烦琐，决定了衍生工具可以发挥套期保值和投机的功能，因而其应该是衍生工具的一个本质特征。而普通商品买卖合同往往也是在未来时期结算，因而将“未来日期结算”作为衍生工具的本质特征其理由并不是特别充分。因而 FASB 对衍生工具的定义更体现了衍生工具的本质特征。

第二节　衍生金融工具会计的基本问题

一、衍生金融工具的确认

（一）FASB 的衍生金融工具确认标准

进入 20 世纪 90 年代，伴随衍生工具的迅猛发展，FASB 陆续推出了一系列有关衍生工具的会计准则。1990 年，FASB 发布了第 105 号准则《具有表外风险和集中信用风险的金融工具的披露》，该准则对具有表外风险的衍生工具的范围、性质和信息揭示做出了规定。1991 年，FASB 发布了第 107 号准则《金融工具公允价值的披露》。该准则要求不论金融工具是否已在资产负债表中确认，均应对所有金融工具的公允价值予以揭示，同时还应揭示公允价值确定的依据、方法和相关重要假设。

由于衍生工具和避险活动的日益复杂，FASB 在 1994 年发布了第 119 号准则《衍生金融工具和金融工具公允价值的披露》。该准则用列举方式给出了衍生工具的定义，并对交易目的的衍生工具和非交易目的的衍生工具的分类信息披露做出了规定。尽管 SFAS119 在衍生工具的披露方面有了明显的前进，但由于衍生工具交易重大损失事件的不断发生，证券监管部门、会计实务界等要求进一步完善衍生工具会计准则的呼声日渐强烈，仅在报表附注中对衍生工具进行披露已不能满足现实需要，FASB 必须考虑如何将衍生工具纳入财务报表之中确认。

在经历了两年时间的征求意见和反复修订后，FASB 在 1998 年 6 月发布了第 133 号准则《衍生工具和套期活动的会计处理》，明确了衍生工具代表符合资产或负债定义的权利或义务，并应当在财务报表中予以确认。虽然，SFAS133 没有明确规定何时将衍生工具作为资产或负债确认，但从准则附录所提供的示例来看，SFAS133 要求一个主体在成为衍生工具合约的一方时，就应确认一项资产或负债。

（二）IASC 的衍生金融工具确认标准

1. ED40 的确认标准。IASC 在解决衍生工具会计确认方面的思路是调整会计确认的标准。在 1991 年发布的第 40 号征求意见稿《金融工具会计》（ED40）中，IASC 采用风险与报酬分析法，提出了金融工具及衍生工具的初始确认标准，即：如果一项金融资产或金融负债满足以下两个条件，则应予以确认：（1）与资产或负债相关的风险和报酬已全部转移给了本企业；（2）企业所获取金融资产的成本或所承担金融负债的金额能够可靠地予以计量。

从确认标准（1）可以看出，对金融工具的确认已由强调被确认项目对企业未来经济利益的影响转为强调被确认项目的相关风险与报酬全部转移到该企业。相对于 IASC 对传统会计要素的确认标准，把确认的焦点集中在项目的风险和报酬上是对确认标准的重大突破。

由于衍生工具的报酬主要来源于衍生工具公允价值的变化，而衍生工具面临市场风险、信用风险、流动性风险和现金流量风险等诸多风险，各类风险的变化会改变衍生工具的公允价值，从而给衍生工具持有者带来损失或收益。因此，ED40 对衍生工具确认所采取的这一风险报酬法应该说抓住了衍生工具的本质特性。

2. ED48 的确认标准。ED40 征求意见稿发布后，遭到了众多的批评。这是因为衍生工具的构造极其复杂，多种风险都影响着其报酬，因而“与资产或负债相关的风险和报酬已全部转移给了本企业”这一标准在实际中很难操作。经过多次修改，1994 年 IASC 发布了第 48 号征求意见稿（ED48）。在 ED48 的第 19 段，IASC 提出了新的初始确认标准：（1）与金融资产或金融负债相关的所有风险和报酬已经实质上转移给了本企业；（2）企业所获得的金融资产的成本或公允价值或所承担的金融负债的数额能够可靠地予以计量。

从 ED40 到 ED48，IASC 放松了金融工具的初始确认标准，将“全部”改为了“实质上”。然而，这一变化并没有从根本上解决风险与报酬的评价问题。这是因为，运用“风险报酬法”，首先必须找出有关资产或负债所包含的所有风险和报酬，其次要看与该项目相关的风险和报酬是否实质上转移出去。这两点都在很大程度上依赖于会计人员的主观判断，而不同会计人员很可能得出不同结论，从而在实务中导致对相同项目采取不同会计处理方法的结果。

3. ED62 的确认标准。为避免难以操作的缺陷，IASC 在 1998 年发布的第 62 号征求意见稿中提出了新的初始确认标准，即“当且仅当成为金融工具合约条款的一方时，企业应在资产负债表上确认一项金融资产或金融负债”。这一确认标准非常简洁，执行时具有较高的客观性，同时回避了计量方面的要求，因而易于操作。由于以上优点，IASC 在 IAS39《金融工具：确认和计量》中采用了这一初始确认标准：“只有当成为金融工具合同条款的一方时，企业才应在其资产负债表上确认金融资产或金融负债”，根据这一规定，“企业应将衍生工具隐含的各种合同权利或合同义务确认为资产或负债”。

对比 IAS39 和 SFAS133 中有关衍生工具确认的规定，可以看出二者之间高度趋同，即都以“成为衍生工具合约一方”作为衍生工具确认的标准，并都将衍生工具作为资产或负债纳入资产负债表内确认。

（三）我国的衍生金融工具确认标准

我国新会计准则与国际会计准则高度趋同。《企业会计准则第 22 号——金融工具确认和计量》规定，企业成为金融工具合同的一方时，应当确认一项金融资产或金融负债。

对于以常规方式购买或出售金融资产的，企业应当在交易日确认将收到的资产和为此将承担的负债，或者在交易日终止确认已出售的资产，同时确认处置利得或损失以及应向买方收取的应收款项。

混合合同包含的主合同属于金融资产的，企业不应从该混合合同中分拆嵌入衍生工具，而应当将该混合合同作为一个整体适用关于金融资产分类的相关规定。混合合同包含的主合同不属于金融资产，且同时符合下列条件的，企业应当从混合合同中分拆嵌入衍生工具，将其作为单独存在的衍生工具处理：(1) 嵌入衍生工具的经济特征和风险与主合同的经济特征和风险不紧密相关。(2) 与嵌入衍生工具具有相同条款的单独工具符合衍生工具的定义。(3) 该混合合同不是以公允价值计量且其变动计入当期损益进行会计处理。

例如，公司发行可回售可转换优先股，约定若公司在5年内未能成功上市，则投资者有权在第5年末将该优先股按照约定的收益率回售给发行公司。除非发行人在初始确认时将该可回售工具指定为以公允价值计量且其变动计入当期损益的金融负债，否则，发行人应分拆衍生工具。

嵌入衍生工具，是指嵌入到非衍生工具（即主合同）中的衍生工具。嵌入衍生工具与主合同构成混合合同。该嵌入衍生工具对混合合同的现金流量产生影响的方式，应当与单独存在的衍生工具类似，且该混合合同的全部或部分现金流量随特定利率、金融工具价格、商品价格、汇率、价格指数、费率指数、信用等级、信用指数或其他变量变动而变动，变量为非金融变量的，该变量不应与合同的任何一方存在特定关系。

衍生工具如果附属于一项金融工具但根据合同规定可以独立于该金融工具进行转让，或者具有与该金融工具不同的交易对手方，则该衍生工具不是嵌入衍生工具，应当作为一项单独存在的衍生工具处理。

二、衍生金融工具的计量

IASC在“编制和呈报财务报表的框架”中指出，计量是指为了在资产负债表和收益表内确认和列示财务报表的要素而确定其金额的过程。即会计计量是运用一定的计量单位，选择被计量对象的合理计量属性，确定应予记录各项要素金额的会计处理过程。会计计量可分为初始计量和后续计量两个环节。初始计量是指初始确认时对项目的计量，后续计量是指对被确认项目后续的价值变化进行的计量。

(一) SFAS133的衍生金融工具计量规定

FASB于1998年发布的SFAS133《衍生工具和套期活动的会计处理》主要用于规范衍生工具的确认、计量以及套期活动的会计处理。SFAS133在金融工具计量方面的重大突破是明确指出公允价值是金融工具最为相关的计量属性，对于衍生工具而言则是唯一相关的计量属性。并且，SFAS133要求所有的衍生工具应作为资产或负债在资产负债表内确认，并按公允价值计量。

(二) IAS39的衍生金融工具计量规定

IASB在2004年修订的IAS39中，将公允价值的运用扩大至金融工具的初始计量：

当金融资产和金融负债初始确认时，企业应以其公允价值进行计量。就金融资产而言，成本指付出对价的公允价值；就金融负债而言，成本指收到对价的公允价值。

在后续计量方面，IAS39 指出，初始确认后，企业应以公允价值计量金融资产（包括属于资产的衍生工具），并且不扣除在销售或其他处理中可能发生的交易成本。但（1）贷款和应收款项按有效利率计算的摊余成本计量；（2）持有至到期投资按有效利率计算的摊余成本计量；（3）在活跃市场上没有市场报价且其公允价值不能可靠计量的金融资产，则按成本计量。

（三）我国的衍生金融工具确认标准

我国《企业会计准则第 22 号——金融工具确认和计量》规定，企业初始确认金融资产或金融负债，应当按照公允价值计量。企业应当对持有至到期投资以及贷款和应收款项以外的金融资产按照公允价值进行后续计量。因此，我国会计准则对衍生金融工具的计量要求也是按公允价值计量。

企业初始确认金融资产或金融负债，应当按照公允价值计量。对于以公允价值计量且其变动计入当期损益的金融资产和金融负债，相关交易费用应当直接计入当期损益；对于其他类别的金融资产或金融负债，相关交易费用应当计入初始确认金额。

交易费用，是指可直接归属于购买、发行或处置金融工具的增量费用。增量费用是指企业没有发生购买、发行或处置相关金融工具的情形就不会发生的费用，包括支付给代理机构、咨询公司、券商、证券交易所、政府有关部门等的手续费、佣金、相关税费以及其他必要支出，不包括债券溢价、折价、融资费用、内部管理成本和持有成本等与交易不直接相关的费用。

初始确认后，企业应当对不同类别的金融资产，分别以摊余成本、以公允价值计量且其变动计入其他综合收益或以公允价值计量且其变动计入当期损益进行后续计量。金融负债，分别以摊余成本、以公允价值计量且其变动计入当期损益或准则规定的其他适当方法进行后续计量。

三、金融工具和衍生金融工具的披露

金融工具列报的信息，应当有助于财务报表使用者了解企业所发行金融工具的分类、计量和列报的情况，以及企业所持有的金融资产和承担的金融负债的情况，并就金融工具对企业财务状况和经营成果影响的重要程度、金融工具使企业在报告期间和期末所面临风险的性质和程度，以及企业如何管理这些风险作出合理评价。

（一）金融负债和权益工具的区分

企业应当根据所发行金融工具的合同条款及其所反映的经济实质而非仅以法律形

式，结合金融资产、金融负债和权益工具的定义，在初始确认时将该金融工具或其组成部分分类为金融资产、金融负债或权益工具。

权益工具，是指能证明拥有某个企业在扣除所有负债后的资产中的剩余权益的合同。企业发行的金融工具同时满足下列条件的，符合权益工具的定义，应当将该金融工具分类为权益工具：（1）该金融工具应当不包括交付现金或其他金融资产给其他方，或在潜在不利条件下与其他方交换金融资产或金融负债的合同义务。（2）将来须用或可用企业自身权益工具结算该金融工具。如为非衍生工具，该金融工具应当不包括交付可变数量的自身权益工具进行结算的合同义务；如为衍生工具，企业只能通过以固定数量的自身权益工具交换固定金额的现金或其他金融资产结算该金融工具。企业自身权益工具不包括应按照我国企业会计准则分类为权益工具的金融工具，也不包括本身就要求在未来收取或交付企业自身权益工具的合同。

（二）收益和库存股

金融工具或其组成部分属于金融负债的，相关利息、股利（或股息）、利得或损失，以及赎回或再融资产生的利得或损失等，应当计入当期损益；金融工具或其组成部分属于权益工具的，其发行（含再融资）、回购、出售或注销时，发行方应当作为权益的变动处理。发行方不应当确认权益工具的公允价值变动。

发行方向权益工具持有方的分配应当作为其利润分配处理，发放的股票股利不影响发行方的所有者权益总额。企业发行或取得自身权益工具时发生的交易费用（例如登记费，承销费，法律、会计、评估及其他专业服务费用，印刷成本和印花税等），可直接归属于权益性交易的，应当从权益中扣减。终止的未完成权益性交易所发生的交易费用应当计入当期损益。

回购自身权益工具（库存股）支付的对价和交易费用，应当减少所有者权益，不得确认金融资产。库存股可由企业自身购回和持有，也可由企业集团合并财务报表范围内的其他成员购回和持有。企业应当在资产负债表中单独列示所持有的库存股金额。

（三）金融资产和金融负债的抵销

金融资产和金融负债应当在资产负债表内分别列示，不得相互抵销。但同时满足下列条件的，应当以相互抵销后的净额在资产负债表内列示：（1）企业具有抵销已确认金额的法定权利，且该种法定权利是当前可执行的；（2）企业计划以净额结算，或同时变现该金融资产和清偿该金融负债。

不满足终止确认条件的金融资产转移，转出方不得将已转移的金融资产和相关负债进行抵销。

（四）金融工具对财务状况和经营成果影响的列报

1. 资产负债表信息披露。企业应当在资产负债表或相关附注中列报下列金融资产或金融负债的账面价值：（1）以摊余成本计量的金融资产。（2）以摊余成本计量的金融负债。（3）以公允价值计量且其变动计入其他综合收益的金融资产。（4）以公允价值计量且其变动计入当期损益的金融资产。（5）以公允价值计量且其变动计入当期损益的金融负债。

2. 利润表信息披露。企业应当披露与金融工具有关的下列收入、费用、利得或损失：（1）以公允价值计量且其变动计入当期损益的金融资产和金融负债所产生的利得或损失。（2）对于指定为以公允价值计量且其变动计入当期损益的金融负债，企业应当分别披露本期在其他综合收益中确认的和在当期损益中确认的利得或损失。（3）对于分类为以公允价值计量且其变动计入其他综合收益的金融资产，企业应当分别披露当期在其他综合收益中确认的以及当期终止确认时从其他综合收益转入当期损益的利得或损失。（4）对于指定为以公允价值计量且其变动计入其他综合收益的非交易性权益工具投资，企业应当分别披露在其他综合收益中确认的利得和损失以及在当期损益中确认的股利收入。（5）除以公允价值计量且其变动计入当期损益的金融资产或金融负债外，按实际利率法计算的金融资产或金融负债产生的利息收入或利息费用总额，以及在确定实际利率时未予包括并直接计入当期损益的手续费收入或支出。（6）企业通过信托和其他托管活动代他人持有资产或进行投资而形成的，直接计入当期损益的手续费收入或支出。

3. 套期会计信息披露。企业应当披露与套期会计有关的下列信息：（1）企业的风险管理策略以及如何应用该策略来管理风险；（2）企业的套期活动可能对其未来现金流量金额、时间和不确定性的影响；（3）套期会计对企业的资产负债表、利润表及所有者权益变动表的影响。

企业在披露套期会计相关信息时，应当合理确定披露的详细程度、披露的重点、恰当的汇总或分解水平，以及财务报表使用者是否需要额外的说明以评估企业披露的定量信息。

对于公允价值套期，企业应当以表格形式、按风险类型分别披露与被套期项目相关的下列金额：（1）在资产负债表中确认的被套期项目的账面价值，其中资产和负债应当分别单独列示；（2）资产负债表中已确认的被套期项目的账面价值、针对被套期项目的公允价值套期调整的累计金额，其中资产和负债应当分别单独列示；（3）包含被套期项目的资产负债表列示项目；（4）本期用作确认套期无效部分基础的被套期项目价值变动；（5）被套期项目为以摊余成本计量的金融工具的，若已终止针对套期利得和损失进行调整，则应披露在资产负债表中保留的公允价值套期调整的累计金额。

对于现金流量套期和境外经营净投资套期，企业应当以表格形式、按风险类型分别披露与被套期项目相关的下列金额：（1）本期用作确认套期无效部分基础的被套期项目价值变动；（2）按照套期会计处理的现金流量套期储备的余额；（3）按照套期会计处理的境外经营净投资套期计入其他综合收益的余额；（4）套期会计不再适用的套期关系所导致的现金流量套期储备和境外经营净投资套期中计入其他综合收益的利得和损失的余额。

（五）公允价值披露

企业应当披露每一类金融资产和金融负债的公允价值，并与账面价值进行比较。对于在资产负债表中相互抵销的金融资产和金融负债，其公允价值应当以抵销后的金额披露。

金融资产或金融负债初始确认的公允价值与交易价格存在差异时，如果其公允价值并非基于相同资产或负债在活跃市场中的报价确定的，也非基于仅使用可观察市场数据的估值技术确定的，企业在初始确认金融资产或金融负债时不应确认利得或损失。在此情况下，企业应当按金融资产或金融负债的类型披露下列信息：（1）企业在损益中确认交易价格与初始确认的公允价值之间差额时所采用的会计政策，以反映市场参与者对资产或负债进行定价时所考虑的因素（包括时间因素）的变动；（2）该项差异期初和期末尚未在损益中确认的总额和本期变动额的调节表；（3）企业如何认定交易价格并非公允价值的最佳证据，以及确定公允价值的证据。

（六）与金融工具相关的风险披露

企业应当披露与各类金融工具风险相关的定性和定量信息，以便财务报表使用者评估报告期末金融工具产生的风险的性质和程度，更好地评价企业所面临的风险敞口。相关风险包括信用风险、流动性风险、市场风险等。

对金融工具产生的各类风险，企业应当披露下列定性信息：（1）风险敞口及其形成原因，以及在本期发生的变化；（2）风险管理目标、政策和程序以及计量风险的方法及其在本期发生的变化。

对金融工具产生的各类风险，企业应当按类别披露下列定量信息：（1）期末风险敞口的汇总数据。该数据应当以向内部关键管理人员提供的相关信息为基础。企业运用多种方法管理风险的，披露的信息应当以最相关和可靠的方法为基础。（2）信用风险的信息。（3）期末风险集中度信息，包括管理层确定风险集中度的说明和参考因素（包括交易对手方、地理区域、货币种类、市场类型等），以及各风险集中度相关的风险敞口金额。

（七）金融资产转移的披露

企业对于金融资产转移所披露的信息，应当有助于财务报表使用者了解未整体终止确认的已转移金融资产与相关负债之间的关系，评价企业继续涉入已终止确认金融资产的性质和相关风险。

对于已转移但未整体终止确认的金融资产，企业应当按照类别披露下列信息：（1）已转移金融资产的性质；（2）仍保留的与所有权有关的风险和报酬的性质；（3）已转移金融资产与相关负债之间关系的性质，包括因转移引起的对企业使用已转移金融资产的限制；（4）在转移金融资产形成的相关负债的交易对手方仅对已转移金融资产有追索权的情况下，应当以表格形式披露所转移金融资产和相关负债的公允价值以及净头寸，即已转移金融资产和相关负债公允价值之间的差额；（5）继续确认已转移金融资产整体的，披露已转移金融资产和相关负债的账面价值；（6）按继续涉入程度确认所转移金融资产的，披露转移前该金融资产整体的账面价值、按继续涉入程度确认的资产和相关负债的账面价值。

第三节　远期合同及其会计处理

按照合约的构造划分，衍生金融工具可以分为远期合约、期货合约、期权合约、互换合约四大类，以及上述四类工具的组合。

一、远期合同

（一）远期合约（forward contract）

远期合约是两个金融机构之间或金融机构与其客户之间签署的，约定在确定的将来时间按确定的价格购买或出售某项资产的协议。远期协议一般在柜台市场上交易，不在规范的交易所内交易。远期合约具有以下特点：

1. 合约非标准化。远期合约的内容是交易双方根据自身具体要求而制定的，需通过双方协商来决定合约的交易对象、交易数量、交易价格、交割时间和其他条件，合约的灵活性较大。

2. 交易方式为场外交易。远期合约一般在银行等远期交易中介机构之间及中介机构与企业之间进行，因而称为柜台交易。由于没有统一的交易场所和清算机构，合约难以转让，故而流通性相对较差。

3. 需要实物交割。由于流通性差，大部分的远期合约到期时需要进行实物交割。

4. 需提供信用保证。为了保证交易双方在面临市场不利变化时仍能履行合约，就必须提供相应的保证。一般来说，作为交易中介的银行等机构实力雄厚、信用度高，可以用自身信用作为担保；而参与远期合约交易的一般企业则需要向对方或交易中介提供资产抵押等形式的担保，具体的担保形式、金额由双方与交易中介协商确定。

欧洲美元期货交易的保证金计算与每日盯市结算

2007 年 9 月 20 日，投资者 A 以 95.2850 的价位购买了一份将于 2007 年 12 月到期的欧洲美元期货合约 EDZ7。假设 A 的经纪人的保证金要求与 CME 规定相同，此时一份欧洲美元期货的初始保证金为 743 美元，维持保证金为 550 美元。

9 月 20 日交易结束时，EDZ7 结算价为 95.2650。这意味着多头 A 在这一份合约上损失了 $2\times25=50$（美元）（合约规定 0.01 代表 25 美元），则 A 的保证金账户余额相应地减少 50 美元，减少至 693 美元。

9 月 21 日，EDZ7 价格继续下跌，结算价为 95.26。A 的保证金账户再次被扣减 12.5 美元的损失，减少至 680.5 美元。

9 月 24 日，EDZ7 结算价下挫至 95.15。A 的保证金账户被扣减 $11\times25=275$（美元），减至 405.50 美元。此时 A 保证金账户的余额已低于经纪人要求的维持保证金水平 550 美元，因此她将收到经纪人的保证金追加通知，要求限时将保证金余额补足至 743 美元。

假设投资者 A 于 9 月 25 日早上即追加了 337.5 美元的保证金，使得她的保证金账户余额恢复至 743 美元。当天收盘后，由于 EDZ7 结算价继续下跌到 95.13，其保证金又被扣减 50 美元至 693 美元。

9 月 26 日到 9 月 28 日，由于 EDZ7 价格有所回升，读者可以注意到 A 的保证金账户余额超过了初始保证金要求 743 美元。按照规定，A 可以提取超过 743 美元的金额或将其用于再次开立新的期货仓位。下表给出了具体的计算细节。第二列除了第一行为 A 的开仓价，其余均为每日结算价。

2007 年 9 月欧洲美元期货交易的保证金计算与每日盯市结算示例

日期	期货价格	每日盈亏（美元）	累计盈亏（美元）	保证金账户余额（美元）	保证金追加（美元）
9.20	95.2850				
9.20	95.2650	-50.00	-50.00	693.00	
9.21	95.2600	-12.50	-62.50	680.50	0
9.24	95.1500	-275.00	-337.50	743.00	337.50
9.25	95.1300	-50.00	-387.50	693.00	0

续表

日期	期货价格	每日盈亏（美元）	累计盈亏（美元）	保证金账户余额（美元）	保证金追加（美元）
9.26	95.1700	100.00	-287.50	793.00	0
9.27	95.1950	62.50	-225.00	855.50	0
9.28	95.1550	-100.00	-325.00	755.50	0
……	……	……	……	……	

在远期合约和期货合约中，交易双方中一方为多头，另一方为空头。多头（long position）指同意在将来某个确定的日期以某个确定的价格购买标的资产的合约方；空头（short position）指同意在相同日期以同样的价格出售该标的资产的合约方。

多头和空头在远期合约中约定的资产买卖价格称为交割价格（delivery price）。在合约签署时，所选择的交割价格使合约的价值对双方都为零。否则，由于远期合约在签订时，双方都无须提供初始净投资，如果合约对一方是正价值，而对另一方是负价值，则双方就无法达成协议。这意味着无须成本就可以处于合约的多头或空头状态。

多头和空头在签约时是按当时的远期价格（forward price）来确定交割价格的，即在远期合约签署时，远期价格与交割价格是相同的。之后，远期价格可能随市场供求和标的资产现货价格的改变而改变，而交割价格保持不变。即远期价格与交割价格可能出现差异，而这种价格差异正是合约公允价值变化的基础。

远期合约在到期日交割时，空头交付标的资产给多头，多头按照交割价格支付现金。因而，决定合约公允价值的关键变量是标的资产当时的市场价格。例如，如果合约签署之后，标的资产的价格上涨，多头可以按低于市价的交割价格购买标的资产，因而合约对其具有正的公允价值，从而使其获得收益；而空头则必须按低于市价的交割价格出售标的资产，因而合约对其具有负的公允价值，从而遭受损失。反之，若标的资产的价格下降，多头必须按高于市价的交割价格购买标的资产，因而合约对其具有负的公允价值，从而遭受了损失；而空头则可以按高于市价的交割价格出售标的资产，因而合约对其具有正的公允价值，从而获得了收益。因而，远期合约在签署时的公允价值为零；之后，由于标的资产价格的变动，合约可能具有正的或负的公允价值。

图 8－1 中以 K 代表远期合约的交割价格，S 代表远期合约到期时的标的资产的即期价格。由于合约多头有义务按价格 K 购买价值为 S 的资产，则一单位资产远期合约多头的损益，即合约对多头的公允价值等于 $S-K$，即当 $S>K$ 时，多头获得收益，当 $S<K$ 时，多头承受损失。

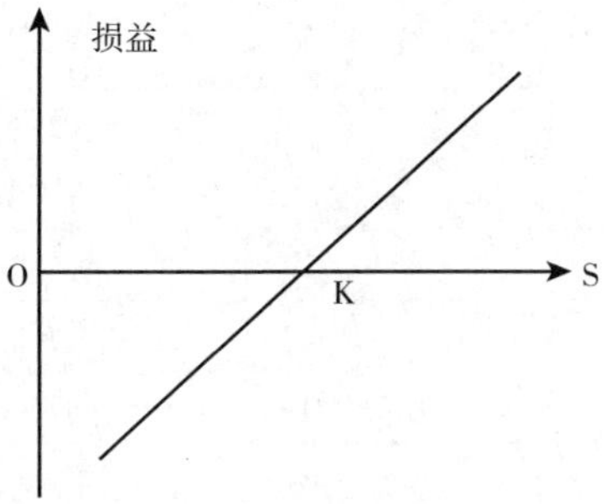

图 8－1　远期合约多头的损益

同理，一单位资产远期合约空头的损益，即合约对空头的公允价值等于 K－S，即当 S>K 时，空头承受损失，当 S<K 时，空头获得收益，见图 8－2。

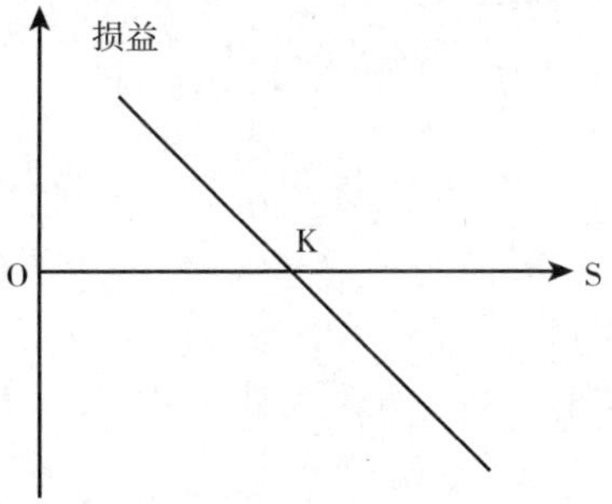

图 8－2　远期合约空头的损益

中国工商银行的人民币远期外汇协议

中国工商银行人民币远期外汇牌价

单位：人民币/100 外币　　　　日期：2007－04－16

期限	美元兑人民币			
	中间价	现汇买入价	现汇卖出价	起息日
7 天（7D）	771.77	769.83	773.69	2007－04－25
20 天（20D）	771.25	769.32	773.18	2007－05－08
1 个月（1M）	770.74	768.81	772.66	2007－05－18
2 个月（2M）	768.61	766.69	770.53	2007－06－18
3 个月（3M）	766.95	765.03	768.87	2007－07－18

续表

期限	美元兑人民币			
	中间价	现汇买入价	现汇卖出价	起息日
4个月（4M）	765.21	763.29	767.12	2007-08-20
5个月（5M）	763.75	761.83	765.65	2007-09-18
6个月（6M）	762.31	760.4	764.21	2007-10-18
7个月（7M）	760.73	758.67	762.78	2007-11-19
8个月（8M）	759.41	757.12	761.68	2007-12-18
9个月（9M）	758.03	755.52	760.53	2008-01-18
10个月（10M）	756.65	754	759.3	2008-02-19
11个月（11M）	755.56	752.69	758.43	2008-03-18
12个月（1Y）	754.4	751.38	757.42	2008-04-18

资料来源：中国工商银行官方网站，http：//www.icbc.com.cn。

上表所示为2007年4月16日不同期限的中国工商银行人民币远期外汇牌价，报价方式是人民币/100美元，标的资产为美元。以1个月远期外汇为例，表中的报价意味着在2007年4月16日，中国工商银行愿意以768.81元的价格在1个月后向市场交易者买入美元，以772.66元的价格在1个月后向市场交易者卖出美元，起息日（交割日）为2007年5月18日。

根据案例中的报价，假设有投资者A于2007年4月16日按772.66元的价格与中国工商银行约定买入1个月期100万美元远期，投资者B则按照768.81元的价格与中国工商银行约定卖出1个月期100万美元远期。2007年5月18日，中国工商银行报出的实际美元现汇卖出价为769.58元，实际美元现汇买入价为766.5元。显然，投资者A在远期多头上遭受损失，盈亏状况为（769.58－772.66）×10 000＝－30 800（元）；而投资者B则在远期空头上盈利（768.81－766.5）×10 000＝23 100（元）。虽然投资者A与B的盈亏状况不同，但无论如何，他们都通过远期外汇合约锁定了2007年5月18日买入和卖出美元的汇率，从而规避了汇率波动的风险。

远期利率协议（forward rate agreement）

2007年3月15日，国内某企业A根据投资项目进度，预计将在6个月后向银行贷款人民币1 000万元，贷款期为半年，但担心6个月后利率上升提高融资成本，即与银行商议，双方同意6个月后企业A按年利率6.2%（一年计两次复利）向银行贷入半年1 000万元贷款。这就是远期利率协议。

2007 年 9 月 15 日 FRA 到期时，市场实际半年期贷款利率为 6.48%。这时企业 A 有两个选择：

(1) 直接执行 FRA，以 6.2% 向银行贷入半年期 1 000 万元贷款，比市场利率节省 $1\,000\times\frac{6.48\%-6.2\%}{2}=1.4$（万元）的利息支出。

(2) 对 FRA 进行现金结算，由于市场利率上升，银行支付给 A 企业 $1\,000\times\frac{6.48\%-6.2\%}{2}=1.4$（万元），同时企业 A 直接到市场上以即期利率 6.48% 借入 1 000 万元的贷款，等价于按 6.2% 贷款。

假设 2007 年 9 月 15 日 FRA 到期时，市场实际半年期贷款利率下跌至 6%。这时企业 A 在 FRA 中损失而银行盈利，具体损失金额为 $1\,000\times\frac{6\%-6.2\%}{2}=1.4$（万元）。但无论如何，企业 A 的真实贷款利率锁定为 6.2%。

（二）利用远期合同进行套期保值

衍生工具交易者从事衍生工具交易一般有两个目的：一是根据自己对市场变化的预期，利用衍生工具价值波动的不确定性进行投机获利；二是利用衍生工具价值的变化对自己现有的风险敞口进行对冲抵销，以减少风险对自身利益的影响，即对风险进行套期。

套期保值者（hedger）的目的在于减少他们已经面临的风险。由于风险是一种不确定性，因而减少风险意味着降低不确定性。这就强调了套期保值的目的是使最终结果更加确定，但它不一定改进最终结果。然而，目前对套期的概念还存在多种解释，缺乏一个权威的定义。

在 SFAS80《期货合约会计》中，FASB 只是认为：套期这个词广泛地为期货交易商、会计师和法规制定部门所引用，并且对其也没有一个公认的定义，但很多方式的定义是以减少对价格或利率风险敞口为基础的。

美元的空头套期保值

假设在 2007 年 4 月 16 日，国内的某外资企业 A 已知其在 2007 年 9 月 18 日将有一笔 1 000 万美元的货款收入需结汇为人民币。由于人民币处于升值周期中，A 企业担心美元的相对贬值会给其带来损失，决定向中国工商银行卖出 5 个月期的美元远期。

2007 年 4 月 16 日中国工商银行报出的 9 月 18 日到期的远期美元现汇买入价为 761.83，A 企业即以此签订 5 个月期的远期外汇协议。2007 年 9 月 18 日，当 A 企业收到 1 000 万美元货款时，中国工商银行的人民币即期现汇买入价为 751.15。但根据远期外汇协议，A 企业可以 761.83 的价格向中国工商银行卖出 1 000 万美元，从而多收益（761.83 - 751.15）×100 000 = 1 068 000（元），等于将汇率锁定在 761.83。

假设 2007 年 9 月 18 日，中国工商银行的人民币即期现汇买入价高于 761.83，假设为 771.83。但根据远期外汇协议，A 企业仍然需以 761.83 的价格向中国工商银行卖出 1 000 万美元，比现货交易多损失（771.83 - 761.83）×100 000 = 1 000 000（元），也等于将汇率锁定在 761.83。因此空头套期保值同样无法保证投资者盈利，但锁定了卖出价格，因而消除了价格风险。

值得注意的是，我们既可以将本例中的交易理解为美元远期的空头，也可以理解为人民币远期的多头，这是外汇交易的特殊性质。

股指期货的多头套期保值

2007 年 8 月 16 日，美国某保险公司预期在 9 月 21 日该公司将有一笔总金额为 6 900 000 美元的资金配置于 S&P500 指数成分股。为了防止到时股市上扬导致买入成本过高，该保险公司决定利用 2007 年 9 月 21 日到期的 S&P500 指数期货 SPU7 进行套期保值。当时 SPU7 报价为 1 380 点，即一份合约规模为 1 380 × 250 = 345 000（美元）。因此该保险公司以 1 380 点买入 20 份 SPU7 合约。

2007 年 9 月 21 日，实际的 S&P500 指数以 1 533.38 点开盘，意味着 SPU7 合约到期结算价也为 1 533.38 点。该保险公司以 1 533.38 点买入 S&P500 现货，但在期货市场上盈利 1 533.38 - 1380 = 153.38（点），等价于按 1 380 点的价位买入指数，抵销了指数上升给投资者带来的高成本。

假设 2007 年 9 月 21 日，S&P500 指数低于 1 380 点，例如为 1 300 点，这时该保险公司在现货市场上以 1 300 点买入 S&P500 现货，但在期货市场上亏损 1 380 - 1 300 = 80（点），这意味着该公司实际上仍是以 1 380 点的价位买入指数。

可以看到，运用期货多头为现货进行套期保值，并不意味着投资者一定盈利，但无论期货到期时现货的价格是上升还是下跌，投资者实际上都以期货价格的水平买入标的资产。这就是期货套期保值的真实意义：运用期货消除价格的不确定性，消除价格风险。

在 IAS39《金融工具：确认与计量》中，IASB 对套期（hedge）的定义是：套期，是指定一项或多项套期工具，使其公允价值变动能全部或部分抵销被套期项目的公允价值或现金流量变动（IAS39 第 10 段）。

我国《企业会计准则第 24 号——套期会计》中将套期定义为是指企业为管理外汇风险、利率风险、价格风险，信用风险等特定风险引起的风险敞口，指定金融工具为套期工具，以使套期工具的公允价值或现金流量变动，预期抵销被套期项目全部或部分公允价值或现金流量变动的全部管理流动。

在套期的定义中，被套期项目（hedged item）是具有以下特征的资产、负债、确定承诺、高度可能的预期交易或境外经营净投资：（1）使企业面临公允价值变动或未来现金流量变动的风险；并（2）被指定为被套期对象。

套期工具（hedging instrument）是指定的衍生工具或（仅对于外币汇率变化的风险套期而言）指定的非衍生金融资产或非衍生金融负债，其公允价值或现金流量变动预期可以抵销被指定的被套期项目的公允价值或现金流量的变动（IAS39 第 10 段）。

结合上述定义，套期的概念包括以下几点：

（1）套期是指利用套期工具去抵销被套期项目风险敞口的行为。在同种风险影响下，被套期项目和套期工具的公允价值或现金流量应呈现出程度相同、方向相反的变动。

（2）被套期项目和套期工具都是人为指定的，因而套期关系也是被套期项目和套期工具之间人为建立起的一种关系。被套期项目和套期工具是一项套期关系中缺一不可的两个组成部分，不存在没有被套期项目的套期工具，也不存在没有套期工具的被套期项目。

（3）被套期项目使企业面临公允价值变动或未来现金流量变动的风险；资产、负债、确定承诺、高度可能的预期交易或境外经营净投资等 5 类项目可以成为被套期项目。套期工具一般是衍生工具，仅对外汇风险套期而言，可以指定非衍生金融工具作为套期工具。

二、套期的会计处理

套期分为公允价值套期、现金流量套期和境外经营净投资套期。各类套期的含义如下：

公允价值套期，是指对已确认资产或负债、尚未确认的确定承诺，或该资产或负债、尚未确认的确定承诺中可辨认部分的公允价值变动风险进行的套期。该类价值变动源于某类特定风险，且将影响企业的损益。

现金流量套期，是指对现金流量变动风险进行的套期。该类现金流量变动源于与已确认资产或负债、很可能发生的预期交易有关的某类特定风险，且将影响企业的损益。

境外经营净投资套期，是指对境外经营净投资外汇风险进行的套期。境外经营净投资，是指企业在境外经营净资产中的权益份额。

（一）对外币应收、应付事项套期的会计处理

对外币应收、应付事项的套期属于公允价值套期，即对外币应收款项、外币应付款项等资产或负债的套期。

公允价值套期满足运用套期会计方法条件的，应当按照下列规定处理：

1. 套期工具为衍生工具的，套期工具公允价值变动形成的利得或损失应当计入当期损益；套期工具为非衍生工具的，套期工具账面价值因汇率变动形成的利得或损失应当计入当期损益。

2. 被套期项目因被套期风险形成的利得或损失应当计入当期损益，同时调整被套期项目的账面价值。被套期项目为按成本与可变现净值孰低进行后续计量的存货、按摊余成本进行后续计量的金融资产或可供出售金融资产的，也应当按此规定处理。

【例 8-1】 20×7 年 1 月 1 日，ABC 公司为规避所持有美元应收账款（被套期项目×）汇率变动风险，与某金融机构签订了一项远期卖出美元合同（衍生工具 Y），并将其指定为 20×7 年美元汇率变化引起的应收账款公允价值变动风险的套期。衍生工具 Y 的标的资产与被套期项目在金额、期限等方面相同。

20×7 年 1 月 1 日，衍生工具 Y 的公允价值为零，被套期项目×的人民币账面价值为 1 000 000 元。20×7 年 6 月 30 日，衍生工具 Y 的公允价值上涨了 25 000 元，被套期项目×的公允价值下降了 25 000 元。当日，ABC 公司将被套期项目×收回并结汇为人民币，并将衍生工具 Y 结算。

ABC 公司采用比率分析法评价套期有效性，即通过比较衍生工具 Y 和被套期项目×的公允价值变动评价套期有效性。ABC 公司预期该套期完全有效。

假定不考虑衍生工具的时间价值、税费及其他因素，ABC 公司的账务处理如下（金额单位：元）：

(1) 20×7 年 1 月 1 日：

借：被套期项目——应收账款×	1 000 000	
贷：应收账款——×		1 000 000

(2) 20×7 年 6 月 30 日：

借：套期工具——衍生工具 Y	25 000	
贷：套期损益		25 000
借：套期损益	25 000	
贷：被套期项目——应收账款×		25 000
借：银行存款	975 000	
贷：应收账款		975 000
借：应收账款	975 000	
贷：被套期项目——应收账款×		975 000
借：银行存款	25 000	
贷：套期工具——衍生工具 Y		25 000

注：由于 ABC 公司采用了套期策略，规避了被套期项目公允价值变动风险，因此

其被套期项目公允价值下降没有对预期人民币结汇金额 1 000 000 元产生不利影响。

（二）对国外附属公司或分支机构净投资套期的会计处理

对国外附属公司或分支机构净投资的套期属于境外经营净投资套期。对境外经营净投资的套期，企业应按类似于现金流量套期会计的规定处理：

1. 套期工具形成的利得或损失中属于有效套期的部分，应当直接确认为所有者权益，并单列项目反映。处置境外经营时，上述在所有者权益中单列项目反映的套期工具利得或损失应当转出，计入当期损益。

2. 套期工具形成的利得或损失中属于无效套期的部分，应当计入当期损益。

【例 8－2】 20×6 年 10 月 1 日，XYZ 公司（记账本位币为人民币）在其境外子公司 FS 有一项境外净投资外币 5 000 万元（即 FC5 000 万元）。为规避境外经营净投资外汇风险，XYZ 公司与某境外金融机构签订了一项外汇远期合同，约定于 20×7 年 4 月 1 日卖出 FC5 000 万元。XYZ 公司每季度对境外净投资余额进行检查，且依据检查结果调整对净投资价值的套期。其他有关资料如表 8－1 所示。

表 8－1　外汇远期合同相关汇率与公允价值

日　期	即期汇率（FC/人民币）	远期汇率（FC/人民币）	远期合同的公允价值（元）
20×6 年 10 月 1 日	1.71	1.70	0
20×6 年 12 月 31 日	1.64	1.63	3 430 000
20×7 年 3 月 31 日	1.60	不适用	5 000 000

XYZ 公司在评价套期有效性时，将远期合同的时间价值排除在外。假定 XYZ 公司的上述套期满足运用套期会计方法的所有条件。

XYZ 公司的账务处理如下（单位：人民币元）：

（1）20×6 年 10 月 1 日：

借：被套期项目——境外经营净投资　　85 500 000

　　贷：长期股权投资　　85 500 000

外汇远期合同的公允价值为零，不作账务处理。

（2）20×6 年 12 月 31 日：

借：套期工具——外汇远期合同　　3 430 000

　　贷：其他综合收益　　3 430 000

（确认远期合同的公允价值变动）

借：其他综合收益　　3 500 000

　　贷：被套期项目——境外经营净投资　　3 500 000

（确认对子公司净投资的汇兑损益）

（3）20×7 年 3 月 31 日：

借：套期工具——外汇远期合同　　1 570 000

　　贷：其他综合收益　　1 570 000

（确认远期合同的公允价值变动）

借：其他综合收益　　2 000 000

　　贷：被套期项目——境外经营净投资　　2 000 000

（确认对子公司净投资的汇兑损益）

借：银行存款　　5 000 000

　　贷：套期工具——外汇远期合同　　5 000 000

（确认外汇远期合同的结算）

注：境外经营净投资套期（类似现金流量套期）产生的利得在所有者权益中列示，直至子公司被处置。

（三）对外币承诺事项套期的会计处理

外币承诺事项属于尚未确认的确定承诺，对其的套期属于公允价值套期，应比照公允价值套期进行会计处理。

【例 8-3】 甲公司为境内商品生产企业，采用人民币作为记账本位币。20×7 年 3 月 3 日，甲公司与某境外公司签订了一项设备购买合同（确定承诺），设备价格为外币（本例下称 FC）3 000 000 元，交货日期及付款日为 20×7 年 4 月 30 日。

20×7 年 3 月 3 日，甲公司签订了一项购买 FC 3 000 000 元的外汇远期合同。根据该远期合同，甲公司将于 20×7 年 4 月 30 日支付人民币 4 950 000 元购入 FC 3 000 000 元。20×7 年 3 月 3 日，外汇远期合同的公允价值为 0。

甲公司将该外汇远期合同指定为对 FC/人民币汇率变动可能引起的外币计价的确定承诺公允价值变动风险进行套期的套期工具。

20×7 年 4 月 30 日，甲公司履行确定承诺并以净额结算该远期合同，20×7 年 4 月 30 日的即期汇率为 1FC = 1.8 人民币元。

与该套期有关的远期汇率以及外汇远期合同的资料如表 8-2 所示。

表 8-2　　外汇远期合同相关汇率和公允价值　　单位：元

日期	20×7 年 4 月 30 日的远期汇率（FC/人民币）	本期外汇远期合同公允价值变动	本期末外汇远期合同公允价值
20×7 年 3 月 3 日	1.65	—	—
20×7 年 3 月 31 日	1.68	90 000	90 000
20×7 年 4 月 30 日	—	360 000	450 000

为简化核算，假定不考虑设备购买有关的税费因素、设备运输和安装费用等。同时，本例中假设被套期项目与套期工具因 FC/人民币汇率变动引起的公允价值变动金额相同。

根据上述资料，甲公司应当进行如下账务处理（单位：人民币元）：

（1）20×7 年 3 月 3 日，因为远期合同和确定承诺当日公允价值均为 0，所以无须进行账务处理，但需编制指定文件。

（2）20×7 年 3 月 31 日，确认确定承诺因汇率变动引起的公允价值变动：

借：套期损益	90 000	
贷：被套期项目——确定承诺		90 000

确认套期工具的公允价值变动：

借：套期工具——远期合同	90 000	
贷：套期损益		90 000

（3）20×7 年 4 月 30 日，确认确定承诺因汇率变动引起的公允价值变动：

借：套期损益	360 000	
贷：被套期项目——确定承诺		360 000

确认套期工具的公允价值变动：

借：套期工具——远期合同	360 000	
贷：套期损益		360 000

结算远期合同：

借：银行存款	450 000	
贷：套期工具——远期合同		450 000

履行确定承诺购入固定资产：

借：固定资产——设备	4 950 000	
被套期项目——确定承诺	450 000	
贷：银行存款		5 400 000

注：甲公司通过运用套期进行风险管理，使所购设备的成本锁定在确定承诺的购买价格 FC 3 000 000 元按 1FC = 1. 65 元人民币（套期开始日的远期合同汇率）进行折算确定的金额，即人民币 4 950 000 元。

（四）为投机目的的远期合同

投机是一种主动承担不确定性，并希望以此获利的行为。投机者（speculator）预期某种标的价格会上升或者下降，并在市场中持有该标的的头寸。如果市场的发展与投机者预期相同，则投机者获得收益；反之，则受到损失。

【例 8 -4】　假设某进口商没有对外付汇的需要，但其认为 3 个月后人民币会贬值，因而其与外汇银行约定以目前1∶7.5（1美元兑换7.5元人民币）的汇率办理3个月期的远期购汇业务。如果3个月后，人民币贬值到1∶8，此时购买100万美元需要800万元人民币，而该进口商可以按1∶7.5的远期合约价格购买100万美元，并按1∶8的即期汇率再出售美元，便获得了50万元人民币的投机收益。若到时人民币升值到1∶7，此时购买100万美元只需要700万元人民币，则该进口商则须按高于市价50万元人民币的价格购买100万美元，因而承受了50万元人民币的投机损失。若到时人民币汇率保持1∶7.5，则进口商支付750万元人民币购买市值750万元人民币的100万美元，既未获得收益，也未遭受损失。

在第一种情况下，会计分录为：

（1）签订远期合约时，不作会计处理。因为此时远期合约的公允价值为零。

（2）3个月后，人民币贬值到1∶8；此时远期合约的公允价值为50万元。

借：远期美元合约　　500 000

　　贷：公允价值变动损益　　500 000

在第二种情况下，会计分录为：

（1）签订远期合约时，不作会计处理。因为此时远期合约的公允价值为零。

（2）3个月后，人民币升值到1∶7；此时远期合约的公允价值为－50万元。

借：公允价值变动损益　　500 000

　　贷：远期美元合约　　500 000

第四节　金融期货交易及其会计处理

一、金融期货的概念与种类

期货合约是两个对手之间签订的一个在确定的将来时间按确定的价格购买或出售某项资产的协议。与远期合约不同，期货合约通常在规范的交易所内交易。为了使交易能够进行，交易所详细规定了期货合约的标准化条款。由于期货合约的双方不一定相识，交易所同时向双方提供该期货合约的承兑保证。远期合约具有以下特点：

1. 期货交易集中在有组织的交易所内进行，一般不在场外交易。交易所提供交易场所和必备设施，向交易双方收取交易保证金，并向交易双方提供交易能得到有效履行的保证，从而使交易各方在不了解对方资信实力的情况下放心进行交易。

2. 交易的对象是标准化的合约。期货合约的标的资产均按固定规格设置了类别、数量、交割期限等细节，合约完全采用标准化格式，易于买卖转让，具有较强的流动性。

3. 实物交割与净额结算并行。由于期货合约具有较强的流动性，其公允价值由市场价值决定，因而期货合约既可在到期时进行实物交割，也可按期货合约的公允价值进行净额现金结算。

4. 实行交易保证金制度。为保证交易顺利进行，交易所向期货合约的买卖双方收取合约金额一定百分比的保证金，并根据交易者盈利或亏损的情况每日对保证金金额进行调整。

金融期货是以金融变量为标的物的期货，如以股票指数为标的的股指期货、以外汇汇率为标的的外汇期货等。与金融期货相对应的是以实物商品价格为标的的商品期货，如以铜价格为标的的铜期货、以小麦价格为标的的小麦期货等。

327 国债期货事件

20 世纪 90 年代，我国曾经出现过金融期货，即国债期货。然而 1995 年 2 月 23 日的 327 国债期货事件对我国国债期货市场造成重创。1995 年 5 月 17 日，中国证监会作出了暂停国债期货交易试点的决定，中国第一个金融期货品种宣告夭折。

“327”是“92（3）国债 06 月交收”国债期货合约的代号。其标的是 1992 年发行、1995 年 6 月到期一次性兑付本息的 3 年期国库券，其年票面利率为 9.5%，到期兑付的利息为票面利率再加上保值贴补率。由于到期保值贴补率的高低取决于通货膨胀率，因此该债券的到期现金流存在很大的不确定性。正是这种不确定性引发了多空双方的巨大分歧。市场分化为以万国证券公司为代表的空方阵营和以中国经济开发信托投资公司（简称“中经开”）为代表的多方阵营。以财政部下属的中经开为首的多方利用 327 国债现货规模有限的有利条件，不断拉抬价格，制造逼空行情。而以万国证券为首的空方则认为通货膨胀已经见顶，期货价格严重高估，顽强抵抗。由于看法严重存在分歧，1995 年 2 月后多空双方均在 148 元附近大规模建仓，327 品种未平仓合约数量不断增加。

在多空双方僵持不下的情况下，1995 年 2 月 23 日，财政部突然宣布将 327 国债票面利率提高 5 个百分点。这个公告大大出乎市场预料之外，因为在该国债的发行条款中除了保值贴补率之外并未规定财政部可以提高票面利率的条款。财政部的这一公告使 327 国债的到期价值突然提高 5%！而当时国债期货的初始保证金才 2.5%，这相当于强令空方向多方支付相当于初始保证金 200% 的赔偿！在这从天而降的特大利好鼓舞下，中经开率领的多方借利好用 300 万口买盘将 329 国债期货价格从前一天的收盘价 148.21 元上攻至 151.98 元。而对于空方主力万国证券来说，327 国债期货每上涨 1 元，其在盘后结算时就要损失十几个亿。为了减少损失，万国证券巨额透支交易，在交易所下午收盘前 8 分钟内抛出了 1 056 万口卖单，最后一单以 730 万口（合人民币 1 460 亿元）将价格封在 147.50 元。当日上交所国债期货的成交金额达到创纪录的 8 536 亿元，其中“327”合约占了 80% 左右。

“327”国债交易中的异常情况，震惊了证券市场。当晚上海证券交易所经紧急磋商，确认空方主力恶意违规，宣布最后8分钟所有的“327”品种期货交易无效，当日327品种的收盘价为违规前最后一笔交易价格151.30元，各会员之间实行协议平仓。这就是著名的327国债期货事件。

整个327事件使我国金融期货市场的建设和发展吸取了很多惨痛的教训。最重要的是，流通在外的327标的国债现货的总面值为750亿元人民币，而按照国债期货买卖中1口为200张期货合约、1张合约对应100元面值国债计算，1995年2月23日当天多方300万口买盘就对应着面值600亿元的标的国债，而空方最后一单的730万口卖盘则对应着面值1 460亿元的标的国债，远远超过了现货市场的总量。从这里可以看到，正是由于现货市场规模太小，现货价格无法形成对期货价格的制约，无套利关系无法成立，实际期货价格必然偏离其理论价格受到操纵。在相关市场法律制度不健全的环境下，期货市场必然成为一个纯粹投机乃至恶性投机的场所，最终导致了我国国债期货市场的夭折。而成熟金融市场的经验往往是为一个期货品种设定多个可交割的标的资产，以保证现货—期货平价原理的正常运作，这是我国未来发展金融期货市场必须谨记的重要经验教训。

二、利率期货、外汇期货、股票指数期货

（一）利率期货

利率期货是交易双方在将来某一时间以约定的价格对一定数量的具有利息和期限的金融商品进行交割的期货合约。主要包括以长期国债为标的物的长期利率期货和以短期存款为标的物的短期利率期货。由于对国债和存款的买卖是以利率报价的，买卖双方都是为了避免因市场利率变动而遭受损失或者为了获取市场利率变动所带来的收益，因此这里的债券期货和存款期货就是一种利率期货。利率期货与其他期货合约一样，以合约的标准化为前提，通过经纪人在交易所内进行，交易者在参加交易时须在交易所的清算机构开立利率期货保证金账户，并按交易所规定的比例交存保证金。在多数情况下，利率期货都是在到期前用相反的合约对冲，很少出现真实的交割。

（二）外汇期货

外汇期货是标准化的外汇远期买卖合同，即按固定规格设置了币种、金额、交割期限等细节的远期外汇合同，以方便合同的流通转让。外汇期货的公允价值变动原理与远期外汇合同相同，其会计处理也可比照外汇远期合同处理。

（三）股票指数期货

股票指数期货（以下简称股指期货）是一种以股票价格指数作为标的物的金融期货合约。股市投资者在股票市场上面临的风险可分为两种：一种是股市的整体风险，又称为系统风险，即所有或大多数股票的价格一起波动的风险；另一种是个股风险，又称为非系统风险，即持有单个股票所面临的市场价格波动风险。通过投资组合，即同时购买多种风险不同的股票，可以较好地规避非系统风险，但不能有效地规避整个股市下跌所带来的系统风险。

进入 20 世纪 70 年代之后，西方国家股票市场波动日益加剧，投资者规避股市系统风险的要求也越来越迫切。由于股票指数基本上能代表整个市场股票价格变动的趋势和幅度，人们开始尝试着将股票指数改造成一种可交易的期货合约并利用它对所有股票进行套期保值，规避系统风险，于是股指期货应运而生。

利用股指期货进行套期保值的原理是根据股票指数和股票价格变动的同方向趋势，在股票的现货市场和股票指数的期货市场上作相反的操作来抵销股价变动的风险。股指期货合约的价格等于某种股票指数的点数乘以规定的每点价格。各种股指期货合约每点的价格不尽相同，例如，恒生指数每点价格为 50 港元，即恒生指数每降低一个点，由该期货合约的买者（多头）每份合约就亏 50 港元，卖者每份合约则赚 50 港元。

例如，某投资者在香港股市持有总市值为 200 万港元的 10 种上市股票。该投资者预计东南亚金融危机可能会引发香港股市的整体下跌，为规避风险，进行套期保值，在 13 000 点的价位上卖出 3 份 3 个月到期的恒生指数期货。随后的两个月，股市果然大幅下跌，该投资者持有股票的市值由 200 万港元贬值为 155 万港元，股票现货市场损失 45 万港元。这时恒生指数期货亦下跌至 10 000 点，于是该投资者在期货市场上以平仓方式买进原有 3 份合约，实现期货市场的平仓盈利 45 万港元，期货市场的盈利恰好抵销了现货市场的亏损，较好地实现了套期保值。同样，股指期货也像其他期货品种一样，可以利用买进卖出的差价进行投机交易。

三、期权交易

（一）定义与特点

期权是指期权持有者在约定时间内、按约定价格买入或卖出某种资产的权利。期权有两种基本类型：看涨期权和看跌期权。看涨期权（call option）的持有者有权在某一确定时间以某一确定的价格购买标的资产。看跌期权（put option）的持有者有权在某一确定时间以某一确定的价格出售标的资产。

与其他衍生工具相比，期权具有以下特点：

（1）期权需要初始投资。与远期、期货不同，期权需要一定的初始投资。期权的购买者需要向期权的出售者支付一定的期权费。与交易保证金不同，期权费不予退还。

（2）期权交易双方的风险收益不对称。期权的买方有执行或不执行期权的权利，而期权的卖方只有履行期权的义务。而且，期权买方最大的损失是期权费，而收益则没有上限；而期权卖方最大的收益是期权费，而损失则没有上限。

美国政府利用农产品期权保护农业利益案例

美国政府于1993年开始鼓励农场主参与政府农业期权交易试点。具体做法是：美国农业部确定部分小麦、玉米和大豆的生产者自行选购相当于保护价格水平的看跌期权，政府代为支付购买期权合约的权利金和交易手续费。从1993年开始，美国农业部鼓励伊利诺伊州、俄亥俄州和印第安纳州的部分农场主进入芝加哥期货交易所期权市场购买玉米、大豆和小麦的看跌期权，以维持这些农产品的价格水平，从而替代政府的农业支持政策。根据美国农业部统计，1993年农场主参与期权交易的数量为956家，1994年为1 285家，1996年达到1 569家，呈明显上升态势。

（二）分类

按期权执行时间不同划分，期权分为美式期权与欧式期权。美式期权（American option）可以在期权有效期内任何时间执行，而欧式期权（European option）只能在到期日执行。期权合约中约定买卖标的资产的价格被称为执行价格（exercise price）或敲定价格（strike price）。

按期权所赋予持权者的权利划分，期权分为看涨期权和看跌期权。看涨期权（call option）的持有者有权在某一确定时间以某一确定的价格购买标的资产，看跌期权（put option）的持有者有权在某一确定时间以某一确定价格出售标的资产。

期权中多头和空头的含义与期货和远期中的不同。期权多头是持有期权多头头寸的投资者，即购买期权的一方；期权空头是持有期权空头头寸的投资者，即出售或承约（written）期权的一方。

因此，看涨期权、看跌期权与期权多头、期权空头可以组合出四种基本的期权头寸：

（1）看涨期权的多头。看涨期权的多头预计未来期权标的资产的价格会上涨，因而其向看涨期权的空头支付期权费，获得以执行价格在未来时期购买标的资产的权利。如果期权到期之前或到期时，标的资产价格上涨，则看涨期权多头有权以低于市场价格的执行价格购入标的资产，从而获得收益；如果期权到期之前或到期时，标的资产价格下降，则看涨期权多头可以不行使按执行价格购买标的资产的权利，从而只损失支付给看涨期权空头的期权费。因而，看涨期权多头的最大损失只是期权费，而可能的收益是无限的。

（2）看涨期权的空头。看涨期权的空头预计未来期权标的资产的价格不会上涨，因而其收取看涨期权的多头支付的期权费，给予其以执行价格在未来时期购买标的资产的权利。如果期权到期之前或到期时，标的资产价格没有上涨，则看涨期权多头不会行使期权，则看涨期权空头赚取期权费的收益。如果期权到期之前或到期时，标的资产价格上涨，则看涨期权多头可行使按执行价格购买标的资产的权利，看涨期权空头就要承担标的资产执行价格低于市场价格的价差损失。因而，看涨期权空头的最大收益只是期权费，而可能的损失是无限的。

（3）看跌期权的多头。看跌期权的多头预计未来期权标的资产的价格会下跌，因而其向看跌期权的空头支付期权费，获得以执行价格在未来时期出售标的资产的权利。如果期权到期之前或到期时，标的资产价格下跌，则看跌期权多头有权以高于市场价格的执行价格出售标的资产，从而获得收益；如果期权到期之前或到期时，标的资产价格上升，则看跌期权多头可以不行使按执行价格出售标的资产的权利，从而只损失支付给看跌期权空头的期权费。

（4）看跌期权的空头。看跌期权的空头预计未来期权标的资产的价格不会下跌，因而其收取看跌期权的多头支付的期权费，给予其以执行价格在未来时期出售标的资产的权利。如果期权到期之前或到期时，标的资产价格没有下跌，则看跌期权多头不会行使期权，则看跌期权空头赚取期权费的收益。如果期权到期之前或到期时，标的资产价格下跌，则看跌期权多头可行使按执行价格出售标的资产的权利，看跌期权空头就要承担标的资产执行价格高于市场价格的价差损失。因而，看跌期权空头的最大收益只是期权费，而可能的损失是无限的。

（三）期权的公允价值

以X代表期权的执行价格，以S代表标的资产的到期日价格。为便于分析，不考虑期权购买者支付给期权承约方的期权费，以欧式期权为例说明四种期权头寸的公允价值变化：

（1）看涨期权的多头。对于看涨期权的多头，当标的资产的到期日价格高于执行价格时，其会行使该期权；当标的资产的到期日价格低于执行价格时，其损失期权费，而不会行使该期权。因而欧式看涨期权多头的损益为max（S－X，0），参看图8－3。

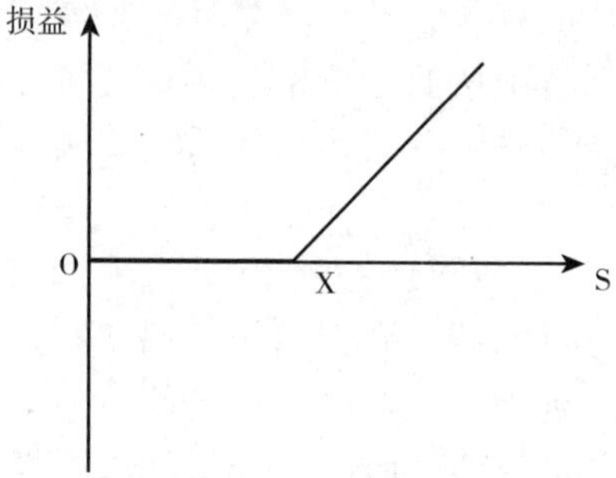

图 8-3 看涨期权多头的损益

（2）看涨期权的空头。而由于看涨期权的空头只有履行期权的义务，因而多头的收益或损失就是其损失或收益，因而欧式看涨期权空头的损益为 -max（S-X，0），参看图8-4。

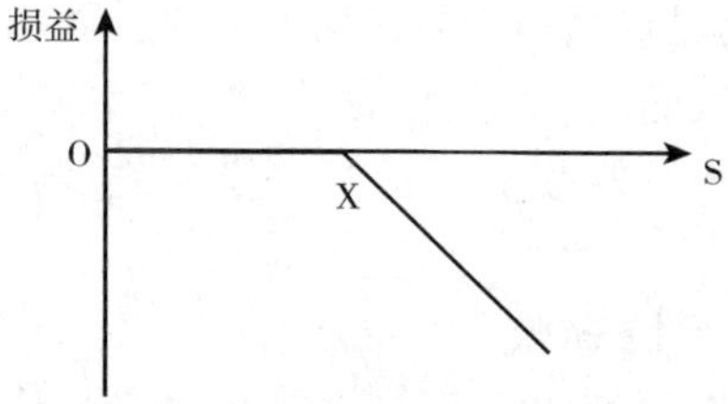

图 8-4 看涨期权空头的损益

（3）看跌期权的多头。对于看跌期权的多头，当标的资产的到期日价格低于执行价格时，其会行使该期权，按较高的执行价格出售市价较低的资产来获得收益；而当标的资产的到期日价格高于执行价格时，其不会行使该期权。因而欧式看跌期权多头的损益为 max（X-S，0），参看图 8-5。

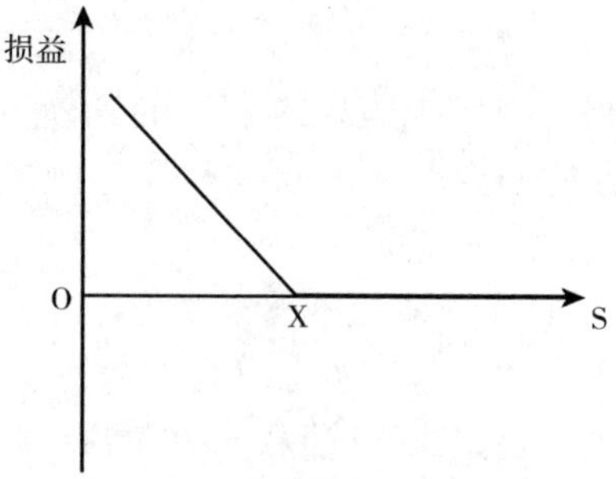

图 8-5 看跌期权多头的损益

（4）看跌期权的空头。由于看跌期权的空头只有履行期权的义务，因而多头的收益或损失就是其损失或收益，因而欧式看跌期权空头的损益为 $-\max(X-S, 0)$，参看图 8-6。

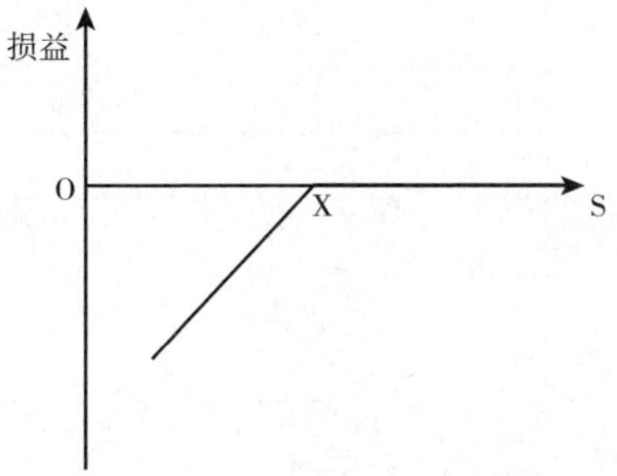

图 8-6 看跌期权空头的损益

因此，随着标的价格的变化，期权合约在签约之后可能达到实值期权、两平期权或虚值期权三种状态。实值期权（in the money）是指如果期权立即履约，持有者具有正值的现金流；两平期权（at the money）是指如果期权立即履约，持有者的现金流为零；虚值期权（out of the money）是指如果期权立即履约，持有者的现金流为负。

结合以上图示，对于多头手中持有的期权，当 $S>X$ 时，看涨期权是实值期权；当 $S=X$ 时，看涨期权是两平期权；当 $S<X$ 时，看涨期权是虚值期权。当 $S<X$ 时，看跌期权是实值期权；当 $S=X$ 时，看跌期权是两平期权；当 $S>X$ 时，看跌期权是虚值期权。显然，只有当期权是实值期权时，它才会被执行。

（四）期权的会计处理

期权是一种衍生金融工具，应按《企业会计准则第 22 号——金融工具确认和计量》或《企业会计准则第 24 号——套期会计》进行会计处理。

作为套期工具的期权合约，如果符合套期会计的要求，按套期会计进行处理；作为投机工具的期权合约以及不符合套期会计要求的期权合约，按交易性金融工具进行会计处理。

【例 8-5】 20×6 年 10 月 1 日，甲公司（记账本位币为人民币）在其境外子公司有一项境外经营净投资外币（FC）5 000 万元。为规避境外经营净投资外汇风险，甲公司与某境外金融机构签订了一项外汇远期合同，约定于 20×7 年 4 月 1 日卖出 FC 5 000 万元。其他有关资料如表 8-3 所示。

表 8－3　　外汇远期合同相关汇率与公允价值　　单位：人民币元

日期	即期汇率（FC/人民币）	远期汇率（FC/人民币）	远期合同的公允价值
20×6年10月1日	1.71	1.70	0
20×6年12月31日	1.64	1.63	3 430 000
20×7年3月31日	1.60	不适用	5 000 000

假定不考虑远期合同的远期要素。甲公司的上述套期满足运用套期会计方法的所有条件。

甲公司的账务处理如下：

（1）20×6年10月1日，外汇远期合同的公允价值为0，不作账务处理。

（2）20×6年12月31日，确认外汇远期合同的公允价值变动：

借：套期工具——外汇远期合同　　3 430 000

　　贷：其他综合收益——外币报表折算差额　　3 430 000

确定对子公司净投资的汇兑损益：

借：其他综合收益——外币报表折算差额　　3 500 000

　　贷：长期股权投资　　3 500 000

（3）20×7年3月31日，确认外汇远期合同的公允价值变动：

借：套期工具——外汇远期合同　　1 570 000

　　贷：其他综合收益——外币报表折算差额　　1 570 000

确认对子公司净投资的汇兑损益：

借：其他综合收益——外币报表折算差额　　2 000 000

　　贷：长期股权投资　　2 000 000

结算外汇远期合同：

借：银行存款　　5 000 000

　　贷：套期工具——外汇远期合同　　5 000 000

注：境外经营净投资中套期工具形成的利得在其他综合收益中列示，直至子公司被处置。

四、金融期货交易的会计处理

由于期货合约从本质上说是标准化、交易所交易的远期合约，期货合约的公允价值决定与远期合约在机制上相同，因而期货合约的会计处理与远期合约的会计处理相同。即作为套期工具的期货合约，如果符合套期会计的要求，按套期会计进行处理；作为投机工具的期货合约以及不符合套期会计要求的期货合约，按交易性金融工具进行会计处理。

第五节　金融互换及其会计处理

一、互换的概念、种类和基本条件

互换是两个企业之间达成的协议，以事先约定的条件在将来交换现金流。互换可以看作是一系列远期合约的组合。根据交换的对象划分，互换可以分为利率互换和货币互换。

相对于其他衍生工具，互换具有以下特点：

1. 互换合约的标的是相互交换的两种不同的金融工具，既可以是不同的货币，也可以是计息方式不同的同种货币。而远期、期货和期权的标的是一种资产。

2. 互换是非标准化的。互换合约一般由合约双方根据具体需要设计，具有较强的灵活性。

3. 互换在场外进行交易。大多数互换交易是由银行等中介机构进行撮合，难以进行交易所的集中交易，属柜台交易。

4. 互换可以发挥交易双方的比较优势，降低筹资成本。

利用货币互换锁定汇率风险案例

某企业从A银行贷款一笔日元，金额为10亿日元，期限5年，利率为固定利率6.25%。付息日为每年6月30日和12月31日。2003年12月20日提款，2008年12月20日到期一次性归还本金。企业提款后，将日元换成美元，用于采购生产设备，产品出口后获得美元收入。

从以上情况看，企业这笔日元贷款存在汇率风险。企业借的是日元，用的是美元，收到的货款也是美元。而在偿付利息和到期一次性归还本金时，企业都需要将美元换成日元。如果日元升值、美元贬值，那么企业需要用更多的美元来换成日元还款，直接增加了企业的财务成本。

企业采取以下货币互换的方式，就可以有效锁定汇率风险。

1. 在提款日（2003年12月20日）企业与B银行互换本金。企业从A银行提取贷款本金，同时支付给B银行，B银行按约定的汇率支付相应的美元；

2. 在付息日（每年6月30日和12月31日）企业与B银行互换利息。B银行按日元利率水平向企业支付日元利息，公司将日元利息支付给A银行，同时按约定的美元利率水平向B银行支付美元利息；

3. 在到期日（2008年12月20日）企业与B银行再次互换本金。B银行向企业支付日元本金，企业将日元本金归还给A银行，同时按约定的汇率水平向B银行支付相应的美元。

从以上可以看出，由于在期初与期末，企业与B银行均按约定的同一汇率互换本金，且在贷款期内企业只支付美元利息，而收入的日元利息正好用于归还日元贷款利息，从而使企业避免了汇率波动的风险。

二、利率互换、货币互换的基本程序

互换合约之所以存在，是因为互换的双方对资金市场上不同币种、利率的借贷资金具有比较优势。

以利率互换合约为例，在这种互换中，A公司同意向B公司按约定的固定利率乘以本金支付若干年的利息，B公司同意在同样的期限内向A公司支付相同币种和金额的本金按浮动利率产生的利息现金流。这往往是因为A公司在固定利率市场上具有比较优势，B公司在浮动利率市场上具有比较优势；而A公司希望借到浮动利率的贷款，B公司希望借到固定利率的贷款，因此就产生了互换的需要。下面举一个比较优势是如何产生利率互换的例子：

【例8-6】 假设A和B公司都希望借入期限5年的1 000万美元，两家公司在资金市场上可获得的借款利率如表8-4所示。

表8-4　　　　A、B公司的借款利率

公司	固定利率（%）	浮动利率
A	10	6个月期LIBOR+0.3%
B	11.2	6个月期LIBOR+1%

假设B公司想按固定利率借款，而A公司想按浮动利率借款。由于B公司在固定利率市场和浮动利率市场上的借款利率都比A公司高，显然B公司信用等级低于A公司。

但是，在固定利率市场上，B公司比A公司多付1.2%，而在浮动利率市场上只比A公司多付0.7%，即两个固定利率的差值大于浮动利率的差值，B公司在浮动利率市场上有比较优势，而A公司在固定利率市场上有比较优势，这种明显的差异将产生可获利润的互换。

因而，A公司可以以10%的固定利率借入资金，B公司以LIBOR+1%的浮动利率借入资金，然后两公司签订一项互换协议，使A公司得到浮动利率资金而B公司得到固定利率资金。

由于在固定利率市场上 B 公司比 A 公司多付 1.2%，而在浮动利率市场上只比 A 公司多付 0.7%，通过互换两公司可以节省两个固定利率差值与浮动利率差值的差额部分，即 1.2% −0.7% =0.5%，如果两公司平分这一差额，即双方都可节省 0.25% 的筹资成本。这样，我们可以得到 A、B 公司在互换中的现金流：

A 公司的三种现金流：(1) 支付给外部贷款人年利率为 10% 的利息；(2) 从 B 得到年利率为 9.95% 的利息；(3) 向 B 支付 LIBOR 的利息。

前两项现金流合计使 A 每年支付 0.05%，三项现金流的净效果是 A 支付 LIBOR + 0.05% 的年利率。这比它直接在浮动利率市场借款少支付 0.25% 的年利率。

B 公司的三种现金流：(1) 支付给外部贷款人年利率为 LIBOR + 1% 的利息；(2) 从A 得到年利率为 LIBOR 的利息；(3) 向 A 支付年利率为 9.95% 的利息。

前两项现金流合计使 B 每年支付 1%，三项现金流的净效果是 B 支付了年利率 10.95% 的利息。这比它直接在固定利率市场借款少支付 0.25% 的年利率。

A、B 公司各自的现金流如图 8 −7 所示。

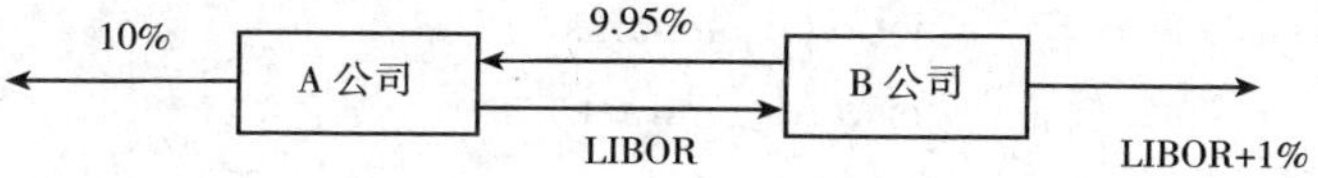

图 8 −7　A、B 公司的现金流

在上例的利率互换中，A 公司收到固定利率、支付浮动利率，B 公司支付固定利率、收到浮动利率，因而互换合约对双方的公允价值由市场利率的变化决定。

当市场利率上升时，A 公司的收入不变、支出增加，因而对其来说互换合约的公允价值下降；而 B 公司的支出不变、收入增加，因而对其来说互换合约的公允价值上升。反之，当市场利率下降时，A 公司的收入不变、支出减少，因而对其来说互换合约的公允价值上升；而 B 公司的支出不变、收入减少，因而对其来说互换合约的公允价值下降。

互换合约对 A、B 公司的损益状态如图 8 −8 所示。

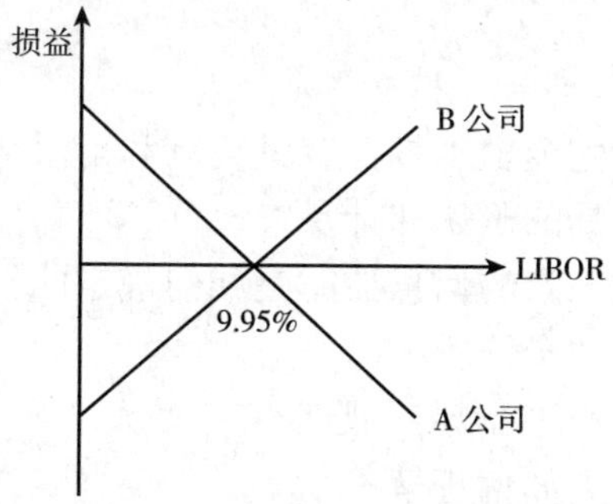

图 8 −8　A、B 公司在互换中的损益

与利率互换相比，货币互换只是互换的对象不同。最基本的货币互换是将一种货币的本金与固定利息与基本等价的另一种货币的本金与固定利息进行交换。因而，影响货币互换合约公允价值变动的是两种货币汇率的相对变化，其变化原理与利率互换相同。

三、金融互换的会计处理

金融互换是一种衍生金融工具，应按《企业会计准则第 22 号——金融工具确认和计量》或《企业会计准则第 24 号——套期会计》进行会计处理。

作为套期工具的金融互换，如果符合套期会计的要求，按套期会计进行处理；作为投机工具的金融互换以及不符合套期会计要求的金融互换，按交易性金融工具进行会计处理。

【关键词】

标的物	underlying
名义金额	notional amounts
远期合约	forward contract
远期价格	forward price
套期	hedge
被套期项目	hedged item
套期工具	hedging instrument
投机	speculate
看涨期权	call option
看跌期权	put option

思考题与练习题

一、思考题

1. 什么是金融工具和衍生金融工具？金融工具和衍生金融工具的主要种类有哪些？
2. 如何进行衍生金融工具的确认和计量？
3. 金融工具和衍生金融工具的信息披露是如何规定的？
4. 什么是远期合同与套期会计？
5. 不同类型的套期应如何进行会计处理？
6. 金融期货的概念与种类如何理解？
7. 金融期货交易的会计处理应如何进行？

8. 试说明金融互换的概念、种类和基本条件。

9. 利率互换、货币互换的基本程序是怎样的？

10. 金融互换的会计处理应如何进行？

二、练习题

1. 套期的会计处理。20×7 年 1 月 1 日，甲公司预期在 20×7 年 2 月 28 日销售一批商品，数量为 100 吨，预期售价为 1 100 000 元。为规避该预期销售中与商品价格有关的现金流量变动风险，甲公司于 20×7 年 1 月 1 日与某金融机构签订了一项商品期货合同，且将其指定为对该预期商品销售的套期工具。商品期货合同的标的资产与被套期预期销售商品在数量、质次、价格变动和产地等方面相同，并且商品期货合同的结算日和预期商品销售日均为 20×7 年 2 月 28 日。

20×7 年 1 月 1 日，商品期货合同的公允价值为 0。20×7 年 1 月 31 日，商品期货合同的公允价值上涨了 25 000 元，预期销售价格下降了 25 000 元。20×7 年 2 月 28 日，商品期货合同的公允价值上涨了 10 000 元，商品销售价格下降了 10 000 元。当日，甲公司将商品出售，并结算了商品期货合同。

甲公司分析认为该套期符合套期有效性的条件。假定不考虑商品销售相关的增值税及其他因素，且不考虑期货市场每日无负债结算制度的影响。

甲公司于 20×6 年 11 月 1 日与境外乙公司签订合同，约定于 20×7 年 1 月 30 日以外币（FC）每吨 60 元的价格购入 100 吨橄榄油。甲公司为规避购入橄榄油成本的外汇风险，于当日与某金融机构签订一项 3 个月到期的外汇远期合同，约定汇率为 1FC = 45 人民币元，合同金额 FC 6 000 元。20×7 年 1 月 30 日，甲公司以净额方式结算该外汇远期合同，并购入橄榄油。

假定：（1）20×6 年 12 月 31 日，FC 对人民币 1 个月远期汇率为 1FC = 44.8 人民币元；（2）20×7 年 1 月 30 日，FC 对人民币即期汇率为 1FC = 44.6 人民币元；（3）该套期符合运用套期会计的条件；（4）不考虑增值税等相关税费和远期合同的远期要素。

要求：分别公允价值套期和现金流量套期两种情形进行会计处理。

2. 套期的会计处理。20×6 年 1 月 1 日，甲公司预计在未来 12 个月内采纳 100 万桶西德克萨斯中质原油（WTI 原油）。甲公司采用现金流量套期，并购入 105 万桶布伦特原油（Brent 原油）期货合约，以对极可能发生的 100 万桶 WTI 原油的预期采购进行套期（套期比率为 1∶1.05）。该期货合约在指定日的公允价值为 0。

20×6 年 6 月 30 日，被套期项目 WTI 原油的预期采购自套期开始的预计未来现金流量现值的累计变动额为 200 万美元，套期工具的公允价值累计下降了 229 万美元。甲公司通过分析发现，Brent 原油相对 WTI 原油的经济关系与预期不同，因此考虑对套期关系进行再平衡。甲公司通过分析决定将套期比率重新设定为 1∶0.98。

为了在 20×6 年 6 月 30 日进行再平衡，甲公司可以指定更大的被套期风险敞口或终止指定部分套期工具。甲公司决定选择后者，即终止指定 7 万桶 Brent 原油期货合约的套期工具。

要求：根据上述资料，甲公司应如何进行账务处理？

3. 套期的会计处理。20×6 年 4 月 1 日，甲公司预期极可能在 5 个月后采购 10 000 吨柴油。为此，甲公司采用现金流量套期，并制定 9 500 吨以 D2 柴油普氏价格为标的的期货合约，对极可能于 9 月 1 日采购的 10 000 吨柴油进行套期（套期比率为 1∶0.95）。指定日期货合约公允价值为 0。

20×6 年 6 月 30 日，被套期项目自套期开始的预计未来现金流量现值的累计变动额为 820 万美元，套期工具公允价值累计下降 650 万美元。基于分析，甲公司认为，未来适当的套期比率为 1∶1.05。因此，甲公司决定进行套期关系再平衡，甲公司可以选择增加套期工具数量或减少被套期项目数量。根据成本效益分析，甲公司决定将被套期项目数量减少 952 吨（10 000 − 9 500/1.05）。

20×6 年 6 月 30 日，甲公司从被套期项目中减少预期采购的 952 吨柴油，预期采购的剩余 9 048 吨仍保留在套期关系中。

要求：根据上述资料，甲公司应如何进行账务处理？（假定美元兑人民币的汇率为 1∶6）。

4. 套期的会计处理。20×6 年 1 月 1 日，甲公司以每股 50 元的价格购入乙公司股票 20 000 股（占乙公司表决权股份的 3%），且选择将其指定为以公允价值计量且其变动计入其他综合收益的非交易性权益工具投资。为规避该股票价格下跌风险，甲公司于 20×6 年 12 月 31 日签订一份股票远期合同，约定将于 20×8 年 12 月 31 日以每股 65 元的价格出售其所持的乙公司股票 20 000 股，20×6 年 12 月 31 日该股票远期合同的公允价值为 0。20×8 年 12 月 31 日，甲公司履行远期合同，出售乙公司股票。假设不考虑远期合同的远期要素。

甲公司购入的乙公司股票和股票远期合同的公允价值如下表所示。

公允价值

单位：元

乙公司股票	20×6 年 12 月 31 日	20×7 年 12 月 31 日	20×8 年 12 月 31 日
每股价格	65	60	57
股票公允价值	1 300 000	1 200 000	1 140 000
远期合同公允价值	—	100 000	160 000

要求：根据上述资料，甲公司应如何进行账务处理？

第九章

公开发行证券公司的信息披露

【本章学习目的和要求】

通过本章学习，了解上市公司信息披露的重要意义和相关的法规要求，掌握公司公开发行证券的条件与标准，掌握公司公开发行证券信息披露的框架和内容。

第一节　公开发行证券公司信息披露的意义

一、公开发行证券公司信息披露的意义

从信息披露制度的实际效用出发，确立信息披露制度在资本市场上的核心地位具有重要意义。

（一）信息披露制度体现证券市场的“三公”原则

公平，要求证券市场上的参与者一律平等，拥有平等的机会，不存在任何歧视或特殊待遇。市场经济条件下的市场公平，在本质上反映出了商品交换的等价有偿性。在证券市场上，公平的市场规则、均等的市场机会、平等的市场主体地位和待遇，以价值规律为基础的证券交易形式，就是公平。公平原则的前提是信息的完全性和对称性，即所有投资者拥有同质的及时信息。公平原则涉及地位公平、税负公平、权利公平、利益公平；公平的对象主要是社会公众，也包括其他市场参与主体。机会均等和公平竞争是证券市场正常运行的前提。

公正，要求证券监管者公正无私地进行市场管理和对待市场参与者。公正原则的内容包括立法公正、执法公正、仲裁公正。公正原则是以法律框架实现市场所有参与者之间的平衡和秩序的关键，并构成对管理者、立法者、司法者权利的赋予与制约。

公开，要求证券市场上的各种信息向市场参与者公开披露，任何市场参与者不得利用内幕信息从事市场活动。公开原则是实现市场公平和公正的必要条件，也是证券法律的精髓。正如美国著名法学家布兰代斯在其著作《别人的钱》中所描述的：“公开原则

有如太阳，是最佳的防腐剂；有如电灯，是最有效的警察。”公司一旦如实公开自己的真实情况，就得接受社会大众的监督，而不愿去做那些使自己陷入困境的事。信息披露制度有利于上市公司自身改善经营管理，防止证券市场中的不法行为，促进上市公司业务开展。为了筹资上市和进行市场竞争，发行公司必然要争取最佳的形象出现在社会上，并时刻受到广大股东和社会公众的监督，这就促使其全面加强经营管理，提高经济效益，自我约束、自我完善。

（二）信息披露制度是投资决策的前提

投资者只有对证券发行公司不断变动的财务、经营等状况有全面真实的了解，才能据以作出理性的投资决策，实现预期投资收益。如果只有少数知情人知悉公司经营状况的变化，他们可以利用预先获知的信息从事非法的投机活动，操纵市场，扭曲市场信号，攫取暴利，使一般投资者因为信息的劣势而致利益受损。因此，应当排除一切旨在引起证券价格剧烈波动的人为操纵因素。最有效的办法就是消除证券市场的信息垄断、封锁，使投资者能公平合理地获悉有关公司的信息。可见，信息披露制度是投资者决策理性的前提。

（三）信息披露制度是中小投资者的利益保障基础

证券市场上，发行公司与证券经营机构居于主动、强者的地位，极易形成对市场交易信息的垄断；而投资者处于弱者地位，如果没有信息披露制度，很难获得其正常投资所需的充分信息。虽然有的公司愿意主动披露信息，但不能排除虚假的可能，有的公司甚至虚张声势，故意传播虚假或者误导性信息，诱使投资者上当受骗。这种不公平、不合理的状况将威胁到公众对证券市场的信心乃至退出证券市场，从而危及证券市场的存在。所以，投资者作为证券市场中的“上帝”，需给予特殊保护。而信息披露制度要求发行公司全面、真实、准确、及时披露影响其证券价格的一切重要信息，使投资者在平等的条件下获取信息，弥补其弱势地位。这是防止内幕交易和证券欺诈行为，保护投资者的关键。对此，美国证券交易委员会曾于 1963 年在证券市场特别报告中，以“为大众所持有的证券发行人的义务”为题，做了如下论述“联邦证券立法的全部中枢，在于企业内容的公开。利用有关其即将投资或已投资证券的适当的财务状况资料或其他信息，使投资者能做出明智的投资判断，同时也是防止证券欺诈的最好方法”。

（四）信息披露制度是证券市场监管的核心

证券监督管理机构通过对证券发行人公布的信息资料进行监督和审查，保证上市公司质量，维护投资者利益，使投资者对证券市场充满信心，促进证券市场高效运营，更好地发挥证券市场对整个国民经济的促进功能。从证券监管的实践来看，信息披露制度也是每一个国家证券监管制度不可分割的组成部分，世界上任何一个国家的证券法规都赋予证券产品的发行者在发行证券产品时以及发行证券产品后某种连续性信息披露的义务，即一切已经上市的和即将募股上市的股份有限公司都负有公开、公正、公平、及时地向全体投资者和潜在的投资者披露一切有关其公司重要信息的持续性责任。可见，信息披露制度是以法律制度的形式制定的一种证券市场游戏规则，是证券产品的发行者所必须承担的义务，也是整个证券市场监管制度的核心。

误导预期，上市公司“无为期”玩变脸

随着中国资本市场的快速发展，绝大多数上市公司的治理意识和水准都得到大大提升。然而，在刚刚过去的2007年，少数上市公司却在承诺不予披露敏感信息的期限内，停牌讨论重大事项，严重误导了投资者的预期。

这样的事件中，M公司几经反复，表现得最为明显。2007年12月3日，M公司披露，公司在向控股股东及实质控制人书面函证后得知，到目前为止并在预见的两周之内，公司控股股东及实质控制人均确认不存在应披露而未披露的重大影响股价敏感信息。但是，仅仅几天之后的12月6日开始，M公司又先后两次停牌讨论重大事项，且均告无实质性进展而复牌。

实际上，像M公司这样失信于投资者的公司，并非仅此一家。

2007年9月19日，W公司宣布与山西两家煤炭类企业就有关资产置换、定向增发等重大事宜进行商谈和沟通，W公司因此由经营医疗器械的公司转型为资源类公司。然而，W公司第一大股东于2007年3月19日声明：未来12个月内没有改变公司目前的主营业务或对其主营业务做出任何重大调整的计划，无购买或置换资产的重组计划。

另一些上市公司也同样存在着类似的情况，给投资者造成了错觉。例如，J公司大股东承诺在3个月内不讨论重大事项，实际上两个月不到就宣布要实施重大资产重组。同样，L公司承诺3个月不涉及整体上市事宜，实际仅1个月就停牌讨论该事项。

对于上述公司及大股东的失信行为，监管部门已经给予了充分的关注，而且对提交的申请予以了否决。除了叫停“无为期”的变脸行为外，对于部分公司的践诺行为，监管部门还作出了相应的处罚。

业内人士指出，上市公司必须适应中国资本市场的快速发展，提高透明度，提升公司治理的意识和水准，才能推动市场良性发展。如果公司自身不过硬，跟不上市场的发展速度，最终将会动摇整个市场的基石。

资料来源：彭友：《误导预期，上市公司“无为期”玩变脸》，载于《上海证券报》2008年1月4日。

二、公司公开发行证券的条件与标准

股票发行是指股份有限公司出售股票筹集资本的过程。发行人应当是依法设立且合法存续的股份有限公司。经国务院批准，有限责任公司在依法变更为股份有限公司时，可以采取募集设立方式公开发行股票。

《证券法》《公司法》和中国证监会于2006年5月7日公布并于次日实施的《上市公司证券发行管理办法》（以下简称《发行管理办法》）对上市公司申请在境内发行证券作了相应的规定。

（一）公司首次公开发行股票的要求

中国证监会为了提高股票首次发行上市公司的质量，促进证券市场结构调整，于2006年5月17日审议通过了《首次公开发行股票并上市管理办法》，并于2015年12月30日进行了修订。

1. 发行人自股份有限公司成立后，持续经营时间应当在3年以上，但经国务院批准的除外。有限责任公司按原账面净资产值折股整体变更为股份有限公司的，持续经营时间可以从有限责任公司成立之日起计算。

2. 发行人的注册资本应已足额缴纳，发起人或股东用作出资的资产的财产权转移手续已办理完毕，发行人的主要资产不存在重大权属纠纷。

3. 发行人的生产经营应符合法律、行政法规和公司章程的规定，符合国家产业政策。

4. 发行人最近3年内主营业务和董事、高级管理人员没有发生重大变化，实际控制人没有发生变更。

5. 发行人的股权清晰，控股股东和受控股股东、实际控制人支配的股东持有的发行人股份不存在重大权属纠纷。

6. 发行人已经依法建立健全股东大会、董事会、监事会、独立董事、董事会秘书制度，相关机构和人员能够依法履行职责。

7. 发行人资产质量良好，资产负债结构合理，盈利能力较强，现金流量正常。

8. 发行人应当符合下列条件：（1）最近3个会计年度净利润均为正数且累计超过人民币3 000万元，净利润以扣除非经常性损益前后较低者为计算依据；（2）最近3个会计年度经营活动产生的现金流量净额累计超过人民币5 000万元，或者最近3个会计年度营业收入累计超过人民币3亿元；（3）发行前股本总额不少于人民币3 000万元；（4）最近一期期末无形资产（扣除土地使用权、水面养殖权和采矿权等后）占净资产的比例不高于20%；（5）最近一期期末不存在未弥补亏损。

9. 发行人依法纳税，各项税收优惠符合相关法律法规的规定。发行人的经营成果对税收优惠不存在严重依赖。

10. 发行人不存在重大偿债风险，不存在影响持续经营的担保、诉讼以及仲裁等重大或有事项。

11. 发行人申报文件中不得有下列情形：（1）故意遗漏或虚构交易、事项或者其他重要信息；（2）滥用会计政策或者会计估计；（3）操纵、伪造或篡改编制财务报表所依据的会计记录或者相关凭证。

12. 发行人不得有下列影响持续盈利能力的情形：（1）发行人的经营模式、产品或服务的品种结构已经或者将发生重大变化，并对发行人的持续盈利能力构成重大不利影响；（2）发行人的行业地位或发行人所处行业的经营环境已经或者将发生重大变化，并对发行人的持续盈利能力构成重大不利影响；（3）发行人最近1个会计年度的营业收入或净利润对关联方或者存在重大不确定性的客户存在重大依赖；（4）发行人最近1个会计年度的净利润主要来自合并财务报表范围以外的投资收益；（5）发行人在用的商标、专利、专有技术以及特许经营权等重要资产或技术的取得或者使用存在重大不利变化的风险；（6）其他可能对发行人持续盈利能力构成重大不利影响的情形。

（二）增资发行股票的一般条件

上市公司采用非公开方式向特定对象发行股票，特定对象应当符合股东大会决议规定的条件，其发行对象不超过10名。发行对象为境外战略投资者的，应当经国务院相关部门事先批准。

上市公司非公开发行股票，应当符合下列规定：（1）发行价格不低于定价基准日前20个交易日公司股票均价的90%；（2）本次发行的股份自发行结束之日起，12个月内不得转让，控股股东、实际控制人及其控制的企业认购的股份36个月内不得转让；（3）募集资金使用符合本办法第十条的规定；（4）本次发行将导致上市公司控制权发生变化的，还应当符合中国证监会的其他规定。

上市公司存在下列情形之一的，不得非公开发行股票：（1）本次发行申请文件有虚假记载、误导性陈述或重大遗漏；（2）上市公司的权益被控股股东或实际控制人严重损害且尚未消除；（3）上市公司及其附属公司违规对外提供担保且尚未解除；（4）董事、高级管理人员36个月内受到过中国证监会的行政处罚，或者12个月内受到过证券交易所公开谴责；（5）上市公司或其现任董事、高级管理人员因涉嫌犯罪正被司法机关立案侦查或涉嫌违法违规正被中国证监会立案调查；（6）最近一年及一期财务报表被注册会计师出具保留意见、否定意见或无法表示意见的审计报告，保留意见、否定意见或无法表示意见所涉及事项的重大影响已经消除或者本次发行涉及重大重组的除外；（7）严重损害投资者合法权益和社会公共利益的其他情形。

（三）公开发行公司债券的条件

公开发行公司债券，应当符合下列条件：（1）股份有限公司的净资产不低于人民币3 000万元，有限责任公司的净资产不低于人民币6 000万元；（2）累计债券余额不超过公司净资产的40%；（3）最近3年平均可分配利润足以支付公司债券一年的利息；（4）筹集的资金投向符合国家产业政策；（5）债券的利率不超过国务院限定的利率水平；（6）国务院规定的其他条件。

公开发行公司债券筹集的资金，必须用于核准的用途，不得用于弥补亏损和非生产性支出。

有下列情形之一的，不得再次公开发行公司债券：（1）前一次公开发行的公司债券尚未募足；（2）对已公开发行的公司债券或者其他债务有违约或者延迟支付本息的事实，仍处于继续状态；（3）违反本法规定，改变公开发行公司债券所募资金的用途。

（四）创业板首次公开发行股票的条件

为了规范首次公开发行股票并在创业板上市的行为，促进自主创新企业及其他成长型创业企业的发展，中国证监会于2014年公布施行了《首次公开发行股票并在创业板上市管理暂行办法》，并于2015年12月30日修订，发行人申请首次公开发行股票应当符合下列条件：

1. 发行人是依法设立且持续经营3年以上的股份有限公司，有限责任公司按原账面净资产值折股整体变更为股份有限公司的，持续经营时间可以从有限责任公司成立之日起计算。最近两年连续盈利，最近两年净利润累计不少于1 000万元，且持续增长；或者最近一年盈利，且净利润不少于500万元，最近一年营业收入不少于5 000万元，净利润以扣除非经常性损益前后孰低者为计算依据。最近一期期末净资产不少于2 000万元，且不存在未弥补亏损。发行后股本总额不少于3 000万元。

2. 发行人的注册资本已足额缴纳，发起人或者股东用作出资的资产的财产权转移手续已办理完毕。发行人的主要资产不存在重大权属纠纷。

3. 发行人应当主要经营一种业务，其生产经营活动符合法律、行政法规和公司章程的规定，符合国家产业政策及环境保护政策。

4. 发行人最近两年内主营业务和董事、高级管理人员均没有发生重大变化，实际控制人没有发生变更。

5. 发行人的股权清晰，控股股东和受控股股东、实际控制人支配的股东所持发行人的股份不存在重大权属纠纷。

6. 发行人具有完善的公司治理结构，依法建立健全股东大会、董事会、监事会以及独立董事、董事会秘书、审计委员会制度，相关机构和人员能够依法履行职责。

7. 发行人会计基础工作规范，财务报表的编制符合企业会计准则和相关会计制度的规定，在所有重大方面公允地反映了发行人的财务状况、经营成果和现金流量，并由注册会计师出具无保留意见的审计报告。

8. 发行人内部控制制度健全且被有效执行，能够合理保证公司财务报告的可靠性、生产经营的合法性、营运的效率与效果，并由注册会计师出具无保留结论的内部控制鉴证报告。

9. 发行人的董事、监事和高级管理人员应当忠实、勤勉，具备法律、行政法规和规章规定的资格，且不存在下列情形：被中国证监会采取证券市场禁入措施尚在禁入期的；最近3年内受到中国证监会行政处罚，或者最近1年内受到证券交易所公开谴责的；因涉嫌犯罪被司法机关立案侦查或者涉嫌违法违规被中国证监会立案调查，尚未有明确结论意见的。

10. 发行人及其控股股东、实际控制人最近3年内不存在损害投资者合法权益和社会公共利益的重大违法行为。发行人及其控股股东、实际控制人最近3年内不存在未经法定机关核准，擅自公开或者变相公开发行证券，或者有关违法行为虽然发生在3年前，但目前仍处于持续状态的情形。

（五）科创板首次公开发行股票的条件

为了规范首次公开发行股票在科创板上市的行为，中国证监会于2019年3月1日公布施行了《科创板首次公开发行股票注册管理办法（试行）》，根据该办法，发行人申请首次公开发行股票并在科创板上市，应当符合科创板定位，面向世界科技前沿、面向经济主战场、面向国家重大需求。优先支持符合国家战略，拥有关键核心技术，科技创新能力突出，主要依靠核心技术开展生产经营，具有稳定的商业模式，市场认可度高，社会形象良好，具有较强成长性的企业。

发行人申请首次公开发行股票应当符合下列条件：

1. 发行人是依法设立且持续经营3年以上的股份有限公司，具备健全且运行良好的组织机构，相关机构和人员能够依法履行职责。有限责任公司按原账面净资产值折股整体变更为股份有限公司的，持续经营时间可以从有限责任公司成立之日起计算。

2. 发行人会计基础工作规范，财务报表的编制和披露符合企业会计准则和相关信息披露规则的规定，在所有重大方面公允地反映了发行人的财务状况、经营成果和现金流量，并由注册会计师出具标准无保留意见的审计报告。发行人内部控制制度健全且被有效执行，能够合理保证公司运行效率、合法合规和财务报告的可靠性，并由注册会计师出具无保留结论的内部控制鉴证报告。

3. 发行人业务完整，具有直接面向市场独立持续经营的能力：

（1）资产完整，业务及人员、财务、机构独立，与控股股东、实际控制人及其控制的其他企业间不存在对发行人构成重大不利影响的同业竞争，不存在严重影响独立性或者显失公平的关联交易。

（2）发行人主营业务、控制权、管理团队和核心技术人员稳定，最近2年内主营业务和董事、高级管理人员及核心技术人员均没有发生重大不利变化；控股股东和受控股股东、实际控制人支配的股东所持发行人的股份权属清晰，最近2年实际控制人没有发生变更，不存在导致控制权可能变更的重大权属纠纷。

（3）发行人不存在主要资产、核心技术、商标等的重大权属纠纷，重大偿债风险，重大担保、诉讼、仲裁等或有事项，经营环境已经或者将要发生重大变化等对持续经营有重大不利影响的事项。

4. 发行人生产经营符合法律、行政法规的规定，符合国家产业政策。最近3年内，发行人及其控股股东、实际控制人不存在贪污、贿赂、侵占财产、挪用财产或者破坏社会主义市场经济秩序的刑事犯罪，不存在欺诈发行、重大信息披露违法或者其他涉及国家安全、公共安全、生态安全、生产安全、公众健康安全等领域的重大违法行为。董事、监事和高级管理人员不存在最近3年内受到中国证监会行政处罚，或者因涉嫌犯罪被司法机关立案侦查，或者涉嫌违法违规被中国证监会立案调查，尚未有明确结论意见等情形。

中国证监会通过对《上市公司新股发行管理办法》的不断完善，使得我国证券市场通过发行新股恶意“圈钱”的现象明显有所收敛，将许多劣质上市公司排除在增发门槛之外。

第二节　公开发行证券公司信息披露的框架

一、首次披露

公开发行证券的申请经中国证监会核准后，发行人应当在证券发行前公告招股说明书。发行人编制招股说明书应当符合中国证监会的相关规定。凡是对投资者作出投资决策有重大影响的信息，均应当在招股说明书中披露。发行人的董事、监事、高级管理人员，应当对招股说明书签署书面确认意见，保证所披露的信息真实、准确、完整。招股说明书应当加盖发行人公章。

发行人申请首次公开发行股票的，中国证监会受理申请文件后，发行审核委员会审核前，发行人应当将招股说明书申报稿在中国证监会网站预先披露。预先披露的招股说明书申报稿不是发行人发行股票的正式文件，不能含有价格信息，发行人不得据此发行股票。

证券发行申请经中国证监会核准后至发行结束前，发生重要事项的，发行人应当向中国证监会书面说明，并经中国证监会同意后，修改招股说明书或者做相应的补充公告。

申请证券上市交易，应当按照证券交易所的规定编制上市公告书，并经证券交易所审核同意后公告。发行人的董事、监事、高级管理人员，应当对上市公告书签署书面确认意见，保证所披露的信息真实、准确、完整。上市公告书应当加盖发行人公章。

招股说明书、上市公告书引用保荐人、证券服务机构的专业意见或者报告的，相关内容应当与保荐人、证券服务机构出具的文件内容一致，确保引用保荐人、证券服务机构的意见不会产生误导。

二、定期报告

上市公司应当披露的定期报告包括年度报告、半年度报告和季度报告。凡是对投资者作出投资决策有重大影响的信息，均应当披露。年度报告中的财务会计报告应当经具有证券、期货相关业务资格的会计师事务所审计。

定期报告应当记载以下内容：

（一）年度报告

中国证监会2014年修订发布的《公开发行证券的公司信息披露内容与格式准则第2号——年度报告的内容与格式》规定，年度报告正文包括以下内容：（1）重要提示、目录和释义；（2）公司简介；（3）会计数据和财务指标摘要；（4）董事会报告；（5）重要事项；（6）股份变动及股东情况；（7）优先股相关情况；（8）董事、监事、高级管理人员和员工情况；（9）公司治理；（10）内部控制；（11）财务报告；（12）备查文件目录。

（二）半年度报告

中国证监会2014年修订的《公开发行证券的公司信息披露内容与格式准则第3号——半年度报告的内容与格式》规定，半年度报告正文应包括以下内容：（1）重要提示、目录和释义；（2）公司简介；（3）会计数据和财务指标摘要；（4）董事会报告；（5）重要事项；（6）股份变动及股东情况；（7）优先股相关情况；（8）董事、监事、高级管理人员情况；（9）财务报告；（10）备查文件目录。

（三）季度报告

中国证监会2014年修订的《公开发行证券的公司信息披露编报规则第13号——季

度报告内容与格式特别规定》，季度报告正文应包括：（1）重要提示；（2）主要财务数据及股东变化；（3）重要事项；（4）附录。

年度报告应当在每个会计年度结束之日起4个月内，半年度报告应当在每个会计年度的上半年结束之日起2个月内，季度报告应当在每个会计年度第3个月、第9个月结束后的1个月内编制完成并披露。第一季度季度报告的披露时间不得早于上一年度年度报告的披露时间。

此外，公司董事、高级管理人员应当对定期报告签署书面确认意见，监事会应当提出书面审核意见，说明董事会的编制和审核程序是否符合法律、行政法规和中国证监会的规定，报告的内容是否能够真实、准确、完整地反映上市公司的实际情况。董事、监事、高级管理人员对定期报告内容的真实性、准确性、完整性无法保证或者存在异议的，应当陈述理由和发表意见，并予以披露。

同时，定期报告中财务会计报告被出具非标准审计报告的，上市公司董事会应当针对该审计意见涉及事项作出专项说明。

上市公司未在规定期限内披露年度报告和中期报告的，中国证监会应当立即立案稽查，证券交易所应当按照股票上市规则予以处理。

三、临时报告

当发生可能对上市股票交易价格产生较大影响的重大事件，投资者尚未得知时，上市公司应当立即披露，说明事件的起因、目前的状态和可能产生的影响。以上重大事件包括：（1）公司的经营方针和经营范围的重大变化；（2）公司的重大投资行为和重大的购置财产的决定；（3）公司订立重要合同，可能对公司的资产、负债、权益和经营成果产生重要影响；（4）公司发生重大债务和未能清偿到期重大债务的违约情况；（5）公司发生重大亏损或者重大损失；（6）公司生产经营的外部条件发生的重大变化；（7）公司的董事、1/3以上监事或者经理发生变动；（8）持有公司5%以上股份的股东或者实际控制人，其持有股份或者控制公司的情况发生较大变化；（9）公司减资、合并、分立、解散及申请破产的决定；（10）涉及公司的重大诉讼，股东大会、董事会决议被依法撤销或者宣告无效；（11）公司涉嫌犯罪被司法机关立案调查，公司董事、监事、高级管理人员涉嫌犯罪被司法机关采取强制措施；（12）国务院证券监督管理机构规定的其他情形。

上市公司应当在最先发生的以下任一时点，及时履行重大事件的信息披露义务：（1）董事会或者监事会就该重大事件形成决议时；（2）有关各方就该重大事件签署意向书或者协议时；（3）董事、监事或者高级管理人员知悉该重大事件发生并报告时。

在前款规定的时点之前出现下列情形之一的，上市公司应当及时披露相关事项的现状、可能影响事件进展的风险因素：（1）该重大事件难以保密；（2）该重大事件已经泄露或者市场出现传闻；（3）公司证券及其衍生品种出现异常交易情况。

上市公司披露重大事件后，已披露的重大事件出现可能对上市公司证券及其衍生品种交易价格产生较大影响的进展或者变化的，应当及时披露进展或者变化情况、可能产生的影响。涉及上市公司的收购、合并、分立、发行股份、回购股份等行为导致上市公司股本总额、股东、实际控制人等发生重大变化的，信息披露义务人应当依法履行报告、公告义务，披露权益变动情况。

同时，上市公司应当关注本公司证券及其衍生品种的异常交易情况及媒体关于本公司的报道。证券及其衍生品种发生异常交易或者在媒体中出现的消息可能对公司证券及其衍生品种的交易产生重大影响时，上市公司应当及时向相关各方了解真实情况，必要时应当以书面方式问询。上市公司控股股东、实际控制人及其一致行动人应当及时、准确地告知上市公司是否存在拟发生的股权转让、资产重组或者其他重大事件，并配合上市公司做好信息披露工作。并且，公司证券及其衍生品种交易被中国证监会或者证券交易所认定为异常交易的，上市公司应当及时了解造成证券及其衍生品种交易异常波动的影响因素，并及时披露。

四、其他披露

上市公司应当制定重大事件的报告、传递、审核、披露程序。董事、监事、高级管理人员知悉重大事件发生时，应当按照公司规定立即履行报告义务。

上市公司通过业绩说明会、分析师会议、路演、接受投资者调研等形式就公司的经营情况、财务状况及其他事件与任何机构和个人进行沟通的，不得提供内幕信息。

董事应当了解并持续关注公司生产经营情况、财务状况和公司已经发生的或者可能发生的重大事件及其影响，主动调查、获取决策所需要的资料。

监事应当对公司董事、高级管理人员履行信息披露职责的行为进行监督；关注公司信息披露情况，发现信息披露存在违法违规问题的，应当进行调查并提出处理建议。

高级管理人员应当及时向董事会报告有关公司经营或者财务方面出现的重大事件、已披露的事件的进展或者变化情况及其他相关信息。

董事会秘书负责组织和协调公司信息披露事务，汇集上市公司应予披露的信息并报告董事会，持续关注媒体对公司的报道并主动求证报道的真实情况。董事会秘书有权参加股东大会、董事会会议、监事会会议和高级管理人员相关会议，有权了解公司的财务和经营情况，查阅涉及信息披露事宜的所有文件。董事会秘书负责办理上市公司信息对外公布等相关事宜。除监事会公告外，上市公司披露的信息应当以董事会公告的形式发布。董事、监事、高级管理人员非经董事会书面授权，不得对外发布上市公司未披露信息。上市公司应当为董事会秘书履行职责提供便利条件，财务负责人应当配合董事会秘书在财务信息披露方面的相关工作。

我国上市公司信息披露应遵循的规范包括三个层次：一是法律层面的，如《公司法》和《证券法》等；二是行政法规层面的，如《股票发行与交易管理暂行条例》；三是证券监管部门发布的部门规章，包括《上市公司信息披露管理办法》《公开发行证券公司信息披露内容与格式准则》《公开发行证券公司信息披露编报规则》《解释性公告》等。

我国上市公司现行信息披露规范体系如表 9－1 所示。

表 9－1　　我国上市公司现行信息披露规范体系

披露内容	披露方式	法律	行政法规	部门规章
首次披露	招股说明书	《公司法》《证券法》	《股票发行与交易管理暂行条例》（《股票条例》）	《上市公司信息披露管理办法》（以下简称《管理办法》）；《公开发行证券公司信息披露内容与格式准则》（以下简称《内容与格式准则》）第 1 号
	上市公告书	《公司法》《证券法》		《内容与格式准则》第 7 号
定期报告	年报	《证券法》《公司法》	《股票条例》	《管理办法》；《内容与格式准则》第 2 号、第 3 号
	中报	《公司法》		
临时报告	重大事件公告	《证券法》	《股票条例》	《管理办法》
	并购信息披露	《证券法》《公司法》	《股票条例》	《管理办法》
其他披露	如股东大会、董事会决议公告等常规性公告，主要在证券交易所的《上市规则》中规范			

第三节　公开发行证券公司信息披露的内容

一、招股说明书

我国上市公司招股说明书，区分为“首次公开发行股票公司的招股说明书”和

"上市公司发行新股的招股说明书"。首次公开发行股票并上市的公司是指该公司过去并未对外公开发行过股票，这是第一次向社会公众发行股票，也就是说它过去的股份都是定向募集而来的。上市公司发行新股是指该公司过去已经向社会公众公开发行过股票，这一次发行股票是向股东配股或是向社会公众增发股票。

首次公开发行股票的公司，其招股说明书的内容与格式也与企业的类型有关。若是一般性的公司，比如工业、农业、交通运输、能源开发与生产企业等，则应按照《公开发行证券的公司信息披露内容与格式准则第 1 号——招股说明书》的要求进行编制和披露。若首次发行股票的发行人是商业银行、保险公司、证券公司、房地产开发公司，以及外商投资股份有限公司，其招股说明书的内容与格式除了遵守《公开发行证券的公司信息披露内容与格式准则第 1 号——招股说明书》的一般规定以外，还必须分别按照《公开发行证券的公司信息披露编报规则》第 1 号、第 3 号、第 5 号、第 10 号、第 17 号的特别规定进行编制。

如果是发行新股的公司，即由于配股增发新股的需要而编制的招股说明书或招股意向书，应当按照《公开发行证券的公司信息披露内容与格式准则第 11 号——上市公司发行新股招股说明书》的要求进行编制与披露。

（一）首次公开发行股票招股说明书的基本内容

按照中国证监会规定，凡首次公开发行股票的公司其招股说明书应当包括本次发行概况、发行人基本情况、发行人股本结构等内容。

首次公开发行股票招股说明书的基本内容有：（1）封面、书脊、扉页、目录、释义；（2）概览；（3）本次发行概况；（4）风险因素；（5）发行人基本情况；（6）业务与技术；（7）同业竞争与关联交易；（8）董事、监事、高级管理人员与核心技术人员；（9）公司治理；（10）财务会计信息；（11）管理层讨论与分析；（12）业务发展目标；（13）募股资金运用；（14）股利分配政策；（15）其他重要事项；（16）董事、监事、高级管理人员及有关中介机构的声明；（17）备查文件。

招股说明书摘要：（1）重大事项提示；（2）本次发行概况；（3）发行人基本情况；（4）募集资金运用；（5）风险因素和其他重要事项；（6）本次发行各方当事人和发行时间安排；（7）备查文件。

首次公开发行股票招股说明书每一部分详细内容可参见中国证监会发布的《公开发行证券的公司信息披露内容与格式准则第 1 号——招股说明书》（2006 年修订）。

京威股份招股书关键数据缺失 融资目的遭质疑

从2008年至今分红超过2亿元，截至今年年中拥有现金及现金等价物1.37亿元，40%多的高于同行的综合毛利率……即将于今日接受发审委IPO审核的北京威卡威汽车零部件股份有限公司（以下简称“京威股份”）可谓是光鲜非常。

然而，其招股说明书（申报稿）并没有披露占营收80%以上的主营产品的产销数据。这一关键数据的缺失，引起市场质疑。

市场分析人士认为，上市融资通常都是公司为了长期发展而投资某个或者某些项目，但是自身又缺钱而选择的路径。不过，对于京威股份而言，钱似乎并不是问题。京威股份招股书显示，公司计划扩大再生产，以提高现有产品的生产能力，进一步提升公司产品市场占有率，本次发行股票登陆资本市场拟融资4.9亿元，投向汽车内外饰件产能扩充项目。招股书同时显示，京威股份拥有良好的银行信誉，且无银行借款。

从表面上看，京威股份招股书所披露的数据似乎完美无瑕，但是对于公司主营业务收入占比一直维持在80%以上的外饰件系统相关产销数据，招股书却并未有披露。值得注意的是，作为公司主要产品的汽车外饰件系统的毛利率在2010年度出现了下降。

资料来源：东方财富网（http://www.eastmoney.com/），2011年11月25日。

（二）发行新股招股说明书的基本内容

根据中国证监会规定，凡配股、增发新股的上市公司，其招股说明书应当包括本次释义、本次发行概况、本次发行风险因素、发行人基本状况等内容。

发行新股招股说明书的基本内容有：（1）释义；（2）概览；（3）风险因素；（4）发行人基本情况；（5）同业竞争与关联交易；（6）财务会计信息；（7）管理层讨论与分析；（8）本次募集资金运用；（9）历次募集资金运用；（10）董事及有关中介机构声明；（11）备查文件。

每一部分详细内容也可以参见中国证监会发布的《公开发行证券的公司信息披露内容与格式准则第1号——招股说明书》。

与首次公开发行股票招股说明书相比较，发行新股招股说明书的基本内容主要多对历次募集资金运用情况的分析。

披露最近5年内募集资金运用的基本情况。

列表披露前次募集资金实际使用情况。若募集资金的运用和项目未达到计划进度和效益，应进行说明。发行人对前次募集资金投资项目的效益作出承诺并披露的，列表披露投资项目效益情况；项目实际效益与承诺效益存在重大差异的，还应披露其原因。

发行人最近5年内募集资金的运用发生变更的，应列表披露历次变更情况，并披露募集资金的变更金额及占所募集资金净额的比例；发行人募集资金所投资的项目被以资产置换等方式置换出公司的，应予以单独披露。

发行人应披露会计师事务所对前次募集资金运用所出具的专项报告结论。

二、定期报告

(一) 年度报告正文

1. 重要提示、目录和释义。

(1) 公司应当在年度报告文本扉页刊登如下重要提示：公司董事会、监事会及董事、监事、高级管理人员保证年度报告内容的真实、准确、完整，不存在虚假记载、误导性陈述或重大遗漏，并承担个别和连带的法律责任。

公司应当提示经董事会审议的报告期利润分配预案或公积金转增股本预案。

公司负责人、主管会计工作负责人及会计机构负责人（会计主管人员）应当声明并保证年度报告中财务报告的真实、准确、完整。

如有董事、监事、高级管理人员对年度报告内容存在异议或无法保证其真实、准确、完整的，应当声明×××无法保证本报告内容的真实、准确、完整，并说明理由，请投资者特别关注。同时，单独列示未出席董事会审议年度报告的董事姓名及原因。

如执行审计的会计师事务所对公司出具了非标准审计报告，重要提示中应当声明×××会计师事务所为本公司出具了带强调事项段或其他事项段的无保留意见、保留意见、否定意见或无法表示意见的审计报告，本公司董事会、监事会对相关事项已有详细说明，请投资者注意阅读。

如年度报告涉及未来计划等前瞻性陈述，同时附有相应的警示性陈述，则应当声明该计划不构成公司对投资者的实质承诺，请投资者注意投资风险。

(2) 公司应当对可能造成投资者理解障碍以及特定含义的术语作出通俗易懂的解释，年度报告的释义应当在目录次页排印。

年度报告目录应当标明各章、节的标题及其对应的页码。

(3) 公司应当在年度报告目录后单独刊登重大风险提示。公司对风险因素的描述应当围绕公司的经营状况，遵循重要性原则披露可能对公司未来发展战略和经营目标的实现产生不利影响的重大风险，并根据实际情况，披露已经或将要采取的措施。

2. 公司简介。

公司应当披露如下内容：(1) 公司的中文名称及简称，外文名称及缩写（如有）；(2) 公司的法定代表人；(3) 公司董事会秘书及其证券事务代表的姓名、联系地址、电话、传真、电子信箱；（4）公司注册地址，公司办公地址及其邮政编码，公司网址、电子信箱；（5）公司选定的信息披露报纸的名称，登载年度报告的中国证监会指定网站的网址，公司年度报告备置地；（6）公司股票上市交易所、股票简称和股票代码；（7）公司报告期内的注册变更情况，包括但不限于：注册登记日期和地点、企业法人营业执照注册号、税务登记号码、组织机构代码，公司还应当提供首次注册情况的相关查询索引，公司上市以来主营业务的变化情况和历次控股股东的变更情况；（8）其他有关资料：公司聘请的会计师事务所名称、办公地址及签字会计师姓名，公司聘请的报告期内履行持续督导职责的保荐机构或财务顾问的名称、办公地址以及签字的保荐代表人或财务顾问主办人的姓名以及持续督导的期间。

3. 会计数据和财务指标摘要。

（1）公司应当采用数据列表方式，提供截至报告期末公司近3年的主要会计数据和财务指标，包括但不限于：总资产、营业收入、归属于上市公司股东的净利润、归属于上市公司股东的扣除非经常性损益的净利润、归属于上市公司股东的净资产、经营活动产生的现金流量净额、净资产收益率、每股收益。

同时发行人民币普通股及境内上市外资股或（和）境外上市外资股的公司，若按不同会计准则计算的净利润和归属于上市公司股东的净资产存在重大差异的，应当列表披露差异情况并说明主要原因。

公司在披露“归属于上市公司股东的扣除非经常性损益后的净利润”时，应当同时说明报告期内非经常性损益的项目及金额。

（2）公司主要会计数据和财务指标的计算和披露应当遵循如下要求：

① 因会计政策变更及会计差错更正等追溯调整或重述以前年度会计数据的，应当同时披露调整前后的数据。

② 对非经常性损益、净资产收益率和每股收益的确定和计算，中国证监会另有规定的，应当遵照执行。

③ 编制合并财务报表的公司应当以合并财务报表数据填列或计算以上数据和指标。

④ 如公司成立未满3年，应当披露公司成立后完整会计年度的上述会计数据和财务指标。

⑤ 财务数据按照时间顺序自左至右排列，左起为报告期的数据，向右依次列示前一期的数据。

4. 董事会报告。

（1）公司董事会报告中应当对财务报告的数据和其他必要的统计数据，以及报告期内发生和未来发生的重大事项进行讨论、分析，可以采用逐年比较、数据列表或其他方式对相关事项进行列示，便于投资者了解其财务状况、经营成果及未来变化情况。公司披露董事会报告应当遵守以下原则：

① 披露内容应当可靠，引用数据、资料应当依据充分。如引用第三方的数据、资料，应当关注其权威性，并注明来源。

② 披露内容应当具有充分的决策相关性，着重关注重大投资项目、并购重组、在建工程、研发项目、人才建设等在报告期内的执行情况和未来计划，有利于投资者充分了解公司未来变化趋势。

③ 披露内容应当具有充分关联性，结合公司的外部环境（如宏观环境、行业政策、行业地位或区域市场地位等）和内部条件（如业务规模、经营区域、技术、人员、经营权等）对公司的经营成果和财务状况进行有针对性的讨论、分析，保持内在逻辑的一致性。

④ 鼓励公司披露对业绩敏感度较高的关键业绩指标，分析指标的假定条件、计算方法、选取依据，以及变化原因和趋势。

⑤ 讨论、分析不应简单重复财务报告的内容，而应当侧重分析重要的经营指标和财务指标，重点披露实质性内容、已知的重要趋势和不确定性。

⑥ 语言表述平实，清晰易懂，力戒空洞、模板化。

（2）董事会报告应当重点分析公司在报告期内的业务、产品、技术、行业有关的外部环境，以及公司的财务状况和经营成果。公司可以根据实际情况和重要性原则对本条中设定的原则性比例作适当下调。如本条规定披露的部分内容与财务报表附注相同的，公司可以建立相关查询索引，避免重复。

公司应当披露已对报告期产生重要影响以及未对报告期产生影响但对未来具有重要影响的事项，内容包括：

① 主营业务分析。列示公司营业收入、成本、费用、研发投入、现金流等项目的同比变动情况及原因。若公司利润构成或利润来源发生重大变动，公司应当详细说明情况。公司招股说明书、募集说明书和资产重组报告书等公开披露文件中披露的未来发展与规划延续至报告期内的，公司应当对规划目标的实施进度进行分析；实施进度与规划不符的，应当详细说明原因。

公司应当回顾总结前期披露的发展战略和经营计划在报告期内的进展，并对未达到计划目标的情况进行解释。若公司实际经营业绩较曾公开披露过的本年度盈利预测低于或高于20%以上的，应当分析造成差异的原因。

a. 收入。公司应当说明驱动业务收入变化的产销量、订单或劳务的结算比例等因素。如果因子公司股权变动导致合并范围变化的，应当提供上年度同口径的数据；如无法取得，公司应当说明原因。

对实物销售收入大于劳务收入的公司，应当按照行业口径，披露报告期内主要产品的生产量、销售量、库存量和市场占有率（如披露，须注明数据来源）等情况。若相关数据同比发生变动30%以上的，应当说明原因。

对于订单收入占比超过 50% 的公司，公司应当披露重大的在手订单情况，并披露前期订单在本年度进展和本年度新增订单的完成比例。对前期订单分散且数量较多的，可以按行业口径归类披露。

如报告期内产品或服务发生重大变化或调整，公司应当披露已提供或将提供的新产品及服务，并说明对公司经营及业绩的影响。

公司应当披露主要销售客户的情况，以汇总方式披露公司向前 5 名客户销售额占年度销售总额的比例。鼓励公司分别披露前 5 名客户名称和销售额。属于同一控制人控制的客户应当合并列示，受同一国有资产管理机构实际控制的除外。

b. 成本。公司应当按行业或产品披露本年度成本的主要构成项目（如原材料、人工工资、折旧、能源等）占总成本的比例情况，并提供上年同口径可比数据，如无法取得可比数据，公司应当说明原因。

公司应当披露主要供应商的情况，以汇总方式披露公司向前 5 名供应商采购额占年度采购总额的比例。鼓励公司分别披露前 5 名供应商名称和采购额。属于同一控制人控制的供应商应当合并列示，受同一国有资产管理机构实际控制的除外。

c. 费用。若报告期内公司销售费用、管理费用、财务费用、所得税等财务数据同比变动 30% 以上的，应当说明变化原因。

d. 研发支出。公司应当说明报告期内研发项目的目的、进展和拟达到的目标，预计对未来发展的影响。公司应当说明本年度研发支出总额分别占公司最近一期经审计净资产、营业收入的比例，如相关数据同比变化达 30% 以上，应当说明变化原因。

e. 现金流。结合公司现金流量表相关数据，说明公司经营活动、投资活动和筹资活动产生的现金流量的构成情况。若相关数据同比变化达 30% 以上，公司应当说明原因。若报告期内公司经营活动的现金流量与本年度净利润存在重大差异，公司应当说明原因。

② 按照行业、产品或地区经营情况分析。公司应当根据自身实际情况，分别按行业、产品或地区说明报告期内公司主营业务收入、主营业务利润的构成情况。对于占公司营业收入总额或营业利润总额 10% 以上的业务经营活动及其所属行业、主要产品或地区，应当分项列示其营业收入、营业成本、毛利率，并分析其变动情况。公司应当保持业务数据统计口径一致；如确需调整，应当提供调整后的最近 1 年数据。

③ 资产、负债状况分析。若报告期内公司主要资产、负债项目（包括货币资金、应收款项、存货、投资性房地产、长期股权投资、固定资产、在建工程、短期借款、长期借款等）占总资产的比例，同比变动达 30% 以上的，应当说明变化原因。

报告期内公司存在以公允价值计量的资产的，应当说明报告期内购买、出售该资产以及公允价值变动情况。

报告期内公司主要资产计量属性发生重大变化，应当说明原因及对其经营成果和财务状况的影响。

④ 核心竞争力分析。公司应当披露报告期内核心竞争力（包括设备、专利、非专利技术、特许经营权、土地使用权、水面养殖权、探矿权、采矿权、独特经营方式和盈利模式、允许他人使用自己所有的资源要素或作为被许可方使用他人资源要素等）的重要变化及对公司所产生的影响。如发生因设备或技术升级换代、特许经营权丧失等导致公司核心竞争力受到严重影响的，公司应当详细分析，并说明拟采取的相应措施。

⑤ 投资状况分析。公司应当分析本年度投资情况，包括：

a. 对外股权投资的情况。公司应当披露报告期内对外股权投资额与上年同比的变动数及变动幅度，被投资的公司名称、主要业务以及占被投资公司的权益比例。

公司应当对持有其他上市公司股权，持有商业银行、证券公司、保险公司、信托公司和期货公司等金融企业股权进行重点披露，包括最初投资成本、期初持股数量和比例、期末持股数量和比例、期末账面值、本期收益、会计核算科目、股份来源等情况。

公司应当披露报告期内用于买卖其他上市公司股份的资金数量、股份数量及产生的投资收益。

b. 非金融类公司委托理财及衍生品投资的情况。公司应当披露资金来源、合作方、投资份额、投资期限、产品类型、预计收益、投资盈亏，是否涉诉等。如公司有委托贷款事项，应当披露委托贷款借款人、借款用途、抵押物或担保人，以及展期、逾期或诉讼事项及风险应对措施。

c. 报告期内募集资金或报告期之前募集资金的使用延续到报告期内的，公司应当列表说明募集资金时承诺投资项目及进度与实际投资项目及进度的差异。对于尚未使用的募集资金，应当说明未来资金用途。

如实际投资项目无变更，公司应当披露项目资金本年度和累计实际投入情况、项目的进度及预计收益。若项目已产生收益，应当说明收益情况；未达到计划进度和收益的，应当说明原因。

如实际投资项目发生变更，公司应当披露项目变更原因、变更程序及其披露情况，项目资金的投入情况，项目的进度及预计收益。若项目已产生收益，应当说明收益情况；未达到计划进度和收益的，应当说明原因，并说明原项目的预计收益情况。

d. 主要子公司、参股公司分析。公司应当详细说明主要子公司所处行业、主要产品或服务、注册资本、总资产、净资产、净利润，本年度取得和处置子公司的情况，包括取得和处置的目的、方式以及对公司整体生产经营和业绩的影响。如来源于单个子公司的净利润或单个参股公司的投资收益对公司净利润影响达到 10% 以上，还应当披露该子公司营业收入、营业利润、净利润等数据。如单个子公司或参股公司的经营业绩与上一年度报告期内相比变动在 30% 以上，且对公司合并经营业绩造成重大影响的，公司应当对其业绩波动情况及其变动原因进行分析。如主要子公司或参股公司的经营业绩未出现大幅波动，但其资产方面或其他主要财务指标与上年度相比变动在 30% 以上，并可能对公司未来业绩造成影响的，公司应当说明变化的情况和原因。

公司应当披露持有与公司主业关联度较小的子公司的目的和未来经营计划。对报告期内投资收益占净利润达 50% 以上的公司，应当披露投资收益中占比在 10% 以上的股权投资项目。

e. 公司应当列表披露项目投资总额超过公司上年度末经审计净资产 10% 的非募集资金投资的重大项目投资总额、本年度和累计实际投入金额、项目进度及收益情况。

⑥ 公司控制的特殊目的主体情况。公司存在控制下的特殊目的主体时，应当披露公司对其控制权方式和控制权内容，并说明公司从中可以获取的利益和对其所承担的风险。公司应当披露特殊目的主体对其提供融资、商品或劳务以支持自身主要经营活动的相关情况。

公司控制的特殊目的主体的定义遵照《〈企业会计准则第 33 号——合并财务报表〉应用指南》的规定执行。

对于公司认为对所处行业不适用，或因其他原因确实无法披露上述条款所列信息，应描述无法披露原因。鼓励公司根据本公司、本行业特殊情况主动披露适用的指标等有助于投资者了解公司经营情况的信息。

（3）公司应当对未来发展进行展望，就行业竞争格局和发展趋势、未来发展战略、下一年度经营计划以及未来面对的风险等因素进行分析，包括：

① 行业竞争格局和发展趋势。公司应当结合业务规模、经营区域、产品类别以及竞争对手的情况，分析与公司业务关联的宏观环境或行业环境的发展趋势，以及公司的行业地位或区域市场地位的变动趋势。

公司应当结合主要业务的市场变化、营业成本的构成变化、市场份额的变化等因素，分析公司存在的主要优势、困难，并说明有关变化对公司未来经营业绩的影响。

② 公司发展战略。公司应当从行业壁垒、核心技术替代或扩散、产业链整合、价格竞争、成本波动等方面向投资者提示未来公司发展机遇和挑战，披露公司发展战略以及拟开展的新业务、拟开发的新产品、拟投资的新项目等。如公司存在多种业务的，还应当说明各项业务的发展规划。分析和讨论应当有数据支持，并说明数据来源。

③ 经营计划。公司应当披露新年度的经营计划，包括：收入、费用、成本计划，新年度的经营目标，如销售额的提升、市场份额的扩大、成本变化、研发计划等，以及为达到上述经营目标拟采取的策略和行动。

④ 因维持当前业务并完成在建投资项目公司所需的资金需求，包括资金来源、资金成本及使用情况进行简要说明。公司应当区分债务融资、表外融资、股权融资、衍生品融资等项目对未来资金来源进行披露。公司应当披露未来重大的资本支出计划，包括未来已知的资本支出承诺、合同安排、时间安排等。

⑤ 可能面对的风险。公司应当针对自身特点，遵循关联性原则和重要性原则披露可能对公司未来发展战略和经营目标产生不利影响的重大风险因素（包括政策性风险、行业风险、业务模式风险、经营风险、环保风险、汇率风险、利率风险、技术风险、产品价格风险、原材料价格及供应风险、财务风险、单一客户依赖风险、核心技术人员变动风险等）。披露内容应当充分、准确，采取图表结合数据的形式，简要分析各风险因素对公司当期及未来经营业绩的影响，并说明已经或计划采取的应对措施。

对于报告期内较上一年度的新增风险因素，公司应当对其产生原因、对公司的影响以及已采取或拟采取的措施及效果进行分析。如分析表明相关变化趋势已经、正在或将要对公司的经营成果和财务状况产生重大影响的，公司应当提供管理层对相关变化的基本判断，详细分析对公司的影响程度。

（4）公司年度财务报告被会计师事务所出具非标准意见审计报告的，公司应当就所涉及事项作出说明。

公司作出会计政策、会计估计变更或重大会计差错更正的，公司应当披露变更、更正的原因及影响，涉及追溯调整或重述的，应当披露对以往各年度经营成果和财务状况的影响金额。

同时适用境内外会计准则的公司应当对产生差异的情况进行详细说明。

（5）公司应当披露报告期内利润分配政策的制定、执行或调整情况，说明利润分配政策是否符合公司章程及审议程序的规定，是否充分保护中小投资者的合法权益，是否由独立董事发表意见，是否有明确的利润分配标准和分配比例，以及利润分配政策调整或变更的条件和程序是否合规、透明。

公司应当披露近3年（含报告期）的利润分配方案或预案、资本公积金转增股本方案或预案；同时，列表披露近3年（含报告期）现金红利分配的金额及占归属于上市公司股东的净利润的比例。若公司章程规定，以现金方式要约回购股份的资金视同为上市公司现金分红的，应单独披露该种方式计入现金分红的金额和比例。

公司应当披露报告期内现金分红政策的制定及执行情况，并对下列事项进行专项说明：

① 是否符合公司章程的规定或者股东大会决议的要求；

② 分红标准和比例是否明确和清晰；

③ 相关的决策程序和机制是否完备；

④ 独立董事是否履职尽责并发挥了应有的作用；

⑤ 中小股东是否有充分表达意见和诉求的机会，中小股东的合法权益是否得到了充分保护等。

对现金分红政策进行调整或变更的，还应对调整或变更的条件及程序是否合规和透明等进行详细说明。

（6）鼓励公司主动披露积极履行社会责任的工作情况，包括公司在保护债权人、职工、消费者、供应商、社区等利益相关者合法权益方面所承担的社会责任；公司在防治污染，加强生态保护，维护社会安全，实现可持续发展等方面所采取的措施。公司已披露社会责任报告全文的，仅需提供相关的查询索引。

属于国家环境保护部门规定的重污染行业的上市公司及其子公司，应当按照《清洁生产促进法》《环境信息公开办法（试行）》的相关规定披露报告期内发生的重大环境问题及整改情况、主要污染物达标排放情况、企业环保设施的建设和运行情况、环境污染事故应急预案以及同行业环保参数比较等环境信息。

5. 重要事项。

（1）公司应当披露报告期内重大诉讼、仲裁和媒体普遍质疑的事项。已在上一年度报告中披露，但尚未结案的重大诉讼、仲裁事项，公司应当披露案件进展情况、涉及金额、是否形成预计负债，以及对公司未来的影响。对已经结案的重大诉讼、仲裁事项，公司应当披露案件执行情况。对媒体普遍质疑的事项，公司应当披露有关澄清的内容、应对措施，以及对公司未来的影响。

如以上诉讼、仲裁或媒体质疑事项已在临时报告披露且无后续进展的，仅需披露该事项概述，并提供临时报告披露网站的查询索引。如报告期内公司无重大诉讼、仲裁和媒体质疑事项，应当明确说明“本年度公司无重大诉讼、仲裁和媒体质疑事项”。

（2）上市公司发生控股股东及其关联方非经营性占用资金情况的，应当充分披露相关的决策程序，以及占用资金的期初金额、发生额、期末余额、占用原因、预计偿还方式及清偿时间。

公司应当同时披露会计师事务所对资金占用的专项审核意见。

（3）公司应当披露报告期内发生的破产重整相关事项，包括向法院申请重整、和解或破产清算，法院受理重整、和解或破产清算，以及公司重整期间发生的法院裁定结果及其他重大事项。执行重整计划的公司应当说明计划的具体内容及执行情况。如相关破产事项已在临时报告披露且后续实施无变化的，仅需披露该事项概述，并提供临时报告披露网站的相关查询索引。

（4）公司应当披露报告期内收购及出售重大资产、企业合并事项的简要情况及进展，分析上述事项对公司业务连续性、管理层稳定性的影响。

公司应当说明上述事项是否按计划如期实施，如已实施完毕，应当说明其对财务状况和经营成果的影响，以及所涉及的金额及其占利润总额的比例；如未按计划实施，应当说明原因及公司已采取的措施。

如公司收购、出售资产和企业合并事项已在临时报告披露且后续实施无变化的，仅需披露该事项概述，并提供临时报告披露网站的相关查询索引。

（5）公司应当披露股权激励计划在本报告期的具体实施情况，包括但不限于：实施股权激励计划履行的相关程序及总体情况，激励股份来源情况，激励对象考核情况，激励对象范围的调整情况及履行的程序，激励股份授予数量及解除锁定情况，股票期权授予及行权情况，股票期权行权价格及期权数量的调整情况及履行的程序，实施股权激励计划对公司报告期内及以后各年度财务状况和经营成果的影响，激励基金提取情况，涉及股权激励的其他事项。

如相关股权激励事项已在临时报告披露且后续实施无进展或变化的，仅需披露该事项概述，并提供临时报告披露网站的相关查询索引。

（6）公司应当披露报告期内发生的累计关联交易总额高于3 000万元且占公司最近一期经审计净资产值5%以上的重大关联交易事项，并按照以下发生关联交易的不同类型分别披露。如已在临时报告披露且后续实施无进展或变化的，仅需披露该事项概述，并提供临时报告披露网站的相关查询索引。

① 与日常经营相关的关联交易，至少应当披露以下内容：关联交易方、交易内容、定价原则、交易价格、交易金额、占同类交易金额的比例、结算方式；可获得的同类交易市价，如实际交易价与市价存在较大差异，应当说明原因。大额销货退回需披露详细情况。

公司应当说明关联交易的必要性、持续性，关联交易的原因，关联交易对公司独立性的影响，公司对关联方的依赖程度，以及相关解决措施。

公司按类别对报告期内发生的日常关联交易进行总额预计的，应当披露日常关联交易事项在报告期内的实际履行情况。

② 资产收购、出售发生的关联交易，至少应当披露以下内容：关联交易方、交易内容、定价原则、资产的账面价值、评估价值、市场公允价值、交易价格、结算方式及交易对公司经营成果和财务状况的影响情况。交易价格与账面价值或评估价值、市场公允价值差异较大的，应当说明原因。

③ 公司与关联方共同对外投资发生关联交易的，应当至少披露以下内容：共同投资方、被投资企业的名称、主营业务、注册资本、总资产、净资产、净利润、重大在建项目的进展情况。

④ 公司与关联方存在债权债务往来等事项的，应当披露形成原因，债权债务期初余额、本期发生额、期末余额及其对公司的影响。

（7）公司应当披露重大合同及其履行情况，包括但不限于：

① 在报告期内发生或以前期间发生但延续到报告期的托管、承包、租赁其他公司资产或其他公司托管、承包、租赁公司资产的事项；该事项为公司带来的损益额达到公司当年利润总额的10%以上时，应当详细披露有关合同的主要内容，包括但不限于：有关资产的情况，涉及金额、期限、损益及确定依据，同时应当披露该损益对公司的影响。

② 重大担保。报告期内履行的及尚未履行完毕的担保合同，包括担保金额、担保期限、担保对象、担保类型（一般担保或连带责任担保）、担保的决策程序等。对于未到期担保合同，如有证据表明有可能承担连带清偿责任，应当明确说明。

公司应当披露报告期内公司对外担保（包括公司自身的对外担保及其子公司的对外担保，不含公司对子公司的担保）的发生额和报告期末的担保余额，以及报告期内公司对子公司提供担保的发生额和报告期末对子公司的担保余额。

公司应当披露全部担保总额及其占公司净资产的比例，并分别列示：公司为股东、实际控制人及其关联方提供担保的余额，公司直接或间接为资产负债率超过 70% 的被担保对象提供的担保余额，以及公司担保总额超过公司净资产 50% 部分的金额。

公司担保总额包括报告期末公司对外担保余额（包括公司自身的对外担保及其子公司的对外担保，不含公司对子公司的担保）和公司对子公司的担保余额，其中子公司的担保余额为该子公司对外担保总额乘以公司持有该子公司的股权比例。

③ 其他重大合同。列表披露合同订立双方的名称、签订日期、合同标的所涉及资产的账面价值、评估价值、相关评估机构名称、评估基准日、定价原则以及最终交易价格等，并披露截至报告期末合同的执行情况。

（8）公司以及持股 5% 以上的股东如在报告期内或持续到报告期存在以下承诺事项，包括但不限于：股权分置改革承诺、收购报告书或权益变动报告书中所作承诺、资产重组所作承诺、首次公开发行或再融资所作承诺，以及其他对公司中小股东所作承诺。公司董事会应当说明上述承诺事项在报告期内的履行情况，详细列示承诺方、承诺事项、承诺时间、承诺期限、承诺的履行情况等。如承诺未能及时履行的，应当说明未完成履行的原因及下一步的工作计划。

如公司资产或项目存在盈利预测，且报告期仍处在盈利预测期间内，公司董事会、相关股东和负责持续督导的中介机构应当就资产或项目是否达到原盈利预测及其原因作出说明。同时，公司应当提供原盈利预测的相关披露查询索引。

（9）公司应当披露年度财务报告审计聘任、解聘会计师事务所的情况，报告期内支付给聘任会计师事务所的报酬情况，及目前的审计机构和签字会计师已为公司提供审计服务的连续年限，年限从审计机构与公司首次签订审计业务约定书之日起开始计算。

公司报告期内若聘请了内部控制审计会计师事务所、财务顾问或保荐人，应当披露聘任内部控制审计会计师事务所、财务顾问或保荐人的情况，报告期内支付给内部控制审计会计师事务所、财务顾问或保荐人的报酬情况。

（10）公司及其董事、监事、高级管理人员、持有 5% 以上股份的股东、实际控制人、收购人在报告期内如存在被有权机关调查、被司法机关或纪检部门采取强制措施、被移送司法机关或追究刑事责任、被中国证监会立案调查或行政处罚、被采取市场禁入、被认定为不适当人选、被其他行政管理部门处罚，以及被证券交易所公开谴责的情形，应当说明原因及结论。

报告期内公司被中国证监会及其派出机构采取行政监管措施并提出限期整改要求的，公司应当披露整改责任人、整改期限、整改措施，以及整改报告书的指定披露网站及日期。

（11）年度报告披露后面临暂停上市和终止上市风险的公司，应当披露导致暂停上市或终止上市的原因以及公司采取的消除暂停上市或终止上市情形的措施。面临终止上市风险的公司，应当同时披露终止上市后投资者关系管理工作的详细安排和计划。

（12）公司应当披露其他在报告期内发生的《证券法》第六十七条、《上市公司信息披露管理办法》第三十条所列的重大事件，以及公司董事会判断为重大事件的事项。

如前款所涉重要事项已作为临时报告在指定网站披露，仅需说明信息披露指定网站的相关查询索引及披露日期。

（13）公司的子公司发生的本节所列重要事项，应当视同公司的重要事项予以披露。

6. 股份变动及股东情况。

（1）公司应当按以下要求披露报告期内的股份变动情况：

① 公司股份变动情况，按照中国证监会对公司股份变动报告规定的内容与格式进行编制。

② 证券发行与上市情况：

a. 截至报告期末近 3 年历次证券发行情况，包括普通股股票、可转换公司债券、分离交易的可转换公司债券、公司债券及其他衍生证券的种类、发行日期、发行价格（或利率）、发行数量、上市日期、获准上市交易数量、交易终止日期等。

b. 对报告期内因送股、转增股本、配股、增发新股、非公开发行股票、权证行权、实施股权激励计划、企业合并、可转换公司债券转股、减资、内部职工股上市、债券发行或其他原因引起公司股份总数及股东结构的变动、公司资产和负债结构的变动，应当予以说明。

c. 现存的内部职工股的发行日期、发行价格、发行数量等。

报告期内优先股的股份变动、发行与上市等情况，应当按照以下“7. 优先股相关情况”的相关要求予以披露。

（2）公司应当按照以下要求披露股东和实际控制人情况：

① 公司股东数量及持股情况，按照中国证监会对公司股份变动报告规定的格式进行编制，应当披露以下内容：

a. 截至报告期末以及年度报告披露日前第五个交易日末的普通股股东总数及表决权恢复的优先股股东总数（如有）。

b. 截至报告期末持有本公司 5% 以上股份的股东的名称、报告期内股份增减变动的情况、报告期末持股数量、所持股份类别及所持股份质押或冻结的情况。如持股5%以上的股东少于10人，则应当列出至少前10名股东的持股情况。如所持股份中包括无限售条件股份（或已上市流通股份）、有限售条件股份（或未上市流通股份），应当分别披露其数量。

如前10名股东之间存在关联关系或属于《上市公司收购管理办法》规定的一致行动人的，应当予以说明。

如有战略投资者或一般法人因配售新股成为前10名股东的，应当予以注明，并披露约定持股期间的起止日期。

以上列出的股东情况中应当注明代表国家持有股份的单位和外资股东。

② 公司控股股东情况。若控股股东为法人的，应当披露名称、单位负责人或法定代表人、成立日期、组织机构代码、注册资本、主要经营业务和未来发展战略等，鼓励披露经营成果、财务状况、现金流等；若控股股东为自然人的，应当披露其姓名、国籍、是否取得其他国家或地区居留权、最近5年内的职业及职务。如报告期内控股股东发生变更，应当列明披露相关信息的指定网站查询索引及日期。

公司应当披露控股股东报告期内控股和参股的其他境内外上市公司的股权情况。对控股股东为自然人的，应当披露其过去10年曾控股的境内外上市公司情况。

如不存在控股股东，公司应当予以特别说明。

③ 公司实际控制人情况。公司应当比照本条第二款有关控股股东披露的要求，披露公司实际控制人的情况，并以方框图及文字的形式披露公司与实际控制人之间的产权和控制关系。实际控制人应当披露到自然人、国有资产管理部门，或者股东之间达成某种协议或安排的其他机构或自然人，包括以信托方式形成实际控制的情况。

如实际控制人通过信托或其他资产管理方式控制公司，应当披露信托合同或者其他资产管理安排的主要内容，包括信托或其他资产管理的具体方式，信托管理权限（包括公司股份表决权的行使等），涉及的股份数量及占公司已发行股份的比例，信托或资产管理费用，信托资产处理安排，合同签订的时间、期限及变更、终止的条件，以及其他特别条款等。

如公司最终控制层面存在多位自然人或自然人控制的法人共同持股的情形，且其中没有一人的持股比例（直接或间接持有下一级控制层面公司的股份比例）超过50%，各自的持股比例比较接近，公司无法确定实际控制人的，应当披露最终控制层面持股比例在10%以上的股东情况；如公司没有持股10%以上的股东，则应当披露持股比例5%以上的股东情况。

如不存在实际控制人的情况，公司应当予以特别说明。

④ 其他持股在10%以上的法人股股东，应当披露其名称、单位负责人或法定代表人、成立日期、组织机构代码、注册资本、主要经营业务或管理活动等情况。

⑤ 公司前 10 名无限售流通股股东的名称全称、年末持有无限售流通股的数量和种类（A、B、H 股或其他）。公司股票为融资融券标的证券的，股东持股数量应当按照其通过普通证券账户、信用证券账户持有的股票及其权益数量合并计算。

如前 10 名无限售流通股股东之间，以及前 10 名无限售流通股股东和前 10 名股东之间存在关联关系或属于《上市公司收购管理办法》规定的一致行动人的，应当予以说明。

⑥ 报告期末完成股权分置改革的公司应当按照中国证监会对公司股份变动报告规定的格式披露前 10 名股东中原非流通股股东持有股份的限售条件。

公司在计算本条所指股东持股数额或比例时，仅计算普通股和表决权恢复的优先股。

7. 优先股相关情况。

（1）发行优先股的公司披露年度报告时，应当以专门章节披露优先股有关情况，具体要求参见本准则第四十二条至第四十六条的规定。如年度报告其他章节与上述规定要求披露的部分内容相同的，公司可以建立相关查询索引，避免重复。

（2）公司应当披露截至报告期末近 3 年优先股的发行与上市情况，包括公开发行或非公开发行的发行日期、发行价格和票面股息率、发行数量、上市日期、获准上市交易数量、终止上市日期、募集资金使用及变更情况等。

符合《上市公司重大资产重组管理办法》规定的条件发行优先股购买资产的，参照前款规定进行披露。

公司优先股股东数量及持股情况，按照中国证监会对公司股份变动报告规定的格式进行编制，应当披露以下内容：

① 截至报告期末以及年度报告披露日前 5 个交易日末的优先股股东总数。

② 截至报告期末持有本公司 5% 以上优先股股份的股东名称、报告期内股份增减变动的情况、报告期末持股数量、所持股份类别及所持股份质押或冻结的情况。如持股 5% 以上的优先股股东少于 10 人，则应当列出至少前 10 名优先股股东的持股情况。如股东所持优先股在除股息分配和剩余财产分配以外的其他条款上具有不同设置，应当分别披露其持股数量。

如前 10 名优先股股东之间，前 10 名优先股股东与前 10 名普通股股东之间存在关联关系或属于《上市公司收购管理办法》规定的一致行动人的，应当予以说明。

以上列出的优先股股东情况中应当注明代表国家持有股份的单位和外资股东。

（3）公司应当披露报告期内优先股的利润分配情况，包括股息率及分配金额、是否符合分配条件和相关程序、股息支付方式、股息是否累积、是否参与剩余利润分配等。同时，列表披露近 3 年（含报告期）优先股分配金额与分配比例，对于因本会计年度可分配利润不足而累积到下一会计年度的差额或可参与剩余利润分配的部分应当单独说明。

优先股的利润分配政策调整或变更的，公司应当披露原因和变更的程序。报告期内盈利且母公司未分配利润为正，但未对优先股进行利润分配的，公司应当详细披露原因以及未分配利润的用途和使用计划。

如公司章程中涉及优先股分配的其他事项，公司应当予以说明。

（4）报告期内公司进行优先股回购或商业银行发行的优先股转换成普通股的，应当按照以下要求披露相关的回购或转换情况：

① 优先股的回购情况，包括回购期间、回购价格和定价原则、回购数量和比例、回购的资金总额以及资金来源、回购股份的期限、回购选择权的行使主体、对公司股本结构的影响等，并披露相关的程序。

② 优先股的转换情况，包括转股条件、转股价格、转换比例、转换选择权的行使主体，对公司股本结构的影响等，并披露相关的程序。

（5）报告期内存在优先股表决权恢复的，公司应当按照以下要求披露相关情况：

① 公司应当披露相关表决权的恢复、行使情况，包括恢复表决权的优先股数量、比例、有效期间、对公司股本结构的影响等，并披露相关的决议与程序。如果存在公司章程规定的优先股表决权恢复的其他情形，应当予以说明。

② 如前10名股东、持有5%以上股份的股东或实际控制人所持股份中包含表决权恢复的优先股，公司应当按照本准则第四十条的规定单独披露表决权恢复的优先股涉及的股东和实际控制人情况。

（6）公司应当披露对优先股采取的会计政策及理由，财务报表及附注中的相关内容应当按照中国证监会制定的有关财务报告规定进行编制。

8. 董事、监事、高级管理人员和员工情况。

（1）公司应当披露董事、监事和高级管理人员的情况，包括：

① 基本情况。现任及报告期内离任董事、监事、高级管理人员的姓名、性别、年龄、任期起止日期、年初和年末持有本公司股份、股票期权、被授予的限制性股票数量、年度内股份增减变动量及增减变动的原因。如为独立董事，需单独注明。

② 现任董事、监事、高级管理人员最近5年的主要工作经历。董事、监事、高级管理人员如在股东单位任职，应当说明其职务及任职期间以及在除股东单位外的其他单位的任职或兼职情况。

③ 年度报酬情况。董事、监事和高级管理人员报酬的决策程序、报酬确定依据以及应付报酬情况，报告期末每位现任及报告期内离任董事、监事和高级管理人员在报告期内从公司获得的应付报酬总额及在其股东单位领薪情况，报告期末全体董事、监事和高级管理人员实际获得的报酬合计。

对于董事、监事和高级管理人员获得的股权激励，公司应当按照已解锁股份、未解锁股份、可行权股份、已行权股份、行权价以及报告期末市价单独列示。

④ 在报告期内被选举或离任的董事和监事、聘任或解聘的高级管理人员姓名，及董事、监事离任和高级管理人员解聘原因。

（2）公司应当披露报告期内核心技术团队或关键技术人员（非董事、监事、高级管理人员）等对公司核心竞争力有重大影响的人员的变动情况，并说明变动对公司经营的影响及公司采取的应对措施。

（3）公司应当披露母公司和主要子公司的员工情况，包括在职员工的数量、专业构成（如生产人员、销售人员、技术人员、财务人员、行政人员）、教育程度、员工薪酬政策、培训计划以及需公司承担费用的离退休职工人数。其中，专业构成和教育程度须以柱状图或饼状图等统计图表列示。

对于劳务外包数量较大的，公司应当披露劳务外包的工时总数和支付的报酬总额。

9. 公司治理。

（1）公司应当披露公司治理的基本状况，列示公司报告期内建立的各项公司治理制度，说明公司治理与《公司法》和中国证监会相关规定的要求是否存在差异；如有差异，应当说明原因。

公司治理专项活动开展情况以及内幕信息知情人登记管理制度的制定、实施情况已通过临时公告或专项报告披露的，公司应当提供指定披露网站的相关查询索引。

（2）公司应当披露报告期内召开的年度股东大会和临时股东大会的有关情况，包括：会议届次、召开日期、会议议案名称、决议情况、会议决议刊登的指定网站的查询索引与披露日期，以及表决权恢复的优先股股东请求召开临时股东大会、召集和主持股东大会、提交股东大会临时提案的情况（如有）。

（3）公司应当披露报告期内每位独立董事履行职责的情况，包括但不限于：独立董事的姓名，独立董事出席董事会的次数、方式，独立董事曾提出异议的有关事项及异议的内容，出席股东大会的次数，独立董事对公司有关建议是否被采纳的说明。

（4）公司应当披露董事会下设专门委员会在报告期内履行职责时所提出的重要意见和建议。

（5）监事会在报告期内的监督活动中发现公司存在风险的，公司应当披露监事会就有关风险的简要意见、监事会会议召开时间、会议届次、参会监事以及指定披露网站的查询索引及披露日期等信息；否则，公司应当披露监事会对报告期内的监督事项无异议。

（6）公司应当就其与控股股东在业务、人员、资产、机构、财务等方面存在的不能保证独立性、不能保持自主经营能力的情况进行说明。

因股份化改造、行业特点、国家政策、收购兼并等原因存在同业竞争的，公司应当披露相应的解决措施、工作进度及后续工作计划。公司、控股股东和实际控制人对此作出承诺的，应当在重大事项中予以说明。

（7）公司应当披露报告期内对高级管理人员的考评机制，以及激励机制的建立、实施情况。

10. 内部控制。

（1）公司应当披露董事会关于内部控制责任的声明，并披露建立财务报告内部控制的依据以及内部控制制度建设情况。

主板（不含中小企业板）上市公司应当按照规定的实施范围披露董事会审议通过的内部控制自我评价报告，披露报告期内发现的内部控制重大缺陷的具体情况，包括缺陷发生的时间、对缺陷的具体描述、缺陷对财务报告的潜在影响，已实施或拟实施的整改措施、整改时间、整改责任人及整改效果。

鼓励中小企业板上市公司披露董事会审议通过的内部控制自我评价报告。

（2）按照规定要求对内部控制进行审计的公司，应当披露会计师事务所出具的内部控制审计报告。若会计师事务所出具非标准意见的内部控制审计报告或者内部控制审计报告与董事会的自我评价报告意见不一致的，公司应当解释原因。

（3）公司应当披露年度报告重大差错责任追究制度的建立与执行情况，披露董事会对有关责任人采取的问责措施及处理结果。

11. 财务报告。公司应当披露审计报告正文和经审计的财务报表。

财务报表包括公司近两年的比较式资产负债表、比较式利润表和比较式现金流量表，以及比较式所有者权益（股东权益）变动表和财务报表附注。编制合并财务报表的公司，除提供合并财务报表外，还应当提供母公司财务报表。

财务报表附注应当按照中国证监会制定的有关财务报告的规定编制。

12. 备查文件目录。公司应当披露备查文件的目录，包括：

（1）载有公司负责人、主管会计工作负责人、会计机构负责人（会计主管人员）签名并盖章的财务报表；

（2）载有会计师事务所盖章、注册会计师签名并盖章的审计报告原件；

（3）报告期内在中国证监会指定网站上公开披露过的所有公司文件的正本及公告的原稿；

（4）在其他证券市场公布的年度报告。

公司应当在办公场所置备上述文件的原件。中国证监会及其派出机构、证券交易所要求提供时，或股东依据法律、法规或公司章程要求查阅时，公司应当及时提供。

（二）半年度报告正文

1. 重要提示、目录和释义。

（1）公司应当在半年度报告文本扉页刊登如下重要提示：公司董事会、监事会及董事、监事、高级管理人员保证半年度报告内容的真实、准确、完整，不存在虚假记载、误导性陈述或重大遗漏，并承担个别和连带的法律责任。

如有董事、监事、高级管理人员对半年度报告内容存在异议或无法保证其真实、准确、完整的，公司应当在半年度报告文本扉页声明×××无法保证本报告内容的真实、准确、完整，并说明理由，请投资者特别关注。同时，单独列示未出席董事会审议半年度报告的董事姓名及原因。

公司应当提示经董事会审议的报告期内的半年度利润分配预案或公积金转增股本预案。

公司负责人、主管会计工作负责人及会计机构负责人（会计主管人员）应当声明并保证半年度报告中财务报告的真实、准确、完整。

（2）如半年度财务报告已经审计并被出具非标准审计报告，重要提示中应当声明×××会计师事务所为本公司出具了带强调事项段或其他事项段的无保留意见、保留意见、否定意见或无法表示意见的审计报告，本公司董事会、监事会对相关事项已有详细说明，请投资者注意阅读。

如半年度报告涉及未来计划等前瞻性陈述，同时附有相应的警示性陈述，则应当声明该计划不构成公司对投资者的实质承诺，请投资者注意投资风险。

（3）公司应当对可能造成投资者理解障碍以及具有特定含义的术语作出通俗易懂的解释，半年度报告的释义应当在目录次页排印。

半年度报告目录应当标明各章、节的标题及其对应的页码。

2. 公司简介。

（1）公司应当披露如下内容：

① 公司的中文名称及简称，外文名称及缩写（如有）；

② 公司的法定代表人；

③ 公司董事会秘书及其证券事务代表的姓名、联系地址、电话、传真、电子信箱；

④ 公司股票上市交易所、股票简称和股票代码。

（2）以下事项在报告期内发生变更并已在临时报告披露的，公司应当列明披露相关信息的指定网站查询索引及日期：

① 公司注册地址，公司办公地址及其邮政编码，公司网址、电子信箱；

② 公司选定的信息披露报纸的名称，登载半年度报告的中国证监会指定网站的网址，公司半年度报告备置地；

③ 公司报告期内的注册情况，包括但不限于注册登记日期和地点、企业法人营业执照注册号、税务登记号码、组织机构代码；

④ 其他有关资料。

3. 会计数据和财务指标摘要。公司应当采用数据列表方式，提供报告期末和上年末（或报告期和上年相同期间）主要会计数据和财务指标及变动比率，包括但不限于：总资产、营业收入、归属于上市公司股东的净利润、归属于上市公司股东的扣除非经常性损益的净利润、归属于上市公司股东的净资产、经营活动产生的现金流量净额、净资产收益率、每股收益。

公司在披露“归属于上市公司股东的扣除非经常性损益后的净利润”时，应当同时说明报告期内非经常性损益的项目及金额。

同时发行人民币普通股及境内上市外资股或（和）境外上市外资股的公司，若按不同会计准则计算的净利润和归属于上市公司股东的净资产存在重大差异的，应当列表披露差异情况并说明主要原因。

上述会计数据和财务指标应当按照《公开发行证券的公司信息披露内容与格式准则第 2 号——年度报告的内容与格式（2014 年修订）》（以下简称《年度报告准则》）以及中国证监会颁布的其他有关信息披露规范的相关规定计算和披露。

4. 董事会报告。

（1）公司董事会报告中应当对财务报告的数据和其他必要的统计数据，以及报告期内发生和未来可能发生的重大事项进行讨论、分析，以便于投资者了解其财务状况、经营成果及未来变化情况。公司披露董事会报告应当遵守《年度报告准则》第二十条所列原则。

（2）董事会报告应当重点分析公司在报告期内的财务状况和经营成果。如本条规定披露的部分内容与财务报表附注相同的，公司可以建立相关查询索引，避免重复。

公司应当披露已对报告期产生重要影响以及未对报告期产生影响但对未来具有重要影响的事项，内容包括：

① 主营业务分析。列示公司营业收入、成本、费用、研发投入、现金流等项目的同比变动情况及原因。若公司利润构成或利润来源发生重大变动，公司应当详细说明情况。

公司招股说明书、募集说明书和资产重组报告书等公开披露文件中披露的未来发展与规划延续至报告期内的，公司应当对规划目标的实施进度进行分析；实施进度与规划不符的，应当详细说明原因。

公司应当回顾总结前期披露的经营计划在报告期内的进展，并对未达到计划目标的情况进行解释。

② 按照行业、产品或地区经营情况分析。对于占公司营业收入总额或营业利润总额 10% 以上的业务经营活动及其所属行业、主要产品或地区，应当分项列示其营业收入、营业成本、毛利率，并分析其变动情况。

③ 核心竞争力分析。公司应当披露报告期内核心竞争力的重要变化及对公司所产生的影响。如发生因设备或技术升级换代、特许经营权丧失等导致公司核心竞争力受到

严重影响的，公司应当详细分析，并说明拟采取的相应措施。

④ 投资状况分析。公司应当分析报告期内投资情况，包括：

a. 对外股权投资的情况。公司应当对持有其他上市公司股权，持有商业银行、证券公司、保险公司、信托公司和期货公司等金融企业股权进行重点披露，包括最初投资成本、期初持股比例、期末持股比例、期末账面值等情况。

b. 非金融类公司委托理财及衍生品投资的情况。公司应当披露资金来源、合作方、投资份额、投资期限、产品类型、预计收益、投资盈亏，是否涉诉等。如公司有委托贷款事项，应当披露委托贷款借款人、借款用途、抵押物或担保人，以及展期、逾期或诉讼事项及风险应对措施。

c. 募集资金的使用情况。报告期内募集资金或报告期之前募集资金的使用延续到报告期内的，公司应当披露有关投资项目的实际进度及收益情况；对于未达到计划进度和收益的，应当说明原因；对于尚未使用的募集资金，应当说明未来资金用途；对于实际投资项目发生变更的，应当披露项目变更原因、变更程序及其披露情况，项目资金的投入情况，项目的进度及收益情况。

如本条规定披露的内容已在《公司募集资金存放与实际使用情况的专项报告》中披露的，公司可以提供指定披露网站的相关查询索引，避免重复。

d. 主要子公司、参股公司情况。如来源于单个子公司的净利润或单个参股公司的投资收益对公司净利润影响达到10%以上的，应当披露该子公司或参股公司业务性质、主要产品或服务和净利润等情况。

e. 重大非募集资金投资情况。公司应当列表披露项目投资总额超过公司上年度末经审计净资产10%的非募集资金投资的重大项目投资总额、本报告期和累计实际投入金额、项目进度及收益情况。

（3）公司如果预测年初至下一报告期期末的累计净利润可能为亏损或者与上年同期相比发生重大变动，应当予以警示并说明原因。

（4）公司半年度财务报告已经审计，并被出具非标准审计报告的，公司应当就所涉及事项作出说明。

上年年度报告中的财务报告被注册会计师出具非标准审计报告的，公司应当就所涉及事项的变化及处理情况作出说明。

（5）公司应当披露报告期内实施的利润分配方案特别是现金分红方案、资本公积金转增股本方案的执行或调整情况。

如公司董事会在审议半年度报告时拟定利润分配预案、资本公积金转增股本预案的，公司应当说明上述预案是否符合公司章程及审议程序的规定，是否充分保护中小投资者的合法权益，是否由独立董事发表意见。

5. 重要事项。

（1）公司治理实际情况与《公司法》和中国证监会相关规定的要求存在差异的，公司应当披露差异的内容及报告期内已采取的整改措施及整改情况。

（2）公司应当披露报告期内重大诉讼、仲裁和媒体普遍质疑的事项。已在上一年度报告中披露，但尚未结案的重大诉讼、仲裁事项，公司应当披露案件进展情况、涉及金额是否形成预计负债，以及对公司未来的影响。对已经结案的重大诉讼、仲裁事项，公司应当披露案件执行情况。对媒体普遍质疑的事项，公司应当披露有关澄清的内容、应对措施，以及对公司未来的影响。

如以上诉讼、仲裁或媒体普遍质疑事项已在临时报告披露且无后续进展的，仅需披露该事项概述，并提供临时报告披露网站的查询索引。如报告期内公司无重大诉讼、仲裁和媒体质疑事项，应当明确说明“本报告期内无重大诉讼、仲裁和媒体质疑事项”。

（3）公司应当披露报告期内发生的破产重整相关事项，包括向法院申请重整、和解或破产清算，法院受理重整、和解或破产清算，以及公司重整期间发生的法院裁定结果及其他重大事项。执行重整计划的公司应当说明计划的具体内容及执行情况。

如相关破产事项已在临时报告披露且后续实施无变化的，仅需披露该事项概述，并提供临时报告披露网站的相关查询索引。

（4）公司应当披露报告期内发生及以前期间发生但持续到报告期的收购及出售重大资产、企业合并事项的简要情况及进展，分析上述事项对公司业务连续性、管理层稳定性的影响、对报告期财务状况和经营成果的影响，说明所涉及的金额及其占利润总额的比例。

如公司收购、出售资产和企业合并事项已在临时报告披露且后续实施无变化的，仅需披露该事项概述，并提供临时报告披露网站的相关查询索引。

（5）公司应当披露股权激励计划在本报告期的具体实施情况，包括但不限于：实施股权激励计划履行的相关程序及总体情况，激励股份来源情况，激励对象考核情况，激励对象范围的调整情况及履行的程序，激励股份授予数量及解除锁定情况，股票期权授予及行权情况，股票期权行权价格及期权数量的调整情况及履行的程序，实施股权激励计划对公司报告期内及未来财务状况和经营成果的影响。

如相关股权激励事项已在临时报告披露且后续实施无进展或变化的，仅需披露该事项概述，并提供临时报告披露网站的相关查询索引。

（6）公司应当按照以下关联交易的不同类型分别披露。如已在临时报告披露且后续实施无进展或变化的，仅需披露该事项概述，并提供临时报告披露网站的相关查询索引。

① 与日常经营相关的关联交易，至少应当披露以下内容：关联交易方、交易内容、定价原则、交易价格、交易金额、占同类交易金额的比例、结算方式；可获得的同类交易市价，如实际交易价与市价存在较大差异，应当说明原因。大额销货退回需披露详细

情况。

公司按类别对本年度将发生的日常关联交易进行总额预计的，应当披露日常关联交易事项在报告期内的实际履行情况。

② 资产收购、出售发生的关联交易，至少应当披露以下内容：关联交易方、交易内容、定价原则、资产的账面价值、评估价值（如有）、市场公允价值（如有）、交易价格、结算方式及交易对公司经营成果和财务状况的影响情况。交易价格与账面价值或评估价值、市场公允价值差异较大的，应当说明原因。

③ 公司与关联方共同对外投资发生关联交易的，应当至少披露以下内容：共同投资方、被投资企业的名称、主营业务、注册资本、总资产、净资产、净利润、重大在建项目的进展情况。

④ 公司与关联方存在非经营性债权债务往来等事项的，应当披露形成原因及其对公司的影响。

（7）公司应当披露重大合同及其履行情况。包括但不限于：

① 在报告期内发生或以前期间发生但延续到报告期的重大交易、托管、承包、租赁其他公司资产或其他公司托管、承包、租赁公司资产的事项，包括但不限于：涉及金额、期限以及对财务状况和经营成果的影响。

② 重大担保。报告期内履行的及尚未履行完毕的担保合同，包括担保金额、担保期限、担保对象、担保类型（一般担保或连带责任担保）、担保的决策程序等。对于未到期担保合同，如有证据表明有可能承担连带清偿责任的，应当明确说明。

③ 其他重大合同。列表披露合同订立双方的名称、签订日期、合同标的所涉及资产的账面价值、评估价值、相关评估机构名称、评估基准日、定价原则以及最终交易价格等，并披露截至报告期末合同的执行情况。

（8）公司以及持股5%以上的股东如在报告期内发生或存在以前期间发生但延续到报告期的承诺事项，公司应当说明该承诺事项在报告期内的履行情况。如承诺未能及时履行的，应当说明未完成履行的原因及下一步的工作计划。

（9）半年度财务报告已经审计的，公司应当披露聘任审计半年度财务报告的会计师事务所的情况及报告期内支付给会计师事务所的报酬情况。更换会计师事务所的，公司应当披露解聘原会计师事务所的原因，以及是否履行了必要的程序。

（10）公司及其董事、监事、高级管理人员、持有5%以上股份的股东、实际控制人、收购人在报告期内如存在被有权机关调查、被司法机关或纪检部门采取强制措施、被移送司法机关或追究刑事责任、被中国证监会立案调查或行政处罚、被采取市场禁入、被认定为不适当人选、被其他行政管理部门处罚，以及被证券交易所公开谴责的情形，应当说明原因及结论。

报告期内被中国证监会及其派出机构采取行政监管措施并提出限期整改要求的，公司应当披露整改责任人、整改期限、整改措施，以及披露整改报告书的指定网站查询索引及日期。

（11）对上述二十三条至三十二条规定之外，且已在前一定期报告或临时报告中披露过的在报告期内发生以及在以前期间发生但持续到报告期的其他重要事项信息，公司应当列明披露相关信息的指定网站查询索引及日期。

6. 股份变动及股东情况。

（1）报告期内的股份变动情况，公司应当按照中国证监会对公司股份变动报告规定的内容与格式进行编制。

对报告期内因送股、转增股本、配股、增发新股、非公开发行股票、权证行权、实施股权激励计划、企业合并、可转换公司债券转股、减资、内部职工股上市、债券发行或其他原因引起公司股份总数及股东结构变动、公司资产和负债结构变动的，应当予以说明。

报告期内优先股的股份变动等情况，应当按照本章第七节的相关要求予以披露。

（2）公司股东数量及持股情况，应当按照中国证监会对公司股份变动报告规定的格式进行编制，披露以下内容：

① 截至报告期末的普通股股东总数及表决权恢复的优先股股东总数（如有）。

② 截至报告期末持有本公司5%以上股份的股东的名称、报告期内股份增减变动的情况、报告期末持股数量、所持股份类别及所持股份质押或冻结的情况。如持股5%以上的股东少于10人，则应当列出至少前10名股东的持股情况。公司股票为融资融券标的证券的，股东持股数量应当按照其通过普通证券账户、信用证券账户持有的股票及其权益数量合并计算。

如所持股份中包括无限售条件股份（或已上市流通股份）、有限售条件股份（或未上市流通股份），应当分别披露其数量。如前10名股东之间存在关联关系或属于《上市公司收购管理办法》规定的一致行动人的，应当予以说明。

如有战略投资者或一般法人因配售新股成为前10名股东的，应当予以注明，并披露约定持股期间的起止日期。

以上列出的股东情况中应当注明代表国家持有股份的单位和外资股股东。

公司在计算本条所指股东持股数额或比例时，仅计算普通股和表决权恢复的优先股（如有）。

（3）公司控股股东或实际控制人报告期内发生变化的，应当列明披露相关信息的指定网站查询索引及日期。

7. 优先股相关情况。

（1）发行优先股的公司披露半年度报告，应当以专门章节披露优先股有关情况，具体按照本准则第三十八条至第四十一条的规定执行。半年度报告其他章节与上述规定要求披露的部分内容相同的，公司可以建立相关查询索引，避免重复。

（2）公司应当披露报告期内优先股的发行与上市情况，包括公开发行或非公开发行的发行日期、发行价格和票面股息率、发行数量、上市日期、获准上市交易数量、终止上市日期、募集资金使用进展及变更情况等。

符合《上市公司重大资产重组管理办法》规定的条件发行优先股购买资产的，参照前款规定进行披露。

公司优先股股东数量及持股情况，按照中国证监会对公司股份变动报告规定的格式进行编制，应当披露以下内容：

① 截至报告期末的优先股股东总数。

② 截至报告期末持有本公司5%以上优先股股份的股东名称、报告期内股份增减变动的情况、报告期末持股数量、所持股份类别及所持股份质押或冻结的情况。如持股5%以上的优先股股东少于10人，则应当列出至少前10名优先股股东的持股情况。如所持优先股在除股息分配和剩余财产分配以外的其他条款上具有不同设置，应当分别披露其数量。

③ 如前10名优先股股东之间，前10名优先股股东与前10名普通股股东之间存在关联关系或属于《上市公司收购管理办法》规定的一致行动人的，应当予以说明。

④ 以上列出的优先股股东情况中应当注明代表国家持有股份的单位和外资股股东。

（3）报告期内公司进行优先股回购或商业银行发行的优先股转换成普通股的，应当按照以下要求披露相关的回购或转换情况：

① 优先股的回购情况，包括回购期间、回购价格和定价原则、回购数量和比例、回购的资金总额以及资金来源、回购股份的期限、回购选择权的行使主体、对公司股本结构的影响等，并披露相关的程序。

② 优先股的转换情况，包括转股条件、转股价格、转换比例、转换选择权的行使主体，对公司股本结构的影响等，并披露相关的程序。

（4）报告期内存在优先股表决权恢复的，公司应当披露相关表决权的恢复、行使情况。

（5）公司应当披露对优先股采取的会计政策及理由，财务报表及附注中的相关内容应当按照中国证监会制定的有关财务报告规定进行编制。

8. 董事、监事、高级管理人员情况。

（1）公司应当披露现任及报告期内离任董事、监事、高级管理人员在报告期内持有本公司股份、股票期权、被授予的限制性股票数量的变动情况。

（2）公司应当披露报告期内被选举或离任的董事和监事、聘任或解聘的高级管理人员姓名，及董事、监事离任和高级管理人员解聘的原因。

9. 财务报告。

（1）公司应当在半年度报告中披露比较式资产负债表、比较式利润表和比较式现金流量表，以及比较式所有者权益（股东权益）变动表和财务报表附注。

（2）半年度财务报告未经审计的，公司应当注明“未经审计”字样。半年度财务报告已经审计的，公司应当披露审计意见类型；若被注册会计师出具非标准审计报告，公司还应当披露审计报告正文。

10. 备查文件目录。公司应当披露备查文件的目录，包括：

（1）载有公司负责人、主管会计工作负责人、会计机构负责人（会计主管人员）签名并盖章的财务报表。

（2）载有会计师事务所盖章、注册会计师签名并盖章的审计报告原件（如有）。

（3）报告期内在中国证监会指定网站上公开披露过的所有公司文件的正本及公告的原稿。

（4）在其他证券市场公布的半年度报告。

公司应当在办公场所备置上述文件的原件。中国证监会及其派出机构、证券交易所要求提供时，或股东依据法律、法规或公司章程要求查阅时，公司应当及时提供。

（三）季度报告正文

1. 重要提示。

（1）公司应当在季度报告正文的显要位置刊登如下重要提示：公司董事会、监事会及董事、监事、高级管理人员保证季度报告内容的真实、准确、完整，不存在虚假记载、误导性陈述或者重大遗漏，并承担个别和连带的法律责任。

如有董事、监事、高级管理人员对季度报告内容存在异议或无法保证其真实、准确、完整的，公司应当在季度报告中声明×××无法保证本报告内容的真实、准确、完整，并说明理由，请投资者特别关注。同时，单独列示未出席董事会审议季度报告的董事姓名及原因。

公司负责人、主管会计工作负责人及会计机构负责人（会计主管人员）应当声明并保证季度报告中财务报表的真实、准确、完整。

（2）如季度报告中的财务报表已经审计并被出具非标准审计报告，重要提示中应当声明×××会计师事务所为本公司出具了带强调事项段或其他事项段的无保留意见、保留意见、否定意见或无法表示意见的审计报告，本公司董事会、监事会对相关事项已有详细说明，请投资者注意阅读。

2. 主要财务数据及股东变化。

（1）公司应当采用数据列表方式，提供报告期末和上年末（或年初至报告期末和上年相同期间）公司主要会计数据和财务指标及变动比率，包括但不限于：总资产、营业收入、归属于上市公司股东的净利润、归属于上市公司股东的扣除非经常性损益的净利润、归属于上市公司股东的净资产、经营活动产生的现金流量净额、净资产收益率、每股收益。

公司在披露"归属于上市公司股东的扣除非经常性损益后的净利润"时，应当同时说明报告期内非经常性损益的项目及金额。

上述会计数据和财务指标应当按照《公开发行证券的公司信息披露内容与格式准则第2号——年度报告的内容与格式（2014年修订）》以及中国证监会颁布的其他有关信息披露规范的相关规定计算和披露。

（2）公司应当按照中国证监会对公司股份变动报告规定的格式披露截至报告期末的普通股和优先股股东总数，前10名普通股股东和前10名优先股股东、前10名无限售条件的普通股股东和前10名无限售条件的优先股股东的持股情况。

3. 重要事项。

（1）报告期主要会计报表项目、财务指标发生重大变动的，应当说明情况及主要原因。

（2）报告期内发生或将要发生或以前期间发生但延续到报告期的重要事项，若对本报告期或以后期间的公司财务状况和经营成果产生重大影响，对投资者投资决策产生重大影响，应当披露该重要事项进展情况，并说明其影响和解决方案。公司已在临时报告披露且无后续进展的，仅需披露该事项概述，并提供临时报告披露网站的查询索引。

（3）公司以及持股5%以上的股东如在报告期内发生或存在以前期间发生但持续到报告期的承诺事项，公司应当说明该承诺事项在报告期内的履行情况。

（4）公司如果预测年初至下一报告期期末的累计净利润可能为亏损或者与上年同期相比发生重大变动，应当予以警示并说明原因。

三、临时报告

临时报告是指上市公司按照有关法律、法规和规章制度的规定，在发生重大事件时需向投资者和社会公众披露的信息，是上市公司持续信息披露义务的重要组成部分之一。沪、深两家证券交易所《股票上市规则》第二章第8条规定：上市公司披露的信息包括定期报告和临时报告。

我国《证券法》（2005修订）第六十七条规定：发生可能对上市公司股票交易价格产生较大影响的重大事件，投资者尚未得知时，上市公司应当立即将有关该重大事件的情况向国务院证券监督管理机构和证券交易所提交临时报告，并予以公告，说明事件的起因、目前的状态和可能产生的法律后果。

在公司信息披露实务中，哪些事件属于公司的重大事件，需临时公开披露，各法律、法规的表述是有差异性的。

(一)《证券法》对重大事件的规定

我国《证券法》第六十七条将重大事件界定为以下内容：

(1) 公司经营方针和经营范围的重大变化；

(2) 公司重大投资行为和重大购置资产决定；

(3) 公司订立重要合同，可能对公司的资产、负债、权益和经营成果产生重要影响；

(4) 公司发生重大债务和未能清偿到期重大债务的违约情况；

(5) 公司发生重大亏损或者重大损失；

(6) 公司生产经营外部条件发生重大变化；

(7) 公司董事长、1/3 以上的董事或者经理发生变动；

(8) 持有公司 5% 以上股份的股东或者实际控制人，其持有股份情况或者控制公司的情况发生较大变化；

(9) 公司减资、合并、分立、解散及申请破产的决定；

(10) 涉及公司的重大诉讼、股东大会、董事会决议被依法撤销或者宣告无效；

(11) 公司涉嫌犯罪被司法机关立案调查，公司董事、监事、高级管理人员涉嫌犯罪被司法机关采取强制措施；

(12) 国务院证券监督管理机构规定的其他事项。

(二)《股票发行与交易管理暂行条例》对重大事件的规定

国务院发布的《股票发行与交易管理暂行条例》第六十条规定，以下内容为公司的重大事件：

(1) 公司订立重要合同，该合同可能对公司的资产、负债、权益和经营成果中的一项或多项产生显著影响；

(2) 公司的经营政策或者经营项目发生重大变化；

(3) 公司发生重大投资行为或者购置金额较大的长期资产的行为；

(4) 公司发生重大债务；

(5) 公司未能归还到期重大债务的违约情况；

(6) 公司发生重大经营性或者非经营性亏损；

(7) 公司资产遭受重大损失；

(8) 公司生产经营环境发生重要变化；

(9) 新颁布的法律、法规、政策、规章等，可能对公司的经营有显著影响；

(10) 董事长、30% 以上的董事或者总经理发生变动；

（11）持有公司5%以上的发行在外的普通股股东，其持有该种股票的增减变化每达到该种股票发行在外总额2%以上的事实；

（12）涉及公司的重大诉讼事项；

（13）公司进入清算、破产的状态。

从以上引用《证券法》、国务院《股票发行与交易管理暂行条例》来看，对重大事件的具体界定确实存在一定的差异性，但有一点是共同的：凡对公司股价可能产生重大影响的事件都应视为重大事件，应予以临时披露。

（三）证券交易所《股票上市规则》对临时报告要求的内容

在上市公司临时公告信息披露实践中，除了考虑以上所述法律、法规外，更多的是考虑证券交易所的具体规定。沪、深两家证券交易所发布《股票上市规则》（2006年修订）第七章“临时报告的一般规定”中对上市公司应披露的临时报告类别和详细内容进行了规范。

1. 临时报告应当由董事会发布并加盖公司或者董事会公章（监事会决议公告可以加盖监事会公章）。

2. 上市公司应当及时向本所报送并披露临时报告。临时报告涉及的相关备查文件应当同时在本所网站上披露。

3. 上市公司应当在以下任一时点最先发生时，及时披露可能对本公司股票及其衍生品种交易价格产生较大影响的重大事项（以下简称“重大事项”）：

（1）董事会或者监事会就该重大事项形成决议时；

（2）有关各方就该重大事项签署意向书或者协议（无论是否附加条件或期限）时；

（3）任何董事、监事或者高级管理人员知道或应当知道该重大事项时。

4. 重大事项尚处于筹划阶段，但在前条第（1）、（2）项所述有关时点发生之前出现下列情形之一的，上市公司应当及时披露相关筹划情况和既有事实：

（1）该重大事项难以保密；

（2）该重大事项已经泄露或者市场出现传闻；

（3）公司股票及其衍生品种的交易发生异常波动。

5. 上市公司根据第三条、第四条的规定披露临时报告后，还应当按照下列规定持续披露重大事项的进展情况：

（1）董事会、监事会或者股东大会就该重大事项形成决议的，及时披露决议情况；

（2）公司就该重大事项与有关当事人签署意向书或者协议的，及时披露意向书或者协议的主要内容，上述意向书或者协议的内容或履行情况发生重大变化或者被解除、终止的，及时披露发生重大变化或者被解除、终止的情况和原因；

（3）该重大事项获得有关部门批准或者被否决的，及时披露批准或者否决的情况；

（4）该重大事项出现逾期付款情形的，及时披露逾期付款的原因和付款安排；

（5）该重大事项涉及的主要标的物尚未交付或者过户的，及时披露交付或者过户情况；超过约定交付或者过户期限3个月仍未完成交付或者过户的，及时披露未如期完成的原因、进展情况和预计完成的时间，并每隔30日公告一次进展情况，直至完成交付或者过户；

（6）该重大事项发生可能对公司股票及其衍生品种交易价格产生较大影响的其他进展或者变化的，及时披露进展或者变化情况。

贵州茅台酒股份有限公司重大事项公告

本公司董事会及全体董事保证本公告内容不存在任何虚假记载、误导性陈述或者重大遗漏，并对其内容的真实性、准确性和完整性承担个别及连带责任。

为更好地统筹兼顾好国家、消费者、企业、经销商和投资者等各相关方的利益，同时考虑到本公司产品市场供求状况、原辅材料价格上涨以及企业发展战略需要等因素，本公司决定自2011年1月1日起适当上调产品出厂价格，平均上调幅度为20%左右。此次价格调整将会对本公司2011年经营业绩产生一定的影响，敬请投资者注意投资风险。

特此公告

贵州茅台酒股份有限公司董事会

2010年12月15日

【关键词】

首次公开发行股票	initial public offering
配股	rights issue
定期报告	periodic report
招股说明书	prospectus
增发	secondary offering
可转换债券	convertible bonds
临时报告	temporary report

思考题与练习题

一、思考题

1. 上市公司信息披露有何意义和作用？

2. 我国对上市公司信息披露有何要求？

3. 公开发行证券公司信息披露的规范体系和内容有哪些？

二、练习题

会计信息披露随意的现象在创业板成立伊始就不断涌现。2009 年，号称创业板第一股的“同花顺”在中期财报和年报中均涉嫌虚增利润。财报的数据自相矛盾，新增预收款与收入严重不匹配。

在“同花顺”的招股说明书中显示，2009 年 1 ~ 6 月，同花顺的核心业务的股票软件业务占据公司总收入的七成左右。然而，由于同花顺在提供金融服务时是采取预收款的形式，因而会存在大量的预收账款，因此如果购买同花顺软件的时间越靠近年底，那么在同花顺公司的账面上形成的收入就越少，而预收账款就越多。由于“同花顺”是在 2009 年年底前进行疯狂的打折促销，意味着有大量的客户是在年底前购买其软件，因此其预收账款金融就会相应地大幅增加，在会计账面上的反映就是预收账款的巨额数字。

但从“同花顺”发布的 2009 年年报来看，2009 年预收账款为 4 842 万元，2008 年预收账款为 2 042 万元，同年确认的收入为 19 082 万元。就算 2008 年度节余的 2 042 万预收款全部确认为 2009 年收入，预收款却小于确认的收入，增加收入竟然是预收账款的 3.5 倍。很明显，这种新增预收账款与收入的差距不断扩大的趋势与正常情况是相偏离的。因此，作为公司可能存在采取虚增短期收入的方式增加利润，或者是其他的虚增利润方式涉嫌财务造假的现象，这些信息的披露并没有得到监管的相关重视。

根据上述案例。请分析下列问题：

1. “同花顺”在信息披露中存在的问题是什么？

2. 在此案例中，上市公司，相关信息中介机构以及有关责任人员应该负什么法律责任？

3. 如何加强对信息披露的监管？

第十章

分部报告与中期财务报告

【本章学习目的和要求】

通过本章学习，了解分部报告及其适用范围，熟悉编制分部报告的意义，掌握分部报告的确定，掌握分部信息披露的具体内容；掌握中期财务报告概念及其构成，熟悉中期财务报告的确认和计量，掌握中期财务报告的变更。

第一节　分部报告

一、分部报告概述

随着市场经济的发展，企业的生产经营规模日益扩大，经营范围也逐步突破单一业务界限，成为从事多种产品生产经营或从事多种业务经营活动的综合经营体；同时经营的地域范围也日益扩大，有的企业分别在国内不同地区甚至境外设立分公司或者子公司。在这种情况下，反映不同产品（或劳务）和不同地区经营的风险报酬信息越来越普遍地受到会计信息使用者的重视。

企业提供分部信息，能够帮助会计信息使用者更好地理解企业以往的经营业绩，更好地评估企业的风险和报酬，以便更好地把握企业整体的经营情况，对未来的发展趋势作出合理的预期。随着企业跨行业和跨地区经营，许多企业生产和销售各种各样的产品和提供多种劳务，这些产品和劳务广泛分布于各个行业或不同地区。由于企业各种产品在其整体的经营活动中所占的比重各不相同，其营业收入、成本费用以及产生的利润（亏损）也不尽相同。同样地，每种产品（或提供的劳务）在不同地区的经营业绩也存在差异。只有分析每种产品（或所提供劳务）和不同经营地区的经营业绩，才能更好地把握企业整体的经营业绩。企业的整体风险，是由企业经营的各个业务部门（或品种）、或各个经营地区的风险和报酬构成的。一般来说，企业在不同业务部门和不同地区的经营，会具有不同的利润率、发展机会、未来前景和风险。要评估企业整体的风险和报酬，必须借助企业在不同业务和不同地区经营的信息（分部信息）。

分部报告准则着重解决了分部报告的编制方法和分部信息的披露内容，尤其是规范了企业需要披露的分部信息。

分部信息披露制度的演进

自20世纪60年代以来，国际上就出现了有关分部信息披露的制度规定。英国和美国是最早提出分部报告要求的国家。1965年英国的股票交易所率先要求披露上市公司分部财务报告，1967年英国公司法首次作出公司应披露分部信息的法律规定，1990年英国原会计准则委员会发布了SSAP第25号《分部报告》要求企业增加披露行业分部和地区分部的资产信息。1976年美国财务会计准则委员会（FASB）发布SFAS14号《企业的分部财务报告》，要求披露行业分部信息和地区分部信息。1997年，FASB又发布了SFAS131号《企业分部和相关信息的披露》，以“经营分部”取代了“行业分部”的概念。

1981年，国际会计准则委员会（IASC）发布了第14号准则《按分部编报财务资料》（IAS14），并于1997年对其进行了修订。修订后的准则要求，如果企业同时适用于行业分部和地区分部，则对企业自主选定的第一级分部作充分披露，对第二级作有限披露。

2006年11月，国际会计准则理事会（IASB）发布《国际财务报告准则第8号——经营分部报告》（IFRS8），在参照了IAS14的基础上，更多地借鉴了FASB于1997年发布的SFAS131，实现了和SFAS131的趋同。

在我国，1994年以前，是完全的自愿披露。1994年1月，中国证监会颁布了《公开发行股票公司信息披露的内容与格式准则第二号——年度报告的内容与格式（试行）》（简称《准则第二号》），其中对分部信息披露作出了初步的规定，分部信息披露制度进入指导性自愿披露阶段。1995年和1997年在对该文件的修订中开始要求多元化公司定量披露行业资料。1998年1月，财政部颁布了《股份有限公司会计制度——会计科目和会计报表》，要求上市和非上市的股份有限公司应提供分部信息的范围。2000年12月，财政部又颁布了《企业会计制度》，取代了《股份有限公司会计制度——会计科目和会计报表》，要求股份有限公司按业务分部和地区分部分别编制分部报表。2009年6月颁布的《企业会计准则解释第3号》重新明确了企业分部的划分标准与数量限制，不再执行原有关确定地区分部和业务分部以及按照主要、次要报告形式披露分部信息的规定，这使我国企业分部报告会计准则进一步与国际会计准则趋同。

二、经营分部的认定

经营分部，是指企业内同时满足下列条件的组成部分：（1）该组成部分能够在日常活动中产生收入、发生费用；（2）企业管理层能够定期评价该组成部分的经营成果，以决定向其配置资源、评价其业绩；（3）企业能够取得该组成部分的财务状况、经营成果和现金流量等有关会计信息。

企业应当以内部组织结构、管理要求、内部报告制度为依据确定经营分部。经济特征不相似的经营分部，应当分别确定为不同的经营分部。企业存在相似经济特征的两个或多个经营分部。例如，具有相近的长期财务业绩，包括具有相近的长期平均毛利率、资金回报率、未来现金流量等；确定经营分部考虑的因素类似等。在同时满足下列条件时，可以合并为一个经营分部：

1. 各单项产品或劳务的性质。各单项产品或劳务的性质，包括产品或劳务的规格、型号、最终用途等。一般情况下，生产的产品和提供的劳务的性质相同或相似的，其风险、报酬率及其成长率可能较为接近，因此可以将其划分到同一业务分部之中。而对于性质完全不同的产品或劳务，则不能将其划分到同一业务分部之中。例如，某企业的生产经营范围包括机械制造、旅游及餐饮业、交通运输、合成纤维生产等，在确定业务分部时，必须分别将其作为不同的业务分部处理，而不能将机械制造与旅游及餐饮业作为一个业务分部处理。

2. 生产过程的性质。生产过程的性质，包括采用劳动密集或资本密集方式组织生产、使用相同或者相似设备和原材料、采用委托生产或加工方式等。对于其生产过程相同或相似的，可以将其划分为一个业务分部，如按资本密集型和劳动密集型划分业务部门。对于资本密集型的部门来说，其占用的设备较为先进，占用的固定资产较多，相应所负担的折旧费也较多，其经营成本受资产折旧费影响较大，受技术进步因素的影响也较大；而对于劳动密集型部门来说，其使用的劳动力较多，相对而言劳动力的成本即人工费用的影响较大，其经营成果受人工成本的高低影响很大。

3. 产品或劳务的客户类型。产品或劳务的客户类型，包括大宗客户、零散客户等。对于购买产品或接受劳务的统一类型的客户，如果其销售条件基本相同，例如相同或相似的销售价格、销售折扣，相同或相似的售后服务，因而具有相同或相似的风险和报酬。而不同的客户，其销售条件不尽相同，由此可能导致其具有不同的风险和报酬。例如，某计算机生产企业，其生产计算机可以分为商用计算机和个人计算机。商用计算机主要销售客户是企业，一般是大宗购买，对计算机专用性要求比较强，售后服务相对较为集中；而个人计算机，其客户对计算机的通用性要求较高，其售后服务相对较为分散。

4. 销售产品或提供劳务的方式。销售产品或提供劳务的方式，包括批发、零售、自产自销、承包等。企业销售产品或提供劳务的方式不同，其承受的风险和报酬也不相同。比如，在赊销方式下，可以扩大销售规模，但发生的收账费用较大，并且发生应收账款坏账的风险也很大；而在现销方式下，则不存在应收账款的坏账问题，不会发生收账费用，但销售规模的扩大有限。

5. 生产产品或提供劳务受法律、行政法规的影响。生产产品或提供劳务受法律、行政法规的影响，包括经营范围或交易定价限制等。企业生产产品或提供劳务总是处于一定的经济法律环境之下，其所处的环境必然对其经营活动产生影响。对在不同法律环境下生产的产品或提供的劳务进行分类，进而向会计信息使用者提供不同法律环境下产品或提供劳务的信息，并对产品生产或劳务提供进行归类，以提供其经营活动所生成的信息，同样有利于明晰地反映该类产品生产和劳务提供的会计信息。比如，商业银行、保险公司等金融企业易受特别的、严格的监管政策影响，在考虑该类企业确定分部产品和劳务是否相关时，应当考虑所受监管政策的影响。

但是，企业在具体确定业务分部时，特定的分部不大可能同时符合上述列明的全部因素。通常情况下，业务分部应当在包含了上述所列明的大部分因素时予以确定。

【例 10－1】 XYZ 公司是一家全球性公司，总部在美国，主要生产 A、B、C、D 这 4 个品牌的皮箱、各种手提包、公文包、皮带等，以及相关产品的运输、销售，每种产品均由独立的业务部门完成。其生产的产品主要销往中国内地、中国香港、日本、欧洲、美国等地。该公司各项业务 20×7 年 12 月 31 日的相关收入、费用、利润等信息如表 10－1 所示。假定经测试，生产皮箱的 4 个部门今后 5 年平均销售毛利率与本年度差异不大，并且各品种皮箱的生产过程、客户类型、销售方式等类似，该公司将业务分部作为主要报告形式提供分部信息。如表 10－1 所示。

表 10－1　　　　　　　　　　　　　业务分部

项目	品牌 A	品牌 B	品牌 C	品牌 D	手提包	公文包	皮带	销售公司	运输公司	合计
营业收入（万元）	106 000	130 000	100 000	95 000	260 000	230 000	69 000	270 000	50 000	1 310 000
其中对外交易（万元）	100 000	120 000	80 000	90 000	180 000	150 000	50 000	270 000	50 000	1 090 000
分部间交易（万元）	6 000	10 000	20 000	5 000	80 000	80 000	19 000			220 000
营业费用（万元）	74 200	92 300	69 000	66 500	156 000	142 600	55 200	220 000	30 000	905 800
其中对外交易（万元）	60 000	78 300	57 000	62 000	149 000	132 000	47 200	205 000	30 000	820 500
分部间交易（万元）	14 200	14 000	12 000	4 500	7 000	10 600	8 000	15 000		85 300
营业利润（万元）	31 800	37 700	31 000	28 500	104 000	87 400	13 800	50 000	20 000	
销售毛利率（%）	30	29	31	30	40	38	20	18.5	40	
资产总额（万元）	350 000	400 000	300 000	250 000	650 000	590 000	250 000	700 000	300 000	3 790 000
负债总额（万元）	150 000	170 000	130 000	100 000	300 000	200 000	150 000	300 000	180 000	1 680 000

从上述资料可以看出，XYZ 公司生产皮箱的部门有 4 个，分别是生产品牌 A、品牌 B、品牌 C、品牌 D 皮箱的部门，其销售毛利率分别是 30%、29%、31%、30%。由于其近 5 年平均销售毛利率差异不大，因此可以认为这 4 个皮箱分部具有相近的长

期财务业绩；同时，A、B、C、D 这 4 个部门都生产皮箱，其生产过程、客户类型、销售方式等类似，符合确定业务分部所考虑因素的相似性。因此，XYZ 公司在确定业务分部时，可以将生产 4 个品牌皮箱的分部予以合并，组成一个“皮箱”分部。合并后，皮箱分部的分部收入为 431 000 万元，分部费用为 302 000 万元，分部利润为 129 000 万元。

三、报告分部的确定

（一）重要性标准的判断

报告分部是指符合经营分部的定义，按规定应予以披露的经营分部。报告分部的确定应当以经营分部为基础，而经营分部的划分通常是以不同的风险和报酬为基础，而不论其是否重要。存在多种产品经营或者跨多个地区经营的企业可能会拥有大量规模较小、不是很重要的分部，而大量单独披露如此之多的小分部信息不仅会给财务报表使用者带来困惑，也会给报表编制者带来不必要的披露成本。因此，报告分部的确定应当考虑重要性原则，符合重要性标准的经营分部才能确定为报告分部。

同理，对于一个企业而言，赚取利润或蒙受损失均来自与外部客户之间的交易。对通过与外部客户交易产生了大量收入的分部进行信息披露，能够为使用者更好地理解企业财务报表提供相关信息，将有助于会计信息使用者从企业整体上对企业的风险和报酬做出更有根据的评估。因此，在确定报告分部时，除企业的内部管理采用垂直一体化经营方式以外，作为报告分部的经营分部的大部分收入应当是企业对外部客户交易而获得。

当经营分部的大部分收入是对外交易收入，且满足下列条件之一的，企业应当将其确定为报告分部：

1. 该分部的分部收入占所有分部收入合计的 10% 或者以上。分部收入是指可归属于分部的对外交易收入和对其他分部交易收入。从上述定义可以看出，分部收入包括两部分：一是对外交易收入；二是对其他分部交易收入。

当某分部的分部收入大部分是对外交易收入，并且满足上述条件时，则可以将其确定为报告分部；反之，当某分部的分部收入大部分是通过与其他分部交易而取得，并且企业的内部管理不属于按垂直一体化经营的不同层次来划分的，即使满足上述 10% 的条件，也不能将其确定为报告分部。

可以归属分部的收入来源有两个渠道：一是可以直接归属于分部的收入，即直接由分部的业务交易而产生；二是可以间接归属于分部的收入，即将企业交易产生的收入在相关分部之间进行分配，按属于某分部的收入金额确认为分部收入。

分部收入通常不包括下列项目：

① 利息收入（包括因预付或借给其他分部款项而确认的利息收入）和股利收入，但分部的日常活动是金融性质的除外。如采用成本法核算的长期股权投资所取得的股利收入（投资收益）、债券投资实现的利息收入等。

一般情况下，企业是以企业整体为基础来计划和管理投资、融资行为的，与某个分部的经营无直接关联。因此，利息收入和股利收入通常不是其个别分部的日常经营活动的一部分，因预付或借给其他分部款项而确认的利息收入与此相同。但是，如果某个分部的日常经营活动的全部或绝大部分都是资产的借贷或投资，那么该分部的经营就主要是金融性质，分部收入将包括利息收入和股利收入，以及出售投资和清偿债务实现的利得等。对此类分部，这些项目就属于营业收入的一部分。在实务中，其经营主要是金融性质的分部，包括商业银行、证券公司、保险公司、财务公司、金融租赁公司等。

② 营业外收入。营业外收入包括企业实现的与日常经营业务无直接关系的各项收入，如固定资产盘盈、处置固定资产净收益、出售无形资产净收益、处置抵债资产收入、长券长款收入、罚没收入等。由于分部利润（亏损）采用的是日常经营收入的概念，与日常经营收入无关的营业外收入就不应该包括在内。

③ 处置投资产生的净收益，但分部的日常活动是金融性质的除外。企业处置投资产生的净收益，包括出售投资获得的收益以及债务清偿所获得的收益两部分。由于处置投资产生的净收益不属于企业的营业收入范畴，因此也不应包括在分部收入中。但是，如果分部的日常活动是金融性质，则处置投资形成的净收益属于其日常经营收入范畴，就应当包括在分部收入之中。

④ 采用权益法核算的长期股权投资在被投资单位实现的净利润中应享有的份额，但分部的日常活动是金融性质的除外。企业的长期股权投资采用权益法核算时，应当在取得股权投资后，按照应享有或应分担的被投资单位实现的净利润的份额，确认投资收益并调整长期股权投资的账面价值。由于非金融企业的投资收益不属于企业营业收入的范畴，因此不应当包括在分部收入中。

2. 该分部的分部利润（亏损）的绝对额，占所有盈利分部利润合计额或者所有亏损分部亏损合计额的绝对额两者中较大者的10%或者以上。

分部利润（亏损），是指分部收入减去分部费用后的余额。分部费用，是指可归属于分部的对外交易费用和对其他分部交易费用。当企业的分部收入大部分是通过对外交易而取得，并且该分部利润或者分部亏损的绝对额，占所有盈利分部利润合计额或者所有亏损分部亏损合计额度绝对额两者较大者的10%或者以上的，则可以将其确定为报告分部。

分部费用包括可以归属于分部的对外交易费用和对其他分部交易费用。主要由可归属于分部的对外交易费用构成，通常包括营业成本、税金及附加、销售费用等。企业在披露分部费用时，折旧费、摊销费以及其他重大的非现金费用应当单独披露。

与分部收入的确认相同，这里可以归属分部的费用也来源于两个渠道：一是可以直接归属于分部的费用，即直接由分部的业务交易而发生；二是可以间接归属于分部的费用，即将企业交易发生的费用在相关分部之间进行分配，按属于某分部的费用金额确认为分部费用。

分部费用通常不包括下列项目：

① 利息费用（包括因预收或向其他分部借款而确认的利息费用），如发行债券等，但分部的日常活动是金融性质的除外。

② 营业外支出，如处置固定资产、无形资产等发生的净损失。

③ 处置投资发生的净损失，但分部的日常活动是金融性质的除外。

④ 采用权益法核算的长期股权投资在被投资单位发生的净损失中应承担的份额，但分部的日常活动是金融性质的除外。

⑤ 所得税费用。

⑥ 与企业整体相关的管理费用和其他费用。

需要特别说明的是，企业所得税通常是企业整体税收政策所考虑的内容而非某一分部活动所考虑的，如目前许多企业以总公司作为纳税主体；商业银行以一级法人主体（总行）集中纳税等。因此，分部费用通常不包括所得税费用。

3. 该分部的分部资产占所有分部资产合计额的10%或者以上。分部资产，是指分部经营活动使用的可以归属于该分部的资产。具体来说，分部资产符合下列两个条件：一是在分部的经营中使用、可直接归属于该分部；二是能够以合理的基础分配给该分部。根据上述定义，分部资产应当包括但不限于以下项目：分部在经营活动中所使用的流动资产、固定资产、融资租入的资产、可直接归属于或者以合理的基础分配于某分部的商誉、无形资产等。而递延所得税资产，以及服务于整个企业或者管理总部的资产，则不属于分部资产。

企业在计量分部资产时，应当按照分部资产的账面价值进行计量，即按扣除相关累计折旧或摊销额以及累计减值准备后的金额计量。

通常，分部资产与分部利润（亏损）、分部费用等之间存在一定的对应关系，即：

① 如果分部利润（亏损）包括利息或股利收入，则分部资产中就应当包括相应的应收账款、贷款、投资或其他金融资产。

② 如果分部费用包括某项固定资产的折旧费用，则分部资产中就应当包括该项固定资产。

③ 如果分部费用包括某项无形资产或商誉的摊销额或减值额，则分部资产中就应当包括该项无形资产或商誉。

（二）低于10%重要性标准的选择

经营分部未满足3个重要性判断标准的，可以按照下列规定进行处理：

（1）不考虑该分部的规模，直接将其指定为报告分部。在这种情况下，无论该分部是否满足10%的重要性标准，企业可以根据需要直接将其指定为报告分部。

（2）不将该分部直接指定为报告分部的，可将该分部与1个或1个以上类似的、未满足规定条件的其他分部合并为一个报告分部。对分部报告的10%的重要性测试可能会导致存在大量未满足10%数量临界线的经营分部，在这种情况下，如果企业没有直接将这些分部指定为报告分部的，则可以将1个或1个以上类似的、未满足重要性标准的小分部合并为一个报告分部。

（3）不将该分部指定为报告分部且不与其他分部合并的，应当在披露分部信息时，将其作为其他项目单独披露。如果企业不将该分部直接指定为报告分部，并且也不将该分部与其他未作为报告分部的其他分部合并为一个报告分部，则企业应当把这些分部作为其他项目（即未分配项目），单独进行披露。

（三）报告分部75%的标准

企业的经营分部达到规定的10%重要性标准确认为报告分部后，确定为报告分部的各业务分部或各地区分部的对外交易收入合计额占合并总收入或企业总收入的比重应当达到75%的比例。如果未达到75%的标准，企业必须增加报告分部的数量，将其他未作为报告分部的经营分部纳入报告分部的范围，直到该比重达到75%。此时，其他未作为报告分部的经营分部很可能未满足前述规定的3个10%的重要性标准。但为了使报告分部的对外交易收入合计额占合并总收入或企业总收入的总体比重能够达到75%的比例要求，也应当将其确定为报告分部。

（四）报告分部的数量

根据前述的确定报告分部的原则，企业确定的报告分部数量可能超过10个，此时企业提供的分部信息可能变得非常烦琐，不利于会计信息使用者理解和使用。因此，报告分部的数量通常不应当超过10个。如果报告分部的数量超过10个，企业应当考虑将具有相似经济特征、满足经营分部合并条件的报告分部进行合并，以使合并后的报告分部数量不超过10个。

（五）为提供可比信息报告分部的确定

企业在确定报告分部时，除应当遵循相应的确定标准以外，还应当考虑不同会计期间分部信息的可比性和一贯性。对于某一经营分部，在上期可能满足报告分部的确定条件从而确定为报告分部，但本期可能并不满足报告分部的确定条件。此时，如果企业认为该分部仍然重要，单独披露该分部的信息能够更有助于报表使用者了解企业的整体情况，则不需要考虑该分部的规模，仍应当将该分部确定为本期的报告分部。

对于某一经营分部，在本期可能满足报告分部的确定条件从而确定为报告分部，但上期可能并不满足报告分部的确定条件而未确定为报告分部。此时，出于比较目的提供的以前会计期间的分部信息应当重述，以将该经营分部反映为一个报告分部，即使其不满足确定为报告分部的条件。如果重述需要的信息无法获得，或者不符合成本效益原则，则不需要重述以前会计期间的分部信息。

四、分部信息的披露

企业披露的分部信息，应当有助于会计信息使用者评价企业所从经经营活动的性质和财务影响以及经营所处的经济环境。企业应当在附注中披露报告分部的下列信息：

1. 描述性信息。

（1）确定报告分部考虑的因素。

【例 10－2】沿用〖例 10－1〗的资料，XYZ 公司披露的确定报告分部考虑的因素如下：

本公司的报告分部都是提供不同产品或服务的业务单元。出于各种业务需要不同的技术和市场战略，本公司分别独立管理各个报告分部的生产经营活动，分别评价其经营成果，以决定向其配置资源、评价其业绩。

（2）报告分部的产品和劳务的类型。

【例 10－3】沿用〖例 10－1〗的资料，XYZ 公司披露的报告分部的产品和业务的类型如下：

本公司有 4 个报告分部，分别为皮箱分部、手提包分部、公文包分部和销售公司分部。皮箱分部负责生产皮箱；手提包分部负责生产手提包；公文包分部负责生产公文包；销售公司分部负责销售本公司各组成部分生产的各种产品。

2011 年“中国石化（600028）”分部信息披露——描述性信息

本公司分部信息是按照集团的经营分部来编制的。分部报告的形式是基于本集团管理要求及内部报告制度。鉴于本公司及各子公司主要是在国内经营，故并无编列任何地区分部资料。本集团主要经营决策者确定以下 5 个报告分部，其报告形式与呈报予主要经营决策者用以决定各分部进行资源分配及评价业绩的报告形式一致。本集团并未合并任何经营分部以组成下列经营分部。

（1）勘探及生产：勘探及开发油田、生产原油及天然气，并销售这些产品予本集团的炼油分部及外界客户。

（2）炼油：加工及提炼源自本集团勘探及生产分部和外界供应商的原油，以及制造和销售石油产品予本集团的化工、营销及分销分部和外界客户。

（3）营销及分销：在中国拥有及经营油库及加油站，并透过批发及零售网络，在中国分销和销售已炼制的石油产品，主要为汽油及柴油。

（4）化工：制造及销售石化产品、衍生石化产品及其他化工产品予外界客户。

（5）其他：主要包括本集团进出口公司的贸易业务和其他子公司所进行的研究及开发工作。

划分这些分部的主要原因是本集团独立地管理勘探及生产、炼油、营销及分销、化工及其他业务。由于这些分部均制造及/或分销不同的产品，应用不同的生产程序，而且在营运毛利方面各具特点，故每个分部都是各自独立地管理。

本集团主要经营决策者是按照营业利润来评估各个业务分部的表现和作出资源分配，而没有考虑融资成本或投资收益的影响。本集团各个分部所采用的会计政策，与报表中所述的主要会计政策相同。业务分部不获分配企业行政费用和资产，而是照单支付直接的企业服务收费。分部间转让定价是按本集团政策以成本加适当的利润确定。

资料来源：中国石油化工股份有限公司 2011 年年度报告。

2. 每一报告分部的利润（亏损）总额相关信息。该信息包括利润（亏损）总额组成项目及计量的相关会计政策信息。企业管理层在计量报告分部利润（亏损）时运用了下列数据，或者未运用下列数据但定期提供给企业管理层的，应当在附注中披露每一报告分部的下列信息：(1) 对外交易收入和分部间交易收入。(2) 利息收入和利息费用。但是，报告分部的日常活动是金融性质的除外。报告分部的日常活动是金融性质的，可以仅披露利息收入减去利息费用后的净额，同时披露这一处理方法。(3) 折旧费用和摊销费用，以及其他重大的非现金项目。(4) 采用权益法核算的长期股权投资确认的投资收益。(5) 所得税费用或所得税收益。(6) 其他重大的收益或费用项目。

企业应当在附注中披露计量每一报告分部利润（亏损）的下列会计政策：(1) 分部间转移价格的确定基础；(2) 相关收入和费用分配给报告分部的基础；(3) 确定报告分部利润（亏损）使用的计量方法发生变化的性质，以及这些变化产生的影响。

3. 每一报告分部的资产总额、负债总额相关信息。该信息包括资产总额组成项目的信息，以及有关资产、负债计量相关的会计政策。企业管理层在计量报告分部资产时运用了下列数据，或者未运用下列数据但定期提供给企业管理层的，应当在附注中披露每一报告分部的下列信息：(1) 采用权益法核算的长期股权投资金额；(2) 非流动资产（不包括金融资产、独立账资产、递延所得税资产）金额。报告分部的负债金额定期提供给企业管理层的，企业应当在附注中披露每一报告分部的负债金额。

企业应当在附注中披露将相关资产或负债分配给报告分部的基础。

分部负债，是指分部经营活动形成的可归属于该分部的负债，不包括递延所得税负债。如果与两个或多个经营分部共同承担的负债相关的费用分配给这些经营分部，该共同承担的负债也应当分配给这些经营分部。

4. 除上述已经作为报告分部信息组成部分的披露内容外，企业还应当披露下列信息：

(1) 每一产品和劳务或每一类似产品和劳务的对外交易收入。但是披露相关信息不切实可行的除外。企业披露相关信息不切实可行的，应当披露这一事实。

(2) 企业取得的来自本国的对外交易收入总额，以及企业从其他国家取得的对外交易收入总额。但是，披露相关信息不切实可行的除外。企业披露相关信息不切实可行的，应当披露这一事实。

(3) 企业取得的位于本国的非流动资产（不包括金融资产、独立账户资产、递延所得税资产）总额，以及企业位于其他国家的非流动资产（不包括金融资产、独立账户资产、递延所得税资产）总额。但是，披露相关信息不切实可行的除外。企业披露相关信息不切实可行的，应当披露这一事实。

(4) 企业对主要客户的依赖程度。企业与某一外部客户交易收入占合并总收入或企业总收入的10%或以上，应当披露这一事实，以及来自该外部客户的总收入和相关报告分部的特征。

5. 报告分部信息总额与企业信息总额的衔接。报告分部收入总额应当与企业收入总额相衔接；报告分部利润（亏损）总额应当与企业利润（亏损）总额相衔接；报告分部资产总额应当与企业资产总额相衔接；报告分部负债总额应当与企业负债总额相衔接。

6. 比较信息。企业在披露分部信息时，为可比起见应当提供前期的比较数据。对于某一经营分部，如果本期满足报告分部的确定条件确定为报告分部，即使前期没有满足报告分部的确定条件未确定为报告分部，也应当提供前期的比较数据。但是，重述信息不切实可行的除外。

企业内部组织结构改变导致报告分部组成发生变化的，应当提供前期比较数据。但是，提供比较数据不切实可行的除外。企业未提供前期比较数据的，应当在报告分部组成发生变化的当年，同时披露以新的报告分部和旧的报告分部为基础编制的分部信息。

不论企业是否提供前期比较数据，均应披露这一事实。

第二节　中期财务报告

一、中期财务报告概述

（一）中期财务报告及其构成

1. 中期财务报告的定义。随着经济全球一体化和我国社会主义市场经济的发展，市场竞争日趋激烈，市场信息瞬息万变，企业日常经营活动的波动和外部经营环境的变化频率不断加强，投资者、债权人等对公开披露的财务报告信息的及时性和相关性提出了更高的要求。为了规范中期财务报告的编制及应当遵循的确认与计量原则，财政部发布了《企业会计准则第 32 号——中期财务报告》。

中期财务报告，是指以中期为基础编制的财务报告。“中期”，是指短于一个完整的会计年度（自公历 1 月 1 日起至 12 月 31 日止）的报告期间，它可以是一个月、一个季度或者半年，也可以是其他短于一个会计年度的期间，如 1 月 1 日至 9 月 30 日的期间等。因此，中期财务报告包括月度财务报告、季度财务报告、半年度财务报告，也包括年初至本中期末的财务报告。

2. 中期财务报告的构成。

（1）资产负债表、利润表、现金流量表和附注是中期财务报告至少应当编制的法定内容，对其他财务报表或者相关信息，如所有者权益（或股东权益）变动表等，企业可以根据需要自行决定。

（2）中期资产负债表、利润表和现金流量表的格式和内容，应当和上年度财务报表相一致。但如果当年新施行的会计准则对财务报表格式和内容作了修改的，中期财务报表应当按照修改后的报表格式和内容编制；与此同时，在中期财务报告中提供的上年度比较财务报表的格式和内容也应当作相应的调整。

（3）中期财务报告中的附注相对于年度财务报告中的附注而言，是适当简化的。中期财务报表附注的编制应当遵循重要性原则。但企业至少应当在中期财务报表附注中披露本节“（三）中期财务报告附注的编注要求”规定的信息。

中期财务报告的理论基础："独立观"和"一体观"

独立观，是将每一个中期视为一个独立的会计期间，报告中所采用的会计政策和确认与计量原则和年度财务报告相一致，其中所应用的会计估计、成本分配和应计项目的处理等与年度财务报告相一致。以这种方法编制中期财务报告的优点是其所反映的企业业绩资料具有可靠性，不容易被操控；缺点是容易导致中期收入与费用的不合理配比，影响对企业业绩的正确评价和预测，影响会计信息使用者对年度结果的预测。

一体观，是将每一中期视为会计年度的有机组成部分而非独立的会计期间，报告中应用的会计估计、成本分配、各递延和应计项目的处理必须考虑到全年将要发生的情况。会计年度发生的成本与费用，需要以年度预计活动水平与预计受益期间、预计销售量和产量等为基础，分配到各个中期。其优点是使收入和费用得到合理配比，提高中期报告的有用性；缺点是这种中期收益的平滑化，容易导致对收益的操纵，影响信息的可靠性。

世界上，除了美国、我国台湾地区等少数国家或地区采用中期报告的一体观之外，大多数国家或地区采用的都是独立观。但是，从各国或地区中期财务报告会计准则的具体内容来看，单纯地采用其中一种观点的情况比较少，大多是侧重其中一种观点而兼顾另一种观点。由于我国目前会计信息失真的现象比较普遍，证券市场的发展还处于初创阶段，外部对中期财务报告的监管力度不够，我国中期财务报告的编制以独立观作为其理论基础。

（二）中期财务报告的编制要求

1. 中期财务报告应遵循的原则。

（1）遵循与年度财务报告相一致的会计政策原则。企业在编制中期财务报告时，应当将中期视同为一个独立的会计期间，不仅所采用的会计政策应当与年度财务报告所采用的会计政策相一致，且包括会计要素确认和计量原则一致。企业在编制中期财务报告时不得随意变更会计政策。

（2）遵循重要性原则。重要性原则是企业编制中期财务报告的一项十分重要的原则，具体应注意以下几点：

① 重要性程度的判断应当以中期财务数据为基础，而不得以预计的年度财务数据为基础。这里所指的"中期财务数据"既包括本中期的财务数据，也包括年初至本中期末的财务数据。主要考虑有些对于预计的年度财务数据显得不重要的信息对于中期财务数据而言可能是重要的。

② 重要性原则的运用应当保证中期财务报告包括了与理解企业中期末财务状况

和中期经营成果及其现金流量相关的信息。企业在运用重要性原则时，应当避免在中期财务报告中由于不确认、不披露或者忽略某些信息而对信息使用者的决策产生误导。

③ 重要性程度的判断需要根据具体情况作具体分析和职业判断。通常，在判断某一项目的重要性程度时，应当将项目的金额和性质结合在一起予以考虑，而且在判断项目金额的重要性时，应当以资产、负债、净资产、营业收入、净利润等直接相关项目数字作为比较基础，并综合考虑其他相关因素。有时，在一些特殊情况下，单独依据项目的金额或者性质就可以判断其重要性。例如，企业发生会计政策变更，该变更事项对当期期末财务状况或者当期损益的影响可能比较小，但对以后期财务状况或者损益的影响却比较大，因此会计政策变更从性质上属于重要事项，应当在财务报告中予以披露。

（3）遵循及时性原则。为了体现企业编制中期财务报告的及时性原则，中期财务报告计量相对于年度财务数据的计量而言，在很大程度上依赖于估计。例如，企业通常在会计年度末对存货进行全面、详细的实地盘点，因此对年末存货可以达到较为精确的计价。但是在中期末，由于时间上的限制和成本方面的考虑，有时不大可能对存货进行全面、详细的实地盘点，在这种情况下，对于中期末存货的计价就可在更大程度上依赖于会计估计。

2. 中期合并财务报表和提供母公司财务报表编制要求。企业上年度编制合并财务报表的，中期期末应当编制合并财务报表。上年度财务报告除了包括合并财务报表，还包括母公司财务报表的，中期财务报告也应当包括母公司财务报表。上年度财务报告包括了合并财务报表，但报告中期内处置了所有应纳入合并范围的子公司的，中期财务报告只需要提供母公司财务报表，但上年度比较财务报表仍应当包括合并财务报表，上年度可比中期没有子公司的除外。具体而言：

（1）上年度中编报合并财务报表的企业，其中期财务报告中也应当编制合并财务报表，而且合并财务报表的合并范围、合并原则、辩证方法和合并财务报表的格式与内容等也应当与上年度合并财务报表相一致。但当年新企业会计准则有新的规定除外。

（2）企业中期合并财务报表合并范围发生变化的，则应该区分以下情况进行处理：

第一，如果企业在报告中期内处置了所有子公司，而且在报告中期又没有新增子公司，那么企业在其中期财务报告中就不必编制合并财务报表。尽管如此，企业提供的上年度比较财务报表仍然应当同时提供合并财务报表和母公司财务报表。除非在上年度可比中期末，企业没有子公司。

第二，中期内新增符合合并财务报表合并范围要求的子公司。在这种情况下，企业在中期末就需要将子公司的个别财务报表纳入合并财务报表的合并范围中。

（3）应当编制合并财务报表的企业，如果在上年度财务报告中除了提供合并财务报表之外，还提供了母公司财务报表，如上市公司，那么其中期财务报告除了应当提供合并财务报表之外，还应当提供母公司财务报表。

3. 比较财务报表编制要求。为了提高财务报表信息的可比性、相关性和有用性，企业在中期末除了编制中期末资产负债表、中期利润表和现金流量表之外，还应当提供前期比较财务报表。中期财务报告应当按照下列规定提供比较财务报表：

（1）本中期末的资产负债表和上年度末的资产负债表。

（2）本中期的利润表、年初至本中期末的利润表以及上年度可比期间的利润表。其中，上年度可比期间的利润表包括：上年度可比中期的利润表和上年度年初至上年可比中期末的利润表。

（3）年初至本中期末的现金流量表和上年度年初至上年可比本期末端现金流量表。

【例10-4】 甲企业按要求需要提供半年度中期财务报告，则该企业在截至20×7年6月30日的上半年的财务报告中应当提供的财务报表如表10-2所示。

表10-2　　半年报的披露要求

报表类别	本年度中期财务报表时间（或者期间）	上年度比较财务报表时间（或者期间）
资产负债表	20×7年6月30日	20×6年12月31日
利润表	20×7年1月1日至6月30日	20×6年1月1日至6月30日
现金流量表	20×7年1月1日至6月30日	20×6年1月1日至6月30日

【例10-5】 乙企业按照需求需提供季度财务报告，则该企业在截至20×7年12月31日、6月30日和9月30日分别提供各季度财务报告（即第1、2、3季度财务报告）中就应当分别提供如下财务报表。

① 20×7年第1季度财务报告应当提供的财务报表如表10-3所示。

表10-3　　季报的披露要求

报表类别	本年度中期财务报表时间（或者期间）	上年度比较财务报表时间（或者期间）
资产负债表	20×7年3月31日	20×6年12月31日
利润表	20×7年1月1日至3月31日	20×6年1月1日至3月31日
现金流量表	20×7年1月1日至3月31日	20×6年1月1日至3月31日

注：在第1季度财务报告中，“本中期”与“年初至本中期末”的期间是相同的，所以在第1季度财务报告只需提供一张利润表，因为在第1季度，本中期利润表即为年初至本中期末利润表，相应地，上年度的比较财务报表也只需提供一张利润表。

② 20×7年第2季度财务报告应当提供的财务报表如表10-4所示。

表 10 - 4　　季报的披露要求

报表类别	本年度中期财务报表时间（或者期间）	上年度比较财务报表时间（或者期间）
资产负债表	20×7年6月30日	20×6年12月31日
利润表（本中期）	20×7年4月1日至6月30日	20×6年4月1日至6月30日
利润表（年初至本中期末）	20×7年1月1日至6月30日	20×6年1月1日至6月30日
现金流量表	20×7年1月1日至6月30日	20×6年1月1日至6月30日

③ 20×7年第3季度财务报告应当提供的财务报表如表10-5所示。

表 10 - 5　　季报的披露要求

报表类别	本年度中期财务报表时间（或者期间）	上年度比较财务报表时间（或者期间）
资产负债表	20×7年9月30日	20×6年12月31日
利润表（本中期）	20×7年7月1日至9月30日	20×6年7月1日至9月30日
利润表（年初至本中期末）	20×7年1月1日至9月30日	20×6年1月1日至9月30日
现金流量表	20×7年1月1日至9月30日	20×6年1月1日至9月30日

需要说明的是，企业在中期财务报告中提供比较财务报表时，应当注意以下几个方面：第一，企业在中期内按新准则规定，对财务报表项目中报告中期进行了调整，则上年度比较财务报表项目的有关金额应当按照本年度中期财务报表的要求进行重新分类，以确保其与本年度中期财务报表的相应信息相互可比。同时，企业还应当在附注中说明财务报表项目重新分类的原因及内容。如果企业因原始数据收集、整理或者记录等方面的原因，无法对比较财务报表中的有关金额进行重新分类，应当在附注中说明不能进行重新分类的原因。第二，企业在中期内发生了会计政策变更的，其累计影响数能够合理确定，且涉及本会计年度以前中期财务报表净损益和其他相关项目数字的，应当予以追溯调整，视同该会计政策在整个会计年度一贯采用；对于比较财务报表可比期间以前的会计政策变更的累积影响数，应当根据规定调整比较财务报表最早期间的期初留存收益，财务报表其他相关项目的数字也应当一并调整。同时，在附注中说明会计政策变更的性质、内容、原因及其影响数；无法追溯调整的，应当说明原因。第三，对于在本年度中期内发生的调整以前年度损益事项，企业应当调整本年度财务报表相关项目的年初数，同时，中期财务报告中相应的比较财务报表也应当为已经调整以前年度损益后的报表。

4. 中期财务报告的确认与计量。

（1）中期财务报告的确认与计量的基本原则。

① 中期财务报告中各会计要素的确认和计量原则应当与年度财务报表所采用的原则相一致。即企业在中期根据所发生交易或者事项，对资产、负债、所有者权益（股东权益）、收入、费用和利润等各会计要素进行确认和计量时，应当符合相应会计要素定

义和确认、计量标准，不能因为财务报告期间的缩短（相对于会计年度而言）而改变。

② 在编制中期财务报告时，中期会计计量应当以年初至本中期末为基础，财务报告的频率不应当影响年度结果的计量。也就是说，无论企业中期财务报告的频率是月度、季度还是半年度，企业中期会计计量的结果最终应当与年度财务报告中的会计计量结果相一致。为此，企业中期财务报告的计量应当以年初至本期末为基础，即企业在中期应当以年初至本中期末作为中期会计计量的期间基础，而不应当以本中期作为会计计量的期间基础。

③ 企业在中期不得随意变更会计政策，应当采用与年度财务报表相一致的会计政策。如果上年度资产负债表日之后按规定变更了会计政策，且该变更后的会计政策将在本年度财务报表中采用，中期财务报表应当采用该变更后的会计政策。

对于会计估计变更，在同一会计年度内，以前中期财务报表项目在以后中期发生了会计估计变更的，以后中期财务报表应当反映该会计估计变更后的金额，但对以前中期财务报表项目金额不作调整。

（2）季节性、周期性或者偶然性取得的收入的确认和计量。企业取得季节性、周期性或者偶然性收入，应当在发生时予以确认和计量，不应当在中期财务报表中预计或者递延，但会计年度末允许预计或者递延的除外。

（3）会计年度中不均匀发生的费用的确认和计量。在编制中期财务报告时，企业在会计年度中不均匀发生的费用，应当在发生时予以确认和计量，不应在中期财务报表中预提或者摊销，但会计年度末允许预提或者待摊的除外。通常情况下，与企业生产经营和管理活动有关的费用往往是在一个会计年度的各个中期内均匀发生的，各中期之间发生的费用不会有较大差异。但是，对于一些费用，如员工培训费等，往往集中在会计年度的个别中期内。对于这些会计年度中不均匀发生的费用，企业应当在发生时予以确认和计量，不应当在中期财务报表中予以预提或者摊销。如果会计年度内不均匀发生的费用在会计年度末允许预提或者摊销，则在中期末也允许预提或者待摊。

5. 中期会计政策变更的处理。企业在中期发生了会计政策变更的，应当按照《企业会计准则第 28 号——会计政策、会计估计变更和差错更正》规定处理，并在财务报表附注中作相应披露。会计政策变更的累积影响数能够合理确定、且涉及本会计年度以前中期财务报表相关项目数字的，应当予以追溯调整，视同该会计政策在整个会计年度一贯采用；同时，上年度可比财务报表也应当作相应调整。除非国家规定了相关的会计处理方法，一般情况下，企业应当对根据本准则第七条要求提供的以前年度比较财务报表最早期间的期初留存收益和这些财务报表其他相关项目的数字进行追溯调整；同时，涉及本会计年度内会计政策变更以前各中期财务报表相关项目数字的，也应当予以追溯调整，视同该会计政策在整个会计年度和可比财务报表期间一贯采用。反之，会计政策变更的累积影响数不能合理确定，以及不涉及本会计年度以前中期财务报表相关项目数字的，应当采用未来适用法。同时，在财务报表附注中说明会计政策变更的性质、内容、原因及其影响数，如果累积影响数不能合理确定的，也应当说明理由。

（1）会计政策变更发生在会计年度内第1季度的处理。企业的会计政策变更发生在会计年度的第1季度，则企业除了计算会计政策变更的累积影响数并作相应的财务处理之外，在财务报表的列报方面，只需要根据变更后的会计政策编制第1季度和当年度以后季度财务报表，并对根据本准则要求提供的以前年度比较财务报表最早期间的期初留存收益和这些财务报表的其他相关项目数字作相应调整即可。

在财务报表附注的披露方面，应当披露会计政策变更对以前年度的累积影响数（包括对比较财务报表最早期间期初留存收益的影响数和以前年度可比中期损益的影响数）和对第1季度损益的影响数，在当年度第1季度之后的其他季度财务报表附注中，则应当披露第1季度发生的会计政策变更对当季度损益的影响数和年初至本年度末损益的影响数。

（2）会计政策变更发生在会计年度内第1季度之外的其他季度的处理。企业的会计政策变更发生在会计年度内第1季度之外的其他季度，如第2季度、第3季度等，其会计处理相对于会计政策变更发生在第1季度而言要复杂一些。企业除了应当计算会计政策变更的累积影响数并作相应的账务处理之外，在财务报表的列报方面，还需要调整以前年度比较财务报表最早期间的期初留存收益和比较财务报表其他相关项目的数字，以及在会计政策变更季度财务报告中或者变更以后季度财务报告中所涉及的本会计年度内发生会计政策变更之前季度财务报表相关项目的数字。

在报表附注方面，企业需要披露会计政策变更对以前年度的累计影响数，主要有：①对比财务报表最早期间期初留存收益的影响数；②以前年度可比中期损益的影响数，包括可比季度损益的影响数和可比年初至季度末损益的影响数；③对当年度变更季度、年初至变更季度末损益的影响数；④当年度会计政策变更前各季度损益的影响数。此外，在发生会计政策变更以后季度财务报表附注中也需要作相应披露。

（三）中期财务报告附注的编制要求

1. 中期财务报告附注编制的基本要求。

（1）附注应当以年初至本中期末为基础编制。编制中期财务报告的目的是为了向报告使用者提供自上年度资产负债表日之后所发生的重要交易或者事项，因此中期财务报告中的附注应当以“年初至本中期末”为基础进行编制，而不应当仅仅只披露本中期所发生的重要交易或者事项。

（2）附注应当对自上年度资产负债表日之后发生的重要的交易或者事项进行披露。中期财务报告中的附注应当以年初至本中期末为基础编制，披露自上年度资产负债表日之后发生的，有助于理解企业财务状况、经营成果和现金流量表变化情况的重要交易或者事项。此外，对于理解本中期财务状况、经营成果和现金流量有关的重要交易或者事项，也应当在附注中作相应披露。

2. 中期财务报告附注至少应当包括以下内容。

（1）中期财务报表所采用的会计政策与上年度财务报表相一致的声明。企业在中期会计政策发生变更的，应当说明会计政策变更的性质、内容、原因及其影响数；无法进行追溯调整的，应当说明原因。

（2）会计估计变更的内容、原因及其影响数；影响数不能确定，应当说明原因。

（3）前期差错的性质及其更正金额；无法进行追溯重述的，应当说明原因。

（4）企业经营的季节性或者周期性特征。

（5）存在控制关系的关联方发生变化的情况；关联方之间发生交易的，应当披露关联方关系的性质、交易类型和交易要素。

（6）合并财务报表的合并范围发生变化的情况。

（7）对性质特别或者金额异常的财务报表项目的说明。

（8）证券发行、回购和偿还情况。

（9）向所有者分配利润的情况，包括在中期内实施的利润分配和已提出或者已批准但尚未实施的利润分配情况。

（10）根据《企业会计准则第 35 号——分部报告》的规定披露分部报告信息的，应当披露主要的报告形式的分部收入与分部利润（亏损）。

（11）中期资产负债表日至中期财务报告批准报出日之间发生的非调整事项。

（12）上年度资产负债表日以后所发生的或有负债和或有资产的变化情况。

（13）企业结构变化情况，包括如企业合并，对被投资单位具有重大影响、共同控制或者控制关系的长期股权投资的购买或者处置，终止经营等。

（14）其他重大交易或者事项，包括重大的长期资产转让及其出售情况、重大的固定资产和无形资产取得情况、重大的研究和开发支出、重大的资产减值损失、或有负债等。

企业在提供上述第（5）项和第（10）项有关关联方交易、分部收入与分部利润（亏损）信息时，应当同时提供本中期（或者本中期末）和本年度初至本中期末的数据，以及上年度可比本中期（或者可比期末）和可比年初至本中期末的比较数据。

【关键词】

分部报告	segment report
经营分部	operating segment
报告分部	reportable segment
10%重要性标准	10% significance rules

中期财务报告	interim report
周期性项目	periodic items
偶然性项目	extraordinary items
季节性项目	seasonal items

思考题与练习题

一、思考题

1. 什么是分部报告？为什么要按照分部报告的方式披露企业信息？
2. 经营分部如何认定？怎样划分经营分部？
3. 确定分部报告的标准有哪些？
4. 分部信息披露应包括哪些内容？
5. 什么是中期财务报告？中期财务报告的内容包括哪些？
6. 中期财务报告的确认和计量内容包括哪些？

二、练习题

1. 分部报告的判断。深海石化公司主要包括3个子公司：海洋石油勘探及开采、炼油、化工。3个子公司都独立进行管理，分别承担了不同的风险和报酬。其中，勘探开采子公司所采的原油80%卖给炼油子公司，20%对外销售，2011年合计销售额10亿元（假设内外销售价格相同）；炼油子公司的产品60%卖给化工子公司，40%对外销售，2011年合计销售额20亿元（假设内外销售价格相同）；化工子公司的产品全部对外出售，2011年销售额30亿元。因此，深海石化公司2011年合计对外销售收入40亿元。

要求：按分部报告准则，深海石化公司是否应当提供分部报告？如应提供，如何划分报告分部？

2. 中期财务报告的确认和计量方法。上海亿科房地产公司采用滚动开发房地产方式，即开发完成一个房地产项目以后，才再开发下一个房地产项目，通常一个项目周期需要2~3年。2010年1月1日该公司开始开发一处住宅小区，该项目周期为2年。亿科公司采取边开发边销售的模式。假定2010年各季度分别收到楼盘销售款0元、0元、4 000万元、4 500万元，为小区建设发生的开发成本分别为2 000万元、1 500万元、1 000万元、3 000万元。2011年该公司在各季度分别收到楼盘销售款2 500万元、3 000万元、30 000万元、1 000万元，为小区建设分别发生开发成本为1 000万元、1 500万元、1 500万元、500万元。小区所有商品房于2011年11月完工，12月全部交付购房者，并办理完有关产权手续。亿科公司系上市公司，需要定期发布季度报告和半年报。

要求：亿科公司在2010年和2011年各季度末发布季度报告和半年报时，应当如何披露收入和成本？

第十一章

租赁会计

【本章学习目的和要求】

通过本章的学习，了解租赁的概念，熟悉融资租赁和经营租赁的划分标准，掌握融资租赁的确认标准，掌握承租人和出租人对一般租赁业务的会计处理，熟悉售后租回及其会计处理。

第一节　租赁会计概述

一、租赁及其特点

租赁是指在一定的期间内，出租人将资产使用权让与承租人，以获取对价的合同。租赁业务出现在中国，可以追溯到20世纪80年代。1981年，中国国际信托投资公司、北京市机电设备公司和日本东方租赁股份有限公司共同出资创建了中国第一家租赁公司——中国东方租赁有限公司。同年7月，中国国际信托投资公司与国家物资局共同组建了中国第一家金融租赁公司——中国租赁有限公司。经过30多年的发展，我国租赁业发展迅速，大批实物租赁公司从事直接租赁、转租赁、售后租回、委托租赁、厂商融资租赁等业务。租赁标的物包括钢模、通用设备、建筑施工机械、医疗设备、各类汽车、电脑等，其标的价格小到百元以内、大到千万元以上都有。

租赁业务的存在，满足了市场上不同使用者的需求。与一般的商品购买相比，租赁具有以下特征：

（一）灵活便利

租赁业务中的标的物，所有权在出租方、使用权在承租方。如果承租人仅仅是出于临时使用的目的，那么选择租赁就比购买可节省更多的资金，也可以减少一些费用支出。比如，某施工单位承揽了一项工程，需要短期使用某大型建筑设备。该公司可以选择租赁而不是购买建筑设备。显然，租金通常会比购买款少很多，而且可以省去拥有该资产的维护、折旧等日后费用支出，尤其当该公司日后不再需要此类设备时，租赁会在经济上显得更划算。

（二）可以融通资金

企业为取得资产的实际所有权，通常会选择购买。但有时购买会面临资金不足、商品禁售等限制，这个时候选择租赁，就可以将此类问题很好地化解。比如，目前国际上非常流行的一种租赁模式，通常由附属于银行及信托金融机构的专营租赁公司，按照客户的需要从制造商那里买下用户所选定的机器设备或运输设备，然后出租给用户（承租人）使用。这种租赁，实质上已经脱离了短期内取得资产使用权的经营租赁方式，而在实质上具有融通资金的功能。简言之，就是出租方在利用自己多余的资金，以“先买后出租”的方式取得让渡资金使用权的收益。

在发展中国家资金短缺条件下，租赁尤其利于获得先进设备的使用权，扩大出口贸易，以商品信贷的方式融通资金。它既有利于承租人获得较好的经济效益，也有利于承租人避免盲目引进的风险，还有利于满足承租人的各种特殊需要。

（三）承租方只取得资产的使用权

无论经营租赁或是融资租赁，从法律形式上看，出租方拥有资产的法定所有权，承租方具有资产的使用权，这一点不同于一般的买卖行为。租期届满后，有三种处置方式：一是承租人将设备退还给租赁公司；二是用户可要求续租，即按原租约继续租用（续租应减少租金）；三是按双方商定的较低价格将租赁设备买下来（称为购留，有时也可无偿取得）。

当然，从会计处理的角度，承租方需要将融资租赁的资产作为自己账上的固定资产核算，但这仅仅是财务会计按照实质重于形式的原则得出的处理方法，依然无法改变承租方未能拥有租赁资产的法律现实，这会影响资产的转让。

中国航空租赁风生水起 国际垄断局面待破局

波音公司（Boeing Co.）的一份报告预测，未来20年航空业将成为全球性高速增长的行业，航空租赁业迎来发展的春天，而中国将成为全球最大的航空租赁市场。

“中国民用飞机大会”上的数据显示，目前中国有波音和空中客车飞机1 340架，近45%约600多架采用经营租赁方式，但其中只有40多架是由中国的租赁公司经营的。近4年来，中国租赁公司在该领域迅速崛起，奔向抢食蛋糕的路上，可预见未来这一市场将上演全球范围的激烈竞争。

20世纪中期，美国兴起融资意义的飞机租赁，并迅速成为国际上飞机融资的基本渠道之一。但直到1979年，时任中信公司董事长的荣毅仁访美时，才在旧金山的一个午餐会上第一次听说了飞机租赁。会晤中，荣毅仁终于明白，原来很多企业的大型设备，包括外国航空公司的飞机，是从银行开办的租赁公司租赁得来的，这对于当时外汇极度短缺的中国政府来说，是非常实用的工具。归国后，他开始积极推动这一模式，到1980年夏天，在中信的推动下，民航局与美国汉诺威尔制造租赁公司和英国劳埃德银行美国分行合作，采用杠杆租赁的方式从美国引进一架波音747SP飞机，由此迈出了中国民航利用外资融资租赁飞机的第一步。

此后，中国航空公司逐渐接受租赁方式，开始从国外引进大量的飞机。但是，对制度环境要求极高的中国飞机租赁业却遭遇重重阻碍，2000年以前，国内开展经营性和融资性租赁业务的公司超过60家，却没有一家涉足飞机租赁业务。

2000年，深圳金融租赁有限公司（国开行旗下国银金融租赁前身，简称“深圳金融租赁”）涉足飞机租赁业务，成为中国首家开展飞机租赁的本土租赁公司。一定程度上，中国租赁公司的发展打破了航空租赁市场由国际资本垄断的局面，但现实仍未得到根本改变。对于参与这一领域的租赁企业而言，市场的扩大固然引人，但居高不下的成本更限制了施展的空间。

一业内人士坦言，目前国内租赁公司的现状是，资产规模增长速度比较快，但公司往往涉及很多租赁行业，包括电力、基础设施和航空等，专注于某一行业的专业公司在国内还没有出现，而对租赁公司来说，对资产的专业管理和趋势的准确判断，才能有效地控制巨大的风险。“比如像通用集团（GE）旗下的飞机租赁公司，会对未来3~5年的航空趋势做判断，然后提早预订机位，在行业低迷期管理好机队，在繁荣期出租资产。”

资料来源：中国民用航空网（http：//www. ccaonline. cn/），2012年1月20日。

二、租赁的分类

我国2006年发布的《企业会计准则第21号——租赁》，将租赁按照是否转移了与所有权相关的风险和报酬，被分为经营租赁和融资租赁。这样分类的目的，是希望赋予租赁业务不同的会计处理方式，以体现实质重于形式原则在会计核算中的运用。

（一）融资租赁

当租赁在实质上转移了与资产有关的全部风险和报酬时，无论在形式上是否转移了租赁资产的所有权，都需要将该租赁视同为融资租赁。融资租赁是目前国际上的主流租赁方式，一般来说，融资租赁协议通常具有如下特点：

1. 融资租赁一般涉及三方当事人，即出租人、承租人和供货商，并至少由两个合同构成（买卖合同和租赁合同）的自成一类的三边交易。这三方当事人相互关联，两个合同相互制约。

2. 拟租赁的设备由承租人自行选定，出租人只负责按用户的要求给予融资便利，购买设备，不负责设备缺陷、延迟交货等责任和设备维护的义务；承租人也不得以此为由拖欠和拒付租金。

3. 出租人在基本租期内只将设备出租给一个特定的用户，出租人从该用户收取的租金总额应等于该项租赁交易的全部投资及利润，或根据出租人所在国关于融资租赁的标准，等于投资总额的一定的比例，如80%。换言之，出租人在此交易中就能收回全部或大部分该项交易的投资。

4. 不可解约性，对承租人而言，租赁的设备是承租人根据其自身需要而自行选定的，因此，承租人不能以退还设备为条件而提前中止合同。对出租人而言，因设备为已购进商品，也不能以市场涨价为由而在租期内提高租金。总之，租赁合同签订后一般不可撤销，除非出现以下情况：（1）经出租人同意；（2）承租人与原出租人就同一资产或同类资产签订了新的租赁合同；（3）承租人支付一笔足够大的额外款项；（4）发生某些很少会出现的或有事项。

5. 设备的所有权在法律上属于出租人，设备的使用权在经济上实质属于承租人。设备的保险、保养、维护等费用及设备过时的风险均由承租人负担，基本租期结束时，承租人对设备拥有留购、续租或退租三种选择权。

（二）经营租赁

融资租赁以外的租赁为经营租赁。经营租赁的特征在于租赁资产的风险和报酬仍然存在于出租方，承租方仅仅是取得了资产的临时使用权。

经营租赁通常是大型生产企业的租赁部或专业租赁公司通过向用户出租本厂产品的一种租赁业务。出租人一般拥有自己的出租物仓库，一旦承租人提出要求，即可直接把设备出租给用户使用，同时出租人还可为承租人提供设备的保养维修服务。用户按租约交租金，在租用期满后退还设备。这种租赁方式适用于租赁期较短、技术更新较快的项目，且在租约期内可中止合同、退还设备，不过租金相对要高些。这种方式下，出租人必须连续多次出租设备才能收回设备的投资并获取利润。

我国2019年1月1日实施的新修订的《企业会计准则第21号——租赁》，取消了承租人的融资租赁和经营租赁的分类，要求承租人对除短期租赁和低价值资产租赁以外的所有租赁确认使用权资产和租赁负债，并分别确认折旧和利息费用，即采用与原准则规定的融资租赁会计处理类似的单一模型。对出租人则继续延用将租赁分为融资租赁和经营租赁。

租赁公司的基本业务

1. 直接融资租赁。由承租人指定设备及生产厂家，委托出租人融通资金购买并提供设备，由承租人使用并支付租金，租赁期满由出租人向承租人转移设备所有权。它以出租人保留租赁物所有权和收取租金为条件，使承租人在租赁期内对租赁物取得占有、使用和收益的权利。这是一种最典型的融资租赁方式。

2. 经营性租赁。由出租人承担与租赁物相关的风险与收益。使用这种方式的企业不以最终拥有租赁物为目的，在其财务报表中不反映为固定资产。企业为了规避设备风险或者需要表外融资，或需要利用一些税收优惠政策，可以选择经营租赁方式。

3. 售后回租。承租人和供货人为同一人，租赁物不是外购，而是承租人在租赁合同签订前已经购买并正在使用的设备。承租人将设备卖给租赁公司，然后反租回来。这种租赁方式有利于企业将现有资产变现，还可以用来筹措股本金、并购资金等。

4. 转租赁。以同一物件为标的物的多次融资租赁业务。在转租赁业务中，上一租赁合同的承租人同时又是下一租赁合同的出租人，称为转租人。转租人向其他出租人租入租赁物件再转租给第三人，转租人以收取租金差为目的。租赁物品的所有权归第一出租人。

5. 委托租赁。出租人接受委托人的资金或租赁标的物，根据委托人的书面委托，向委托人指定的承租人办理融资租赁业务。在租赁期内租赁标的物的所有权归委托人，出租人只收取手续费，不承担风险。

6. 联合租赁。租赁公司联合其他机构和企业共同对某一租赁项目提供融资支持，共担风险，共享收益。

7. 分成租赁。一种结合投资的某些特点的创新性租赁形式。租赁公司与承租人之间在确定租金水平时，是以租赁设备的生产量与租赁设备相关收益来确定租金，而不是以固定或者浮动的利率来确定租金，设备生产量大或与租赁设备相关的收益高，租金就高，反之则少。

三、租赁的识别、分拆和合并

（一）租赁的识别

在合同开始日，企业应当评估合同是否为租赁或者包含租赁。如果合同中一方让渡了在一定期间内控制一项或多项已识别资产使用的权利以换取对价，则该合同为租赁或者包含租赁。与租赁合同非常近似的是服务购买合同，由于服务购买合同是在发生服务当期确认为损益，无须在表内确认合同资产与负债，与租赁合同的会计处理存在差异。因此，需要辨析租赁与服务之间的区别。

租赁合同具有如下特征：

1. 租赁合同的标的应属于可识别资产。已识别资产通常由合同明确指定，也可以在资产可供客户使用时隐性指定。但是，即使合同已对资产进行指定，如果资产的供应方在整个使用期间拥有对该资产的实质性替换权，则该资产不属于已识别资产。同时符合下列条件时，表明供应方拥有资产的实质性替换权：（1）资产供应方拥有在整个使用期间替换资产的实际能力；（2）资产供应方通过行使替换资产的权利将获得经济利益。

例如，某企业（客户）与货运商（供应商）签订合同，约定了10节特定类型火车车厢的5年使用权。合同指定了具体的火车车厢，车厢为货运商所有。客户决定何时何地使用这些车厢，不使用时，车厢存放在客户处，客户可将车厢用于其他目的。合同规定供应商在客户要求时提供火车头和司机。这个例子中，合同包含了火车车厢的租赁，拥有10节车厢的5年使用权。

但是，假定上例中的合约修改为客户有权要求供应商在未来5年里按照规定的时间使用大致相当于10节车厢运输特定货物，供应商提供火车车厢、司机和火车头。供应商拥有大量类似的车厢，可以从中选择任何一个用于运输，闲置的车厢可以用于其他客户的运输服务。这个例子中，合同就不包括车厢租赁，因为供应商有替换火车车厢的实质性权利。

如果资产的某部分产能或其他部分在物理上不可区分，则该部分不属于已识别资产，除非其实质上代表该资产的全部产能，从而使客户获得因使用该资产所产生的几乎全部经济利益。企业难以确定供应方是否拥有对该资产的实质性替换权的，应当视为供应方没有对该资产的实质性替换权。

2. 客户主导合同资产的几乎全部经济利益。确认租赁合同的使用权资产，客户有权获得几乎全部的经济利益并且主导租赁资产的使用。在评估是否有权获得因使用已识别资产所产生的几乎全部经济利益时，企业应当在约定的客户可使用资产的权利范围内考虑其所产生的经济利益。

为确定合同是否让渡了在一定期间内控制已识别资产使用的权利，企业应当评估合同中的客户是否有权获得在使用期间内因使用已识别资产所产生的几乎全部经济利益，并有权在该使用期间主导已识别资产的使用。存在下列情况之一的，可视为客户有权主导对已识别资产在整个使用期间内的使用：（1）客户有权在整个使用期间主导已识别资产的使用目的和使用方式。（2）已识别资产的使用目的和使用方式在使用期开始前已预先确定，并且客户有权在整个使用期间自行或主导他人按照其确定的方式运营该资产，或者客户设计了已识别资产并在设计时已预先确定了该资产在整个使用期间的使用目的和使用方式。

例如，客户与供应商（电厂）签订合同，购买该电厂三年的全部电力。该电厂由供应商所有，并由供应商运行，供应商不能通过其他电厂向客户供应电力。合同规定了整个使用期间内该电厂的发电数量和时间安排，非特殊情况不可以变动。供应商负责电厂的日常维护与运行，客户未参与电厂的设计和建造。该合同不属于租赁合同，因为客户无权主导电厂的使用方式和使用目的，不参与决策。

如果客户修改了合同条款，规定客户有权向供应商发出关于电力交付数量和时间安排的指令，若电厂不为该客户生产电力则停止运行，这种情况下合同就包含租赁，因为客户有权主导电厂的使用，包括是否发电、发电的时间和发电数量。

综合上述，判断合同是否包含租赁，其逻辑如图 11－1 所示。

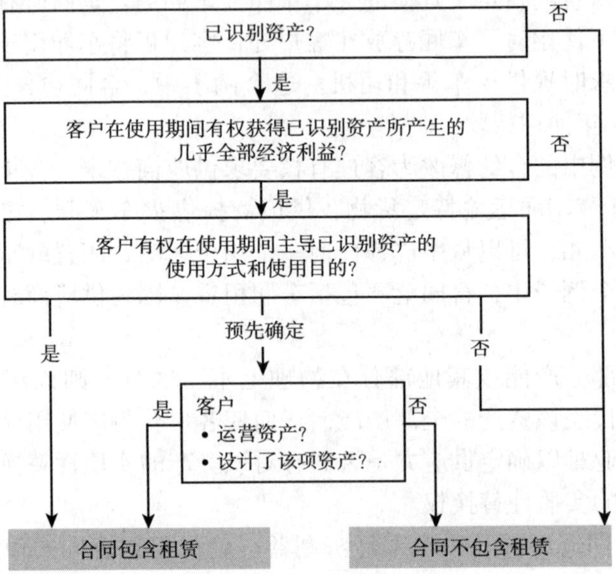

图 11－1　租赁合同的判定

（二）租赁的分拆与合并

1. 合同的分拆。某些合同可能同时包含租赁和非租赁（服务），例如汽车租赁合同中包含的租车与维修服务；还有些租赁合同可能同时包含多项租赁业务，例如一份单独租赁合同中包含土地、租赁、建筑物租赁和设备租赁，这就要求租赁合同在同时包含多项单独租赁的，承租人和出租人应当将合同予以分拆，并分别各项单独租赁进行会计处理。

合同中同时包含租赁和非租赁部分的，承租人和出租人应当将租赁和非租赁部分进行分拆。同时符合下列条件的，使用已识别资产的权利构成合同中的一项单独租赁：（1）承租人可从单独使用该资产或将其与易于获得的其他资源一起使用中获利；（2）该资产与合同中的其他资产不存在高度依赖或高度关联关系。

在分拆合同包含的租赁和非租赁部分时，承租人应当按照各租赁部分单独价格及非租赁部分的单独价格之和的相对比例分摊合同对价，出租人应当根据《企业会计准则第14号——收入》关于交易价格分摊的规定分摊合同对价。

为简化处理，承租人可以按照租赁资产的类别选择是否分拆合同包含的租赁和非租赁部分。承租人选择不分拆的，应当将各租赁部分及与其相关的非租赁部分分别合并为租赁，按照租赁准则进行会计处理。但是，对于按照《企业会计准则第22号——金融工具确认和计量》应分拆的嵌入衍生工具，承租人不应将其与租赁部分合并进行会计处理。

2. 合同的合并。企业与同一交易方或其关联方在同一时间或相近时间订立的两份或多份包含租赁的合同，在符合下列条件之一时，应当合并为一份合同进行会计处理：

（1）该两份或多份合同基于总体商业目的而订立并构成一揽子交易，若不作为整体考虑则无法理解其总体商业目的。

（2）该两份或多份合同中的某份合同的对价金额取决于其他合同的定价或履行情况。

（3）该两份或多份合同让渡的资产使用权合起来构成一项单独租赁。

有企业可能出于某种特定的目的签订多份合同，并且这些合同彼此联系实质性形成一揽子合同，如果不将这些合同作为一个整体来考虑，则无法体现这些合同的整体商业目的。例如，企业签订了一份1年期的租赁合同，同时就该租赁资产还订立了1年以后的另一份1年租赁合同以及2年后和3年开始的类似远期租赁协议，这些合同实质性就构成了一个整体合同，应当视同4年期的整体合同。

第二节 承租人的会计处理

一、使用权资产和租赁负债的确认和初始计量

（一）使用权资产

2018年12月，我国发布了新修订的《企业会计准则第21号——租赁》，在借鉴国际财务报告准则的基础上，对承租人的会计处理进行了较大规模的改进。此前，承租人需要区分经营租赁和融资租赁，对融资租赁在资产负债表内确认融资租赁资产和负债，

而经营租赁则无须在资产负债表内反映。修订后，承租人的会计处理不再区分经营租赁和融资租赁，在租赁期开始日，承租人应当对租赁确认使用权资产和租赁负债，短期租赁和低价值资产租赁除外。租赁期开始日，是指出租人提供租赁资产使其可供承租人使用的起始日期。

2010 年 8 月 17 日，国际会计准则理事会（IASB）发布《征求意见稿——租赁》(以下简称《征求意见稿》)，对有关租赁的确认原则、计量方法、列示项目和披露信息等内容进行了规范，征求意见截止时间为 2010 年 12 月 15 日。按照 IASB 的工作计划，该项目预计于 2011 年 6 月发布正式的国际财务报告准则。

现行租赁会计模型将租赁划分为融资租赁和经营租赁。经营租赁产生的权利和义务符合概念框架中资产和负债的定义，但没有反映在承租人的财务报表中，实质上是表外融资。融资租赁模式和经营租赁模式的同时存在意味着经济意义相似的交易可能结果不一样，降低了财务报表的可比性。此外，融资租赁和经营租赁之间的“明线”划分，导致现行模型过于复杂，实务中难以用合理的方式准确界定融资租赁和经营租赁。

为有效解决上述问题，国际会计准则委员会和美国财务会计准则委员会发起了一个共同项目，目的是制定一种新的、单一的租赁会计处理方法，确保租赁引起的所有资产和负债都能够在财务报表中得以确认。2009 年 3 月，两委员会发布了租赁会计准则的讨论稿，提出了租赁会计准则修订的初步意见。在考虑了全球对讨论稿的回复意见后，两委员会于 2010 年 8 月 17 日发布了征求意见稿。

由于租赁涉及对现行准则或实务的较大调整，为确保充分考虑各方意见、严格履行准则制定的应循程序，国际会计准则理事会于 2011 年 7 月 26 日推迟了该项目的完成时间。租赁项目将于 2011 年下半年重新征求意见，计划完成时间推迟到 2012 年。

资料来源：财政部会计准则委员会。

使用权资产，是指承租人可在租赁期内使用租赁资产的权利。使用权资产应当按照成本进行初始计量。该成本包括：

1. 租赁负债的初始计量金额。

2. 在租赁期开始日或之前支付的租赁付款额，存在租赁激励的，扣除已享受的租赁激励相关金额。租赁激励，是指出租人为达成租赁向承租人提供的优惠，包括出租人向承租人支付的与租赁有关的款项、出租人为承租人偿付或承担的成本等。

3. 承租人发生的初始直接费用。初始直接费用，是指为达成租赁所发生的增量成本。增量成本是指若企业不取得该租赁，则不会发生的成本。

4. 承租人为拆卸及移除租赁资产、复原租赁资产所在场地或将租赁资产恢复至租赁条款约定状态预计将发生的成本。

租赁期，是指承租人有权使用租赁资产且不可撤销的期间。确定租赁期是应考虑相应的选择权，包括：承租人有续租选择权，即有权选择续租该资产，且合理确定将行使该选择权的，租赁期还应当包含续租选择权涵盖的期间；承租人有终止租赁选择权，即有权选择终止租赁该资产，但合理确定将不会行使该选择权的，租赁期应当包含终止租赁选择权涵盖的期间。当发生承租人可控范围内的重大事件或变化，且影响承租人是否合理确定将行使相应选择权的，承租人应当对其是否合理确定行使续租选择权、购买选择权或不行使终止租赁选择权进行重新评估。

（二）租赁负债

租赁负债应当按照租赁期开始日尚未支付的租赁付款额的现值进行初始计量。在计算租赁付款额的现值时，承租人应当采用租赁内含利率作为折现率；无法确定租赁内含利率的，应当采用承租人增量借款利率作为折现率。租赁内含利率，是指使出租人的租赁收款额的现值与未担保余值的现值之和等于租赁资产公允价值与出租人的初始直接费用之和的利率。承租人增量借款利率，是指承租人在类似经济环境下为获得与使用权资产价值接近的资产，在类似期间以类似抵押条件借入资金必须支付的利率。

租赁付款额，是指承租人向出租人支付的与在租赁期内使用租赁资产的权利相关的款项，包括：

1. 固定付款额及实质固定付款额，存在租赁激励的，扣除租赁激励相关金额。实质固定付款额，是指在形式上可能包含变量但实质上无法避免的付款额。

2. 取决于指数或比率的可变租赁付款额，该款项在初始计量时根据租赁期开始日的指数或比率确定。可变租赁付款额，是指承租人为取得在租赁期内使用租赁资产的权利，向出租人支付的因租赁期开始日后的事实或情况发生变化（而非时间推移）而变动的款项。取决于指数或比率的可变租赁付款额包括与消费者价格指数挂钩的款项、与基准利率挂钩的款项和为反映市场租金费率变化而变动的款项等。

3. 购买选择权的行权价格，前提是承租人合理确定将行使该选择权。

4. 行使终止租赁选择权需支付的款项，前提是租赁期反映出承租人将行使终止租赁选择权。

5. 根据承租人提供的担保余值预计应支付的款项。担保余值，是指与出租人无关的一方向出租人提供担保，保证在租赁结束时租赁资产的价值至少为某指定的金额。未担保余值，是指租赁资产余值中，出租人无法保证能够实现或仅由与出租人有关的一方予以担保的部分。

【例 11 –1】 承租人就某栋建筑物的某一层楼签订了为期 10 年的租赁，具有 5 年的续租选择权。初始租赁期内租赁付款额为每年 50 000 元，选择权期间为每年 55 000

元，所有款项应在每年年初支付。为获得该项租赁，承租人发生的初始直接费用为20 000元，其中，15 000 元为向该楼层前任租户支付的款项，5 000 元为向安排此租赁的房地产中介支付的佣金。作为对签署此项租赁的承租人的激励，出租人同意为承租人报销5 000 元的佣金，以及7 000 元的装修费。

在租赁期开始日，承租人得出结论认为不能合理确定将行使续租选择权。因此，将租赁期确定为10 年。

租赁内含利率无法直接确定。承租人的增量借款利率为每年5%，该利率反映的是承租人以类似抵押条件借入期限为10 年、与使用权资产等值的相同币种的借款而必须支付的固定利率。

在租赁期开始日，承租人支付第1 年的租赁付款额，发生初始直接费用，从出租人处收到租赁激励，并以剩余9 期付款额 50 000 元按 5% 的年利率折现后的现值 355 391 元计量租赁负债。

承租人初始确认的与租赁相关的资产和负债如下：

借：使用权资产	405 391	
贷：租赁负债		355 391
银行存款（第1 年的租赁付款额）		50 000
借：使用权资产	20 000	
贷：银行存款（初始直接费用）		20 000
借：银行存款（租赁激励）	5 000	
贷：使用权资产		5 000

承租人从出租人处获得的装修费报销不属于租赁激励，这是因为使用权资产的成本不包括承租人发生的装修费。

(三) 短期租赁和低价值资产租赁

考虑到短期租赁和低价值租赁采用“入表”的方式所带来的效益不高，但核算成本较高，为减少承租人会计成本，会计准则允许对短期租赁和低价值租赁采用豁免的选择，这类承租人企业可以按照会计准则的规定采用“入表”的会计处理方式，也可以简化处理方式而无须“入表”。

短期租赁，是指在租赁期开始日，租赁期不超过12 个月的租赁。包含购买选择权的租赁不属于短期租赁。低价值资产租赁，是指单项租赁资产为全新资产时价值较低的租赁。低价值资产租赁的判定仅与资产的绝对价值有关，不受承租人规模、性质或其他情况影响。

对于短期租赁和低价值资产租赁，承租人可以选择不确认使用权资产和租赁负债。作出该选择的，承租人应当将短期租赁和低价值资产租赁的租赁付款额，在租赁期内各个期间按照直线法或其他系统合理的方法计入相关资产成本或当期损益。其他系统合理的方法能够更好地反映承租人的受益模式的，承租人应当采用该方法。

在何为低价值租赁的判定上，国际会计准则理事会在2015年时曾讨论过单项全新的价值不超过5 000美元的标准，例如个人电脑、平板、办公家具和电话等小型物件。在评估标的资产价值时不应受到承租人的规模、性质等影响，豁免应以被租赁资产全新时的价值为基础，而非租赁该资产的承租人规模和性质决定。我国企业会计准则中并未对低价值给出具体的金额标准，但要求企业在财务报告中披露采用豁免的事实，以及计入当期损益的简化处理的短期租赁费用和低价值资产租赁费用。

二、使用权资产和租赁负债的后续计量

（一）使用权资产的后续计量

在租赁期开始日后，承租人应当采用成本模式对使用权资产进行后续计量。

承租人应当参照《企业会计准则第4号——固定资产》有关折旧规定，对使用权资产计提折旧。承租人能够合理确定租赁期届满时取得租赁资产所有权的，应当在租赁资产剩余使用寿命内计提折旧。无法合理确定租赁期届满时能够取得租赁资产所有权的，应当在租赁期与租赁资产剩余使用寿命两者孰短的期间内计提折旧。

承租人应当按照《企业会计准则第8号——资产减值》的规定，确定使用权资产是否发生减值，并对已识别的减值损失进行会计处理。

（二）租赁负债的后续计量

承租人应当按照固定的周期性利率计算租赁负债在租赁期内各期间的利息费用，并计入当期损益。

周期性利率，是指在租赁期开始日后，承租人应当重新确定租赁付款额，并按变动后租赁付款额和修订后的折现率计算的现值重新计量租赁负债：（1）因续租选择权或终止租赁选择权的评估结果发生变化，或者前述选择权的实际行使情况与原评估结果不一致等导致租赁期变化的，应当根据新的租赁期重新确定租赁付款额；（2）因购买选择权的评估结果发生变化的，应当根据新的评估结果重新确定租赁付款额。

在计算变动后租赁付款额的现值时，承租人应当采用剩余租赁期间的租赁内含利率作为修订后的折现率；无法确定剩余租赁期间的租赁内含利率的，应当采用重估日的承租人增量借款利率作为修订后的折现率。

在租赁期开始日后，根据担保余值预计的应付金额发生变动，或者因用于确定租赁付款额的指数或比率变动而导致未来租赁付款额发生变动的，承租人应当按照变动后租

赁付款额的现值重新计量租赁负债。在这些情形下，承租人采用的折现率不变；但是，租赁付款额的变动源自浮动利率变动的，使用修订后的折现率。

【例 11－2】 承接〖例 11－1〗，在租赁的第 6 年，承租人收购公司 A。公司 A 在另一建筑物中租了一层楼。公司 A 签订的租赁合同包含可由公司 A 行使的终止租赁选择权。收购公司 A 之后，承租人由于员工人数增加而需在合适的建筑物中租赁两个楼层。为使成本最小化，承租人在其租赁的建筑物中单独就另一楼层签订了为期 8 年的租赁合同，该楼层在第 7 年年末时可供使用，同时自第 8 年年初提前终止了公司 A 签订的租赁。

将公司 A 的员工搬迁至承租人所使用的同一建筑物中，对承租人在 10 年不可撤销期间结束时进行续租产生了经济激励。收购公司 A 并将公司 A 的员工进行搬迁，是在承租人控制范围内的重大事件，并影响了承租人是否合理确定将行使之前在确定租赁期时未纳入租赁期的续租选择权。原因在于，与用等额租金在选择权期间租赁替代资产相比，租赁原来的楼层对承租人具有更大的效用（也具有更大的收益）。如果承租人在其他建筑物中租赁相似的楼层，则会因劳动力分散于不同的建筑物而产生额外成本。因此，在第 6 年年末，承租人得出结论认为，由于其收购了主体并决定搬迁公司 A，其可合理确定将行使续租选择权。

第 6 年年末时，承租人的增量借款利率为 6%，该利率反映的是承租人以类似抵押条件借入期限为 9 年、与使用权资产等值的相同币种的借款而必须支付的固定利率。承租人预计在整个租赁期内平均地消耗该使用权资产的未来经济利益，因此按直线法对使用权资产计提折旧。

第 1 年至第 6 年的使用权资产和租赁负债如表 11－1 所示。

表 11－1　　租赁资产和负债的计量　　单位：元

年份	租赁负债（5%）				使用权资产		
	期初余额	租赁付款额	利息费用	期末余额	期初余额	折旧费用	期末余额
1	355 391	—	17 770	373 161	420 391	(42 039)	378 352
2	373 161	(50 000)	16 158	339 319	378 352	(42 039)	336 313
3	339 319	(50 000)	14 466	303 785	336 313	(42 039)	294 274
4	303 785	(50 000)	12 689	266 474	294 274	(42 039)	252 235
5	266 474	(50 000)	10 823	227 297	252 235	(42 039)	210 196
6	227 297	(50 000)	8 865	186 162	210 196	(42 039)	168 157

第 6 年年末时，在对租赁期变动进行会计处理之前，租赁负债为 186 162 元（即剩余 4 期付款额 50 000 元按原来的年利率 5% 折现的现值）。第 6 年确认利息费用 8 865 元。承租人的使用权资产为 168 157 元。

承租人按照以下金额进行重新计量租赁负债：剩余4期付款额50 000元和随后5期付款额55 000元按照修改后的年折现率6%进行折现的现值，即378 174元。承租人的租赁负债增加192 012元，即重新计量后的负债378 174元与此前账面金额186 162元之间的差额。承租人对使用权资产进行相应调整，以反映新增使用权的成本，确认如下：

借：使用权资产　　192 012

　　贷：租赁负债　　192 012

重新计量之后，承租人使用权资产的账面金额为360 169（168 157 + 192 012）元。自第7年年初起，承租人按照修改后的年折现率6%对租赁负债计算利息费用。

第7年至第15年的使用权资产和租赁负债如表11－2所示。

表11－2　租赁资产和负债的计量　　单位：元

年份	租赁负债（6%）				使用权资产		
	期初余额	租赁付款额	利息费用	期末余额	期初余额	折旧费用	期末余额
7	378 174	—	19 690	347 864	360 169	(40 019)	320 150
8	347 864	(50 000)	17 872	315 736	320 150	(40 019)	280 131
9	315 736	(50 000)	15 944	281 680	280 131	(40 019)	240 112
10	281 680	(50 000)	13 901	245 581	240 112	(40 019)	200 093
11	245 581	(55 000)	11 435	202 016	200 093	(40 019)	160 074
12	202 016	(55 000)	8 821	155 837	160 074	(40 019)	120 055
13	155 837	(55 000)	6 050	106 887	120 055	(40 019)	80 036
14	106 887	(55 000)	3 113	55 000	80 036	(40 018)	40 018
15	55 000	(55 000)	—	—	40 018	(40 018)	—

三、租赁会计准则变化的影响

我国2018年租赁会计准则的修订主要针对承租人的会计处理，对出租人的会计则保持了原准则的处理方式。这导致新修订租赁准则产生以下影响：

1. 承租人和出租人的会计处理不匹配。出租人将租赁划分为经营租赁和融资租赁，采用双重模型处理；而承租人取消了划分经营租赁和融资租赁的此前做法，取而代之的是对所有的租赁原则上都采用“入表”的单一模型处理，这就使得出租人和承租人对同一租赁事项可能产生不匹配的会计处理。

美国财务会计准则委员会决定采用双重承租人会计模型，要求承租人按照类似于之前的方法将租赁分为经营租赁和融资租赁。承租人会计处理是：

（1）对融资租赁按照国际会计准则理事会的处理方法。

（2）对经营租赁采用以下的处理方法：①确认使用权资产和租赁负债；②按与国际财务报告准则相同的方式计量租赁负债，但无须重估可变租赁付款额；③在租赁期内通常按直线法确认单一的租赁费用；④在现金流量表中将支付的现金总额归入经营活动列报。

2. 承租人的会计处理会导致资产负债率提高。对于经营租赁，由于新准则下承租人同时在资产负债表中确认租赁资产和负债，会相应提高企业的资产负债率。例如，国际会计准则理事会曾测算过某航空公司的案例如表 11 - 3 和表 11 - 4 所示。

表 11 - 3　　资产负债表比较　　单位：元

项目	原租赁准则	新租赁准则
固定资产	27 886	27 886
租赁资产	12 030	25 430
其他	9 114	8 952
非流动资产合计	49 030	62 268
流动资产合计	21 152	21 152
资产合计	70 182	83 420
借款	9 430	9 430
租赁负债	10 516	25 277
其他负债	34 818	34 818
负债合计	54 764	69 525
所有者权益	15 418	13 895
负债及所有者权益合计	70 182	83 420

资料来源：国际会计准则理事会发布的 IFRS 影响分析。

表 11 - 4　　利润表比较　　单位：元

项目	原租赁准则	新租赁准则
主营及其他业务收入	67 272	67 272
营运成本（除折旧及摊销）	（60 893）	（58 340）
EBITDA	6 379	8 932
折旧及摊销	（3 908）	（5 674）
营运利润	2 471	3 258
财务费用净额	（865）	（1 656）

续表

项目	原租赁准则	新租赁准则
税前利润	1 606	1 602
所得税	(285)	(285)
净利润	1 321	1 317

资料来源：国际会计准则理事会发布的 IFRS 影响分析。

3. 承租人的利润表会出现“前高后低”的费用特点。对于经营租赁，原准则将企业支付的租赁费用直接计入当期利润表；新租赁准则则采用“资产折旧”与“负债利息按照实际利率法摊销”的合计方式，这会导致与之前的会计准则相比，新准则下企业租赁期间内计入利润表的租赁费用总额虽然保持不变，但会呈现出前期费用高、后期费用低的特点（见图 11－2）。

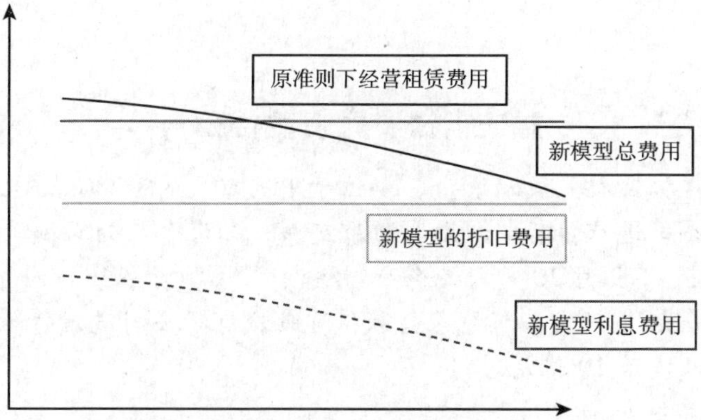

图 11－2　新旧租赁准则对利润表的影响比较

第三节　出租人的会计处理

一、出租人的租赁分类

出租人应当在租赁开始日将租赁分为融资租赁和经营租赁。租赁开始日，是指租赁合同签署日与租赁各方就主要租赁条款作出承诺日中的较早者。在租赁开始日后，出租人无须对租赁的分类进行重新评估，除非发生租赁变更。租赁资产预计使用寿命、预计余值等会计估计变更或发生承租人违约等情况变化的，出租人不对租赁的分类进行重新评估。

一项租赁属于融资租赁还是经营租赁取决于交易的实质，而不是合同的形式。如果一项租赁实质上转移了与租赁资产所有权有关的几乎全部风险和报酬，出租人应当将该项租赁分类为融资租赁。

一项租赁存在下列一种或多种情形的，通常分类为融资租赁：（1）在租赁期届满时，租赁资产的所有权转移给承租人。（2）承租人有购买租赁资产的选择权，所订立的购买价款与预计行使选择权时租赁资产的公允价值相比足够低，因而在租赁开始日就可以合理确定承租人将行使该选择权。（3）资产的所有权虽然不转移，但租赁期占租赁资产使用寿命的大部分。（4）在租赁开始日，租赁收款额的现值几乎相当于租赁资产的公允价值。（5）租赁资产性质特殊，如果不作较大改造，只有承租人才能使用。

一项租赁存在下列一项或多项迹象的，也可能分类为融资租赁：（1）若承租人撤销租赁，撤销租赁对出租人造成的损失由承租人承担。（2）资产余值的公允价值波动所产生的利得或损失归属于承租人。（3）承租人有能力以远低于市场水平的租金继续租赁至下一期间。

重庆钢铁：融资租赁公告

为扩大生产规模及补充流动资金，以位于中国重庆的1 780mm生产线，与昆仑金融租赁有限责任公司进行售后回租融资租赁交易，融资金额为人民币10亿元。

本公司于2011年9月26日与昆仑公司签订了《融资租赁合同》。本公司以位于中国重庆的1 780mm生产线，与昆仑金融租赁股份有限公司进行售后回租融资租赁交易，融资金额为人民币10亿元。

交易合同的主要内容：

1. 租赁物：本公司位于中国重庆的1 780mm生产线。

2. 融资金额：人民币10亿元。

3. 租赁期限：自昆仑公司向本公司支付设备转让款之日（“起租日”）起为4年，共计48个月。

4. 租金及支付方式：租金以租赁成本及租赁利率计算。租赁成本总计为人民币10亿元。租赁利率为中国人民银行公布的人民币3~5年期贷款基准利率。本次协议签订时的租赁利率为6.90%。若基准利率发生调整，双方将在基准利率调整之日按照调整后的基准利率同比例、同方向地调整租赁利率和租金。概算租金总额约为人民币11.5亿元。租金自起租日起按季分16期于期末支付。

5. 担保方式：重庆钢铁（集团）有限责任公司为本次租赁的担保人。

6. 租赁物所有权：在租赁期间租赁物所有权归昆仑公司所有；自租赁期届满，本公司向昆仑公司支付留购价格人民币1.0元后，租赁物所有权转移至本公司。在符合《融资租赁合同》所载条款的前提下，本公司可提前付款，付款金额为未偿还本金及其5%的赔偿额。

本次融资租赁不涉及人员安置、土地租赁等情况，交易完成后不会产生关联交易。本次交易使公司可获得生产经营需要的长期资金支持，对公司现实生产经营无重大影响。

二、融资租赁的会计处理

（一）租赁日的处理

在租赁期开始日，出租人应当对融资租赁确认应收融资租赁款，并终止确认融资租赁资产。出租人对应收融资租赁款进行初始计量时，应当以租赁投资净额作为应收融资租赁款的入账价值。

租赁投资净额为未担保余值和租赁期开始日尚未收到的租赁收款额按照租赁内含利率折现的现值之和。租赁收款额，是指出租人因让渡在租赁期内使用租赁资产的权利而应向承租人收取的款项，包括：

1. 承租人需支付的固定付款额及实质固定付款额，存在租赁激励的，扣除租赁激励相关金额；

2. 取决于指数或比率的可变租赁付款额，该款项在初始计量时根据租赁期开始日的指数或比率确定；

3. 购买选择权的行权价格，前提是合理确定承租人将行使该选择权；

4. 承租人行使终止租赁选择权需支付的款项，前提是租赁期反映出承租人将行使终止租赁选择权；

5. 由承租人、与承租人有关的一方以及有经济能力履行担保义务的独立第三方向出租人提供的担保余值。

【例 11-3】 20×5 年 12 月 1 日，A 公司与 B 公司签订租赁协议，将某大型机械出租给 B 公司，条款如下：

1. 租赁标的物：大型施工机械；
2. 起租日：20×6 年 1 月 1 日；
3. 租赁期：20×6 年 1 月 1 日至 20×8 年 12 月 31 日；
4. 租金支付方式：每半年支付 150 000 元；
5. 该设备的保险、维护费用等均由 B 公司负担，估计每年约 10 000 元；
6. 该设备在 20×5 年 12 月 1 日的账面价值和公允价值均为 700 000 元；
7. 租赁合同规定的半年利率为 7%；

8. A公司发生的手续费为10 000元，B公司发生的手续费、差旅费1 000元；

9. 该机械估计使用年限为8年，已使用3年，期满无残值；

10. 租赁期满，B公司有权优惠购买该设施，买价100元，估计该日资产的公允价值为80 000元；

11. 20×7年和20×8年，A公司有权按照租赁设施销售收入的5%分享销售收入。

第一步，首先判断租赁为融资租赁。

优惠购买权100元远低于行权日租赁资产的公允价值80 000元，另外，最低租赁收款额现值715 116.6元大于租赁开始日租赁资产公允价值700 000元。

最低租赁收款额现值＝150 000×（7%、6期年金现值系数）＋100×（7%、6年期复利现值系数）＝150 000×4.767＋100×0.666＝715 116.6（元）

第二步，计算未确认的融资收益。

最低租赁收款额＝150 000×6＋100＝900 100（元）

借：长期应收款——应收融资租赁款	910 100	
贷：银行存款		10 000
融资租赁固定资产		700 000
未实现融资收益		200 100

如果出租资产的账面价值与公允价值不相等，两者之间的差额记入“营业外收入”或“营业外支出”科目，表示资产的处置损益。

（二）未实现融资收益的摊销

从出租方的角度看，融资租赁收到的租金中实际上包含着利息费用的成分。我们只要想想国际上通行的融资租赁模式，出租方按照承租方的意愿购买商品，然后再出租给承租方，就不难理解“融资”的含义。

融资方需要按照实际内含报酬率计算各期租金中的利息费用，这时候的出租方会计处理，更像一个从事资金借贷业务的金融机构。出租方按照出租资产在各期末的账面价值（相当于贷款额），乘以实际内含利率（而不是合同名义利率），得出各期实际利息收入。这种方法，被称为实际利率法。

【例11－4】 接〖例11－3〗未实现融资收益，来源于700 000元公允价值与900 100元长期应收款之间的差额，10 000元的初始费用采用现付的方式，不涉及未实现收益。

将900 100元折现为700 000元，计算出的实际内含报酬率为7.70%。

按照实际利率法计算的各期实际利息费用如表11－5所示。

表 11-5 按照实际利率法计算的各期实际利息 单位：元

日 期	租金①	利息收益② = ④ × 7.70%	本金抵减③ = ① - ②	账面价值④ = 期初④ - ③
20×5年				700 000
20×6年6月	150 000	53 900	96 100	603 900
20×6年12月	150 000	46 500.3	103 499.7	500 400.3
20×7年6月	150 000	38 530.82	111 469.18	388 931.12
20×7年12月	150 000	38 530.82	120 052.3	268 878.82
20×8年6月	150 000	20 703.67	129 296.33	139 582.49
20×8年12月	150 000	10 517.51*	139 482.49	100
合 计	900 100	200 100	700 000	

注：* 最后一期利息收益金额为倒轧金额，等于 200 100 元减去前期累计利息收益。

收到第一期租金时：

借：银行存款　　150 000

　　贷：长期应收款　　150 000

借：未实现融资收益　　53 900

　　贷：租赁收入　　53 900

收到第二期租金时：

借：银行存款　　150 000

　　贷：长期应收款　　150 000

借：未实现融资收益　　46 500.3

　　贷：租赁收入　　46 500.3

第三、四、五、六期以此类推。

(三) 租期届满时的会计处理

租赁期届满时出租人应区别以下情况进行会计处理：

1. 租赁期届满时，承租人将租赁资产交还出租人。出租人收到承租人交还的租赁资产时，借记“融资租赁资产”科目，贷记“长期应收款”“未担保余值”等科目。

2. 优惠续租租赁资产。如果承租人行使优惠续租选择权，出租人相当于重新租出一项资产而进行相应的账务处理。一般来说，租金费用会低一些。

如果租赁期届满时承租人没有续租，而租赁合同规定应向承租人收取违约金时，借记“其他应收款”科目，贷记“营业外收入”科目。同时，将收回的租赁资产按上述规定进行处理。

3. 留购租赁资产。出租人应按收到的承租人支付的购买资产的价款，借记“银行存款”等科目，贷记“长期应收款”科目。

【例 11－5】 接〖例 11－3〗到期承租人行使了购买权，出租人的账务处理为：

借：银行存款　　100

　　贷：长期应收款　　100

（四）初始直接费用的处理

初始直接费用，在租赁期内确认租赁收入时，应当按照各期确认的收入与未实现融资收益的比例，对初始费用进行分摊，冲减租赁期内确认的租赁收入。

20×6 年 6 月 30 日收到的第一期租金，初始费用摊销为：

53 900÷200 100×10 000＝2 693. 65（元）

借：租赁收入　　2 693. 65

　　贷：长期应收款　　2 693. 65

以后年度初始费用分摊以此类推。

三、经营租赁的会计处理

经营租赁出租的资产仍作为出租方的资产。如果是固定资产，与其他同类资产一样计提折旧；如果是其他资产，采用一定的方法进行摊销。

出租方收取的租金，应按照直线法进行摊销。

出租方发生的初始直接费用，作为当期损益；或有租金，在实际发生时计入当期损益。

【例 11－6】 20×0 年 1 月 1 日，甲公司从乙公司租入全新办公用房一套，租期 3 年，该房屋的账面价值 30 000 000 元，预计使用年限 25 年。租赁合同规定：租赁合同开始日，甲预付租金 1 200 000 元，第一年末支付租金 100 000 元，第二年末支付 100 000元，第三年末支付 250 000 元。到期预付租金不返还，房屋归还乙公司。

分析：本租赁合同不具有融资租赁的特征，应归属于经营租赁。确认租赁收益时，应采用直线法进行分摊，而不是按照各期实际收到的利息费用作为利息收益。利息收益总金额为 1650 000 元，按照 3 年分摊，每年应确认 550 000 元。

乙公司的账务处理：

借：银行存款　　1 200 000

　　贷：其他应收款　　1 200 000

第 1 年末：

借：银行存款　　100 000

　　其他应收款　　450 000

贷：其他业务收入 550 000

第 2 年末同第 1 年。

第 3 年末：

借：银行存款 250 000

其他应收款 300 000

贷：其他业务收入 550 000

第四节 售后租回交易的会计处理

售后租回交易是指卖主（承租人）将资产出售后，又将该资产从买主（出租人）租回。售后租回交易作为一种特殊形式的租赁业务，对承租人和出租人双方具有各自的优点，已成为近年来大部分租赁公司开展的主要租赁业务。

对于售后租回交易业务的会计处理，承租人和出租人首先应当按照收入确认计量的规定，评估确定售后租回交易中的资产转让是否属于销售。

售后租回交易中的资产转让属于销售的，承租人应当按原资产账面价值中与租回获得的使用权有关的部分，计量售后租回所形成的使用权资产，并仅就转让至出租人的权利确认相关利得或损失；出租人应当根据其他适用的企业会计准则对资产购买进行会计处理，并根据租赁会计准则对资产出租进行会计处理。

如果销售对价的公允价值与资产的公允价值不同，或者出租人未按市场价格收取租金，则企业应当将销售对价低于市场价格的款项作为预付租金进行会计处理，将高于市场价格的款项作为出租人向承租人提供的额外融资进行会计处理；同时，承租人按照公允价值调整相关销售利得或损失，出租人按市场价格调整租金收入。

在进行上述调整时，企业应当基于以下两者中更易于确定的项目：销售对价的公允价值与资产公允价值之间的差额、租赁合同中付款额的现值与按租赁市价计算的付款额现值之间的差额。

【例 11 -7】 甲公司（卖方兼承租人）以现金 2 000 000 元的价格向乙公司（买方兼出租人）出售一栋建筑物。交易前一刻，该建筑物的账面成本是 1 000 000 元。同时，卖方兼承租人与买方兼出租人签订了合同，取得了该建筑物 18 年的使用权，年付款额为 120 000 元，于每年年末支付。根据交易的条款和条件，卖方兼承租人转让建筑物满足履约义务的规定。因此，卖方兼承租人与买方兼出租人将交易作为售后租回交易进行会计处理。本例不考虑初始直接费用。

该建筑物在销售当日的公允价值为 1 800 000 元。由于该建筑物的销售对价并非公允价值，卖方兼承租人与买方兼出租人进行了调整，以按照公允价值计量销售收益。超额售价 200 000（2 000 000 - 1 800 000）元作为买方兼出租人向卖方兼承租人提供的额外融资进行确认。

卖方兼承租人可直接确定租赁内含年利率为 4.5%。年付款额现值（18 期付款额 120 000 元按每年 4.5% 进行折现）为 1 459 200 元，其中，200 000 元与额外融资相关，1 259 200 元与租赁相关（分别对应 18 期付款额 16 477 元和 103 553 元）。

买方兼出租人将该建筑物的租赁分类为经营租赁。

卖方兼承租人：

在租赁期开始日，卖方兼承租人按其保留的与使用权有关的该建筑物的原账面金额的比例计量售后租回所形成的使用权资产，即 699 555 元。计算方法为：1 000 000（该建筑物的账面金额）÷1 800 000（该建筑物的公允价值）×1 259 200（18 年使用权资产的租赁付款额现值）。

卖方兼承租人仅对转让至买方兼出租人的权利确认相关的利得，即 240 355 元，计算方法如下。出售该建筑物的利得为 800 000（1 800 000 - 1 000 000）元，其中：（1）559 645（800 000 ÷1 800 000 ×1 259 200）元与卖方兼承租人保留的该建筑物使用权相关；（2）240 355（800 000 ÷1 800 000 ×（1 800 000 - 1 259 200））元与转让至买方兼出租人的权利相关。

在租赁期开始日，卖方兼承租人对该交易进行如下会计处理：

借：银行存款	2 000 000	
使用权资产	699 555	
贷：固定资产		1 000 000
长期应付款		1 459 200
资产处置收益		240 355

买方兼出租人：

在租赁期开始日，买方兼出租人对该交易进行如下会计处理：

借：固定资产	1 800 000	
长期应收款（18 期付款额 CU16 447 按每年 4.5% 折现）	200 000	
贷：银行存款		2 000 000

租赁期开始日之后，买方兼出租人将年付款额 120 000 元中的 103 553 元作为租赁付款额进行会计处理。从卖方兼承租人处收到的年付款额中的其余 16 447 元作为以下两项进行会计处理：（1）结算金融资产 200 000 元而收到的款项；（2）利息收入。

售后租回交易中的资产转让不属于销售的，承租人应当继续确认被转让资产，同时确认一项与转让收入等额的金融负债；出租人不确认被转让资产，但应当确认一项与转让收入等额的金融资产。

【关键词】

租赁	lease
承租人	lessee
出租人	lessor
经营租赁	operating lease
融资租赁	finance lease
最低租赁付款额	minimum lease payments
最低租赁收款额	minimum lease receipts
租赁内含报酬率	interest rate implicit in the lease
余值	residual values
售后租回	sale and leaseback transaction

思考题与练习题

一、思考题

1. 何谓租赁？它与分期付款购买业务有何不同？

2. 租赁应如何分类？

3. 租赁的识别、分拆和合并应如何进行？

4. 承租人对使用权资产和租赁负债应如何确认和计量？

5. 承租人对租赁是如何分类的？出租人融资租赁应如何进行会计处理？

6. 售后租回业务在会计上应如何处理？

7. 客户与一家公用设施公司（供应商）签订了一份为期 15 年的合同，取得连接香港至东京的光缆中指定的物理上可区分的三条直驳光纤的使用权。客户通过将这些光纤的两端连接至其电子设备的方式来决定光纤的使用（即客户“点亮”光纤并决定这些光纤将传输的数据内容和数据量）。若光纤损坏，供应商应负责修理和维护。供应商拥有额外的光纤，但仅可因修理、维护或故障原因替换客户的光纤。

要求：判断该合同是否属于租赁合同。

8. 客户与供应商签订了一份为期 15 年的合同，取得连接香港和东京的光缆中指定容量的使用权。指定容量相当于客户使用光缆中三条光纤的全部容量（光缆包含 15 条容量相近的光纤）。供应商就数据传输做出决定（即供应商“点亮”光纤，对使用哪些光纤来传输客户的数据做出决定，对将供应商拥有的哪些电子设备连接到这些光纤做出决定）。

要求：判断该合同是否属于租赁合同。

二、练习题

1. 经营租赁。20×0 年 1 月 1 日，甲公司从乙公司租入办公用房一套，租期 3 年。租赁合同规定：租赁合同开始日，甲预付租金 1 200 000 元，第 1 年年末支付租金 100 000 元，第 2 年年末支付 100 000 元，第 3 年年末支付 250 000 元。到期预付租金不返还，房屋归还乙公司。

要求：进行出租人的会计处理。

2. 承租人会计处理。假设 20×5 年 12 月 1 日，A 公司与 B 公司签订了一份租赁合同，合同主要条款如下：

（1）租赁标的物：塑钢机；

（2）租赁期开始日：20×6 年 1 月 1 日；

（3）租赁期：20×6 年 1 月 1 日~20×9 年 12 月 31 日，共 4 年；

（4）租金支付：自租赁开始期日每年年末支付租金 150 000 元；

（5）该机器在 20×5 年 12 月 1 日的公允价值为 500 000 元；

（6）租赁合同规定的利率为 7%（年利率）；

（7）初始直接费用为 1 000 元；

（8）租赁期届满时，A 公司享有优惠购买该机器的选择权，购买价为 100 元，估计该日租赁资产的公允价值为 80 000 元。

已知：PA（4 期，7%）=3.3872；PV（4 期，7%）=0.7629；实际内含报酬率为 7.72%。

要求：

根据上述资料进行承租人的会计处理。

3. 出租人会计处理。19×9 年 12 月 1 日，X 公司与 Y 租赁公司签订租赁合同，条款为：

（1）租赁标的物：大型施工机械；

（2）起租日：20×0 年 1 月 1 日；

（3）租赁期：20×0 年 1 月 1 日至 20×2 年 12 月 31 日；

（4）租金支付方式：每年年初支付 270 000 元；

（5）租赁期满该机械估计余值：117 000 元，其中 X 公司担保 100 000 元，未担保余值 17 000 元；

（6）该机械的维护和修理由 X 公司承担，每年 10 000 元；

（7）该机械 20×0 年 1 月 1 日的账面价值为 835 000 元，公允价值为 835 000 元；

（8）租赁合同约定的利率 6%；

（9）该机械预计使用 6 年，采用直线法提折旧；

（10）20×2 年 12 月 31 日，X 公司将机械归还 Y 公司；

假定经计算的实际利率 9.03%，最低租赁收款额现值为 835 000 元。

要求：

（1）判断租赁为经营租赁还是融资租赁？

（2）编制出租人出租资产的会计处理。

（3）编制出租人在第 1 年确认租赁收益的会计处理。

（4）编制出租人到期收回租赁资产的会计处理。

4. 租赁判断。某药品制造和销售行业的承租人签订了以下资产的租赁协议：

（1）办公楼和仓库；

（2）生产设备；

（3）公司车辆（供销售人员和高级经理使用）；

（4）卡车或箱式货车（用于运输）；

（5）IT 设备（供员工个人使用的电脑、打印机和手机）；

（6）服务器；

（7）办公家具（座椅和办公隔断）；

（8）饮水机；

要求：根据租赁会计准则判断哪些属于低价值租赁资产。

5. 租赁会计处理。承租人与出租人签订 10 年的协议，每年年末支付 10 万元租金从出租方取得 2000 平方米办公场所的使用权。租赁内含利率无法直接确定，承租人在租赁期开始日的年增量借款利率为 6%。

第 6 年年初，承租人和出租人同意对原租赁进行修改，自第 6 年年初起，扩租同一建筑物内 1500 平方米的场所，同时将租赁期由 10 年缩减至 8 年，3500 平方米场所的年固定付款额为 15 万元，自第 6 年每年的年末支付，承租人在第 6 年年初的增量借款利率为 7%。

要求：

（1）计算租赁第 1 年开始时承租人应确认的使用权资产和租赁负债的金额，并进行会计处理；

（2）计算第 1 年至第 5 年租赁期内承租人应确认的使用权资产摊销额与租赁负债的利息费用额，并进行会计处理；

（3）第 6 年初修改租赁协议，承租人调整使用权资产和租赁负债应进行的会计处理；

（4）计算第 6 年至第 8 年租赁期内承租人应确认的使用权资产摊销额与租赁负债的利息费用额，并进行会计处理。

第十二章

企业清算、破产与重整会计

【本章学习目的和要求】

通过本章的学习，了解公司解散、破产、重组的原因及其形式，熟悉公司解散、破产、重组的基本程序，掌握公司解散、破产、重组的会计处理。

第一节 公司解散清算及其会计处理

一、公司解散与清算

（一）公司解散的原因

企业经营过程中，会由于各种原因中断持续经营，也即解散。解散的原因有内部和外部两种情况，例如，原约定经营合同到期、管理不善、国家政策调整等。《中华人民共和国公司法》第一百八十一条规定，当公司出现下列情况时，需要依法解散：

1. 公司章程规定的营业期限届满或者公司章程规定的其他解散事由出现；
2. 股东会或者股东大会决议解散；
3. 因公司合并或者分立需要解散；
4. 依法被吊销营业执照、责令关闭或者被撤销；
5. 公司经营管理发生严重困难，继续存续会使股东利益受到重大损失，通过其他途径不能解决的，持有公司全部股东表决权 10% 以上的股东，可以请求人民法院解散公司。

当公司因以上第 1、2、4、5 项规定而解散的，应当在解散事由出现之日起 15 日内成立清算组，开始清算；公司因合并或者分立导致的解散，无须清算。因为合并（或分立）前公司的债权、债务由合并（或分立）后的公司承担，所以不必进行收回债权、清偿债务、分配留存收益等。当然，企业合并（或分立）也需要履行公司法规定的责任，《中华人民共和国公司法》中规定：“公司合并，应当由合并各方签订合并协议，并编制资产负债表及财产清单。公司应当自作出合并决议之日起十日内通知债权人，并于三十日内在报纸上公告。债权人自接到通知书之日起三十日内，未接到通知书的自公告之日起45日内，可以要求公司清偿债务或者提供相应的担保”，“公司分立，应当编制资产负债表及财产清单。公司应当自作出分立决议之日起10日内通知债权人，并于30日内在报纸上公告”。

（二）企业清算的类型

企业清算是指企业按照章程规定解散、破产或者其他原因终止经营时，为结束债权、债务和其他各种经济关系，保护债权人、投资者等利益相关者的合法权益，由专门的工作机构依法对企业财产进行清查、估价、变现、清理债权、债务，分配剩余财产的行为。

1. 按原因不同，企业清算分为解散清算和破产清算。解散清算按经营期限是否届满，分为按期自动解散和提前被迫解散。还可按法人地位终止的程度，分为完全解散清算和不完全解散清算。破产清算按判断的标准不同，分为事实上的破产和法律上的破产。

2. 按意愿不同，企业清算包括自愿清算和强制清算。自愿清算是企业或其投资者自愿终止企业而进行的清算。强制清算是由法院及法律裁决形式宣告企业终止或者政府主管机关以行政决定形式，强制要求企业终止而进行的清算。

3. 按程序不同，企业清算又可以分为普通清算和特别清算。普通清算是指企业自行确定的清算人按照法律规定的一般程序处理清算事务，法院和债权人不直接干预的清算。特别清算是指不能由企业自行组织，而由法院出面直接干预并进行监督的清算。

（三）解散清算的法律程序

1. 成立清算组。有限责任公司的清算组由股东组成，股份有限公司的清算组由董事或者股东大会确定的人员组成。逾期不成立清算组进行清算的，债权人可以申请人民法院指定有关人员组成清算组进行清算。人民法院应当受理该申请，并及时组织清算组进行清算。

清算组在清算期间行使下列职权：

（1）清理公司财产，分别编制资产负债表和财产清单；

（2）通知、公告债权人；

（3）处理与清算有关的公司未了结的业务；

（4）清缴所欠税款以及清算过程中产生的税款；

（5）清理债权、债务；

（6）处理公司清偿债务后的剩余财产；

（7）代表公司参与民事诉讼活动。

2. 登记债权。清算组应当自成立之日起10日内通知债权人，并于60日内在报纸上公告。债权人应当自接到通知书之日起30日内，未接到通知书的自公告之日起45日内，向清算组申报其债权。

债权人申报债权，应当说明债权的有关事项，并提供证明材料。清算组应当对债权进行登记。

在申报债权期间，清算组不得对债权人进行清偿。

3. 制订清算方案。清算组在清理公司财产、编制资产负债表和财产清单后，应当制订清算方案，并报股东会、股东大会或者人民法院确认。

公司财产在分别支付清算费用、职工的工资、社会保险费用和法定补偿金，缴纳所欠税款，清偿公司债务后的剩余财产，有限责任公司按照股东的出资比例分配，股份有限公司按照股东持有的股份比例分配。

清算期间，公司存续，但不得开展与清算无关的经营活动。公司财产在未依照前款规定清偿前，不得分配给股东。

清算组在清理公司财产、编制资产负债表和财产清单后，发现公司财产不足清偿债务的，应当依法向人民法院申请宣告破产。公司经人民法院裁定宣告破产后，清算组应当将清算事务移交给人民法院。

4. 执行清算方案。

5. 办理公司解散的法律手续。公司清算结束后，清算组应当制作清算报告，报股东会、股东大会或者人民法院确认，并报送公司登记机关，申请注销公司登记，公告公司终止。

二、解散清算的会计处理

企业解散一般有两种形式：第一，完全解散。即企业终止经营，将所有的资产和负债逐一清理，收回债权、变现资产、偿还债务，剩余资产按照出资方享有的股份比例进行分配。第二，产权转让方式的解散。即企业被整体出售，由购买者取得该解散企业的资产并承担债务，企业继续经营。

（一）完全解散清算的会计处理

1997年7月30日财政部发布的《国有企业试行破产有关会计处理问题暂行规定》，是目前中国企业可以作为清算会计处理依据的法规。尽管一般意义上的解散清算和破产清算存在着某些环节上的差别，比如，解散可能是资产大于负债、破产清算一般负债大于资产，但该《暂行规定》依然可以作为企业解散清算的参考依据。

完全解散下，企业的法人地位被取消，需要对各项资产、负债做彻底的清理。变卖资产、偿还负债、收回债权，如果存在剩余资产，按照相应比例分配给股东。

会计核算中，需要设置“清算损益”科目，核算被清算企业在破产清算期间处置资产、确认债务等发生的损益。支付的破产清算费用，如清算期间职工生活费，破产财产管理、变卖和分配所需费用，破产案件诉讼费用，清算期间企业设施和设备维护费用、审计评估费用，为债权人共同利益而支付的其他费用（包括债权人会议会务费、破产企业催收债务差旅费及其他费用），按照实际发生额，可以记入“清算费用”科目中，清算结束后，将“清算费用”科目余额转入“清算损益”科目。

【例 12-1】 郑文公司因发生严重亏损，各投资方经协商决定对公司实施解散。解散日的资产负债表如表 12-1 所示。

表 12-1　　**资产负债表**　　单位：元

资　产	金额	负债及所有者权益	金额
货币资金	28 000	短期借款	40 000
应收账款	40 000	应付票据	5 000
存货	180 000	应付账款	25 000
固定资产	400 000	实收资本	800 000
长期待摊费用	20 000	留存收益	(202 000)
资产合计	668 000	负债及所有者权益合计	668 000

假设清理组在处置企业的资产、负债过程中，发生如下经济业务，相应账务处理为：

(1) 收回应收账款 35 000 元，剩余 5 000 元无法收回：

借：银行存款　　35 000
　　清算损益　　5 000
　　贷：应收账款　　40 000

(2) 将存货变卖，取得收入 150 000 元：

借：银行存款　　150 000
　　清算损益　　30 000
　　贷：存货　　180 000

(3) 变卖固定资产，获得收入 440 000 元：

借：银行存款　　440 000
　　贷：固定资产　　400 000
　　　　清算损益　　40 000

(4) 核销长期待摊费用：

借：清算损益　　20 000

　　贷：长期待摊费用　　20 000

（5）偿还短期借款、应付票据、应付账款，共计 70 000 元：

借：短期借款　　40 000

　　应付票据　　5 000

　　应付账款　　25 000

　　贷：银行存款　　70 000

（6）支付清理费用 6 000 元：

借：清理损益　　6 000

　　贷：银行存款　　6 000

（7）结转清理损益 21 000（5 000 +30 000 +20 000 +6 000 −40 000）元：

借：留存收益　　21 000

　　贷：清理损益　　21 000

（8）将留存收益 223 000（202 000 +21 000）元按照出资比例分配给股东。假定郑文公司有 A、B 两股东，各自的出资比例为 6∶4：

借：实收资本——A　　133 800

　　　　　　——B　　89 200

　　贷：留存收益　　223 000

A 股东的实收资本余额为：480 000 − 133 800 =346 200（元）

B 股东的实收资本余额为：320 000 − 89 200 =230 800（元）

（9）将公司剩余资产分配给 A、B 投资者：

借：实收资本——A　　346 200

　　　　　　——B　　230 800

　　贷：银行存款　　577 000

（二）产权转让方式下的会计处理

产权转让方式下存在两种清算会计方法：第一，按照资产的原账面价值进行清算；第二，按照资产的重新估价进行清算。

1. 账面价值法。这种方法是根据解散日资产负债表上所列示的资产减去负债后的净额，再减去清算费用和清算损失后的余额，按照投资各方的出资比例进行分配以确定转移价款的方法。

【例 12 −2】 假定郑文公司营业期满，决定以产权转让方式进行解散清算，由 A 投资者直接受让 B 投资者转让的资本。解散日的资产负债表如表 12 −2 所示。

表 12－2　　　　　　　　　　　　　　资产负债表　　　　　　　　　　　　　　单位：元

资　产	金额	负债及所有者权益	金额
货币资金	250 000	短期借款	200 000
应收账款	250 000	应付账款	110 000
存货	300 000	实收资本	800 000
固定资产	600 000	资本公积	100 000
		留存收益	190 000
资产合计	1 400 000	负债及所有者权益合计	1 400 000

假定解散时发生如下经济业务，相应账务处理为：

（1）支付各类清理费用 6 000 元：

借：清算损益　　6 000

　　贷：银行存款　　6 000

（2）将清算损益转入留存收益：

借：留存收益　　6 000

　　贷：清算损益　　6 000

（3）将留存收益和资本公积转入实收资本。假定公司的两个股东 A、B 各持有公司股份为 60% 和 40%：

借：资本公积　　100 000

　　留存收益（190 000 －6 000）　　184 000

　　贷：实收资本——A　　170 400

　　　　　　　　——B　　113 600

（4）应返还 B 投资者 433 600 元（800 000 ×40% ＋113 600），企业现有货币资金 250 000 元，缺少 183 600 元（433 600 －250 000），A 投资者又投入企业 200 000 元：

借：银行存款　　200 000

　　贷：实收资本　　200 000

（5）返还 B 投资者资本：

借：实收资本——B　　433 600

　　贷：银行存款　　433 600

此后，郑文公司需要重新办理工商登记，成为新的 A 投资者独资企业。

2. 重新估计价值法。重新估计价值法，是解散过程中重新估计各项资产、负债的转让价值，并据以确定转让价格的一种方法。

【例 12－3】　假设〖例 12－2〗中，经聘请资产评估公司对该企业资产负债价值重新核定，得到的新价值如表 12－3 所示。

表 12－3　　资产负债表　　单位：元

资　产	账面价值	重新估价	负债及所有者权益	账面价值	重新估价
货币资金	250 000	250 000	短期借款	200 000	200 000
应收账款	250 000	220 000	应付账款	110 000	110 000
存货	300 000	200 000	实收资本	800 000	800 000
固定资产	600 000	750 000	资本公积	100 000	100 000
			留存收益	190 000	190 000

各项经济业务的账务处理为：

（1）支付各类清理费用6 000元：

借：清算损益　　6 000

　　贷：银行存款　　6 000

（2）应收账款价值调整：

借：清算损益　　30 000

　　贷：应收账款　　30 000

（3）存货价值调整：

借：清算损益　　100 000

　　贷：存货　　100 000

（4）固定资产价值调整：

借：固定资产　　150 000

　　贷：清算损益　　150 000

（5）结转清算损益14 000（150 000－6 000－30 000－100 000）元：

借：清算损益　　14 000

　　贷：留存收益　　14 000

（6）将留存收益和资本公积转入实收资本。假定公司的两个股东A、B各持有公司股份为60%和40%：

借：资本公积　　100 000

　　留存收益（190 000＋14 000）　　204 000

　　贷：实收资本——A　　182 400

　　　　　　　　——B　　121 600

（7）应返还B投资者441 600（800 000×40%＋121 600）元，企业现有货币资金250 000元，缺少191 600（441 600－250 000）元。A投资者又投入企业200 000元：

借：银行存款　　200 000

　　贷：实收资本　　200 000

（8）返还B投资者资本：

借：实收资本——B　　441 600

　　贷：银行存款　　441 600

第二节 破产清算及其会计处理

一、清算、破产与重整的关系

《中华人民共和国企业破产法》（2006年）规定：债务人不能清偿到期债务，债权人可以向人民法院提出对债务人进行重整或者破产清算的申请。企业法人已解散但未清算或者未清算完毕，资产不足以清偿债务的，依法负有清算责任的人应当向人民法院申请破产清算。

由此可见，破产可以产生于两种情况：第一，企业在持续经营情况下，由于债务人不能按期偿还债务，引发债权人起诉破产；第二，企业在解散的过程中，由于资不抵债，债务人寻求法律保护，申请破产。

（一）清算与破产的关系

从企业解散清算的几种原因可以看出，企业清算至少可以分为正常经营届满清算和经营不善导致的清算两大类情形，清算的结果可能是净资产为正，也可能为负。当清算过程中出现净资产为负数的情形时，企业应依法进入破产程序。从这个意义上说，破产清算仅仅是清算中的一个方面。

（二）破产与重整

当企业进入破产阶段时，在法院的调解下，债权与债务双方有可能就债务问题达成妥协，进行债务的重组，从而使得企业避免了破产的结局，这就是通常所说的债务重整。概言之，重整是挽救企业免于破产的一种积极手段，重整是为了寻求更好的解决办法，尽可能地为债权人挽回损失。

二、破产清算的主要程序

与一般解散清算相比，破产清算需要遵循破产法的规定，履行更为严格的程序。破产法中规定企业破产清算一般经过如下程序：

（一）破产申请

破产申请人（债权方或债务方）向人民法院提出破产申请，应当提交破产申请书和有关证据。破产申请书应当载明下列事项：申请人、被申请人的基本情况，申请目的，申请的事实和理由，人民法院认为应当载明的其他事项。

债务人提出申请的，还应当向人民法院提交财产状况说明、债务清册、债权清册、有关财务会计报告、职工安置预案以及职工工资的支付和社会保险费用的缴纳情况。

人民法院受理破产申请前，申请人可以请求撤回申请。

（二）法院受理

债权人提出破产申请的，人民法院应当自收到申请之日起 5 日内通知债务人。债务人对申请有异议的，应当自收到人民法院的通知之日起 7 日内向人民法院提出。人民法院应当自异议期满之日起 10 日内裁定是否受理。

人民法院裁定不受理破产申请的，应当自裁定作出之日起 5 日内送达申请人并说明理由。申请人对裁定不服的，可以自裁定送达之日起 10 日内向上一级人民法院提起上诉。

人民法院裁定受理破产申请的，应当同时指定管理人。管理人可以由有关部门、机构的人员组成的清算组或者依法设立的律师事务所、会计师事务所、破产清算事务所等社会中介机构担任。

（三）债权申报

人民法院受理破产申请后，应当确定债权人申报债权的期限。债权申报期限自人民法院发布受理破产申请公告之日起计算，最短不得少于 30 日，最长不得超过 3 个月。在人民法院确定的债权申报期限内，债权人未申报债权的，可以在破产财产最后分配前补充申报；但是此前已进行的分配，不再对其补充分配。为审查和确认补充申报债权的费用，由补充申报人承担。

债权人申报债权时，应当书面说明债权的数额和有无财产担保，并提交有关证据。申报的债权是连带债权的，应当说明。债务人所欠职工的工资和医疗、伤残补助、抚恤费用，所欠的应当划入职工个人账户的基本养老保险、基本医疗保险费用，以及法律、行政法规规定应当支付给职工的补偿金不必申报，由管理人调查后列出清单并予以公示。职工对清单记载有异议的，可以要求管理人更正；管理人不予更正的，职工可以向人民法院提起诉讼。

（四）召开债权人会议

依法申报债权的债权人为债权人会议的成员，有权参加债权人会议，享有表决权。债权人会议行使下列职权：核查债权；申请人民法院更换管理人，审查管理人的费用和报酬；监督管理人；选任和更换债权人委员会成员；决定继续或者停止债务人的营业；通过重整计划；通过和解协议；通过债务人财产的管理方案；通过破产财产的变价方案；通过破产财产的分配方案等。

债权人会议可以决定设立债权人委员会，负责监督债务人财产的管理和处分，监督破产财产分配和提议召开债权人会议等。

（五）重整与和解

债务人或者债权人可以依法直接向人民法院申请对债务人进行重整。债务人或者管理人应当自人民法院裁定债务人重整之日起6个月内，同时向人民法院和债权人会议提交重整计划草案。人民法院裁定批准重整计划后，已接管财产和营业事务的管理人应当向债务人移交财产和营业事务。

债务人可以依法直接向人民法院申请和解；也可以在人民法院受理破产申请后、宣告债务人破产前，向人民法院申请和解。债务人申请和解，应当提出和解协议草案。

（六）破产清算

人民法院依法规定宣告债务人破产的，应当自裁定作出之日起5日内送达债务人和管理人，自裁定作出之日起10日内通知已知债权人，并予以公告。

管理人应当及时拟订破产财产变价方案，提交债权人会议讨论。破产财产在优先清偿破产费用和共益债务后，依照下列顺序清偿：

（1）破产人所欠职工的工资和医疗、伤残补助、抚恤费用，所欠的应当划入职工个人账户的基本养老保险、基本医疗保险费用，以及法律、行政法规规定应当支付给职工的补偿金；

（2）破产人欠缴的除前项规定以外的社会保险费用和破产人所欠税款；

（3）普通破产债权。

（七）破产终结

管理人在最后分配完结后，应当及时向人民法院提交破产财产分配报告，并提请人民法院裁定终结破产程序。人民法院应当自收到管理人终结破产程序的请求之日起15日内作出是否终结破产程序的裁定。裁定终结的，应当予以公告。

著名奶制品企业三鹿集团因其所生产的奶粉中含三聚氰胺导致婴幼儿中毒、发育畸形事件而渐渐淡出市场。企业本身也被破产清算，石家庄中院日前做出裁定，终结已无财产可支配的三鹿破产程序。裁定的内容显示三鹿对普通债权的清偿率为0。这意味着因毒奶粉而受伤害的婴幼儿将得不到任何赔偿。

按照我国《企业破产法》的规定，企业宣告破产后，破产财产首先应优先偿还职工的工资和社保，也就是说，相对于其他的债权，企业职工的工资和社保具有优先受偿权；剩余的部分首先偿还有担保的债权，主要是抵押债权，即如果有银行贷款，那么需要将抵押的房屋土地等不动产拍卖后向银行还债。如果仍有剩余，那么无担保的债权，也就是普通债权才能获得赔偿。患儿因侵权所产生损害赔偿既是无任何担保的普通债权。

破产企业需要按照上述顺序还债，但一旦财产用尽，债务尚未还清，法院在查明后便会裁定破产程序终结，未还债务一般也就不了了之。除非企业再度恢复生产，获得偿还能力，还债程序才有望再度启动。

资料来源：法律界网站（http：//www.mylegist.com/），2009年11月。

三、破产清算会计处理

破产清算会计从内容上可分为两大部分：一是破产企业（即债务人）的会计处理，主要内容包括财产清查、编制有关会计报表和财产清册，办理会计档案的移交以及协助清算组开展有关工作；二是清算组的会计处理，主要包括接管破产企业的财产的有关处理，接管破产企业的会计档案等，对破产企业的破产财产加以确认、计量和重估价，以及进行处置变现，确认计量破产债权，并据以分配破产财产，对全部破产清算过程进行会计核算，并编报有关的会计报表。清算组应当接管属于破产企业的财产，并对破产清算过程中的有关事项（如清算、变卖和分配财产等）加以如实地记录。

（一）基本规定

经法院宣告破产处于破产清算期间的企业法人，即破产企业，其会计确认、计量和报告以非持续经营为前提，应按照破产资产清算净值对破产宣告日的资产（指破产法规定的债务人财产）进行初始确认计量，同时按照破产债务清偿价值对破产宣告日的负债进行初始确认计量；相关差额直接计入清算净值。破产资产清算净值，是指在破产清算的特定环境下和规定时限内，最可能的变现价值扣除相关的处置税费后的净额。破产债务清偿价值，是指在不考虑破产企业的实际清偿能力和折现等因素的情况下，破产企业按照相关法律规定或合同约定应当偿付的金额。

破产企业在破产清算期间的资产，应当按照破产资产清算净值进行后续计量，负债按照破产债务清偿价值进行后续计量。破产企业应当按照破产报表日的破产资产清算净值和破产债务清偿价值，对资产和负债的账面价值分别进行调整，差额计入清算损益。

破产清算期间发生资产处置的，破产企业应当终止确认相关被处置资产，并将处置所得金额与被处置资产的账面价值的差额扣除直接相关的处置费用后，计入清算损益。破产企业因盘盈、追回等方式在破产清算期间取得的资产，应当按照取得时的破产资产清算净值进行初始确认计量，初始确认计量的账面价值与取得该资产的成本之间存在差额的，该差额应当计入清算损益。

破产清算期间发生债务清偿的，破产企业应当按照偿付金额，终止确认相应部分的负债。在偿付义务完全解除时，破产企业应当终止确认该负债的剩余账面价值，同时确认清算损益。破产企业在破产清算期间新承担的债务，应当按照破产债务清偿价值进行初始确认计量，并计入清算损益。

破产清算期间发生的各项费用、取得的各项收益应当直接计入清算损益。在破产清算期间，破产企业按照税法规定需缴纳企业所得税的，应当计算所得税费用，并将其计入清算损益。所得税费用应当仅反映破产企业当期应交的所得税。

（二）开设新会计科目

破产企业的会计档案等财务资料经法院裁定由破产管理人接管的，应当在企业被法院宣告破产后，可以比照原有资产、负债类会计科目，根据实际情况设置相关科目，并增设相关负债类、清算净值类和清算损益类等会计科目。破产企业还可以根据实际需要，在一级科目下自行设置明细科目。

1. 负债类科目设置。

（1）“应付破产费用”科目，本科目核算破产企业在破产清算期间发生的破产法规定的各类破产费用。

（2）“应付共益债务”科目，本科目核算破产企业在破产清算期间发生的破产法规定的各类共益债务。

共益债务，是指在人民法院受理破产申请后，为全体债权人的共同利益而管理、变卖和分配破产财产而负担的债务，主要包括因管理人或者债务人（破产企业，下同）请求对方当事人履行双方均未履行完毕的合同所产生的债务、债务人财产受无因管理所产生的债务、因债务人不当得利所产生的债务、为债务人继续营业而应当支付的劳动报酬和社会保险费用以及由此产生的其他债务、管理人或者相关人员执行职务致人损害所产生的债务以及债务人财产致人损害所产生的债务。

2. 清算净值类科目设置。

“清算净值”科目，本科目核算破产企业在破产报表日结转的清算净损益科目余额。破产企业资产与负债的差额，也在本科目核算。

3. 清算损益类科目设置。

（1）“资产处置净损益”科目，本科目核算破产企业在破产清算期间处置破产资产产生的、扣除相关处置费用后的净损益。

（2）“债务清偿净损益”科目，本科目核算破产企业在破产清算期间清偿债务产生的净损益。

（3）“破产资产和负债净值变动净损益”科目，本科目核算破产企业在破产清算期间按照破产资产清算净值调整资产账面价值，以及按照破产债务清偿价值调整负债账面价值产生的净损益。

（4）“其他收益”科目，本科目核算除资产处置、债务清偿以外，在破产清算期间发生的其他收益。

（5）“破产费用”科目，本科目核算破产企业破产清算期间发生的破产法规定的各项破产费用，主要包括破产案件的诉讼费用，管理、变价和分配债务人资产的费用，管理人执行职务的费用、报酬和聘用工作人员的费用。本科目应按发生的费用项目设置明细账。

（6）“共益债务支出”科目，本科目核算破产企业破产清算期间发生的破产法规定的共益债务相关的各项支出。

（7）“其他费用”科目，本科目核算破产企业破产清算期间发生的除破产费用和共益债务支出之外的各项其他费用。

（8）“所得税费用”科目，本科目核算破产企业破产清算期间发生的企业所得税费用。

（9）“清算净损益”科目，本科目核算破产企业破产清算期间结转的上述各类清算损益科目余额。

破产企业可根据具体情况增设、减少或合并某些会计科目。

（三）有关账务处理

1. 破产宣告日余额结转。法院宣告企业破产时，应当根据破产企业移交的科目余额表，将部分会计科目的相关余额转入以下新科目，并编制新的科目余额表。

（1）原“应付账款”“其他应付款”等科目中属于破产法所规定的破产费用的余额，转入“应付破产费用”科目。

（2）原“应付账款”“其他应付款”等科目中属于破产法所规定的共益债务的余额，转入“应付共益债务”科目。

（3）原“商誉”“长期待摊费用”“递延所得税资产”“递延所得税负债”“递延收益”“股本”“资本公积”“盈余公积”“其他综合收益”“未分配利润”等科目的余额，转入“清算净值”科目。

2. 破产宣告日余额调整。

（1）关于各类资产。破产企业应当对拥有的各类资产（包括原账面价值为零的已提足折旧的固定资产、已摊销完毕的无形资产等）登记造册，估计其破产资产清算净值，按照其破产资产清算净值对各资产科目余额进行调整，并相应调整“清算净值”科目。

（2）关于各类负债。破产企业应当对各类负债进行核查，对各负债科目余额进行调整，并相应调整“清算净值”科目。

3. 处置破产资产。

（1）破产企业收回应收票据、应收款项类债权、应收款项类投资，按照收回的款项，借记“现金”“银行存款”等科目，按照应收款项类债权或应收款项类投资的账面价值，贷记相关资产科目，按其差额，借记或贷记“资产处置净损益”科目。

（2）破产企业出售各类投资，按照收到的款项，借记“现金”“银行存款”等科目，按照相关投资的账面价值，贷记相关资产科目，按其差额，借记或贷记“资产处置净损益”科目。

（3）破产企业出售存货、投资性房地产、固定资产及在建工程等实物资产，按照收到的款项，借记“现金”“银行存款”等科目，按照实物资产的账面价值，贷记相关资产科目，按应当缴纳的税费贷记“应交税费”科目，按上述各科目发生额的差额，借记或贷记“资产处置净损益”科目。

（4）破产企业出售无形资产，按照收到的款项，借记“现金”“银行存款”等科目，按照无形资产的账面价值，贷记“无形资产”科目，按应当缴纳的税费贷记“应交税费”科目，按上述各科目发生额的差额，借记或贷记“资产处置净损益”科目。

（5）破产企业的划拨土地使用权被国家收回，国家给予一定补偿的，按照收到的补偿金额，借记“现金”“银行存款”等科目，贷记“其他收益”科目。

（6）破产企业处置破产资产发生的各类评估、变价、拍卖等费用，按照发生的金额，借记“破产费用”科目，贷记“现金”“银行存款”“应付破产费用”等科目。

4. 清偿债务。

（1）破产企业清偿破产费用和共益债务，按照相关已确认负债的账面价值，借记“应付破产费用”“应付共益债务”等科目，按照实际支付的金额，贷记“现金”“银行存款”等科目，按其差额，借记或贷记“破产费用”“共益债务支出”科目。

（2）破产企业按照经批准的职工安置方案，支付的所欠职工的工资和医疗、伤残补助、抚恤费用，应当划入职工个人账户的基本养老保险、基本医疗保险费用和其他社会保险费用，以及法律、行政法规规定应当支付给职工的补偿金，按照相关账面价值借记“应付职工薪酬”等科目，按照实际支付的金额，贷记“现金”“银行存款”等科目，按其差额，借记或贷记“债务清偿净损益”科目。

（3）破产企业支付所欠税款，按照相关账面价值，借记“应交税费”等科目，按照实际支付的金额，贷记“现金”“银行存款”等科目，按其差额，借记或贷记“债务清偿净损益”科目。

（4）破产企业清偿破产债务，按照实际支付的金额，借记相关债务科目，贷记“现金”“银行存款”等科目。

破产企业以非货币性资产清偿债务的，按照清偿的价值借记相关负债科目，按照非货币性资产的账面价值，贷记相关资产科目，按其差额，借记或贷记“债务清偿净损益”科目。债权人依法行使抵销权的，按照经法院确认的抵销金额，借记相关负债科目，贷记相关资产科目，按其差额，借记或贷记“债务清偿净损益”科目。

5. 其他账务处理。

（1）在破产清算期间通过清查、盘点等方式取得的未入账资产，应当按照取得日的破产资产清算净值，借记相关资产科目，贷记“其他收益”科目。

（2）在破产清算期间通过债权人申报发现的未入账债务，应当按照破产债务清偿价值确定计量金额，借记“其他费用”科目，贷记相关负债科目。

（3）在编制破产清算期间的财务报表时，应当对所有资产项目按其于破产报表日的破产资产清算净值重新计量，借记或贷记相关资产科目，贷记或借记“破产资产和负债净值变动净损益”科目；应当对所有负债项目按照破产债务清偿价值重新计量，借记或贷记相关负债科目，贷记或借记“破产资产和负债净值变动净损益”科目。

（4）破产企业在破产清算期间，作为买入方继续履行尚未履行完毕的合同的，按照收到的资产的破产资产清算净值，借记相关资产科目，按照相应的增值税进项税额，借记“应交税费”科目，按照应支付或已支付的款项，贷记“现金”“银行存款”“应付共益债务”或“预付款项”等科目，按照上述各科目的差额，借记“其他费用”或贷记“其他收益”科目；企业作为卖出方继续履行尚未履行完毕的合同的，按照应收或已收的金额，借记“现金”“银行存款”“应收账款”等科目，按照转让的资产账面价值，贷记相关资产科目，按照应缴纳相关税费，贷记“应交税费”科目，按照上述各科目的差额，借记“其他费用”科目或贷记“其他收益”科目。

（5）破产企业发生破产法第四章相关事实，破产管理人依法追回相关破产资产的，按照追回资产的破产资产清算净值，借记相关资产科目，贷记“其他收益”科目。

（6）破产企业收到的利息、股利、租金等孳息，借记“现金”“银行存款”等科目，贷记“其他收益”科目。

（7）破产企业在破产清算终结日，剩余破产债务不再清偿的，按照其账面价值，借记相关负债科目，贷记“其他收益”科目。

（8）在编制破产清算期间的财务报表时，有已实现的应纳税所得额的，考虑可以抵扣的金额后，应当据此提存应交所得税，借记“所得税费用”科目、贷记“应交税费”科目。

（9）在编制破产清算期间的财务报表时，应当将“资产处置净损益”“债务清偿净损益”“破产资产和负债净值变动净损益”“其他收益”“破产费用”“共益债务支出”“其他费用”“所得税费用”科目结转至“清算净损益”科目，并将“清算净损益”科目余额转入“清算净值”科目。

（四）破产企业清算财务报表及其附注

企业经法院宣告破产的，应当按照法院或债权人会议要求的时点编制清算财务报表，并由破产管理人签章。破产企业的清算财务报表包括“清算资产负债表”“清算损益表”“清算现金流量表”“债务清偿表”。

1. 清算资产负债表（见表12－4）。本表反映破产企业在破产报表日关于资产、负债、清算净值及其相互关系的信息。

表12－4　　**清算资产负债表**　　会清01表

编制单位：　　＿＿年＿＿月＿＿日　　单位：元

资　产	行次	期末数	负债及清算净值	行次	期末数
货币资金			负债：		
应收票据			借款		
应收账款			应付票据		
其他应收款			应付账款		
预付款项			预收款项		
存货			其他应付款		
金融资产投资			应付债券		
长期股权投资			应付破产费用		
投资性房地产			应付共益债务		
固定资产			应付职工薪酬		
在建工程			应交税费		
无形资产			……		
……					
			负债合计		
			清算净值：		
			清算净值		
资产总计			负债及清算净值总计		

本表列示的项目不区分流动和非流动，其中，“应收账款”或“其他应收款”项目，应分别根据“应收账款”或“其他应收款”的科目余额填列，同时，“长期应收款”科目余额也在上述两项目中分析填列；“借款”项目，应根据“短期借款”和“长期借款”科目余额合计数填列；“应付账款”或“其他应付款”项目，应分别根据“应付账款”“其他应付款”的科目余额填列，同时，“长期应付款”科目余额也在该项目中分析填列；“金融资产投资”项目，应根据“以公允价值计量且其变动计入当期损益的金融资产”“持有至到期投资”“可供出售金融资产”的科目余额合计数填列。

本表的“清算净值”项目反映破产企业于破产报表日的清算净值。本项目应根据“清算净值”科目余额填列。

破产企业应当在破产资产负债表附注中，区分是否用作担保，分别披露破产资产明细信息。

破产企业应当在破产资产负债表附注中，披露依法追回的账外资产、取回的质物和留置物等明细信息，如追回或取回有关资产的时间、有关资产的名称、破产资产清算净值等。

破产企业应当在破产资产负债表附注中，分别披露经法院确认以及未经法院确认的债务的明细信息，如债务项目名称以及有关金额等。

破产企业应当在破产资产负债表附注中，披露应付职工薪酬的明细信息，如所欠职工的工资和医疗、伤残补助、抚恤费用，所欠的应当划入职工个人账户的基本养老保险、基本医疗保险费用，以及法律、行政法规规定应当支付给职工的补偿金。

2. 清算损益表（见表12－5）。本表反映破产企业在清算期间发生的各项收益、费用。本期数反映破产企业从上一破产报表日至本破产报表日期间有关项目的发生额，累计数反映破产企业从被法院宣告破产之日至本破产报表日期间有关项目的发生额。

表12－5 **清算损益表** 会清02表

编制单位： ____年____月____日至____年____月 日 单位：元

项 目	行次	本期数	累计数
一、清算收益（清算损失以“－”号表示）			
（一）资产处置净收益（净损失以“－”号表示）			
（二）债务清偿净收益（净损失以“－”号表示）			
（三）破产资产和负债净值变动净收益（净损失以“－”号表示）			
（四）其他收益			
小 计			
二、清算费用			

续表

项　　目	行次	本期数	累计数
（一）破产费用（以“－”号表示）			
（二）共益债务支出（以“－”号表示）			
（三）其他费用（以“－”号表示）			
（四）所得税费用（以“－”号表示）			
小　　计			

“资产处置净收益”项目，根据“资产处置净损益”科目的发生额填列，如为净损失以“－”号表示。

“债务清偿净收益”项目，根据“债务清偿净损益”科目的发生额填列，如为净损失以“－”号表示。

“破产资产和负债净值变动净收益”项目，根据“破产资产和负债净值变动净损益”科目的发生额填列，如为净损失以“－”号表示。

“清算净收益”项目，根据“清算净损益”科目的发生额填列，如为清算净损失以“－”号表示。“清算净收益”项目金额应当为“清算收益”与“清算费用”之和。

破产企业应当在清算损益表附注中，披露资产处置损益的明细信息，包括资产性质、处置收入、处置费用及处置净收益。

破产企业应当在清算损益表附注中，披露破产费用的明细信息，包括费用性质、金额等。

破产企业应当在清算损益表附注中，披露共益债务支出的明细信息，包括具体项目、金额等。

此外，清算现金流量表反映了破产企业在破产清算期间货币资金余额的变动情况。清算现金流量表应当采用直接法编制，至少应当单独列示反映下列信息的项目：处置资产收到的现金净额、清偿债务支付的现金、支付破产费用的现金、支付共益债务支出的现金、支付所得税的现金等。债务清偿表反映破产企业在破产清算期间发生的债务清偿情况。债务清偿表应当根据破产法规定的债务清偿顺序，按照各项债务的明细单独列示。债务清偿表中列示的各项债务至少应当反映其确认金额、清偿比例、实际需清偿金额、已清偿金额、尚未清偿金额等信息。

【例 12－4】　立安公司由于经营不善，经法院批准破产清算。清算日的资产负债表如表 12－6 所示。

表 12－6　　资产负债表（简表）　　单位：元

资　产	金额	负债及所有者权益	金额
银行存款	20 000	应付票据	1 420 000
应收票据	450 000	应付账款	100 000
应收账款	390 000	应付职工薪酬	280 000
存货	593 000	应交税费	350 000
固定资产	1 840 000	其他应付款	30 000
递延所得税资产	7 000	应付债券	1 100 000
		股本	240 000
		留存收益	（220 000）
资产合计	3 300 000	负债及所有者权益合计	3 300 000

假定发生如下经济业务，应进行的会计处理为：

（1）全额收回应收票据 450 000 元：

借：银行存款　　450 000

　　贷：应收票据　　450 000

（2）收回应收账款 100 000 元：

借：银行存款　　100 000

　　资产处置净损益　　290 000

　　贷：应收账款　　390 000

（3）存货销售取得价款 600 000 元：

借：银行存款　　600 000

　　贷：存货　　593 000

　　　　资产处置净损益　　7 000

（4）处置固定资产收入 2 000 000 元：

借：银行存款　　2 000 000

　　贷：固定资产　　1 840 000

　　　　资产处置净损益　　160 000

（5）支付清理费用 20 000 元：

借：清理费用　　20 000

　　贷：银行存款　　20 000

（6）结转清理费用和递延所得税资产项目：

借：破产费用　　20 000

　　贷：应付破产费用　　20 000

借：清算净值　7 000

　　贷：递延所得税资产　7 000

至此，清算净值余额为294 000（290 000 +20 000 +7 000 -7 000 -16 000）元，银行存款余额3 150 000（20 000 +450 000 +100 000 +600 000 +2 000 000 -20 000）元，所有的负债余额为3 280 000元，资不抵债。

根据《企业破产法》的规定，破产财产在优先清偿破产费用和共益债务后，依照下列顺序清偿：（1）破产人所欠职工的工资和医疗、伤残补助、抚恤费用，所欠的应当划入职工个人账户的基本养老保险、基本医疗保险费用，以及法律、行政法规规定应当支付给职工的补偿金；（2）破产人欠缴的除前项规定以外的社会保险费用和破产人所欠税款；（3）普通破产债权。

（7）偿还工资和应交税费：

借：应付职工薪酬　280 000

　　贷：银行存款　280 000

借：应交税费　350 000

　　贷：银行存款　350 000

（8）剩余货币资金2 520 000（3 150 000 -630 000）元，按照比例偿还2 650 000元负债：2 520 000 ÷2 650 000 =95%。

借：应付票据（1 420 000 ×95%）　1 349 000

　　应付账款（100 000 ×95%）　95 000

　　其他应付款（30 000 ×95%）　28 500

　　应付债券　1 047 500

　　贷：银行存款　2 520 000

至此，所有的破产清算会计结束，投资者未得到任何剩余资产。

第三节　破产重整及其会计处理

一、重整的程序

重整是企业在破产过程中，经过债权方和债务方的谈判，达成的一种妥协方案。对于债权人来说，破产清算将遭受巨大的损失，而重组有可能挽回一些损失。

我国《企业破产法》规定，重整包括以下主要内容：

（一）重整申请

债权人申请对债务人进行破产清算的，在人民法院受理破产申请后、宣告债务人破产前，债务人或者出资额占债务人注册资本1/10以上的出资人，可以向人民法院申请重整。

（二）重整计划的制订和批准

债务人或者管理人应当自人民法院裁定债务人重整之日起6个月内，同时向人民法院和债权人会议提交重整计划草案。期限届满，经债务人或者管理人请求，有正当理由的，人民法院可以裁定延期3个月。债务人或者管理人未按期提出重整计划草案的，人民法院应当裁定终止重整程序，并宣告债务人破产。

重整计划草案应当包括：（1）债务人的经营方案；（2）债权分类；（3）债权调整方案；（4）债权受偿方案；（5）重整计划的执行期限；（6）重整计划执行的监督期限；（7）有利于债务人重整的其他方案。人民法院应当自收到重整计划草案之日起30日内召开债权人会议，对重整计划草案进行表决。出席会议的同一表决组的债权人过半数同意重整计划草案，并且其所代表的债权额占该组债权总额的2/3以上的，即为该组通过重整计划草案。

（三）重整计划的执行

重整计划由债务人负责执行，管理人监督重整计划的执行。债务人不能执行或者不执行重整计划的，人民法院经管理人或者利害关系人请求，应当裁定终止重整计划的执行，并宣告债务人破产。

按照重整计划减免的债务，自重整计划执行完毕时起，债务人不再承担清偿责任。

二、重整的主要方式

破产重整与债务重组的内容相仿，包括以下几种形式：

1. 债务人以资产清偿债务。以资产清偿债务是指债务人转让其公允价值低于债务账面价值的资产给债权人以清偿债务。债务人可用于偿债的资产主要有：现金、存货、有价证券、固定资产和无形资产等。

2. 债务人将债务转为权益工具。债务转为权益工具是指债务人发行股票等权益工具给债权人，用以抵偿全部或部分债务。这样，债权人就成为债务人的股东，因此从债权人角度债务转权益工具则为债权转为股权。债务转为权益工具实质上是增加债务人的资本或股本。

3. 修改其他债务条件。是指不包括上述两种方式的债务重组，包括调整债务本金、改变债务利息、变更还款期限等方式修改债权和债务的其他条款，形成重组债权和重组债务。

4. 以上一种以上方式的组合等。

三、重整的会计处理

债务重组时，债务人的账务处理应按债务重组的不同方式分别进行。

（一）以现金资产清偿债务

债务人以现金资产清偿债务时，重组债务的账面价值大于支付的现金之间的差额是债务人获得的债务重组收益，计入当期损益。这里重组债务的账面价值是指债务面值（或本金、原值），如应付账款；如有利息的还应加上应计未付利息，如长期借款；有溢（折）价的，还应加上尚未摊销的溢价或减去尚未摊销的折价，如应付债券。账务处理上，债务人应按重组债务的账面价值借记“应付账款”等科目，按实际支付的现金贷记“银行存款”科目，按重组债务的账面价值大于实际支付现金之间的差额贷记“营业外收入——债务重组利得”科目。

（二）以非现金资产清偿债务

债务人可以非现金资产清偿债务，其会计处理可按以下步骤进行：

第一步，确定用于清偿债务的非现金资产的公允价值。非现金资产公允价值可以按照如下原则来确定：如该资产存在活跃的市场，该资产的市价即为公允价值；如该项资产不存在活跃的市场，但与该项资产类似的资产存在活跃的市场，该资产的公允价值可以比照相关资产的市价确定；如该项资产和与该资产类似的资产均不存在活跃的市场，该资产的公允价值可按估值技术加以确定。

第二步，确定债务重组利得和资产处置利得。

债务人获得的债务重组利得＝重组债务的账面价值－转让的非现金资产的公允价值

债务人发生的资产处置利得＝转让的非现金资产的公允价值－转让的非现金资产的账面价值－发生的重组费用（如资产评估费、运杂费等）

【例 12－5】 华诚公司于 20×8 年 3 月 1 日从长青公司购入一批材料，货款 400 000 元，至 20×8 年 11 月 30 日尚未支付价款。由于华诚公司发生财务困难，短期内不能支付货款，经与长青公司协商，长青公司同意华诚公司以一台设备偿还债务。该项设备的账面原价为 400 000 元，已提折旧 80 000 元，设备的公允价值为 350 000 元。长青公司对该项应收账款提取坏账准备 20 000 元。根据上述资料，华诚公司应作如下账务处理：

1. 将固定资产净值转入固定资产清理。

借：固定资产清理　　　　320 000

累计折旧　　80 000

贷：固定资产　　400 000

2. 计算并结转债务重组收益 50 000（400 000 - 350 000）元和固定资产处置损益 30 000（350 000 - 320 000）元。

借：应付账款——长青公司　　400 000

贷：固定资产清理　　320 000

营业外收入——债务重组利得　　50 000

营业外收入——资产处置利得　　30 000

【例 12 - 6】 华强公司欠三星公司购货款 800 000 元，由于华强公司发生财务困难，短期内不能支付货款。经协商，华强公司以其产品偿还债务，该产品的公允价值为 600 000 元，实际成本为 400 000 元。两公司均为一般纳税企业，增值税税率为 17%。三星公司对应收华强公司货款未计提坏账准备，接受华强公司以产品偿还债务时，将该产品作为产成品入库。根据上述资料，华强公司应作如下账务处理：

$$\text{债务重组利得} = \begin{matrix}\text{应付账款的}\\\text{账面价值}\end{matrix} - \left(\begin{matrix}\text{所转让产品的}\\\text{公允价值}\end{matrix} + \begin{matrix}\text{增值税}\\\text{销项税额}\end{matrix}\right)$$

$$= 800\,000 - (600\,000 + 600\,000 \times 17\%) = 98\,000 \text{（元）}$$

借：应付账款——三星公司　　800 000

贷：主营业务收入　　600 000

应交税费——应交增值税（销项税额）　　102 000

营业外收入——债务重组收益　　98 000

同时，

借：主营业务成本　　400 000

贷：库存商品　　400 000

（三）债务转为权益工具

债务人采用债务转为权益工具进行债务重组时，其账务处理步骤如下：

第一步，确定债权人因放弃债权而享有的股权公允价值。此项公允价值的确定，若债务人为上市公司，该股权的公允价值按对应的股份的市价总额确定；若债务人为上市公司以外的其他企业，该股权的公允价值按评估确认价或双方协议价确定。

第二步，确定股本、实收资本、资本公积和债务重组利得。债务人为股份有限公司时，有关的计算公式如下：

股本 = 债权人因放弃债权而享有股份的面值总额

资本公积 = 股份的公允价值总额 - 股本 - 股票发行费

债务人获得的债务重组利得 = 重组债务的账面价值 - 股份的公允价值总额

债务人为股份公司以外的其他企业时，有关的计算公式如下：

实收资本 = 债权人因放弃债权而享有的股权份额

资本公积 = 股权的公允价值 - 实收资本

债务人获得的债务重组利得 = 重组债务的账面价值 - 股权的公允价值

【例 12-7】 长城公司因从黄河公司购货尚欠货款的账面余额为 230 000 元，由于长城公司发生财务困难，无法偿付应付账款。经双方协商同意，长城公司以普通股偿还债务，假设普通股的面值为 1 元，长城公司以 50 000 股抵偿此项债务，股票的每股发行价格为 3 元。黄河公司对该项应收账款未计提坏账准备。根据上述资料，长城公司应作如下账务处理：

债务重组利得 = 应付账款的账面价值 - 股票的公允价值
= 230 000 - 50 000 × 3
= 80 000（元）

借：应付账款——黄河公司	230 000	
贷：股本		50 000
资本公积——股本溢价		100 000
营业外收入——债务重组利得		80 000

（四）修改其他债务条件

修改债务条件后可能出现两种情况：一种情况是，修改后的债务条款中未涉及或有支出（对债权人为或有收益）；另一种情况是，修改后的债务条款中涉及或有支出（对债权人为或有收益）。这里或有支出是指依未来某种事项出现而发生的支出；或有收益是指未来某种事项出现而发生的收益。未来事项的出现具有不确定性。

1. 未涉及或有支出。通过修改其他债务条件进行债务重组时，如未涉及或有支出，则在债务重组日，债务人将来要支付给债权人的金额是确定的，而且一定比重组债务的账面价值小。这种情况下，债务人只需将重组债务的账面价值减记至将来应付金额，并将减记的金额作为债务重组利得。

债务重组利得 = 重组债务的账面价值 - 将来应付金额

【例 12-8】 海星公司 20×7 年 12 月 31 日应付昌河公司票据的账面余额为 208 000 元，其中，8 000 元为累计未付的利息，票面利率为 8%。由于海星公司连年亏损，资金困难，不能偿付该应付票据。经双方协商，于 20×7 年 12 月 31 日进行债务重组。昌河公司同意将债务本金减至 160 000 元，免去债务人所欠的全部利息；将利率从 8% 降低到 5%，并将债务到期日延长至 20×9 年 12 月 31 日，利息按年支付。根据上述资料，海星公司应作如下账务处理：

（1）债务重组日：

债务重组利得 = 应付票据的账面价值 − 将来应付金额

= 208 000 − 160 000 ×（1 + 5% × 2）

= 32 000（元）

借：应付票据　　208 000

　贷：应付账款——昌河公司（债务重组）　　176 000

　　营业外收入——债务重组收益　　32 000

（2）20×8 年 12 月 31 日支付利息：

借：应付账款——昌河公司（债务重组）　　8 000

　贷：银行存款（160 000 ×5%）　　8 000

（3）20×9 年 12 月 31 日偿还本金和最后一年利息：

借：应付账款——昌河公司（债务重组）　　168 000

　贷：银行存款　　168 000

2. 涉及或有支出。在修改后的债务条款中涉及或有支出的情况下，按照谨慎性原则的要求，或有支出若在将来“很可能”发生，应确认或有支出。在债务重组日，债务人应把或有支出包含在将来应付金额中，并以此来计算债务重组收益，实际发生的或有支出，应冲减重组后债务的账面价值。若在结清债务时，或有支出未发生，应将该或有支出的原估计金额作为结清债务当期的债务重组收益。若按债务重组协议，或有支出的金额按期（按年、按季等）结算，则应在结算期满时，按未发生的或有支出金额确认为债务重组利得，计入当期损益。

债务重组利得 = 重组债务的账面价值 − 将来应付金额（包含或有支出）

【例 12 − 9】 金达公司 19×8 年 12 月 31 日因连年亏损造成财务困难，经与海通商业银行协商，将海通商业银行于 19×6 年 1 月 1 日贷给金达公司的 3 年期、年利率为 9%、本金为 5 000 000 元的贷款进行债务重组，海通商业银行同意将贷款延长至 20×1 年 12 月 31 日，利率降至 6%，免除积欠的利息 450 000 元，本金减至 4 200 000 元，利息按年支付；同时规定，债务重组后的第一年起若有盈利，则利率恢复至 9%，若无盈利，仍维持 6% 利率。根据上述资料，金达公司应作的账务处理如下：

（1）债务重组日：

计算债务重组利得：

银行借款的账面价值　　5 450 000

减：将来应付金额　　5 334 000

　其中：本金　　4 200 000

　　应计利息（4 200 000 ×6% ×3）　　756 000

　　或有支出［4 200 000 ×（9% − 6%）×3］　　378 000

　　债务重组利得　　116 000
借：长期借款　　5 450 000
　　贷：长期借款——债务重组　　5 334 000
　　　　营业外收入——债务重组利得　　116 000
（2）19×9 年 12 月 31 日支付利息时：
若金达公司 19×9 年度没有盈利，则会计分录为：
借：长期借款——债务重组　　252 000
　　贷：银行存款　　252 000
若金达公司 19×9 年度有盈利，则会计分录为：
借：长期借款——债务重组　　378 000
　　贷：银行存款　　378 000
（3）20×0 年 12 月 31 日支付利息时，其会计分录与上年相同。
（4）20×1 年 12 月 31 日支付借款本息时：
若金达公司本年及前两个年度均无盈利，则会计分录为：
借：长期借款——债务重组　　4 830 000
　　贷：银行存款　　4 452 000
　　　　营业外收入——债务重组利得　　378 000
若金达公司本年及前两年度有盈利，则会计分录为：
借：长期借款——债务重组　　4 578 000
　　贷：银行存款　　4 578 000

焦作鑫安科技股份有限公司破产重整案

鑫安科技的前身为始建于1958 年的原焦作市化工三厂，1997 年3 月31 日经国家证监会批准在深交所上市，2001 年6 月公司更名为“鑫安科技股份有限公司”。

2002 年11 月，鑫安科技与河南花园集团有限公司（简称花园集团）实现重组，鑫安科技的原股东鑫安集团将其持有的鑫安科技 56.99% 的国有法人股份转让给花园集团，花园集团成为鑫安科技第一大股东。重组后，由于花园集团经营管理不善，特别是严重违规占用上市公司资金，鑫安科技生产经营迅速下滑，企业陷入困境。截至2007 年 12 月 31 日，鑫安科技资产总计 370 808 774.05 元，负债总计为556 520 564.52 元，净资产为 -185 711 790.47 元，已严重资不抵债。

鑫安科技连续 3 年亏损，根据中国证监会关于《亏损上市公司暂停上市和终止上市实施办法（修订）》的有关规定，于2008 年1 月22 日被深圳证券交易所暂停股票上市。昊华宇航化工有限责任公司（下称昊华宇航）持有鑫安科技 1 969 万元的到期债权，占鑫安科技全部债务的3.53%。昊华宇航以被申请人严重亏损，不能清偿到期债务为由，于2008年3月提出对焦作鑫安科技股份有限公司进行破产清算的申请。

焦作中院于2008年6月24日裁定受理该清算申请，并同时指定焦作鑫安科技股份有限公司破产清算组为管理人。管理人依照《企业破产法》执行职务，向人民法院报告工作，接受债权人会议的监督，履行决定债务人的内部管理事务，决定债务人的日常开支和其他必要开支、管理和处分债务人的财产等职责。

管理人在被指定后3日之内顺利地接管了债务人的财产、印章和账簿、文书等资料，在人民法院的指导下，修改制订了信息披露方案、稳定工作方案、资产清理方案、敏感债权处置方案、职工就业安置方案、突发事件应急处置方案等预案，确定了3个月的债权申报期，向已知债权人发出200余份通知书，并立即着手调查债务人财产状况，制作财产状况报告。

在债权申报的有效期内，共有74户债权人申报债权，申报金额805 745 742.91元。管理人对收到的债权申报材料进行登记造册，对申报的债权进行了核查，并编制了债权表，提交第一次债权人会议核查，核定对特定财产享有担保权的债权人1家，债权金额为65 028 183.08元。公司欠职工工资和医疗、伤残补助、抚恤费用，所欠的应当划入职工个人账户的基本养老保险、基本医疗保险费用，以及法律、行政法规规定应当支付给职工的补偿金，共涉及3 056名职工，合计金额为40 025 752.48元。属于《企业破产法》第八十二条第一款第二项规定以外的社会保险费用26 460 927.00元。税款债权人2家，债权金额为14 717 296.54元。核定普通债权人67家，债权金额423 812 264.37元。

根据《企业破产法》第五十八条的规定，焦作中院对债权人、债务人无异议的债权表中记载的债权进行了裁定确认。债权尚未确定的债权人，暂以管理人核定的债权额，行使表决权。第一次债权人会议于2008年10月10日上午9时在焦作中院一号大法庭召开。在本次会议上，债务人的原高管对企业的亏损原因进行了分析，管理人就部分债权人对鑫安科技资产、人员、债权、债务、股权结构等方面的疑问，进行了耐心解释和说明。会议核查了债权人申报并经管理人初步审查的债权，审查了管理人的工作方案和报酬方案，通过了管理人提出的债务人财产的管理方案和变价方案。

管理人对鑫安科技的资产人员情况、债权债务情况进行了认真的清理、核查，对鑫安科技的资产偿债能力、股权价值、市场前景、经营方向等进行认真分析后，认为该企业尚有重整再生的可能。于2008年11月5日，由债务人鑫安科技向焦作中院提出重整申请。

焦作中院审查后认为，鑫安科技作为债务人被债权人申请进行破产清算，在本院受理破产申请后、宣告债务人破产之前，向本院申请重整，符合法律规定。鑫安科技作为一家上市公司，有重整的必要和可能。管理人提出的重整设想有实现的可能。根据我国《企业破产法》第七十条第二款、第七十一条之规定，裁定焦作鑫安科技股份有限公司进入重整程序。自2008年11月6日起至重整程序终止，为焦作鑫安科技股份有限公司的重整期间。

重整期间，管理人在人民法院的指导、监督下，对鑫安科技的资产、股权进行了认真的评估，对债权人的债权进行分析归类，充分征求、探寻各个利害关系人意见，对重整方案进行再三修改、完善。本着最大限度地保护企业职工利益、各位债权人利益、股东利益，最大限度地提高清偿率的原则，最后形成《焦作鑫安科技股份有限公司重整计划》，提交债权人会议表决。

2008年12月10日，焦作鑫安科技股份有限公司第二次债权人会议如期召开。根据我国《企业破产法》第八十二条的规定，对重整计划草案实行分组表决。结合鑫安科技债权人的具体情况，焦作中院决定设立：(1) 对特定财产享有担保权的债权组；(2) 职工债权组；(3) 税款债权组；(4) 200万元以上的普通债权组；(5) 200万元以下（含200万元）的小额普通债权组。根据我国《企业破产法》第八十五条的规定，设出资人组，对管理人提出的重整计划草案涉及的出资人权益调整事项进行表决。

各表决组对重整计划认真讨论，就债权人和出资人提出的许多问题，管理人给予了详细解释，并聘请专业财务顾问以翔实的数据对比破产清算进行了利害分析。最终使得多数人认为，通过重整计划对职工有利而无害，有财产担保债权人就担保财产可以获得全额清偿，对普通债权人和股东而言，尽管有所损失，但是能够使损失降到最低，重整成功能够实现多赢。

在充分酝酿、讨论、解释、答疑的基础上，各表决组一次性通过重整计划。重整计划在保证职工债权、税款债权、社保债权、有财产担保债权就特定财产获得全额清偿的前提下，由股东与债权人共同分担债务重组损失，由全体股东无偿让渡一定比例的股权，用于清偿公司债务，最大限度地提高普通债权的清偿率。200万元以上的普通债权获得17.05%的清偿，200万元以下的普通债权获得25.81%的清偿。大大高于破产清算的清偿率（据测算，如果进行破产清算，鑫安科技可用于偿还普通债权人的有效资产为0，普通债权的清偿率将为0，而所有股东的股东权益也将随着企业的破产清算而归0）。

管理人于2008年12月18日向焦作中院提出申请，请求批准重整计划。本院经审查认为，焦作鑫安科技股份有限公司第二次债权人会议的召集程序和表决方法符合法律规定，鑫安科技管理人提交的重整计划内容合法、公平、可行。根据我国《企业破产法》第八十六条之规定，裁定批准债务人焦作鑫安科技股份有限公司的重整计划，并予以公告。

2009年12月11日，焦作鑫安管理人向焦作中院提交监督报告，焦作中院下达

(2008) 焦民破字第 2 - 29 号民事裁定，焦作鑫安科技股份有限公司（下称焦作鑫安）的重整计划执行完毕，焦作鑫安管理人的监督职责终止。

资料来源：王胜利：《焦作鑫安科技股份有限公司破产重整案》，焦作法院网（http：//jzzy. hncourt. gov. cn/），2010 年 4 月。

【关键词】

清算	liquidation
清理费用	liquidation expenses
清算资产负债表	liquidation balance sheet
清算损益	liquidation profit and loss

思考题与练习题

一、思考题

1. 企业解散的原因有哪些？试举例说明。
2. 试述企业解散清算的基本程序。
3. “持续经营假设”是否适用于企业解散清算？在企业清算中应采用何种计量属性？
4. 清算会计报表如何编制？
5. 企业如果无力按期偿还债务，企业一定会破产吗？为什么？
6. 试述破产清算受托人会计处理程序。
7. 试述企业重整的法律规定及其主要形式。

二、练习题

1. 清算会计处理。清河公司因经营期满决定终止经营清算前的资产负债和清算事项，如表 1 所示。

表 1　　资产负债表　　单位：元

资　　产	金额	负债及所有者权益	金额
货币资金	2 000 000	短期借款	12 000 000
应收账款	3 000 000	应付账款	2 100 000
库存商品	15 000 000	应交税费	－1 700 000
固定资产原价	37 000 000	其他应付款	600 000
累计折旧	25 000 000	长期借款	8 000 000

续表

资 产	金额	负债及所有者权益	金额
		股本	7 000 000
		资本公积	1 000 000
		盈余公积	1 800 000
		未分配利润	1 200 000
合 计	32 000 000		32 000 000

清算期间发生的业务包括：

（1）收回应收款项 2 500 000 元，核销无法收回的坏账 500 000 元；

（2）将库存商品按 16 000 000 元的价格变现，增值税税率为 17%；

（3）将固定资产按 13 000 000 元的价格变卖，应交营业税 100 000 元；

（4）用现金清偿所有的负债；

（5）支付清算费用 20 万元；

（6）归还股东投资。

要求：根据以上资料，计算清河公司清算损益及投资方分回的资金额。

2. 清算会计处理。星海公司由于资不抵债，20×2 年 9 月 1 日进入破产清算程序，9 月 30 日清算完毕。清算日资产负债表如表 2 所示。

表 2 **资产负债表** 单位：元

资产	金额	负债及所有者权益	金额
货币资金	2 000 000	短期借款	12 000 000
应收账款	13 000 000	应付账款	7 000 000
存货	20 000 000	应付职工薪酬	3 000 000
固定资产	37 000 000	应交税费	2 400 000
累计折旧	25 000 000	其他应付款	6 600 000
长期待摊费用	9 000 000	长期借款	45 000 000
无形资产	6 000 000	股本	7 000 000
		资本公积	100 000
		盈余公积	900 000
		未分配利润	−22 000 000
合 计	62 000 000		62 000 000

清算过程中发生下列业务：

（1）收回应收款 6 000 000 元、核销 7 000 000 元。

（2）变卖存货中成本为 5 000 000 元的原材料，收取价款 4 000 000 元，增值税 680 000 元；变卖成本为 15 000 000 元的产成品，收取价款 12 000 000 元，增值税 2 040 000 元。

（3）变卖固定资产取得价款 10 000 000 元，缴纳 300 000 元营业税。

（4）支付破产费用 3 000 000 元。

（5）转让土地使用权，取得 8 000 000 元收入。

（6）支付职工安置费用 9 000 000 元。

（7）清偿职工工资和社会保险费用 5 000 000 元，缴纳各类欠款，用剩余财产偿还其他应付款。

要求：根据该公司破产清算业务，进行清算组的会计处理。

参考文献

1. 中华人民共和国财政部:《企业会计准则》第1~42号，财政部网站。

2. 中华人民共和国财政部:《企业会计准则——应用指南2006》，中国财政经济出版社2006年版。

3. 财政部会计司编写组:《企业会计准则讲解》，人民出版社2007年版。

4. 中国注册会计师教育教材编审委员会:《高级财务会计》（第二版），经济科学出版社2002年版。

5. 张文贤、高伟富:《MPACC高级财务会计理论与实务》，东北财经大学出版社2005年版。

6. 阎达五、戴德明、耿建新:《高级会计学》，中国人民大学出版社2007年版。

7. 阿诺德·J. 帕勒:《高级会计学》，中国人民大学出版社2006年版。

8. 陈信元:《高级财务会计》，经济科学出版社2002年版。

9. 常勋:《财务会计三大难题》，立信会计出版社1999年版。

10. International Financial Reporting Standards（IFRSs），IASB，2006.

11. 财政部会计司编写组:《企业会计准则讲解》，人民出版社2010年版。

12. 中国注册会计师协会:《会计》，中国财政经济出版社2018年版。

13. 中华人民共和国财政部:《企业会计准则解释》第1~12号，财政部网站。